北京外国语大学"双一流"建设项目成果

项目名称：跨文化传播理论与实践丛书

项目批准号：2020SYLZDXM039

姜飞 著

跨文化传播的
后殖民语境

(修订版)

生活·讀書·新知 三联书店

Copyright © 2023 by SDX Joint Publishing Company.
All Rights Reserved.
本作品版权由生活·读书·新知三联书店所有。
未经许可,不得翻印。

图书在版编目(CIP)数据

跨文化传播的后殖民语境:修订版/姜飞著.—北京:
生活·读书·新知三联书店,2023.1
ISBN 978-7-108-07456-0

Ⅰ.①跨… Ⅱ.①姜… Ⅲ.①文化传播-研究
Ⅳ.① G0

中国版本图书馆 CIP 数据核字(2022)第 115268 号

责任编辑	李　佳
装帧设计	康　健
责任校对	曹秋月
责任印制	宋　家
出版发行	生活·讀書·新知 三联书店
	(北京市东城区美术馆东街 22 号 100010)
网　　址	www.sdxjpc.com
经　　销	新华书店
印　　刷	河北鹏润印刷有限公司
版　　次	2023 年 1 月北京第 1 版
	2023 年 1 月北京第 1 次印刷
开　　本	635 毫米 × 965 毫米　1/16　印张 24
字　　数	333 千字
印　　数	0,001-3,000 册
定　　价	89.00 元

(印装查询:01064002715;邮购查询:01084010542)

目 录

再版序言（一） ··· *1*

再版序言（二） ··· *6*

再版自序 ··· *12*

原版序言（一） ··· *19*

原版序言（二） ··· *23*

再版总论 ··· *30*

    一、新问题意识 ··· *31*

    二、从殖民到新殖民：资本主义传播体系的历史性、

       现代性建构 ··· *36*

    三、全球传播格局：殖民传播的文化逻辑及其后果 ············ *57*

绪论 ··· *1*

  第一节　本项研究之浮现 ··· *1*

    一、后殖民文化批评理论之于跨文化传播研究的意义 ········· *1*

    二、国内后殖民文化批评理论研究基本情况 ···················· *15*

    三、国内对后殖民文化批评理论研究的不足 ···················· *44*

  第二节　在解构中建构 ··· *47*

    一、解构的是殖民主义以来三重压抑、

       三重边缘化的人类生存状态 ··································· *48*

    二、在三重回归和三重超越中建构后殖民诗学 ················ *56*

第三节　本课题的研究方法 ······ 62
一、视点研究方法 ······ 62
二、拟人论的视点选取 ······ 65

第一章　后殖民文化批评理论基础 ······ 71
第一节　何谓后殖民文化批评理论 ······ 71
第二节　后殖民文化批评理论源流 ······ 85
一、塞泽尔等发起的"黑人性"运动开启了从文化角度
对殖民主义的批判 ······ 86
二、葛兰西话语霸权理论为后殖民文化批评理论奠定了
一种分析的基本模式 ······ 102
三、萨义德开创了后殖民文化批评理论研究和批判领域 ······ 104
四、霍米·巴巴、斯皮瓦克等拓展了后殖民文化批评理论的
批判视野 ······ 106

第二章　后殖民文化批评理论时间视点：机制论 ······ 118
第一节　历史视野下的东方学（东方主义） ······ 119
一、"东方学"还是"东方主义" ······ 119
二、东方学的分期和东方学的机制 ······ 123
第二节　多维视野下的"后殖民时代" ······ 131
一、全球化时代 ······ 131
二、第二媒介时代 ······ 140
三、后殖民时代 ······ 155

第三章　后殖民文化批评理论空间视点：异化论 ······ 166
第一节　东方不是东方，西方不是西方 ······ 167
一、"东方－西方"二元对立话语成为当今文化冲突的原罪 ······ 167
二、美、加、澳是否为后殖民 ······ 174

第二节　人性第二自然和文化第三空间 …………………… *182*
第三节　主体第三天性和文化身份第四世界 ………………… *186*
　一、文化的异化 ……………………………………………… *186*
　二、主体第三天性和身份的第四世界 ……………………… *191*

第四章　后殖民文化批评理论主体视点：杂种论 …………… *199*
第一节　文化的变迁 ……………………………………………… *200*
　一、族裔散居和文化身份 …………………………………… *200*
　二、"馅儿饼"原则与文化的变迁 …………………………… *208*
第二节　第四世界的臣民 ………………………………………… *212*
　一、从他人到他者 …………………………………………… *212*
　二、属下及其"文化杂种性" ………………………………… *216*
第三节　文化的皮影戏 …………………………………………… *220*
　一、殖民地"文化干细胞"的培植 …………………………… *220*
　二、文化新殖民主义 ………………………………………… *226*

第五章　后殖民文化批评理论话语视点：霸权论 …………… *232*
第一节　什么是话语 ……………………………………………… *234*
　一、话语进入后殖民文化批评理论 ………………………… *234*
　二、殖民话语的特性 ………………………………………… *239*
第二节　话语陷阱 ………………………………………………… *254*
　一、二元对立陷阱 …………………………………………… *255*
　二、修辞陷阱 ………………………………………………… *259*
　三、普遍性陷阱 ……………………………………………… *263*
第三节　反话语 …………………………………………………… *272*
　一、反话语及其几种分支 …………………………………… *272*
　二、反话语的"文化更新"理想和历史局限 ………………… *276*

结束语 ……………………………………………	280
参考文献 ……………………………………………	287
重要人名和术语索引 ………………………………	300
西文人名英汉对照 …………………………………	310
再版后记 ……………………………………………	313

再版序言（一）

冯宪光
四川大学

姜飞的《跨文化传播的后殖民语境》2005年由中国人民大学出版社在"新生代学人丛书"系列中出版。十六年后，今年又由三联书店再版。我在初版时写过一个序言，这次作者又要我写一个再版序言，我觉得此事可喜可贺，就应允下来。

现在，中国与世界的面貌，与十六年前相比，有很大不同，中国国力整体加强和提升，用现在比较流行的话来说，是实现了从富起来到强起来的历史性飞跃。世界改天换地，旧貌换新颜。而姜飞的《跨文化传播的后殖民语境》这本旧书，三联书店觉得仍然有可读性，让它在图书市场的竞争中再次以新书亮相。在这一过程中，姜飞在学业上更加精进成熟。所以，他在此次再版中增加了一些内容，表示也在跟随着时代进步。

此书初版时，中国人民大学出版社就对收入"新生代学人丛书"系列中出版的图书，有一个原创性的规则。本书具有什么原创性呢？在本书初版本封底文案中，章国峰先生于本书对后殖民理论的研究有如下评价："姜飞的这部书稿对后殖民理论的渊源、内涵、宗旨、意义与缺陷等做了较为全面、深入的介绍和评说，是迄今为止我国同类著作中比较优秀的一部。对后殖民理论的研究往往容易陷入两个极端，一是从狭隘民族主义出发，对西方'文化殖民'行径作情绪偏激的批判，二是不自觉地认同西方的话语霸权，从而落入西方殖民话语的陷阱。这部著作较好地避免了这两种偏颇。"这个评语实际上肯定了本书如实地呈现了后殖民理论的本来面貌,把一种既定理论应该被理解和认识的各种要素都讲得比较清楚和实在,而且规避了当下研究后殖民理论的两个虚假意识形态陷阱。就此而言,这就是当下对后殖民理论研究的上佳成果。我认为,本书的原创性除了在整体上对后殖民理论做了正确阐释以外,还有一种阐释方法上的创新:它设立了时间、空间、主体、话语这四个研究后殖民理论的视点,又对每一个视点做出了具体规定,形成一种全面细致和有实际阐释效果的研究方法,对后殖民理论之所以成为一种具有独特价值的现代西方后现代理论做出了合理阐释。

本书绪论第三节声明本书研究后殖民理论的方法采用我在《文学理论:视点、形态、问题》(载《社会科学战线》2001年第2期)一文中提倡的视点研究的分析性方法。这一点,我在本书初版序言中已有说明。而姜飞也表明,本书是对视点研究方法的个案研究的理论实践。由于是初次的实际运用,是否成功,我是没有把握的。在初版序言里,我说:"成败与否,自当由读者和专家评论。"在这十六年间,读者和专家经由阅读对本书是否可能成为以后潜在读者继续阅读的书籍进行了检验,有一个事实可以作为佐证:此书出版后两次获得学术含量极高的奖励。一次是2007年获第五届吴玉章人文社会科学优秀奖,另一次是2009年获第五届胡绳青年学术奖。这是一种公共性的社会评价和检验。这证实姜飞在本书中选取时间、空间、主体、话语这四个视点来剖析后殖民理论是一种较为成功的实验。我提倡的视点研究方法只是一个假设性的甚至根本不算清晰的轮廓。姜飞的著作根据研究对象后殖民理论的历史性和特殊性事实,用分析性方法,提取了可观察和进行理论分析的四个视点,实际上是他个人的创新性成果。后殖民理论之"后"本身有两重性:一方面就是一个时间界域,从狭义而言指20世纪50年代以后欧洲前殖民地国家先后独立,引发了反思和批判霸权文化的思潮,它的发生就有时间要素;另一方面指后殖民理论采用了后结构主义方法,结构主义本身开拓了现代学术对研究对象进行一种对象存在内部空间的结构鸟瞰，而后结构主义的这种"后"方法是打破研究对象作为研究文本存在的空间结构，把研究对象从自身文本定位扩展到广阔的社会空间。这种研究方法始终依托着一种空间意识。并且后殖民理论则从萨义德《东方学》地缘政治的空间视角开始向世界各地流播而形成潮流，具有其全球化地缘政治的空间维度意义。时间、空间两个视点则为观察后殖民理论所必备。《东方学》以"他者注视"为方法，从弱小民族的角度探讨他者何以产生，欧洲自我何以成为普遍自我，继而以他者的目光"回视"这个普遍自我。这种"回视"是主体分化为自我与他者的身份迷乱中产生的。主体的分化和异化，以及文化身份在"回视"中的回归是围绕主体文化身份认同的一场斗争。主体的视点是不能缺少的。西方东方主义的核心理论是话语的表征，西方的东方学学者们傲慢而固执地认定东方人不能表征自己，于是便只能由西方学者来表征，长期霸占全球知识文化的版权，后殖民理论是东方人争夺话语权的必然性理论，是属下必须自主说话的理论。福柯提倡和亲自实践的话语分析位居后殖民理论的核心。这四个方面形成了四个强有力地分析后殖民理论的视点，姜飞对这四个视点的选择构成了研究和阐释后殖民理论的支柱，这是较为成功地运用视点分析的理论方法的具体化探索。本书证明，视点理论的分析方法在姜飞的运用中的探索和研究，使这种方法成为研究文学理论、文化理论构成和阐释的一种探索性方法，具有一定可能性。

  本书的另一个创新性之处在于，姜飞发现了后殖民理论话语存在和发展的动态性转化特征。在第二章第二节将霍米·巴巴的兼具翻译和转化双重意义的词语"translational"译为"译转性"来表征其概念的复杂意义，这个意义不是自发性存在的，这种复杂性的意义只能在符号和话语的传播过程中生发出变异性意义，而这种意义的转化需要一定的载体。没有载体存在，任何传播不能进行；没有传播活动，没有主体间性的信息交流的互动，任何符号、语言、意义均为空无。姜飞在波斯特"第二媒介时代"的传播媒介、传播方式上找到了这种载体。他的论断的说法和思路，开启了一种对后殖民理论的传播学的新的解读。这是别开生面的阐释。这种方式的研究，其创新性意义又是双重的。一方面，它深化了对后殖民理论话语分析的层次，使其直入话语在传播中生成及其转化的传播媒介的物质性存在。另一方面，又给后殖民理论的传播学研究寻找到一种视点研究的方法。简单地说，时间、空间、主体、话语这四个视点的配伍经过本书的研究实践证明是适合对后殖民理论研究的一种方法。它的适用性，对于后殖民理论研究而言，是全方位的，可以进行其理论构建思路的追踪性溯源，可以对其理论实际存在全貌进行阐释学研究，同时开辟了后殖民理论的传播学研究。其书名《跨文化时代的后殖民语境》实际上就表征了这种研究在本书中已经开始。这是否意味着：视点研究方法也可以进入传播学领域；姜飞是否可以在本书论述的基础上，在传播学进行一些新的探索？

书名中的"跨文化"这个关键词非同凡响，这是对当代全球化时代文化总体特征的一种把握。伊格尔顿在创制后殖民理论等后理论大师先后辞世之后，宣布进入了"理论之后"的时代。其实，西方现代性理论就已经发现了文化多元化的事实，作为反对前现代一元化统一理论格局的武器，其始终维护着西方话语的文化霸权，后理论批判和摇撼了这种凌霸势态。虽然当下依然有人依凭霸权余荫，执意妄为，但尊重全球不同文化存在的平等权利，以及不同文明形态互鉴的世界文化潮流则蓬勃而生。2021年去世的瑞典汉学家施舟人（Kristofer Schipper）精通八国语言，以研究中国道教而著称于世，他在《中国文化基因库——关于文史学的作用与前景》中指出："新的文化形式出现，总是不同文化传统相互使用的结果，总是不同文明互动的产物。"汤一介在为施舟人的《中国文化基因库》作序引录了上面这段话后说："这个论断十分准确地概括了文化发展的总趋势。当前经济全球化、科技一体化、信息网络的迅猛发展，把世界连成一片，因而各种文化的多元化共存局面，各种文化将由其吸收他种文化的某些因素和更新自身文化的能力决定其对人类文化合理、健康发展的大小。在这种形势下，跨文化与跨学科研究将会成为21世纪文化发展的动力。"我在上面称赞姜飞选取时间、空间、主体、话语四个理论视点，较好地对后殖民理论进行了阐释。此时，不得不说，书名中的跨文化也是一个重要的理论视点。跨文化意识始终贯穿于书中的所有理论分析中。在现在，也许是各个学科研究问题不可离开的一个理论视点，因为它是21世纪文化发展的动力。没有动力，任何学术研究都不能前行。

理论的探索和创新是一个只有起点，没有终点的进程。科学的成功性探索会结下新的硕果，但是这个成就，只是自己和别人即将超越的又一个起点而已。十六年前的新生代学人现在应该有更大的作为。

2021年2月20日

再版序言（二）

主体性：本土学术的殖民、后殖民与整建

汪　琪
台湾政治大学

　　有关后殖民文化批评理论，姜飞教授这本专著的介绍完整周全、层次分明，分析与评论透彻而深入；多年来一再得到学术上的殊荣，确是实至名归。十多年后发行再版，让读者有机会了解理论发展的最新情况，更是学界之福。

　　但引介后殖民文化批评理论之外，细心的读者会发现本书还有一个重要的特色，就是字里行间，作者不断引导我们去思考论述未来发展的问题；这样的苦心，可以在章节中一些"非典型"的论述中很清楚地看到。例如在谈到殖民主义和新殖民主义所导致的文化变迁时，姜飞教授问道：除了殖民之外，是否还有其他可能的发展模式，例如自己打造列车，挂在西方后面，甚或是索性由本土文化边喝茶、边吃窝窝头打造另一国际列车？

　　本书初版发行时这个看似"奇想"的问题，在十六年之后却有了积极的回响；2021年3月底，美国新上任的总统拜登，在和英国首相约翰逊通电话时，建议成立一个由西方国家主持的基本架构建设，以对抗中国的"一带一路"；有些新闻报道将拜登的构想直接描述成"西方版的一带一路"计划。

　　固然，一通电话距离目标的实现还非常遥远；一个类似构想的出现也不必然有深远的意涵，然而在现实世界，我们确实看到"中国本土"打造了另一辆国际列车，并且在无意间成为上世纪殖民主眼中的头号竞争对手。

作为学术中人,作者关心的焦点,自然不会只是现实世界中情势的翻转。包括跨文化传播研究在内的学术思想,他认可"善意理解和接纳"的必要;但是接纳是起点而不是终点;当现实操作达到了极限,人心其本身的局限性严重阻碍发展步伐。同样地,后殖民文化批评理论由发轫到今天,在学术研究各个领域的影响力不容忽视,但是正如作者所指出的,后殖民文化批评理论引入中国之后,"……现实没有停步"。他警告:理论发展到一个阶段,需要思考、沉淀,"一方面是打碎飞扬的理论泡沫,另一方面就是理论的建构"。但是理论如何建构?中国的角色又是什么?当然中国需要发声,但姜飞教授更进一步问:"发声"是什么概念?是喃喃自语,是拍胸脯证明自己,或是在未来某个时刻在西方进行中国式殖民?

时至今日,有关后殖民论述的思考、沉淀有之;然而理论建构的目标却仍然有待努力,振奋人心的新局也还尚未出现。数十年来,后殖民文化研究固守批判西方的主轴,结果被批判的对象制约、无法发展出更为开阔的论述空间。事实上此一现象不只存在后殖民主义的研究领域。拜全球化之赐,近年跨文化比较研究逐渐成为显学,非西方学者在国际学术期刊发表的比例也显著增加,然而学术的话语权却始终牢牢掌握在西方手中。

造成上述现象的原因很多,例如普世价值迷思挥之不去,以至于学术资源分配失衡等等,都是对亚非学术发展不利的因素。但是其中最关键的,无疑是本土知识分子"主体性"的问题。中国的历史文化博大精深,今天的华人学界,将西方理论套用于本土资料、理论论述却付之阙如的现象,却仍然处处可见。被黄光国称之为"没有灵魂"的这类研究,所反映的正是主体性的严重戕伤。事实上,主体性问题不仅仅是学术发展的主要障碍,也可以说是其他障碍继续存在的重要原因。

在欧洲思想,"主体"(subject)与"主体性"(subjectivity)概念是文艺复兴时期,人本主义(humanism)逐渐抬头之后的产物。在欧洲与中国哲学论述中的重要性，都曾历经由盛而衰的过程；但是在你来我往的论辩当中，"主体性"的意涵为何，却并无定论。在后殖民论述中出现的"主体性"，究竟是否等同"主/客二元"概念中的"subjectivity"，抑或更接近"个体/集体二元"中的"个体性"（individuality），甚至"意识"（consciousness）、"认同"（identity），也不无疑问。但如果我们的目的只是方便沟通而非开启一场形而上学的论辩，则"主体性"或可解释为一种由主体或自我角度出发看世界并以之作判断与决定的意识。

过去三百年间，西方哲学界对于主体性享有自由或自主的程度，以及现实生活、社会规范与其他主体与它之间相互关系的看法有分歧，也有转变；但由后殖民文化批评理论的观点来看，对于"东方"主体性影响最大的，无疑是殖民主"西方"；东方的主体性并不真正源自自身的教育与文化，而是西方经由殖民在颠覆、消解东方原有的主体性之后所打造的。换言之，这种东方主体性是西方所需要与欢迎的（页211）；所反映的也是西方眼中的"他者"。唯有通过彻底的觉醒、批判与对抗，东方才可能由主体性的禁锢中解放出来。

有关本土化以及本土学术发展的检讨，主体性的议题并非没有被提出过。然而数十年来，情况并没有根本改变，问题出在哪里？是我们觉醒得不够彻底？觉醒了但是摸不着下一步路在哪里？还是知道下一步路，却走不出去？答案是：都对。

首先是觉醒的问题。为达到"本土化"的目的，非西方学者想方设法连接"本土经验"与"普世理论"，殊不知根据西方"本体论二元对立"（ontological dualism）的思考模式，"特殊"（particular）与"普世"（universal）之间根本不存在相通的可能性。一旦我们接受了二元对立的思考框架、认了本土经验的"特殊"本质，就从此与"普世"绝缘。但一个更根本、更值得我们思索的问题是："为何本土经验必然'特殊'，而西方经验就直通'普世'"？同样地，许多研究人际沟通的亚洲学者想当然地接受了主流学界的说法，将亚洲放在"集体主义"文化的框架下去检视，却忽略了概念背后所隐藏的西方偏见。这些现象在显示，非西方学界要由西方打造的"东方学术主体"中彻底醒觉过来，还有待努力。

学术殖民之外，华人学者不幸还牢牢戴着另一层紧箍咒——一层由汉以降、独尊儒术之后便未曾取下的紧箍咒。在中国近代史上，五四运动是一次石破天惊的思想解放运动；解放的主要对象，正是"侧重共性对个性规范和制约"的儒家礼教。然而在反传统风潮当中，张灏却观察到了颇为矛盾的现象："一方面诅咒宗教、反对偶像，另一方面又积极寻找新的偶像和信念来满足内心的饥渴。"于是古圣先贤被拉下了神主牌位，神主牌位却换上了一批西方"圣贤"。鲁迅更明白地说："即使所崇拜的仍然是新偶像，也总比中国陈旧的好。"这种对于偶像的依赖，暴露了思想主体的空虚。然则这种空虚只是时代剧变之下的产物吗？

由儒家思想中有关人的论述来看，孔子可以说是一位"自我"的肯定论者，儒家的"自我"与现代心理学"集体主义"中"个人"最大的不同，在于儒家的自我对他人意旨的重视程度依关系的亲疏而有不同，却绝对不以类似中古欧洲工会或教会的"集体"意旨为依归。儒家文化认定个人意志出于自我，因此"我"是自己的主宰，也为自身的所作所为负责。在这样的脉络下，孔孟学说所反映的，也是一种人本主义的精神。

然而儒家思想与欧洲在文艺复兴时期所发展的人本主义，毕竟并不全然相同。古时中国哲人的思考重点不在生物体的"人"，而是存在于社会与政治脉络中的"人"；孔子进一步主张人的独特性必须建立在社会道德之上。换言之，个人基本上是一个道德主体，它的充分实现及于伦理社会。相对于以"权利"为基础的道德（right-based morality），儒家主张以"责任"为基础的道德（duty-based morality）。问题是，不论"修身""克己复礼"或"去私欲"都设定了"人"原生的主体性格并不完美，因此必须依循既定的道德伦理规范，通过不断的学习与实践予以改造。信广来观察到：在儒家的语境当中，"自""己"这些词经常是和"修身""自省"一起提到的，这显示儒家的自我观念主要是一种反身性的活动——人必须能够省察、检视，甚至改变自身。由于改变自身必须依照既定模式，在这一层意义上，学习与实践圣贤之学，确实压缩了知识分子的主体性，也就是"由自身观点出发看世界的意识"。

然则由另外的角度来看，任何社会都需要某种规范以利秩序的维系与生活的正常运作，个人的主体性也或多或少受到压缩。只是在中国，汉武帝罢黜百家、独尊儒术，先是营造了论述的一言堂；到隋炀帝时代，科举将教育与政治的连接制度化，更进一步加剧了思想的僵化。千余年后，在西方理念与科技的强力冲击下，"传统"就如同一棵根部已然腐朽的大树，终于不支倒地。主体意识薄弱的知识分子在转换思想依附对象时——无论是由"古圣先贤"到"西方圣贤"，或由"托古"到"托西"——也就显得轻易与自然，甚至到反常的地步。

主体性是思想与学术发展的根本要件；然而整建工作又从何处着手？多年前一次有关本土学术发展的演讲之后，一位青年学者问：如何才能从事具有主体性的研究？这个问题让我惊觉到，面对学术，理论与实践之间的联结并非那么"有迹可循"。西方人所习惯的"critical thinking"植基于"critical reading"；这里"critical"的标准解释是审慎明智的评断，但由于一般文献中这个字经常被译为"批判"，导致华人学者对于西方理论走向两极：不是遵循中国的"治学"传统、全盘接受，就是依据一般了解的西方思辨法去批判甚至否定。事实上要达到本书作者所强调的，也是学术研究的最终目的"理论创新"，我们需要批判，同时也不是全然不可以接受西方论述；然而理论与概念既然不是赖以修身的"圣贤之学"，学术研究的目的也就不是通过实践改造主体。早在阅读文献、进入理论论述之前，"我"的位置就必须先安顿好；主体性不但不能在学习过程中被消解，而且检视任何学术论述的逻辑架构、根据与效能，都必须以自身的所知所想，以及亲身体验而形成的观点为基础，如此理论的对话与创新才可能开展。

最后，主体性不仅只关系到理论创新，也关系着"中国发声"的问题；当中国的发声已经脱离"喃喃自语"，甚至需要"拍胸脯证明自己"的阶段，下一步会是"中国式殖民话语"，还是以主体为依归的话语？

主体性所强调的，不仅只是由自我出发的意识，而且必须是"有文化记忆与历史感"的自我。中世纪在西西里与西班牙回归欧洲之后，经由拜占庭文化与伊斯兰文明传回欧洲的希腊罗马文化——尤其是保存在中亚的希腊哲学——重新燃起欧洲人对古典文学、建筑学、美学与哲学的兴趣，文艺复兴的燎原之火也从此开展。正如李长之所指出的，在定义上，文艺复兴是古典传统的回顾也是复兴，但是五四的知识分子中有许多既不欣赏自己的传统，也不了解西方的古典文化。因此并不像胡适那样认定五四运动是中国的文艺复兴，李长之认为它更接近一种"文化援借运动"——并且是没有根茎的移植。由于缺乏重新认识与评价中国传统文化的动机，儒家以外的诸子百家，以至于后世的一些学说在五四运动中虽然得到肯定，其丰沛的思想动能以及珍贵的学术资源却始终没有被发掘甚至严肃对待。

如果今天我们所需要的，不只是整建知识分子的主体性，而且是华人知识分子的主体性，则一次真正的中国文艺复兴运动就有其必要。西方世界的学术霸权，多少建立在东方主体性的鏊伤之上。但是主体性的火苗并没有也不可能灭绝；现实世界中，本土中国所打造的"国际列车"已然启动，学术界的国际列车也该亮相了；后殖民文化批评研究理论的继续开展，会不会是这部列车的起点？

2021 年 5 月 6 日

再版自序

当今世界格局的看待和处置，除了政治、经济和军事等视角之外，传播的重要性逐步为各层面认识和接受。5G、互联网和物联网为代表的信息传播基础结构重组全球产业链；"全程、全息、全员、全效"媒体建设思路代表了世界传媒生态的变革动向并助推治理现代化进程；影视剧译制、媒体国际传播以及孔子学院、文化走出去等工作与"一带一路"倡议一起，无论是从内涵还是从外延都在拓展着国际传播概念的长度、宽度、厚度和高度。

一、经济上崛起后，国际传播的投入不断增加，当今中国传播最大的政治，可能就是超越国际传播阈限的政治。

自2008年奥运会到2022年冬奥会，中国下大力气加强传播基础设施和人员建设，国际传播能力建设的效果也逐步显现：借由中国信息在全球的能见度不断增进世界民众对中国了解的浓度、借由强化自塑/影响他塑的传播过程博弈增进中国国际形象在全球的美誉度、借由中国媒体和信息技术走向世界推动平衡的传媒秩序建设增进全球传播生态空气的清晰度、借由内容多元呈现和中外思想彼此涤荡增进全球发展思维的辨识度和对全球性问题化解思考的广域度，这些都为健康有序的全球政治传播贡献了中国智慧和中国方案。

但是国际传播的复杂性还体现在，对这些"度"攀升的期待亟须关注某种无形的上限——内容（知识和信息）积累到一定程度以后，某种深层次的跨文化和意识结构固有的存在以及新形成的文化边界，为任何内容和形式的传播进一步发挥作用设置了某种"透明天花板"。更多时候我们发现，国际传播形式上似乎可以初则理解为知识和信息跨越国家和地区的物理边界，次则需要认真考虑文化边界的突破，实现传播的"最后一公里"还需要入脑、入心；但更进一步来看，"国际传播的政治"似乎是某种透明天花板，横亘在那里，渐次呈现——其微观/直观表现是目力可及的报道口径（滤镜）、传播方式、流程和范围的规定；中观层面则是一整套与政治制度和经济体制相匹配的传播体制和机制；其宏观特征则可能是一整套的思想、文化和哲学积淀——换句话说，从长时段来看，最终还是历史思想、宗教信仰和文化政治决定了传播的政治和哲学。

十八大以来中央高度重视国际传播能力建设，2021年5月31日，中央政治局第30次集体学习后，习近平同志发表重要讲话，是从政策和思想上吹响了国际传播的号角——从加强国际传播理论研究、国际传播规律研究、提升国际传播艺术性三个维度对学术、实践和政策提出了更高和更紧迫的要求。由此展望，如何将中国优秀传统文化借助新兴传播技术有效传递，如何借助信息传播基础结构的升级领先来推动全球传播格局重构，如何深入探索国际传播的政治，跨越文化的边界，将国际传播能力建设落到实处，成为未来十年的重中之重。

二、最容易、最可能忽略的，形成当今国际传播格局的最大的政治也是隐藏最深的政治，是殖民主义历史和思想遗产。

建构在殖民主义体系之上的全球文化生态体系成为世界和中国乃至世界文化下一步健康有序发展和传播的瓶颈。二战结束迄今，美欧主导的全球文化霸权借由传播制度和传播机构，既有效延续也长期遮蔽了领土和资本殖民的深层次侵蚀进程；从另外一个角度来看，传播技术和资源差距进一步拉大了全球信息沟和知识沟，全球和本土文化领导权的缺失成为众多弱小国家、弱小民族挥之不去的深层次阴霾，它们在美欧市场主导的发展模式和消费主义文化统领的价值体系链条中陷于深层的主体危机和依附困局。当今政治、经济和文化领域很多问题的更深层次思考正在逐步展开——从历史逻辑上看,如果说殖民时期,宗主国与殖民地之间更多表现为一种政治和经济维度的宰制与被宰制关系,后殖民时期,这种关系的实质并没有发生本质性改变,甚至,在信息传播技术的支撑下,发达资本主义国家与第三世界国家、民族之间领土的争夺,利益的博弈又延伸到国际传播的新战场,或者也可以这样说,国际传播的新战场愈发不能用单纯的信息传递和知识传播现象性话语来描述,表述的权力化愈发衍生和明证着一种修辞意义上的说与被说,文化意义上的符号暴力,国际政治和经济链条上的延伸宰制,国际传播领域上演着"全武行",国际媒体越发演变成真实信息的"文化掩体",传播和国际传播的政治演变成为国际关系领域最大的政治,决定着全球的主体认知、利益结构和发展方向。

学术界曾经用"后殖民"来批判这种国际思想政治历史遗产,于今来看,可能还需要审慎思考其当下价值。这一术语首次出现于20世纪70年代前期的政治理论,用以形容第二次世界大战后摆脱了欧洲帝国束缚的国家的尴尬处境,试图开启后殖民之后全球健康发展导向下的反思性重建进程。20世纪90年代初,《读书》杂志连续刊发了三篇文章介绍东方学和东方主义,深度批判改革开放以来西方文化对中国本土文化侵蚀,持续了十年。当时,《人民日报》《光明日报》《经济参考报》等各大主流媒体都热烈讨论东方学和后殖民以及美欧文化对中国的侵蚀。但有意思的是,自2001年以来有关后殖民的研究则近乎沉寂。中国加入WTO以后在全球资本和市场领域博弈的重要性和迫切性极大地避讳了文化和思想领域对于历史遗留的殖民主义体系的深度批判;后殖民理论和批判思想退守为纯粹的学术话语——即便是从学术视角来看,后殖民文化批判这个深度思想性的学术领域因为传播视角的匮乏而跛脚;从政治和国际传播实践来看,也因为西方传播技术和传播理论在中国的深度浸润而使得国内传播学"新概念、新范畴、新表述"建设乏力——中国的传播学本身就是美国和欧洲传播学在中国四十多年"国际传播/跨文化传播"的过程和结果,换句话说,传播学在中国本身就是跨文化传播的研究对象,迄今传播学界的跨文化意识匮乏还是一个潜伏的问题;这使得中国崛起以后,面对全球传播话语权的缺失和面临美欧在传播领域打压的时候,即便是信息传播基础结构已经更新升级到5G,奋斗到了技术和产业的上游,但是在思想文化领域,还是日益暴露出对殖民传播进行批判的"武器"匮乏、对殖民传播武器的批判乏力的双重尴尬局面。后果的严重性体现在——中国文化走向世界,"有理说不出""说了传不开""传开叫不响"的问题若怎么也不能从直观层面策略性、阶段性地解决,是否需要思考一下隐藏在这种传播话语权、文化主导权关系背后的殖民思想性瓶颈?是否思想领域殖民主义和后殖民主义依然在作祟?

三、本质上说来,资本主义的演进历史不仅是一部帝国领土和资本的殖民/新殖民史,亦是一部借由传播进行的思想文化变迁史。历史上几大殖民国家留下文化遗产最多的就是英国,曾经从领土占领的视角被称为"日不落帝国",演变成今天文化和语言无处不在的"文化新帝国",传播的作用不容小觑。正如加拿大传播学者伊尼斯所言,"20世纪英帝国性质的变化,在一定程度上,是纸浆业和造纸业的结果,是其对公共舆论影响的结果"。麦克尔·哈特(Michael Hardt)和安东尼奥·奈格里(Antonio Negri)描述"帝国"的视角很有创意:"帝国只能被构想为一个普遍的共和国,是建构于无边界、容纳性建筑中的由权力和反制权力组成的网络。"在帝国式的主权观中,权力在扩展过程中不断地革新、再造自身的秩序逻辑。尽管"帝国"并不总是一个确定性的概念,它的内涵和外延在不断发生变化,但它所包含的权力拓展逻辑和秩序更新理念却体现了资本主义以"扩张"为内核,以"拓殖"为动力的基本发展模式。而传播网络曾经就是创造、巩固、革新和再造资本主义殖民逻辑和殖民秩序的基本手段,甚至其本身就是资本主义殖民体系的有机组成部分和典型表征,作为消除商品自由流动障碍、实施意识形态控制的重要途径,传播技术体系和网络被整合,进入重新框定政治、经济和文化资源的全球分割进程,与现代化理论互为表里,化身为现代性的核心构件并演变出休戚与共的全球传播生态。

也就是说,传播与文化互为发动机贯穿于我们今天谈论的现代性的建构和现代化的传播历程。领土殖民时期利益生产和利益输送机制被有效维护的文化通道,本身就是在传播过程中达成共识并有效践行的,因为全球传播有效替代、弥补、延伸了枪炮政治成为新的全球资源调配主角。如果说,市场在资源调配过程中发挥决定性作用是市场经济的特征,套用这句话可以这样说,市场发挥资源调配作用中传播发挥着决定性作用,传播治理现代化甚至演变成为现代化的新核心。无论是对于现代性的传播景观化建构,还是有关现代化路径的思想性讨论和共识的达成,国际传播在美国的建构和全球的传播,20世纪上半叶美国创新性使用的发展传播学(发展社会学、发展经济学等)都居功至伟。结构-功能主义学派为发展中国家呈现/建构一个被建构的"发达"系统想象,甚至不厌其烦和不拘细流地将具有现代化特征的技术、科学和思想观念放在发展中国家手上的同时,还代为其思考,并通过有效的国际传播手段将对于现代性消化过程中滋生出来的所有问题都化约为"传统-现代"二元对立宏观体系思维模式,化约为其本土传统障碍或自身问题,润物无声地对"他者"进行了深层次的文化传播建构。

根植于文化霸权中的全球传播领导权伴随传播生态的技术变迁及其格局重构,其作为"我者"文化自觉的镜鉴,以及作为揭示西方新型殖民主义、重构健康有序传播秩序的锁钥作用日益凸显。从更远来看,在中国谈论国际传播,岂止是一些策略,岂止是硬件,岂止是人员素养,岂止是管理体制?中国国际传播能力建设,又如何能够绕过、讳谈近三百年殖民历史和文化对全球和中国的影响呢?毛泽东同志在《抗日战争胜利后的时局和我们的方针》(1945年8月13日)中有一句经典名言,"凡是反动的东西,你不打,他就不倒。这正如地上的灰尘。扫帚不到,灰尘照例不会自己跑掉",基于殖民历史的国际传播体制就是那个灰尘。由此让研究者看到,一个健康有序的全球传播生态建设,可能同时需要两步走,一步是加快国际传播能力建设的步伐,以时间交换空间,以实力换话语，让中国的声音有效传播出去，增加中国文化能见度；另一步是继续推动国内"四个自信"基础上把国内的文化自觉有效地推动成全球性的文化自觉，尤其是对近三百年殖民主义进行全球性的深度批判，为中国和其他第三世界国家的声音有效传播营造健康有序的国际舆论环境，增加中国文化的辨识度和美誉度，这一步，变得日益紧迫。

四、今天的国际传播理论研究，需要深刻揭示当今的国际传播格局是如何在殖民主义的逻辑框架下建立和演化的，而这种传播体系和格局又是如何为资本主义文化霸权的滋长、蔓延和肆虐提供温床和通道的。事实上，剥离后殖民语境，国际传播、跨文化交流、跨文化交际、跨文化传播极容易被漂白为温和、中性的理论和实践场域，西方主导的全球化过程、资本主义的文化霸权和意识形态入侵得以穿上信息自由流通、多元文化碰撞的合法化外衣，"摆脱了枪炮、病菌和钢铁"所表征的魔鬼面孔，以播撒"文明"种子、助推"发展"进程的天使之颜重现于世间。于是，"全球化话语越来越淹没后殖民研究"，甚至成为扩张美国（及其他发达资本主义国家）霸权的饰词；跨文化传播与交际堂而皇之地铺平了消费主义文化行销全球的道路。事实上，文化全球化不过是以一种变化的范式取代了资本主导的现代化，实现的是从欧洲中心主义向美国中心主义的转向，并没有对过去延续下来的问题或在这种体制下文化冲突的增长提供任何解决方案。爱德华·霍尔（Edward T. Hall）等学者开启的跨文化传播实践和研究也摆脱不了美国战略传播的扩张意图；当然，也正是这样一批跨文化传播研究的人群和文献，丰富和补充了单纯依赖国家力量、跨越国家和地区边界进行文化传播的"国际传播"的缺陷和不足。这也是不容置疑的。

毛泽东在中共七届二中全会的报告中提出：新中国将不承认一切卖国条约的继续存在，并采取有步骤地彻底地摧毁帝国主义在中国的控制权的方针。在具体实施步骤上，毛泽东主张应首先清除帝国主义在华残余势力和影响，也就是要"打扫干净屋子再请客"——指的是国内思想文化和历史沉渣的清理运动。今天，在殖民之后的世界体系中让中国的声音有效和健康地发出来，事实上也需要一个"打扫干净屋子"的过程，只不过这个"屋子"不仅包括中国国内还包括全球空间，朝向当今全球地缘政治和文化、经济往来背景下的后殖民语境的深度文化清理；而这个"打扫"，更是与在建中的"大外宣"格局相匹配，需要调动全社会的国际力量才能开展。

该做的工作还得要做，即便是很复杂和长远，因为任何的掩耳盗铃和讳疾忌医，都不仅会是浪费资源，更可能是浪费时间——只有在解构掉殖民主义思想和体系后（和过程中）方能建构新的世界传媒秩序和国际传播格局，这似乎有必要成为国际传播学界和业界的阶段性小共识。

原版序言（一）

冯宪光
四川大学

放在我面前的这部著作由姜飞在其博士学位论文基础上反复修改而成，现在由中国人民大学出版社正式出版，值得庆贺。这家出版社多年来一直以出版中国大学文科优秀博士学位论文而著称，为奖掖青年学者，实施学术积累，提供文化精品，做出了显著成绩，在学术界和出版界都有很好的评价。

姜飞的这部著作是研究后殖民主义文学批评理论的专论。自从20世纪80年代以来，西方文学批评理论就被源源不断地介绍到中国，成为中国当代文学理论创新的一种资源。这是有目共睹的事实。但是回过头来反思近二十多年西方文论在中国的传播、交流和影响的历史，可以总结和改善的地方仍然不少。其中之一是，中国国内对西方文学批评的引进和介绍，不够系统和完整，在学理的环节上有若干疏漏，甚至还有一些失误。这一方面是因为在资料的引入上不够全面和及时，另一方面由于中西文化和国情的差别，对于国外时兴的理论思潮，中国学者在理解和应用上难免有隔膜。这就极易出现或者人云亦云，或者鹿马相混，或者张冠李戴，或者失之毫厘的情况。姜飞之所以选择后殖民文化批评理论作为自己的博士论文选题，也是在学习国内这方面的译介与研究成果时，发现了一些问题，有所感触而为的。目前国内对于国外后殖民文化批评理论论著的翻译和介绍，取得的成就是显著的，出版了一些代表人物的专著，有一些比较好的论文选本。在研究上也有若干论文问世，对于国外后殖民文化批评理论的概貌和核心问题有所论述。但是总体上说，还没有比较系统的研究专著。姜飞的这部著作在现在出版，还是及时的。这并不是说姜飞的研究已经十全十美，而是说从作者对资料的掌握和分析来看，自成系统，提出了一个认知国外后殖民文化批评理论的阐释架构，对国内这方面的研究有所推进，从中可以让读者更多地了解后殖民文化批评理论的情况。

我们所说的后殖民文化批评理论在国外往往被称为后殖民主义理论（Post-Colonial Theory），这一"理论"（Theory）的命名和形态通常是超越了我们平时所理解的文学批评、文学研究的范围和范式，由文学而广泛地论及社会，又由社会的方方面面而触及文学。这有如乔纳森·卡勒所言："文学理论的著作，且不论对阐释发生何种影响，都在一个未及命名，然经常被简称为'理论'的领域之内密切联系着其他文字。这个领域不是'文学理论'，因为其中许多最引人入胜的著作，并不直接讨论文学，它也不是时下意义上的'哲学'，因为它包括了黑格尔、尼采、伽达默尔，也包括了索绪尔、马克思、弗洛伊德、高夫曼和拉康。"[1] 包括后殖民文化批评理论在内的当代文学理论，不仅是超越了结构主义式的语言文本分析，广泛地把视野扩展到人类学、社会学、心理学等若干方面，挑战既定的学科边界，而且尤其注重分析文学经验在人生、社会经历和体验中的位置，并且把文学经验与人生、社会经历和体验连接起来，进行经验的梳理、整合和解释，从而开启一种新的认知、思考和解释方式，去面对人们现实的语言、思想、习俗、行为和处境，去批判性地审视我们的日常生活，言说自身的当下处境，进行理性对自我和世界关系的全面、具体、无止境的反思。

因此要论述、阐释后殖民文化批评理论是困难的。因为现代文学理论的建设面临着跨越传统学科界限、研究对象既从文本向内深入又向外延伸扩张的态势。我在前几年就提出可以加强理性分析，采用视点分

---

[1]［美］乔纳森·卡勒：《论解构》，陆扬译，北京：中国社会科学出版社，1998年，第2页。

析的方法,在《文学理论:视点、形态、问题》[1]等文章中,我也倡导对文学理论进行分析性研究。我认为,在对中外文学理论进行学术梳理时,可以按照历史与逻辑统一的观点,去寻找文学理论学术史上文艺学研究的几个主要或基本的视点,寻找人们怎样去看文学的出发点,分析人们究竟使用了一些什么框架、视点去观察、看待文学,在这些框架结构的视野里,文学实践活动究竟存在着哪些值得研究的问题,从这些理论框架结构出发,已经和可能形成哪些理论形态,这些理论形态有什么人类学的依据,有什么人类认识功能和文化积累的根源,这些理论形态有哪些是社会历史和文化的具体表现,这些具体表现又和特定历史进程的社会历史、意识形态有什么内在的关系,等等。我以为,在梳理当代国外具有现代"理论"色彩的文学批评理论时,这不失为一种理解和阐释的方法。

姜飞的这本著作在梳理后殖民文化批评理论时,就采用了这种方法,是具体实践这种方法的一种试验。他从时间、空间、主体、话语这四个视点,去审视和剖析后殖民文化批评理论,构成为此书的基本框架。成败与否,自当由读者和专家评论。

本书在许多方面是有作者自己的创造性见解和独到的读书体会的。这一点又和作者由理论激情和个性张扬所驱遣的文字结合为一体,构成作者主体突出的在场。仔细读过本书的读者,会很容易觉察。这显然是本书的特点。特点往往是长处,同时特色的延伸又可能遮蔽未及细察的部分,形成局限。青年本来就是"指点江山,激扬文字"的一代,作一点充盈着青春的情感乃至情绪的文字,应当是情理中事。况且这样的文字,并不是一个人在任何时候都能够写就的。我也许和一些年长的读者一样,带着对作者成长的期待,宽容着作者的棱角和锋芒。

论学与谈禅有类似之处。《传灯录》卷十六引述全豁禅师语云:"岂不闻智过于师,方堪传授,智与师齐,减师半德。"我的许多学生,是

---

[1] 冯宪光:《文学理论:视点、形态、问题》,《社会科学战线》(吉林)2001年第2期。

"智过于师"的。姜飞或许算是其一。和这样的学生一起"辨章学术，考镜源流"，于我也是智慧的增益。因此，看到姜飞此书的出版十分欣慰。希望姜飞以本书作为一个起点，在自己的学术道路上继续勤学苦读，继续前行。

2005 年 2 月

原版序言（二）

谁在对谁行为？
——跨文化传播的思考

尹韵公
中国社会科学院新闻与传播研究所

谁在对谁行为？

按照这个哲学命题的思路，我们将它切入跨文化传播的研究之中，就变成了这样的问题：谁的文化在跨谁的文化？在汉语的解读中，跨有超越、跨骑、凌驾的意思，那么谁的文化可以超越、跨骑、凌驾谁的文化呢？或者换句话说，谁的文化在对谁的文化行为呢？

跨文化成为显学，是与当今经济全球化的日趋加剧分不开的。然而，仔细想来，跨文化的现象并不是今天才有的。在中国历史上，儒家文化就曾被佛教文化跨过。众所周知，儒家文化本来是中国土生土长的文化，而佛教文化却是从印度东来的外来文化。外来的强龙压倒了土著的地头蛇，其中必有缘由。唐初和南北朝时期佛教盛行，大约有两个主因：一是少数民族入主中原，不一定对以汉族为主的儒家文化感兴趣，出于政权的自尊，他们必然会选择另一种文化如佛教文化来作为国家的主流意识形态，借以排斥或压倒儒家文化，不然的话，他们对人口众多的且一向以文明悠久自傲的汉族就缺乏自信，没有心理上的优势。二是战争的大环境有利于佛教的传播。南北朝时期，政权对峙，战火频仍，人民痛苦不堪，甚至一些封建君王也厌恶无休止的战乱。为了求得心灵的平衡和安稳，人们便自觉不自觉地选择了佛教文化。因为佛教中的忍让思想、来世思想和色空观念，在相当程度上是有利于呼唤和平的。"南朝四百八十寺，多少楼台烟雨中"这句诗，准确地描绘出佛教文化成为当时社会主流意识的盛况。

以儒家文化为主的中国传统文化具有其他任何文化都不可比拟的包容性。作为外来文化的佛教文化虽然曾一度跨过儒家文化,但最终还是从主流和主导位置上退了下来。儒家文化虽然重新得势,也并没有对佛教文化产生报复或怨恨;相反,却大度地接纳了佛教文化,承认它的存在和价值并继续给予它发展的空间。佛教能够彻底中国化,显然离不开儒家文化的宽宏大量。在中国的许多著名寺庙,儒、释、道三种思想的外在象征均供奉于一殿、一庭、一山之中,这不能不说是一种奇特的文化景观。而这种文化景观,国外能找到吗?

中国传统文化的长期格局是:儒家文化为主,佛教文化和道家文化为辅,三家各据所长,共同维持着封建社会的主要价值观念体系。不过,这种千年之久的思想体系格局,在近代社会的中外文化碰撞中,不幸遭遇到差不多是粉身碎骨的结果。伴随着资本扩张而硬闯进入中国的西方文化,表现出一种凌驾于人的咄咄逼人的态势。在西方文化的挤兑和打压下,中国文化节节退让,着着败象。新文化运动喊出的"打倒孔家店"的口号,几乎等于自废武功。郭沫若主张的"凤凰涅槃"说,无异于召唤中国文化的新生。近代思想家们发现的"数千年未有之奇局"变化,表现在文化上则是指西方文明思潮已对中国社会产生了空前未有的重大影响。实际上,作为意识形态观念的马克思主义传入中国,也可视为一种文明进入另一种文明的文化现象。虽然马克思主义的中国化尚未达到佛教中国化的程度,但马克思主义毕竟在中国站稳了脚跟,人们承认和接受了它。马克思主义在中国的生命力表现,还有待于马克思主义中国化的伟大实践及其实现程度。

中国历史上的跨文化和不同文化的融合与交流的状况表明,首先,中国本土文化具有强大的生命力和凝聚力,它不容易被外来文化吃掉或消灭。相反,由于拥有强大无比的包容力,外来文化反而终被中国本土文化逐渐纳入自己的体系和框架之内,逐渐被同化,发生遗传变异,适应本土的文化大气候。其次,外来文化之所以能在中国生根发芽结实,是因为中国社会产生了某种文化需求，如果没有这种文化需求，外来文化只不过是在中国文化大门槛外一位匆匆过客而已。再者，中国本土文化亦曾跨过别国文化，即曾给世界和东亚地区的文明与进步带来过积极而重大的影响。这个历史过程，既可以说是跨文化现象，也可以说是不同文化的融合与交流。不过，在东北亚和东南亚一些国家的历史记载中，中国文化对它们的文化浸淫，恐怕更多意味的还是跨文化的强势介入。当然，这些国家也坦率地承认，中国文化的确比它们的文化要优越得多。最后，中国文化的活力需要外来文化的刺激。古代佛教文化、近代西方文化都对中国文化的丰富和发展起到了不可低估的作用，都为中国文化增添了新鲜血液。没有外来文化的刺激，中国文化的脉搏就不会像今天这样跳动有力。

这里还需要进一步强调的是，当代中国文化遇到的问题是近代中国文化遇到的问题的继续。自1840年鸦片战争以来，中国一直处于社会大变动时期。在中国历史上，曾经有过三次社会大变动时期，第一次发生在春秋战国时代，大约经历了五百五十年的时间后，中国文化以一种全新的面貌记录在历史的篇章中；第二次发生在魏晋南北朝时期，大约经历了三百五十年的时间，中国文化在历史的磨难中显示出更加丰满的体态；第三次发生在1840年以后，一直延续至今，虽然已耗去一百六十多年的时间，但这个社会大变动似乎尚未了结，有人估算：恐怕还得花费五十年左右的时间才能完成。

社会大变动是一个国家的政治、经济、文化、社会等诸方面制度的脱胎换骨。1949年以前的中国，革命是时代的主题，政治、军事斗争压倒了经济和文化建设。1949年以后的中国，由于民族的生态环境从根本上获得了改变，故中华民族启动了社会大变动历史进程的第二步，即现代化建设和改革开放成为时代的主旋律，经济建设和文化建设不可避免地演变为这一时代的主角。虽然为变更一个历史选择的政治制度，我们这个民族曾经付出了时间上、精力上和肉体上的巨大而惨烈的代价，然而，与过去的变动相比，我们当下所处的变动，无论在广度和深度上都要复杂得多、深刻得多、宽泛得多。也就是说,从历史的大视角看,社会大变动的第二步要比第一步走得更加艰难、更加曲折。

如果说过去不同国家、不同民族之间的文化交流、碰撞与融合,一定的国家或一定的民族还有相当的选择权和自主权的话,那么,在今天的全球化时代,国家和民族的文化越来越多地显示出跨与被跨的意味,其选择权和自主权的空间愈来愈小。一方面,依赖于高新传播技术,世界各国的文化交流在范围、速度、强度、种类等方面都达到了以往历史上未曾有过的高度和规模;另一方面,西方发达国家主要是美国凭借和倚仗科技优势给他们带来的话语霸权,大肆推销、宣扬和传播西方主流文化及其价值观念,恶意贬损和摧残发展中国家的历史与文化,力图使发展中国家的历史与文化在全球化的过程中,不是失语就是褪色,或者被边缘化。

以美国化为主要标志的强势国家及其强势文化在全球的无度扩张,不但引起了广大发展中国家的恐慌,而且还给许多欧洲发达国家带来了不安,甚至连一些美国学者也忍不住问道:莫非文化产业也要麦当劳化?面对强势文化与弱势文化的争论,我曾亲耳听到一位法国学者愤愤不平地说:虽说法国也是强势国家,但在美国文化面前,法国文化依然是弱势文化。此言不虚,因为据我所知,欧洲电影市场的75%以上是被好莱坞电影控制的,欧洲电影票房收入的75%以上也是被美国制片商拿走的。连欧洲都无可奈何,其他地区还有抗衡的实力吗?

意识是现实的反映,现实又催生了问题的研究。虽然跨文化研究在国际文化论坛上已成为注目的热点,但在中国还处于始温阶段。自20世纪90年代中期以后,关于西方研究跨文化问题的论著越来越多地进入中国。如何认识、理解和把握西方的跨文化理论,便成为中国学者的热切关注。正是在这适当之机,姜飞以他的学术敏锐推出了他的博士论文《跨文化传播的后殖民语境》。作者从时间、空间、主体、话语等四个视角切入,比较全面、系统、深入地梳理了西方的后殖民主义批评理论，眼光独到，情意澎湃，并将其与跨文化传播的研究有机地结合起来，不乏作者的妙论和精识。

我认为，研究跨文化理论的最终目的在于，我们应当如何应对全球文化领域的严峻局面。就是说，在"谁在对谁行为"的命题下，还需进一步深入研究"谁在应对谁的行为"？从中国来说，面临的挑战更加紧迫。譬如，中国的经济实力已位居全球第六位，但仍未得到西方七国集团的认可，这就表明西方七国集团对中国的挤对不会放松。对西方七国集团来说，中国的崛起在经济上的意义还是次要的，而在政治上和文化上的意义才是主要的。因为中国崛起的事实证明：社会主义也是能够给一个国家和民族带来繁荣和富强的，中华民族的文化价值观念也是具有独特魅力的；中国模式和中国道路也给广大发展中国家树立了榜样和典范。而西方七国集团都是资本主义模式，且文化价值观念基本相同，数百年熏染出来的傲慢与偏见使它们不能容忍和不愿承认另一种价值体系产生的中国模式和中国道路，否则，它们的价值体系便不能具有至高无上的唯一性。虽然我相信西方七国集团的智者们最终会接受中国模式的事实，尽管他们不情愿或者多少有些不情愿，但是，我也断定：如同加入WTO一样，中国在文化观念和意识形态方面依然会遭到西方的"侵略"，其攻势的猛烈程度可能还会超过以往。文化跨越也罢，文明冲突也罢，实质上都反映出西方文化战略思想的一种进取态势。

又如，在今天世界的语境下，中国文化如何坚持以马克思主义为指导是又一重大课题。马克思主义是中国在革命时期向西方寻求的作为先进文化而引进的，马克思主义的普遍真理同中国革命实践的成功结合，使中国面貌发生了巨大变化。然而，在当前中国利益多元、文化多元、社会多元的情况下，怎样继续把普遍真理与执政实践进行成功结合，使全面建设小康社会的目标如期实现，这不能不说是一个伟大而艰难的历史抉择。将发展先进文化作为党的重要任务，这是中国共产党的发明与创新，世界上还没有任何政党这样说过和做过。这种新认识说明，中国共产党将依赖马克思主义的开放性品质，不断借鉴和吸收世界上一切人类文明的优秀成果；中华民族有能力、有信心消化、融合一切他国文化中的积极因素，以滋养、丰富和发展中华民族的自身文化。

再如，能否把握文化的话语权，是一个国家丰富和发展民族文化的根本。西方国家的强势文化是以强大的物质基础和技术力量为依靠的，而发展中国家的文化之所以被跨骑，也是由于缺乏物质和技术的优势。发展中国家不是没有声音，而是没有能力散布它们的声音。因为强势国家在很多情况下是在有意封堵它们的声音。实际上，文化霸权在很大程度上表现为信息霸权。面对以美国为首的西方国家的信息霸权，广大发展中国家的弱势文化是难以有所作为的。虽然中国是最大的发展中国家，虽然中国的综合国力在不断增长，但是，中国文化能否突破强势文化的重围而展示自身特点，这既要看中华民族的抗争能力，也要看我们是否能够抓住机遇。

前些年，美国著名学者亨廷顿写过一本《文明的冲突》的专著，一时轰动世界。亨廷顿看到了世界上几大文化可能发生的冲突，同时也对未来世界的文化前景进行了探索。事实上，自第二次世界大战以后，一些国际著名学者已经注意到，科学技术的推进使世界变得越来越小，而不同文化的交流规模与频率却变得越来越大、越来越多。文化谁跨谁的问题，最终是谁的文化占主导地位的问题。那么，谁的文化更有优势和前景，东方还是西方？英国历史学家汤因比看好中国，他曾根据中国有两千多年的统一历史，认为中国最有可能、最有资格为未来世界的大一统提供文化上的智力支持和理论背景。他写道："如果共产党中国能够在社会和经济的战略选择方面开辟出一条新路，那么它也会证明自己有能力给全世界提供中国和世界都需要的礼物。这个礼物应该是现代西方的活力和传统中国的稳定二者恰当的结合体。"[1]然而，世界的统一，并

---

[1] ［英］汤因比：《历史研究》。

不意味着文化差异的消灭,所以汤因比认为:"人类需要团结一致,但是,在统一的大前提下,人类也应该允许一些差异,这样,人类的文化将会更加丰富多彩。"[1] 我倒是比较认可这个看法。

2005 年 3 月

---

[1] [英]汤因比:《历史研究》。

再版总论

后殖民之后：殖民主义传播批判与中国传播观[1]

当今世界格局的看待和处置视角，除了政治、经济和军事等之外，传播的重要性逐步为各层面认识和接受，也亟须基于历史问题和现实状况予以价值重置。广播、电视、报纸打造了传统媒体和大众传播时代，在殖民主义时期和两次世界大战期间在全球政治、军事、经济和文化版图建构中发挥了重大基础性作用；如今，以互联网为基础的信息传播新技术（ICTs）重组了全球传播基础架构，强势介入全球发展进程，打造了基于传播结构的政治、经济和军事新生态。也正是在这样的过程中让研究者看到，滥觞于殖民主义传播体制的当今全球传播格局本身，成为全球发展生态的核心构成要素和巨大变量，正在经历着巨幅震荡，进而在很大程度上折射和决定着历史发展的走向。

十六年过去了，有关后殖民研究和批评的实践也起起伏伏，如今，原版中论及的很多问题或者在现实中愈加清晰的显现，或者日益复杂化，也因为十六年中手机从白菜手机发展到智能平台时代，信息传播基础结构对于社会文本、文化文本和国际地缘政治格局的改变全景显现，推动研究者亟须站在更加复杂和多元的实践基础上，厘清迄今依然发挥决定性作用的殖民传播体系建立和传承至今的历史脉络、权力关系、文

---

[1] 有修订。原文发表于：姜飞，刘丹凌，《后殖民之后：全球传播体系的文化批判》，《现代传播》2021年第9期，12—22页。

化逻辑和综合影响，对殖民主义传播体系及大国全球传播战略"迷思"进行历史性批判，对"西强我弱"国际传播格局缘由进行结构性分析，在某种程度上或可在后殖民之后为全球传播和文化发展方向提出中国国际传播观的建设性建构。

一、新问题意识

习近平总书记在全国宣传思想工作会议和文艺工作、新闻舆论工作、网络安全和信息化工作、哲学社会科学工作等一系列座谈会上发表重要讲话，阐明了文化建设的重要价值，强调文运同国运相牵，文脉同国脉相连，中华民族伟大复兴需要以中华文化发展繁荣为条件。党的十九大报告进一步明确了坚定文化自信，推动社会主义文化繁荣兴盛的历史任务，并将推进国际传播能力建设，讲好中国故事，展现真实、立体、全面的中国，提高国家文化软实力作为其重要内容和实现路径。

这些基本国策的提出和践行过程呈现出一个重要特征，即大众传媒（media）和新兴信息传播媒介（medium）已经历史性地被赋予中华文明伟大复兴宏伟画卷的"织女"角色，朝向我国两大理论问题的解决：从国内传播来看，将中国特色社会主义思想、理论和实践有效"织锦"，进入中国五千多年的文明历史而实现历史传承的有机性、发展的和谐性；从国际传播来看，将中国五千多年的文明历史和中国特色社会主义的文化、价值观和发展实践有效"织锦"，进入世界文化地图而实现彼此尊重、合作共处。这两大问题不仅是复兴中华文化、重申民族自信的文化政治学问题；也不只是重塑国家形象、建设国家软实力的政治经济学问题，更是在西方大国主导的国际传播与文化格局中深刻反思和战略应对文化霸权、提出中国传播观、更新国际传播格局、重构全球文化传播秩序的努力，是将"一带一路"倡议与构建人类命运共同体进行传播同构，促进全球治理体系良性变革的传播支撑和向全球贡献中国智慧的综合性问题。

但是，这样前进的进程依然波诡云谲，西方主导的全球文化霸权遮蔽了领土和利益诉求结构成为新型殖民关系建构的枢纽，而文化霸权中的全球传播领导权则在传播生态的自身变迁及其重要性的外显和普及过程中，日益成为他者认知殖民关系和批判新型殖民主义的关隘和锁钥。文化领导权的缺失是众多新独立国家、新自治民族挥之不去的深层次阴霾，使它们在西方市场主导的发展模式和消费主义文化统领的价值体系中陷于深层的主体危机和依附困局。如果说殖民时期，西方宗主国与殖民地之间是一种政治和经济维度的宰制与被宰制关系；那么后殖民时期，西方资本主义国家与第三世界国家、民族之间则是一种文化意义上的主导与被主导关系。[1]这也揭示了朝向解决上述综合性问题无论如何也无法逾越过去的"后殖民"批判历史使命的重要性和艰巨性。

"后殖民"这一术语首次出现于20世纪70年代前期的政治理论，用以形容第二次世界大战后摆脱了欧洲帝国束缚的国家的尴尬处境[2]，并开启了后殖民之后全球发展道路的反思性重建进程。在比尔·阿希克洛夫特（Bill Ashcroft）、加雷斯·格里菲斯（Gareth Griffiths）和海伦·蒂芬（Helen Tiffin）1989年出版的合著《逆写帝国》（*The Empire Writes Back*）中，"后殖民"涵盖了"自殖民开始至今，所有受到帝国主义进程影响的文化"，[3]指向一种"话语群组"。[4]阿里夫·德里克（Arif Dirlik）梳理了"后殖民"的三种用法：一是描述曾经是殖民地的社会状况，包括第三世界以及诸如加拿大、澳大利亚等与第一世界联系在一起的移居者的殖民地；二是描述殖民主义时期之后的全球状况；三

---

[1] 参见韩志磊:《后殖民主义之后》,《西南交通大学学报（社会科学版）》2005年第10期。
[2] 转引自巴特·穆尔-吉尔伯特:《后殖民理论——语境 实践 政治》,陈仲丹译,南京：南京大学出版社,2001年,第6页。
[3] 比尔·阿希克洛夫特、加雷斯·格里菲斯、海伦·蒂芬:《逆写帝国：后殖民文学的理论与实践》,任一鸣译,北京：北京大学出版社,2014年,第1页。
[4] 麦克尔·哈特、安东尼奥·奈格里:《帝国：全球化的政治秩序》,杨建国、范一亭译,南京：江苏人民出版社,2008年,第144页。

是描述论及上述状况的一种话语,这种话语是通过这些状况产生的认识论和精神的方向来传达的。[1]从"后殖民"术语的使用变化中,我们可以发现,它从最初的历史分期演化为一种"理论与批判的场域",[2]包含着视点的拓展——从空间视点(领土、民族)、时间视点(殖民与后殖民时期)、主体视点(殖民者、被殖民者)到话语视点(话语表达、传播机制,知识与意义生产方式),[3]以及基于这些视点对西方帝国主义文化殖民政策之反思与批判的深入。因而,"后殖民"常常被冠以"主义"和"批评"之类的后缀,用以观察、审视和叩问种族、民族、帝国、移民和族性与文化成果的相互关联,[4]对西方资本主义文化霸权进行猛烈的揭露和鞭挞。

然而,自20世纪70年代末诞生,90年代初介绍进入中国,曾经一度被视为激进斗争武器和重要救赎力量的后殖民文化批判逐渐从大众启蒙和文化批判的广大场域被压缩到了学术小群体精英话语,其批判效能被严重压抑和扭曲。一方面是因为后殖民所包含的既是对殖民主义的批判和扬弃,同时在这种批判和对抗中又孕育了一种新的殖民形式,也即之于第一世界的反殖民,而之于第三世界的则是新殖民[5],本身抵制这种反拨的力量;另一个长期被忽略的维度,后殖民批评更多聚焦文学和文化状况,[6]而忽视了其中的传播维度,殖民文化后果与资本主义的传播体系、传播机制之间的重要关系没有得到充分的挖掘和阐释,正如拉卡·休默(Raka Shome)、拉哈·海娴(Radha S. Hegde)、珊迪·库玛(Shanti Kumar)等学者所指出的那样,后殖民研究中的传播维度一

---

[1] 阿里夫·德里克:《后革命氛围》,王宁等译,北京:中国社会科学出版社,1999年,第114页。
[2] 李应志、罗钢:《后殖民主义》,北京:北京师范大学出版社,2015年,第1页。
[3] 姜飞:《跨文化传播的后殖民语境》,北京:中国人民大学出版社,2005年,第74—77页。
[4] 巴特·穆尔-吉尔伯特:《后殖民理论——语境 实践 政治》,第3页。
[5] 阿里夫·德里克:《跨国资本时代的后殖民批评》,王宁等译,北京:北京大学出版社,2004年,译者前言第8页。
[6] 阿里夫·德里克:《跨国资本时代的后殖民批评》,译者前言第8页。

直比较缺失，传播研究中的后殖民议题也同样缺失。[1]这使得后殖民理论无法深刻揭示当今的国际传播格局是如何在殖民主义的逻辑框架下建立和演化的，而这种传播体系和格局又是如何为资本主义文化霸权的滋长、蔓延和肆虐提供温床和通道的。事实上，剥离后殖民语境，国际传播、跨文化交流/交际被漂白为温和、中性的理论和实践场域，西方主导的全球化过程、资本主义的文化霸权和意识形态入侵得以穿上信息自由流通、多元文化碰撞的合法化外衣，摆脱了枪炮、病菌和钢铁[2]所表征的魔鬼面孔，以播撒"文明"种子、助推"发展"进程的天使之颜重现于世间。于是，全球化话语越来越淹没后殖民研究，[3]甚至成为扩张美国（及其他发达资本主义国家）霸权的饰词；[4]跨文化传播与交际堂而皇之地铺平了消费主义文化行销全球的道路。事实上，全球化不过是以一种变化的范式取代了资本主义主导的现代化，即从欧洲中心主义向美国中心主义的转向，并没有对过去延续下来的问题或在这种体制下文化冲突的增长提供任何解决方法。[5]爱德华·霍尔（Edward T. Hall）等学者开启的跨文化传播实践和研究也摆脱不了美国战略传播的扩张意图，但也正是这样一批跨文化传播研究的人群和文献，丰富和补充了单纯依赖国家力量、跨越国家和地区边界进行文化传播的"国际传播"的缺陷和不足。[6]这也是不容置疑的。

---

[1] Raka Shome and Radha S. Hegde, "Postcolonial Approaches to Communication: Charting the Terrain, Engaging the Intersections," *Communication Theory*, Vol.12, No.3, 2002, p.249.; Shanti Kumar, "Media, Communication, and Postcolonial Theory, " in Robert S. Fortner & P. Mark Fackler, eds., *The Hand book of Media and Mass Communication Theory*, West Sussex: Wiley Blackwell, 2014, p. 380.

[2] 雷蒙德·戴蒙德在《枪炮、病菌与钢铁》一书中，试图解释为何欧亚文明最终能够可以存活下来并战胜其他文明，记录了现代世界及其诸多不平等行程的原因。

[3] Rae Lynn Schwartz-DuPre & Shelby Scott, "Postcolonial Globalized Communication and Rapping the Kufiyya," *Communication, Culture & Critique*, vol. 8, No. 3, 2015, p.335.

[4] 李金铨：《超越西方霸权：传媒与"文化中国"的现代性》，香港：牛津大学出版社，2004年，第1页。

[5] 阿里夫·德里克：《跨国资本时代的后殖民批评》，第4页。

[6] 姜飞：《如何走出中国国际传播的"十字路口"》，《国际传播》2016年第1期。

从这个意义上来说，中国需要解决的两大历史问题，亟须国际传播视角才能看清楚，才能引入来解决；同时，中国提倡的以民族文化重建、民族价值重构为基础的新型国际传播观也遽然具有了超越本土的世界思想意义：是中华民族伟大复兴历程中的理论阐明与实践总结，是对两次世界大战及冷战之后世界传播格局深入反思的结果，是对殖民主义传播体系及美国战略传播计划之批判，也是在后殖民之后为全球传播和文化发展提出另类选择（alternative choice）的尝试，意在从根本思想上解决不平衡的传播关系与文化格局固有的冲突和困境。

综上，本文作者在后殖民视角下将传播引入，同时，在传播研究的系谱中纳入后殖民的理论、方法和视角，对剥离后殖民语境的全球传播想象边界予以突破，全面、历时性视角阐释殖民传播体制的建构；同时超越后殖民研究的"中心－边缘"视野和话语批判维度，站在更加复杂和多元的实践基础上，厘清和再现迄今发挥决定性影响力的国际传播格局；最终，通过对殖民传播体制的后殖民批判，全息呈现其建立和传承至今的历史脉络、权力关系、文化逻辑和综合影响，结合当今国际形势和趋势，提出后殖民之后的中国国际传播观。具体而言，本文尝试透过后现代性的历史及文化地理视角，将"帝国"的知识工程和文化现象纳入国际政治经济权力关系建构的宏观结构中进行考察：一方面，借助"殖民传播"概念观照殖民主义与资本主义传播体系的双向耦合关系，从传播维度梳理全球性与历史上的殖民主义和当代的帝国主义之间的勾连关系，聚焦种族、空间和知识生产的殖民与反殖民是怎么样、以什么方式中介传播实践进行的，从而对西方的文化帝国主义战略进行批判性全面反思。另一方面，基于中国视角，在勾勒新媒体重塑社会构型特征的同时，探索新全球化结构中可替代性的空间、社会和文化版图组构方式，在此基础上提出"后殖民之后"国际传播新格局的可能性和路径，为提出中国的传播观做出某种尝试和探索。

二、从殖民到新殖民：资本主义传播体系的历史性、现代性建构

资本主义的演进历史不仅是一部帝国殖民/新殖民史，亦是一部传播变迁史，或者说是帝国与传播的变迁史。曾经从领土占领的视角被称为"日不落帝国"的英国，演变成文化和语言无处不在的新帝国，传播的作用不容小觑。"20世纪英帝国性质的变化，在一定程度上，是纸浆业和造纸业的结果，是其对公共舆论影响的结果。"[1]麦克尔·哈特和安东尼奥·奈格里这样描述"帝国"："帝国只能被构想为一个普遍的共和国，是建构于无边界、容纳性建筑中的由权力和反制权力组成的网络。"[2]在帝国式的主权观中，权力在扩展过程中不断地革新、再造自身的秩序逻辑。[3]尽管"帝国"并不总是一个确定性的概念，它的内涵和外延在不断发生变化，但它所包含的权力拓展逻辑和秩序更新理念却体现了资本主义以"扩张"为内核，以"拓殖"为动力的基本发展模式。而传播网络正是创造、巩固、革新和再造资本主义殖民逻辑和殖民秩序的基本手段，甚至其本身就是资本主义殖民体系的有机组成部分和典型表征，作为消除商品自由流动障碍、实施意识形态控制的重要途径，传播技术体系和网络被整合进重新框定政治、经济和文化资源的全球分割当中，与西方现代化理论互为表里，化身为现代性的核心构件并演变出休戚与共的传播生态。

传播与文化新殖民互为发动机贯穿于现代性的建构和现代化的传播历程。对领土殖民时期的利益和利益输送机制进行有效维护的文化殖民通道本身就是在传播过程中达成共识并有效践行的，因为全球传播有效替代（弥补）了枪炮政治成为新的全球资源调配主角，传播治理现代化

---

[1] 哈罗德·伊尼斯著，《帝国与传播》，何道宽译，北京：中国人民大学出版社，2003年5月，第4页。
[2] 麦克尔·哈特、安东尼奥·奈格里：《帝国——全球化的政治秩序》，第165页。
[3] 麦克尔·哈特、安东尼奥·奈格里：《帝国——全球化的政治秩序》，第165页。

甚至演变成为现代化的新核心。无论是对于西方现代性的传播景观化建构，还是有关现代化路径的思想性讨论和共识的达成，国际传播尤其是20世纪上半叶美国创新性使用的发展传播学都居功至伟。结构－功能主义学派为发展中国家呈现/建构一个被建构的"发达"系统想象，甚至不厌其烦和不拘细流地将具有现代化特征的技术、科学和思想观念放在发展中国家手上的同时，还代为其思考，并通过有效的国际传播手段将对于现代性消化过程中滋生出来的所有问题都化约为"传统－现代"二元对立宏观体系思维模式，化约为其传统障碍或自身问题。由此，我们发现，纵观历史，传统和现代传播体系的演进从萌芽到发展，与殖民主义和新殖民史以及理念、格局的变迁有着广泛深入的互动性、互构性特征，这体现在殖民时期和新殖民[1]时期两个历史阶段：

（一）欧洲中心主义与殖民扩张基调下，随着印刷术、报纸、广播、电视等传播技术和平台的发展，界定了全球传播的第一和第二次浪潮，实现了早期殖民主义和国际传播体系的互构

15世纪到二战结束是殖民传播体系的形成时期，它确立了以政治功能为核心的基本架构，伴随的是地理意义上的占领、侵略和宰治。作为一个相对松散的体系，它是紧跟殖民扩张的步伐和技术变迁的节奏，逐步拓展传播范围、传播内容和传播形态建构和完善起来的。而文化和传播网络的建构也伴随着帝国霸权的确立，[2]正如茨维坦·托多罗夫（Tzvetan Todorov）在《征服美洲》（"Conquest of America"）中所分析的，对交流手段的掌控，是任何殖民视野获得权力的要素。[3]因为，自由交换原则必须支配信息和传输工具，信息的自由流动仅仅是商品和劳

---

[1] 有学者将这个阶段称为后殖民时期，本文从广义上将后殖民视为一种"理论与批判的场域"，为避免混淆，我们将历史分期中的后殖民阶段称为"新殖民时期"。
[2] 参见阿芒·马特拉：《全球传播的起源》，朱振明译，北京：清华大学出版社，2015年，陈卫星代译序第4页。
[3] 比尔·阿希克洛夫特、加雷斯·格里菲斯、海伦·蒂芬：《逆写帝国：后殖民文学的理论与实践》，第76—77页。

务自由流动的必然结果。[1]

交通、商品和语言的传播属性被深度开发,奠定了以人际传播、组织传播为主的早期殖民传播结构。帝国势力的扩张和较量更多取决于交通技术的发展,运输条件的改善为殖民者的地理空间开拓奠定了基础,保障了物资与劳动力在更大范围内的流通,同时也奠定了以人际传播、组织传播为主的早期殖民传播结构。正如阿芒·马特拉(Armand Mattelart)所言,在担负全球使命的现代资本主义理性建构过程,正是铁路公司带来了管理资本主义和金融市场的国际化两种"基础性的材料"。[2]铁路延伸到哪里,人和语言就延伸到哪里,在对非洲的殖民过程中,葡萄牙人不仅学习当地的语言,并且向黑人译员教授葡萄牙语;[3]法国的尚普兰(Samuel de Champlain)在北美远征多次,施展才能与土著人民进行接触;[4]工业革命后,机器大生产代替手工作坊,资本家开始在殖民地开办学校教育,培训现代产业工人以及服膺于殖民管理和统治的"本土精英"。[5]这些早期的殖民传播活动契合进入资本主义的精神内核,将理性主义、商品经济、自由市场连同"文明-野蛮"二元对立的殖民征服逻辑一起打包倾销到被侵略和占领的属地,为直接的殖民贸易和殖民管理创造了有利条件。

随即,印刷术将交通、商品和语言的传播属性予以整合,开启了殖民大众传播的新时代。1455年,德国人古登堡(Gutenberg)在美因茨(Mainz)发明活字印刷术,将人类载入书面出版时代。尽管印刷术更大的威力显现于两个世纪之后,但它开启的信息传播和知识

---

[1] 阿芒·马特拉:《传播的世界化》,朱振明译,北京:中国传媒大学出版社,2007年,第11页。
[2] 阿芒·马特拉:《传播的世界化》,第17页。
[3] 参见德尼兹·加亚尔、贝尔纳代特·德尚:《欧洲史》,蔡鸿滨、桂裕芳译,海口:海南出版社,2000年,第324页。
[4] 参见德尼兹·加亚尔、贝尔纳代特·德尚:《欧洲史》,第337页。
[5] 参见杨席珍:《资本主义扩张路径下的殖民传播——传播政治经济学批评视角》,2010年浙江大学博士论文,第39页。

传承新格局却逐渐明朗起来。正因为如此，殖民者也将书面出版纳入传播的重要范畴，以巩固殖民统治。葡萄牙王国是最早意识到利用媒介巩固殖民地统治重要性的国家之一，它在出口货物的轮船上同时装载大量书籍运往各地，还在所属殖民地上自办印刷媒体，最早的实践是1557年在印度果阿和1588年在中国澳门创办的印刷媒体。其他欧洲强国也利用新技术和印刷书籍加强亚洲的殖民统治。[1]1638年，英国在北美殖民地引入印刷厂和出版社，用于印刷殖民地的法律法规和宗教书籍等，其目的主要是加强殖民地自上而下严格管控的信息发布模式，服务于殖民统治。印刷术在殖民地属于稀有的、昂贵的奢侈品，仅限于为殖民地统治者、宗教人士和社会精英服务，[2]借由信息传播不对称的张力制造实质上控制与被控制，成为殖民控制体系的龙骨支撑。

近代报刊的出现和发展，直接介入战争宣传甚至成为殖民战争发动机。印刷业的演进促进了近代报刊的发展，进一步拓展了殖民传播的路径和范围，亚非拉广阔的殖民土壤孕育了数目繁多的英文报刊、法文报刊、西班牙文报刊和葡萄牙文报刊，其中既有传教士报刊，亦有宗主国主导的殖民地本土报刊。以中国为例，随侵略者一起闯入中国的传教士马礼逊、米怜、麦都思、纪德等人快速引入西方印刷技术，创办了《察世俗每月统记传》《特选撮要每月纪传》《天下新闻》等第一批近代华文报刊，宣传基督教教义、评论时事、散播域外知识。[3]在鸦片战争后的半个世纪里，传教士创办的中外文报刊近170种，约占同期中国报刊总数的95%。[4]"传教士利用特殊身份，突破了封建新闻传播在内容上的

---

[1] 参见达雅·屠苏：《国际传播：延续与变革》，董关鹏主译，北京：新华出版社，2004年，第19页。

[2] 参见阿尔弗雷德·D.钱德勒、詹姆斯·W.科塔达编：《信息改变了美国：驱动国家的力量》，万岩、邱艳娟译，上海：上海远东出版社，2008年，第42页。

[3] 参方汉奇、张之华主编：《中国新闻事业史》，北京：中国人民大学出版社，1995年，第44—45页。

[4] 王炎龙：《西学东渐：中国近代报业发展的历史阐述》，《广西师范大学学报（哲社版）》2003年第4期。

限制，将科技知识、民主模式和新闻自由等信息强力输入中国。这些明显带有侵略色彩的活动客观上将封建统治撕开了裂口……"[1]在科技发展和外来文化的冲击下，广大殖民地也很快孕育了一批"本土"报刊。其中，被欧洲中心国家主导的殖民地本土报刊在维系移民与宗主国联系、实施语言和文化控制、重构殖民地社会和黏合多元族群的过程中发挥了至关重要的作用，因为"欧洲的征服种族们预计……那些在学校学习他们的语言，在成长过程中读他们的图书和报纸，吸收了他们观点的本地孩子，会从他们的角度看待生活，这将会使他们政府的问题大大简化"。[2]例如，西属美洲从1737年起，除再版《马德里公报》和墨西哥城与利马的公报外，还增加了《利马文学经济商务日报》（后成为《秘鲁信使报》）、《信使导报》、《文化入门》等报刊，使得来自欧洲的新思想和新知识得以在殖民地广泛散播、接受和认同。[3]从这个意义上来说，"你负责提供图片，我负责提供战争"的赫斯特（William Randolph Hearst）式"传奇"[4]将这种传播与政治利益深度媾和的神话呈现得更加充分；在《世界大战中的宣传技巧》中，拉斯韦尔（Harold Dwight Lasswell）对德国、英国、法国和美国战时宣传技巧的研究，则从理性上阐释清楚了报刊等传播手段对于殖民国家塑造正义形象、争取盟友和舆论支持、实施文化控制、妖魔化敌对势力、美化战争，继而为殖民利益争夺、殖民成果保驾护航的重要价值。

在没有电波的时代，基于印刷术革命的文艺书籍也曾"无远弗届"地延长强大的殖民传播体系。 随着殖民活动的深入，海上远征的拓展，欧洲列强的魔爪伸向更遥远的疆域，以旅行游记为基础的文艺创作成为殖民传播的重要内容。葡萄牙诗人卡蒙斯（LuísVaz de Cam es）1572年

---

[1] 张弢：《论传教士报刊对近现代中国新闻事业的传播示范》，《现代传播》2015年第9期。
[2] 罗伯特·E.帕克：《移民报刊及其控制》，陈静静、展江译，北京：中国人民大学出版社，2011年，第25页。
[3] 参见贝瑟尔主编：《剑桥拉丁美洲史》（第二卷），北京：当代世界出版社，1998年，第724页。
[4] 参见迈克尔·埃默里、埃德温·埃默里、南希·L.罗伯茨：《美国新闻史：大众传播媒介解释史》，展江译，北京：中国人民大学出版社，2004年，第246—252页。

写作的《卢济塔尼亚人之歌》将欧洲文化与东方经验熔为一炉；英国人丹皮尔（William Cecil Dampier）1697年写作的游记《环球旅行》是笛福（Daniel Defoe）著名小说《鲁滨孙漂流记》的原型，这部小说先后被译为多种文字；旅行文学也成为17世纪意大利的时尚，维也纳成立了自然奇观学院，出版了众多旅行书籍和博物学家的著作；1771年，法国人布干维尔（Louis Antoine de Bougainville）将航海家的经验和科学结合，出版了趣味盎然的《环球航行》。[1]这些以旅行见闻为基础的游记、小说、诗歌等文艺作品既没有杀戮的血腥，亦没有强取豪夺的野蛮，更没有受虐者的抗拒和挣扎；殖民主义被客观化为有关探险、科考和开拓的英雄传奇，而荒蛮的东方被塑造为静待发现的蒙昧之地，神秘的东方经验则被展演为凝视的对象和景观。这些作品暗合了启蒙主义对"自然"和"理性"的尊崇，就像发现来自遥远国度的"善良的野人"一样，鲁滨逊、星期五等满足了西方人对发现世界的期待。[2]围绕帝国的创造亦是19世纪至20世纪初的文学主潮——"英法文化的几乎每个角落里，我们都可以见到帝国事实的种种暗示"[3]。

全球邮政体系本质上延伸了殖民传播体系的触角。1840年英国实施邮政改革，统一全国邮资；1874年，世界邮政大会召开，统一世界邮资标准，并对尊重通信秘密的原则给予确认；1875年，世界邮政协会在伯尔尼（瑞士首都）成立。邮政系统随着火车、轮船、飞机等交通工具的变革成为信息交换的重要纽带，方便了殖民帝国对内对外的信息交流和贸易往来，巩固了殖民帝国的地位。[4]因此，英、法、美等国家都对国际邮政业务实施津贴制度，[5]促进其在殖民贸易中的作用。

海底电缆是全球传播格局中基础设施革命的典型代表，电报一出现就

---

[1] 参见德尼兹·加亚尔、贝尔纳代特·德尚：《欧洲史》，第357页。
[2] 参见德尼兹·加亚尔、贝尔纳代特·德尚：《欧洲史》，第34—39页。
[3] 爱德华·W. 萨义德：《文化与帝国主义》，李琨译，北京：生活·读书·新知三联书店，2003年，第83页。
[4] 参见达雅·屠苏：《国际传播：延续与变革》，第20页。
[5] 阿芒·马特拉：《世界传播与文化霸权》，陈卫星译，中央编译出版社，2005年，第15页。

融入殖民工具序列，并成为殖民传播体系建构的一个重要节点。海底电缆将殖民宗主国为中心的传播体系乃至世界格局首次具象化地链接成体系，建构并呈现在世人面前。1838年，第一条商业电报线路在英国铺设完毕；1851年，公共电报业务在英国开通，其中包括一套完整的邮政汇票体系，同年，连接英国与法国的第一条海底电报电缆正式开通；从1851年到1868年的十余年间，海底电报网络的铺设遍及北大西洋、地中海、印度洋和波斯湾地区；到了19世纪70年代，电报线路在亚洲各主要国家开通，一个以英国为主导的国际传播网络开始形成，[1]并且不断蔓延，这也成为维多利亚霸权一个最有力的说明。[2]由于铺设电缆的投入巨大，广大殖民地的电报电缆所有权掌握在宗主国手中。对于英国等殖民国家而言，电报电缆的架通大大缩短了殖民地官府和宗主国之间联系和交流的时间，不仅为殖民贸易提供了及时、准确的信息和数据，而且对强化殖民控制和管理大有裨益。连接战场、参谋部与宗主国的"直通电报"更是展露了它在军事行动和新闻传递等方面的应用。[3]1898年，法绍达危机[4]爆发，这是英、法两大殖民列强在非洲大陆的争夺焦点，法国皇帝以布拉柴维尔为起点的扩张计划与英国在非洲东南部的扩张计划相冲突。巴黎不得不依赖它的对手的传播网络，即向伦敦请示批准使用英国基奇纳将军的船和海底电缆来和刚刚占领法绍达的法国马尔尚船长联系[5]。

现代通讯社的出现其实质是信息全流域的争夺，从信息流动的上游根本性瓜分、垄断了世界范围内的信息传播。殖民活动对于商业信息和国际新闻的需求也刺激了通讯社的发展。1835年，法国的哈瓦

---

[1] 参见达雅·屠苏：《国际传播：延续与变革》，第21—22页。
[2] 参见阿芒·马特拉：《传播的世界化》，第18页。
[3] 阿芒·马特拉：《传播的世界化》，第22页。
[4] 法绍达（Fashoda）位于苏丹境内的尼罗河口岸。1898年7月，法国殖民探险队在马尔尚（Marchand）船长率领下抵达上尼罗河。9月，法国探险队遇到基奇纳（Kitchener）将军率领的英国-埃及联军，后者目的是占领整个马赫迪派地区。法国探险队起初拒绝退出法绍达，后来在法国外交部长指示下撤离。1899年3月21日，法英签订协定，把整个尼罗河盆地划为英国势力范围。
[5] 阿芒·马特拉：《世界传播与文化霸权》，第18页。

斯（Havas）通讯社成立；1849年，德国的沃尔夫（Wolff）通讯社成立；1851年，英国路透社（Reuters）成立。三大通讯社成立之初，便致力于服务资本扩张和殖民争夺的国际新闻竞争，并于1870年签署协议，促生"联环同盟"（Ring Combination），将世界信息市场一分为三，以大英帝国为中心的新闻信息秩序开始形成。1848年成立的美联社（Associated Press）随后也卷入这场激烈的国际新闻争战，并于一战后迅速崛起为世界性的通讯社。可以说，通讯社奠定了世界信息秩序的上中下游格局，自通讯社诞生开始，20世纪开启之前，或者说第一次世界大战之前，是全球传播的第一次浪潮，是英法德等欧洲国家主导的，基于殖民掠夺和殖民控制为导向的全球信息传播体系的初步成型；彼时，美国正努力跻身于这样的位列，小心翼翼但坚定有力地学习和融入殖民传播体系。

电影技术通过虚拟现实/超现实的建构和魅力呈现，成为殖民传播体系的最好文化"帮办"。 以好莱坞电影生产体系为代表，刷新、规制、强化了以往书、报、刊所建构的文化想象，并与书报刊、广播、通讯社以及后来的电视等知识、信息生产体系互为表里，编织"现代社会"的总体想象、话语体系和牢固的认知生产体系。截至一战前夕，1907年成立的法国电影公司百代影业（Pathe）一直垄断欧洲电影市场，并将发行网络延展至土耳其、美国和巴西等地。1909年至1913年间，独立制片人推动了好莱坞电影工业的高速发展，好莱坞从此成为世界的"梦工场"，不仅主导了全球形象生产，盘踞家用影碟、电视和有线市场，而且凭借娱乐、音乐、时尚、广告等的强势输出，将"美国主义"传播至广大的第三世界国家，甚至新崛起的第二世界以及逐渐没落的欧洲国家。正如罗伯特·E.帕克（Robert Ezra Park）所揭示的那样，"在旧的政治边界内，欧洲是在语言及其保存的记忆和文化遗产的基础上被组织起来的"，[1]这个涵盖传教、教育、书报刊、通讯社、电报、广播、电

---

[1] 罗伯特·E.帕克：《移民报刊及其控制》，第5页。

话、电影等在内的多维殖民传播体系为殖民主义提供了语言、信息和文化组织的基础。

随着无线电技术的发展，广播和电视成为殖民传播的新阵地，"信息传播"获得史无前例的投入和关注，开启了全球传播的第二次浪潮，甚至推动了现代传播学的奠基。从诞生伊始，广播就将宣传作为自身发展的一部分，利用其威力去影响人们的价值观、信仰和态度。[1]因此，无线电技术的制度化开发和国际化利用也成为大英帝国，乃至德国等其他欧洲殖民国家争夺的新焦点。1906年，国际无线电报联盟在英德的倡导下建立；1912年，各国于伦敦签署的协议确定了"先到者先得"的频率分配办法，使资本和技术雄厚的殖民国家在有限的频谱争夺中获得压倒性胜利，[2]进一步扩大了宗主国和殖民地的信息逆差，表明传播领域的"不平等交换"这种生产体制间的差距随着科技的飞跃发展而扩大。[3]荷兰是世界上最早开办国际广播的国家，它从1927年开始启用荷兰语向海外殖民地东印度等进行广播，不久又增加了英语和印尼语广播。法国、英国、意大利、日本、美国等殖民国家也不甘落后，相继开办国际广播，一方面加强对殖民地的同化和思想钳制，另一方面开展与敌对国家和敌对势力的舆论战。[4]当时，德国、意大利、日本等"纳粹"团体更积极利用国际广播资源进行法西斯宣传和种族优劣论的宣传，博取国内外公众认同。

对"宣传战""心理战"的青睐从一战一直延续到二战，因此，战争不仅是军事较量和资源争夺，也是传媒角力、传播竞争。两次战争期间，参战国广泛调用传单、报刊、广播、电影等传播资源鼓舞士气、美化战争、妖魔化敌方，并通过新闻审查制度、新闻法规规范、情报系统操控等机制实施传播控制，维护国家利益。法西斯德国宣传部长戈培尔

---

[1] 参见达雅·屠苏：《国际传播：延续与变革》，第35页。
[2] 参见达雅·屠苏：《国际传播：延续与变革》，第34页。
[3] 阿芒·马特拉：《传播的世界化》，第20—21页。
[4] 参见程曼丽：《国际传播学教程》，北京：北京大学出版社，2006年，第26页。

的信条揭示了这场"媒体大战"的实质——"新闻是战争武器,新闻的目的是帮助战争而不是提供信息"。[1] 以欧洲为中心的西方列强在传播网络的助力下,从根本上确立了殖民话语的霸权地位,生产了斯皮瓦克(Gayatri Spivak)意义上的帝国主义"认知暴力"(epistemic violence),正是这种认知暴力巩固了帝国主义的"君上的自我"(Sovereign Self)观念,诱导本土居民在自我主体建构中与之共谋,将"属下"变成沉默和暗哑的"他者"。[2] 尽管从客观上说,它也将西方先进的科技和知识、理性精神和民主意识广为散播,一定程度上启蒙了广大殖民地和欠发达国家。但其根本仍然是为资本扩张保驾护航:首先,通过经济及相关信息的传播,保证殖民贸易的顺利进行和拓展;其次,通过科技及知识的传播,提升劳动力文化素养,保障殖民生产(尤其是工业革命后的殖民生产)的质量和效率;再次,通过资本主义价值谱系和殖民理念的传播开展文化政治动员,规训被殖民者和被统治阶层,改造殖民地社会以适应全球市场经济需求。[3]

可以说,这一时期的殖民传播体系为16世纪到19世纪的资本原始积累,以及工业革命后世界经济市场的形成创造了有利的信息和文化环境;同时,更不可小觑的是,两次世界大战期间围绕广播资源的掠夺、交战国的信息传播体系布局,实现了自殖民主义时期以来国际传播格局的最大转型——正是借由两次世界大战,实现了国际传播影响力从英法德等传统殖民强国,向美国"新帝国主义"[4]的接力:这是全球传播的第二次浪潮,报纸、期刊、书籍、广播、电视这些今天被称为"传统媒

---

[1] 参见罗伯特·福特纳:《国际传播——全球都市的历史、冲突及控制》,刘利群译,北京:华夏出版社,2000年,第131页。
[2] 拉曼·塞尔登编:《文学批评理论——从柏拉图到现在》,刘象愚、陈永国等译,北京:北京大学出版社,2000年,刘象愚译序第36页。
[3] 转引自高岱:《"殖民主义"与"新殖民主义"考释》,《历史研究》1998年第2期。
[4] 参见David Harvey, *The New Imperialism*, Oxford, New York: Oxford University Press, 2003, pp.1-2, 26-96;大卫·哈维:《新帝国主义"新"在何处?》,覃诗雅译,《国外理论动态》2017年第7期。

体"的平台和介质成就了美国文化的全球成功传播("美国梦")、美国主导的全球传播体系格局的转型、美西方主导的话语权/话语霸权的顺利交接。尤其是从诸多领域和视角考察"马歇尔计划"的时候,经常被遮蔽但绝难被忽略的是,如果没有美国精心设计的国际传播布局的支撑,该计划的实施将是举步维艰的,甚至可以说,"马歇尔计划"的成功本身是在美国主导的国际传播体系支撑之下获得的,同时,其最大的成功也是美国对国际传播格局的重组,奠定了之后半个世纪的强大话语权。正是在"发展传播学"的理论支撑下,包括欧洲在内的世界接受甚至拥抱了来自美国的文化产品和传媒体系,美国的媒体得以在全球设立分支,美国内容得以在全球畅通传播,无论是从国际舆论还是社会心理上,有效地护航了马歇尔的经济和政治计划,这是尤其值得当今学者和政策制定者深思的。

两次全球传播浪潮,见证了殖民传播体系的建制以及变迁。伴随着西方列强的暴力入侵、直接奴役、强取豪夺已经初步完成并建构了殖民国家除了领土、资源和人力的奴役之外,对信息、知识等深层权力的垄断和共谋控制,全球传播体制既是第一次殖民时期的结果,更是其巨大成就,为第二次文化殖民打开了通道。传播体制与殖民野心的文化共谋,随着广播和电视这种强大影响力媒介的诞生,逐渐机制化,甚而从后台或者平行路线,走到前台,演变为国家传播战略——这是我们当今看待和处置任何有关媒介、传播问题的认识出发点。

(二)殖民和传播在"晚期资本主义"时期历史性合流,建构了以美国为主导的新殖民主义传播体系,并在信息传播新技术(ICTs)支撑下实现传播体制的更新升级,在 2001 年"9·11"事件触发下开启了第三轮的全球传播格局重组浪潮

二战结束后,广大亚非拉国家相继获得民族革命的胜利,1990 年纳米比亚的独立标志着领土殖民的历史终结。然而,直接殖民的终结并不代表以"殖民"为内核的资本主义正在走向土崩瓦解,作为垄断资本主义和帝国主义的进一步发展,欧内斯特·曼德尔(Ernest Mandel,

1923—1995)提出了"晚期资本主义"[1]的概念，表达的是资本主义的后期，不是不同于以前资本主义的"新资本主义"这样一个意思；弗雷德里克·詹姆逊（Frederick Jameson）进一步将"晚期资本主义"从文化上进行阐释，认为其以更为隐蔽的方式践行着新的殖民政策，文化成为这副殖民面孔最曼妙的矫饰。以美国为代表的发达资本主义国家开启了以文化全球化为基本战略的新殖民路径，经济与社会的普遍联系是这种全球化运动的联结点，传播机器通过不断地扩大人员、物质与象征财富的流动来加速逐渐扩大的整体对社会的融合，并且不停地移动物质、知识和精神的边界，[2]文化渗透、价值同化和思想同步成为该殖民路径的新内核。

殖民和传播在"晚期资本主义"时期历史性合流，建构了新的殖民主义传播体系。美国从他的欧洲老师那里出师，不仅全盘继承了从古典东方学到现代东方学一脉相承的机制，而且建构了以美国为中心的新文明 - 文化话语世界阐释体制。[3]至此，以美国为首的西方对世界其他地方的殖民也从赤裸的物质层面转向隐匿的精神层面，消费意识形态承担起全球"启蒙"的新角色，让更多国家和地区的人民享受所谓"进步、发展"带来的好处，仿佛两三百年前坚船利炮式的侵略和屠戮从未发生过。[4]当一切形而上的东西附魂于文化产品，并借助消费侵入日常生活和社会机理，服膺于资本逐利本性的"消费"也就摇身变为最高意识形态，殖民地、第三世界或者所谓新兴国家、后发国家从发展被外力束缚、资源被强制开发、人民被奴役转到发展被纳入西方全球化的轨道，资源和人民的精神也被纳入西方的某个生产线，进入了自虐的然而看起来却是自慰的循环中，[5]以致"被殖民者永远不

---

[1] 欧内斯特·曼德尔:《晚期资本主义》，马清文译，哈尔滨：黑龙江人民出版社，1983年。
[2] 阿芒·马特拉:《传播的世界化》，第1—2页。
[3] 参见姜飞:《传播与文化》，北京：中国传媒大学出版社，2011年，第52页。
[4] 参见本书第74—75页。
[5] 参见本书第75页。

知道殖民者什么时候把他们看作什么东西,是完全拥有自我的人,或仅仅是物体"。[1]这种新殖民主义亦被称为后殖民主义,或文化帝国主义,它是殖民主义在文化上的延伸,即葛兰西所谓资产阶级"话语霸权"合法化的过程。[2]

从一定程度上来说,美国传播资本的崛起是新殖民传播体系建构成功,并与老牌殖民主义跨越时空实现精神对接,进而建构新的全球传播主导的资本主义本性的显赫标志。尽管不是起点,信息文化传播领域的全面商业化仍然是二战后美国等资本主义国家发生的一项举世瞩目的变化,"大企业已经大规模接管了国内的传播机构"[3],以盈利为直接目的的广播、电影、电视、报刊、出版、唱片、动漫、游戏、通信等产业共同构筑了资本主义信息文化工业帝国。计算机通信、网络技术,包括移动互联网、物联网、终端设备等领域,连同以新闻、娱乐、时尚为主要内容的文化生产成为资本主义扩张的新场域、经济增值的生长点。以美国为主的西方发达国家掌控了全球主要的媒体资源和信息文化服务,"世界上大部分国家的影像和信息产品通常是美国生产的电影、电视节目、音乐、新闻和流行文化产品"[4]。霍克海默(Horkheimer)、阿多诺(Adorno)早在《启蒙辩证法》中就曾阐明,文化工业不仅是操控大众意识形态的工具,而且体现了资本主义的商品交换逻辑,服务于现存的资本主义制度。[5]传播不再是单纯依附于资本殖民扩张的手段,其自身发展逻辑也逐渐呈现"去工具论"色彩,也即是说,传播资本成为这种以文化为基础的资本殖民扩张之组织架构,甚至殖民扩张本身,建

---

[1] 罗钢、刘象愚主编:《后殖民主义文化理论》,北京:中国社会科学出版社,1999年,第372页。
[2] 参见本书第73页。
[3] 赫伯特·席勒:《大众传播与美利坚帝国》,刘晓红译,上海:上海世纪出版集团,2006年,第8页。
[4] 赫伯特·席勒:《大众传播与美利坚帝国》,第3页。
[5] 参见马克斯·霍克海默、西奥多·阿道尔诺:《启蒙辩证法》,渠敬东、曹卫东译,上海:上海人民出版社,2003年,第161—187页。

构了强大的主体性。以美国为首的资本主义阵营与以苏联为首的社会主义阵营之间的冷战格局是这种"文化帝国主义"战略的逻辑起点,维持殖民扩张的既得利益、开拓全球资本市场是其旨归。美国等资本主义国家的殖民传播体系随之彰显出强烈的"后(殖民)"系特征,以信息文化工业为主体(新媒体、融媒体),以国家战略传播为辅助,以重大事件和人物为抓手,以新闻信息传播为主干,以旅游、教育及科研交流为延长线的新殖民传播体系日臻完善。从传统的殖民方式转换为新的世界政治经济格局:从以生产为内核的经济扩张过渡到以消费为内核的经济扩张,从直接性的掠夺转向间接性的需求创造,从文化强制转向文化认同——借由传播实现广袤地域的全球治理目标。

资本主义信息文化工业(主要是美国)延续着意识形态征战和制造认同的神圣使命。其创造的流行文化作为一种强势文化,不仅以全球化之名将"美国主义"推行至欠发达国家和地区,"而且也以瓦解欧洲生活并使之美国化的方式进行文化殖民"[1]。叶维廉在《殖民主义、文化工业与消费欲望》中说:"从弱化原住民历史、文化意识到原住民对殖民者意识形态的认同和价值取向的同化,人性工具化的文化工业扮演了一个极其重要的角色……西方人性工具化的文化工业之输入第三世界的底线,是意识形态的一种重新布置,利用合作的说词,作市场全球性的扩张……"[2] 政治学家凯瑟琳·萨利·卡克斯(Catherine Sally Cox)认为,多种(地区的、国家的、全球的)文化地域范围的存在并不表明它们的力量平等,因为受美国支配的全球文化和传媒产业已经培养全世界的观众形成了一种特定的传媒认知模式:"认可音乐剧的规范,盼望看到情景喜剧的结局,将新闻理解为精英阶层提供的信息,接受与那些熟悉的形式有关的新的娱乐和信息形式。"[3] 而这种强势文化的影响绝不仅是

---

[1] 张中宏编写:《法国新右派的哲学基础》,《国外理论动态》2002年第2期。
[2] 张京媛主编:《后殖民理论与文化批评》,北京:北京大学出版社,1999年,第375页。
[3] 转引自伯尔尼德·哈姆、拉塞尔·斯曼戴奇:《论文化帝国主义:文化统治的政治经济学》,曹新宇、张樊英译,北京:商务印书馆,2015年,第132页。

一种认识模式的培养,更是一种文化霸权的运作,经由霸权想象、霸权认定、霸权实施三个步骤,它完成了对弱势文化的非线性重组。在霸权想象阶段,强势文化通过媒介,把资本主义的各种象征符码植入弱势群体,促发弱势文化群体的想象力,使他们以这些符码为源泉构筑想象中的西方帝国(特别是美国);当文化产品有渠道输入,部分弱势群体有渠道直接接触、感受所谓的强势文化时,原先的想象与现实即进行简单的置换,巨大的反差即促使他们不仅认定且拥抱这种强势文化,把"自我"边缘化甚至抛弃;所谓的霸权实施就是由这些人,回到弱势群体之中,即以"舆论领袖"的地位激发新一轮的霸权想象……当所有这一切都已构筑完毕,则西方媒体和文化产品的大举进入之时,即是霸权文化的实施之时。[1]这种文化霸权运作的实质是将资本的逻辑、自由市场的逻辑、代议制民主的逻辑连同美国梦的愿景包装成一种普世价值,一种世界大同的基础,传播至全球各个角落,内化为其他民族国家人们的认知方式、行为方式和道德意识。用爱德华·赫尔曼(Edward S. Herman)的话说:"至少受到部分遏制的商业化全球浪潮到底体现着'文化帝国主义'还是'文化依赖'?——主要的入侵是模式的灌输。其次重要的是商业网的发展、巩固和集中以及和全球体系的日益融合,再加上这些进程逐渐对经济、政治体制、文化环境所造成的影响。主要的入侵决定了要走的道路,并且把有关国家带入了主要大国的利益轨道。这就是'新帝国主义'形式,它已经取代了旧的、粗野的和过时的殖民方式。"[2]

信息传播新技术(ICTs)开启了信息资本主义和电子殖民时代。丹·席勒(Dan Schiller)在《信息拜物教》中深刻地研究了以信息商品化为最新前沿的资本主义发展史,剖析了"计算机革命"的动因、机制、媒体整合的历史渊源,商品化过程在电信、广告、卫星电视、移动

---

[1] 参见本书第230页。
[2] 爱德华·赫尔曼、罗伯特·麦克切斯尼:《全球媒体——全球资本主义的新传教士》,甄春亮等译,天津:天津人民出版社,2001年,第190页。

电话等信息文化传播领域的加速、深化和全球延伸等重要问题,[1]揭开了"信息资本主义"和"数字化衰退"的神秘面纱。在他看来,数字信息技术改变了全球资本主义的方式,深刻影响全球政治经济,资本主义核心的力量——剥削、商品化和不平等——不仅没有得到缓解,反而在网络化的政治经济中不断发展和加速。[2]按照曼纽尔·卡斯特(Manuel Castells)的观点,"在数字时代,主要的传播组织形式由全球化的多媒体商业网络占据,它们使用不同的传播媒介但又整合在同一家大集团内,在一个越来越由寡头垄断的商业环境中,竞争力得以提升。不仅如此,横向传播网络与单向的传统传播形式(如电视、广播、出版社)日益融合,由此形成一个使用数字技术的混合型传播体系,从而由统一的普通超文本演变为丰富多彩的、个性化的'我的文本'(my text)。"[3]这显然不仅是资本化传播权力日渐集中、商品化传播产品愈加丰富、殖民化传播体系日臻完善的问题,其中还隐藏着资本固有的剥削和拓展逻辑的在个体层面的有效延伸——新兴信息传播技术借由日新月异的传播终端,实现了大众传播"最后一公里"的突破:既有传播技术升级推动的传播终端将信息推送到手机和指尖的"最后一公里",也有动态个性化传播机制、零散时间的充分填补、兴趣和眼球经济的传播效应助推下实现的信息入耳、入脑的"最后一公里"。

从马克思主义政治经济学的视角来看,新兴传播技术体系下,不断拓展的殖民传播体系将资本家用于保证劳动力再生产的资金和时间都节省下来,绝对性地提高了剩余价值的生产。传播体系以信息海量提供激发和满足劳动力信息欲望与部分的不确定性消除的同时,也创造出更大的信息不确定性和欲望空间,推动着劳动力在法定的工作时

---

[1] 丹·席勒:《信息拜物教:批判与解构》,邢立军、方军祥、凌金良译,北京:社会科学文献出版社,2008年,赵月枝序第5页。
[2] 2016年10月24日晚,丹·席勒在北京大学"大学堂"讲座中阐释了该观点。
[3] 曼纽尔·卡斯特:《传播力》,汤景泰、星辰译,北京:社会科学文献出版社,2018年,2013版序言第i—ii页。

间之外的任何空隙和碎片时间去消费信息、消费文化、消费教育[1]，从而实现自身的再生产。在这样的总体形势背景下，工业资本家将信息产业的剩余价值最大限度地榨取，并强化了控制。信息传播新技术（ICTs）将人群吸引到"文化石舫"[2]，像地铁里手机消费的低头一族将自我完全交托窗外的呼啸。主体在信息时代朝向彻底异化——并且是自觉自愿、无怨无悔的。这是"殖民"的另外一种状态，一条主体性溃败的不归路。

国家战略传播体系随着传播新技术和复杂的国际形势进行深度调整，也为新殖民传播体系图景的重构提供了新的支点。美国的国家宣传体系萌生于第一次世界大战末期，成型于二战结束到冷战之前，成熟于千禧年之后，主要目标是维护"国家安全"，即确保并进一步伸张其国家利益和全球领导地位的实力部署和制度安排。1917年，美国总统伍德罗·威尔逊（Thomas Woodrow Wilson）成立"公共信息委员会"（Committee on Public Information），这是美国历史上第一个由国家政权主导的"制度化的宣传机构"。第二次世界大战期间，美国政府先后成立"新闻协调署"（Coordinator of Information）、"精确资料办公室"（Office of Facts and Figures）、"美国之音"（VOA）、"战时新闻署"（Office of War Information）、"战略事务局"（Office of Strategic Service）、"国际新闻和文化事务署"（Office of International Information and Cultural Affairs）等机构，并设立专门负责对外文化传播事务的助理国务卿一职，全面开展对内对外的宣传。1947年至1953年，美国政府依照《国家安全法》（*National Security Act of 1947*）、《美国信息与教育交流法》（*The U.S. Information and Educational Exchange Act of 1948*）等，先后成立了国家安全委员会（NSC）、中央情报局（CIA）和

---

[1] 姜飞：《精神上的屋前空地——零碎时间的文化意义》，《人民论坛》2017年第12期。
[2] 姜飞：《试析跨文化传播中的几个基本问题——兼与童兵先生商榷》，《新闻大学》2006年第1期。

美国新闻署（USIA），为美国的战略传播奠定了制度基础。[1]2001年"9·11"事件爆发之后，美国国防部为主的势力推动以战略传播概念统摄的美国宣传机制重构；2003年11月，小布什总统成立"全球传播办公室"（Office of Global Communication），从机制上再次恢复了国际传播，抑或说是外宣职能；[2]2004年，国防科学委员会（Defense Science Board）提出包含"公共外交"（Public Diplomacy）、"公共事务"（Public Affairs）、"国际广播"（International Broadcasting）和信息/心理运作（IO/Psyop）为基本构架，以认知操控为目标，以国内外受众为对象的国家战略传播系统；[3]2010年3月和2012年3月，美国总统奥巴马两次向国会提交《国家战略传播架构》（*National Framework for Strategic Communications*），系统阐述了美国国家战略传播的性质、目的和实施体系，标志着美国传播体系的战略构想日渐清晰、国家战略传播运作日渐成熟；[4]在特朗普任总统期间，美国内外传播活动被提升到国家战略的高度，形成了全面整合各方信息和舆论资源的机制。[5]"全球传播""战略传播"等概念对"国际传播"的覆盖和替代，并不意味着美国国家传播理念的根本性转变，不过是在传播生态环境变迁情境下所做的调整和适应，即从民间机构和个体为主体的跨文化传播，向政府和利益集团为主体、主导的国际传播转变，是被西方妖魔化的"宣传"策略借着新生术语上演的一出修辞还魂戏法。[6]从"冷战""越战"，到两次海湾战争，再到新近的"反恐"大战，以美国为代表的资本主义国家不

---

[1] 吕祥：《美国国家战略传播体系与美国对外宣传》，黄平、倪峰主编：《美国问题研究报告》（2011），北京：社会科学文献出版社，2011年，第233—236页。
[2] 姜飞：《如何走出中国国际传播的"十字路口"》，《国际传播》2016年第1期，第37页。
[3] 吕祥：《美国国家战略传播体系与美国对外宣传》，黄平、倪峰主编：《美国问题研究报告》（2011），第236—239页。
[4] 参见赵良英：《美国的国家战略传播体系及其启示》，《新闻前哨》2015年第10期。
[5] 参见程曼丽：《特朗普〈国家安全战略报告〉的特点及其对华传播战略的转变》，http://mb.yidianzixun.com/home?id=0IKdMrPV&page=article,2018.2.8/2019.5.18。
[6] 姜飞：《如何走出中国国际传播的"十字路口"》，《国际传播》2016年第1期。

断展示着利用"信息战"宣传"民主和自由市场经济"[1],进行意识形态建构和征战的野心和能力。

对传播以及传播过程的认识上升到人类知识生产及其影响的理论层面,从传播学视角来看"晚期资本主义"文化逻辑,其实质就是信息殖民。二战以后,新科技革命对资本主义产生了广泛而深刻的影响,丹尼尔·贝尔(Daniel Bell,1962)的"后工业社会"、德鲁克(Peter F. Drucker,1993)的"后资本主义社会"从不同维度说明了"知识"和"信息"正在取代传统的土地、资源、劳动力和资本成为关键性生产要素,物质劳动、生产合作以及由此产生的生命政治形态[2]被马克·波斯特(Mark Poster)所谓的信息方式所重新结构。赫伯特·席勒(Herbert Schiller)的《大众传播与美利坚帝国》对传播与帝国事业的关系进行了直接论述,通过对美国大众传播结构和政策的全面剖析,它批判性地揭示了美国的信息机构和信息产品如何被用来支持其在全球的帝国统治。[3]卡斯特则揭示了"信息资本主义"的秘密:与工业社会的经济形态相比,网络社会形成了以信息化、网络化、全球化为特征的新经济形态,其核心是以"知识"和"信息"为基础的生产力及对获利能力的强调,摆脱了工业社会单一的生产力增长方式,其结果是金融、贸易、科技、生产、消费在全球范围的重新结构和广泛拓展,这是与资本主义的扩张本性相契合的。[4]丹·席勒继承了赫伯特·席勒的衣钵,关注媒介-文化与资本主义扩张和霸权的双向建构作用,并在新的媒介技术条件下对这种作用进行了具象化阐释。他在《数字资本主义》一书中指出,在扩张性市场逻辑影响下,因特网正在带动政治经济向所谓的数字资本主义转变。他从至关重要且内在关联的三个维度分析了这种转变:首先,

---

[1] 赫伯特·席勒:《大众传播与美利坚帝国》,第17页。
[2] 安东尼奥·内格里:《超越帝国》,李琨、陆汉臻译,北京:北京大学出版社,2016年,第1页。
[3] 参见赫伯特·席勒:《大众传播与美利坚帝国》。
[4] 参见曼纽尔·卡斯特:《网络社会的崛起》,夏铸九等译,北京:社会科学文献出版社,2006年。

无法抵御的新自由主义或曰市场驱动型政策影响和决定了电子传播体系及它们对跨国公司的赋权，其结果是现存社会差距的扩大；其次，赛博空间为全球范围内消费主义的培养和深化提供了独特有效的工具，尤其服膺于既得利益集团；再次，数字传播资本主义已经接管了教育，使其成为所有权市场逻辑的宠儿。[1]这恰好回应了利奥塔（Lyotard）在《后现代状况》中的预见："有一天，民族-国家将会致力于信息的控制，正如它们曾经致力于控制领土，及至后来为了获取和利用原材料和廉价劳动力展开争夺一样。"[2]

从传播学视角来看"晚期资本主义"文化逻辑，其实质就是信息殖民。作为新殖民传播体系主体的信息文化工业不仅自身践行着资本增值和扩张的逻辑，同时也助推其他资本形态的增值和扩张，以一种商业动员和组织的面貌重新着陆。一方面，信息文化工业使得信息商品化，自由流通的信息商品既是资本主义市场交换的润滑剂，更是资本主义企业组织生产和分配的信息来源，而在一个信息社会或曰后工业社会之中，信息与知识的价值在一定程度上超越了资本和劳动力的价值。另一方面，信息文化工业不仅成为资本主义企业营销的前沿阵地，通过商品、服务和形象广告增益企业的"文化资本"；并且在"文化的循环"和"符号的幻象"中不断生产、刺激新的消费欲望，为夸耀性的消费提供象征价值、想象性经验和一种理当如此的氛围，构建鲍德里亚（Jean Baudrillard）意义上的"消费社会"，并将之演绎为世界性愿景。资本与文化的合谋，加速了全球化进程，增强了跨国公司的力量，而安东尼·吉登斯（Anthony Giddens）断言，跨国公司势力的扩张传播共同的全球资本主义文化。[3]

---

[1] 参见 Dan Schiller, *Digital Capitalism*, Cambridge, London: The MIT Press, 1999。
[2] Lyotard, J.-F. *The Postmodern Condition: A Report on Knowledge*. Manchester: Manchester University Press, 1984, P.5.
[3] 阿兰·鲁格曼：《全球化的终结》，常志霄、沈群红、熊义志译，北京：生活·读书·新知三联书店，2001年，第6页。

传播教育及科研交流是新殖民传播体系的重要延长线。无论是以威尔伯·施拉姆（Wilbur Schramm）为标杆的发展传播学研究及其东方之旅，还是以哈佛大学的东亚研究所、夏威夷大学的东西方研究中心、伊利诺伊大学香槟分校的东亚语言与文化系等为代表的东方学教育、研究和交流，都传承、浸染着不同程度的"东方主义"色彩。从某种意义上来说，美国传播学理论及假设有三个重要的现实源头：其一是管理资本主义的经济诉求，"信息自由流动"被视为商品交换和自由市场的基础，这决定了其经济导向；其二是战时宣传经验和以大选为代表的政治实践，新闻传播及文化产品被视为树立良好形象、操控舆论阵地的重要手段，这决定了其行政导向；其三是在传播格局已经确立上中下游地位的前提下，"信息自由流动"为话语权的实施护航，换句话说，话语权成为有权力掌控传播媒介、传播平台内容的主导者的话语权。美国传播学也因而确定了以效果为中心的功能主义研究范式，而施拉姆的《美国传播研究的开端》、罗杰斯（E. M. Rogers）的《传播学史——一种传记式的方法》等看似系统和客观的历史书写不过是基于价值观的选择和建构，目的正是论证和维护他们所开创的这种实证主义范式。[1]在勒纳（Daniel Lerner）、施拉姆所倡导的"发展传播学""发展新闻学"等现代化理论的传播学变体推动下，美国传播学走过了一个迅速"世界化"的过程，一方面成为诸多发展中国家传播教育和研究的"主流范式"，另一方面也被寄予拉动经济社会发展、加速现代化进程的热望。这无疑再次印证了东方学当中关于"西方"优越性的论断。而始于19世纪初叶的东方学研究持续生产着关于"东方"的想象，甚至关于"东方"想象的再想象，[2]"与所有那些被赋予诸如落后、堕落、不开化和迟缓这些名称的民族一样，东方是在一个生物决定论和道德-政治劝谕结构框架中

---

[1] 参见胡翼青：《传播学科的奠定：1922—1949》，北京：中国大百科全书出版社，2012年，第1—8页。
[2] 参见巴特·穆尔-吉尔伯特等编撰：《后殖民批评》，杨乃乔等译，北京：北京大学出版社，2001年，第197页。

被加以审视的。因此,东方就与西方社会中的某些特殊因素(犯罪、疯子、女人、穷人)联系在一起,这些因素有一显著的共同特征:与主流社会相比,具有强烈的异质性"。[1]当它在新殖民时期逐渐成为人文研究的显学并堂而皇之地进入大学的学科建制之后,这种"想象的文化地理学"亦成为更多西方学者、西方民众,以及以教育、交流之名被纳入其中的东方学者、东方民众笃信的"事实",体现了西方知识以权力意志控制世界其他地区的努力。

总体来说,新殖民传播体系的完善和发展,不仅助推了跨国资本主义在全球的经济扩张和政治影响,也猝不及防地将第三世界国家、发展中国家,抑或被理论家们更中性地称为"全球南方国家"(Global South Country)的这些新生但贫弱的国家拽入全球化的利益轨道;"发展传播学""发展新闻学"将有关西方的文明神话、现代化想象和发展愿景散播得更远、更广、更光芒四射,并在殖民主体和殖民客体的"双向互动"和"密切配合"中,完成了政治同化、经济控制和文化收编,以全球化、"文化化"之名打乱了广大亚、非、中南美洲文明的自我演进历程,使西方与东方的中心-边缘关系更加固化,西方的支配和霸权地位更加稳固。

三、全球传播格局:殖民传播的文化逻辑及其后果

从殖民传播体系到新殖民传播体系的演进,西方资本主义国家主宰了全球传播格局的形成和调适,在此过程中,传播与殖民的耦合关系也充分彰显于经由传播网络达成的信息/文化流通和经由市场网络达成的商品流通的耦合关系当中。

该传播格局并非总是如发达资本主义国家所宣扬的那样平等、自

---

[1] 爱德华·W.萨义德:《东方学》,王宇根译,北京:生活·读书·新知三联书店,1999年,第263页。

由和普适，体现出下述特征：第一，从理念指引来看，它以美国传播学为主导，注重传播的"效果"和"功能"，体现了资本主义的实用主义和功利主义倾向；第二，从基础构架来看，它依赖于传播技术的发展和传播平台的更新，而以计算机、互联网/移动互联网、物联网、智能手机、虚拟现实技术为代表的先进传播技术和传播平台不仅牢牢地掌控在微软、苹果、高通、Alphabet（谷歌母公司）、Facebook、Twitter、YouTube等全球性媒体、文化或通信公司/平台手中，而且其设计逻辑本身就是扩张的、快速迭代的，体现了资本的内在逻辑和全球野心；第三，从范围和布局来看，它跨越了国界、消弭了时空阻隔，将全球的信息和文化领导权集中于实力雄厚的跨国媒体集团，将信息、文化和服务源源不断地输入其他国家和地区，占据甚至超越国家的话语权；第四，从权力关系来看，它构造了西方发达国家与发展中国家的中心－边缘关系，使后者陷于传播制度、传播技术、传播内容、传播资本、广告，以及传播评判标准等的多重依赖之中，因而丧失了内生的发展动力；第五，从经济和文化后果来看，在对劳动分工和世界工厂的组织中，它不是缩小而是扩大了发达国家和发展中国家的经济差距，并将消费主义文化和意识形态兜售到世界各地；第六，从社会生产角色系列来看，传播体系实现了华丽的转型，从依附变成主导。从早年传递伯罗奔尼撒战争中奔跑着传递信息的奴隶、威尼斯码头上出售航期信息的二道贩子、美西战争期间的黄色新闻散播者和战争"制造"者以及便士报时代以来信息和娱乐的传递者等角色，转化为社会权力的"无冕之王"、政治权力的"第四等级"；由若有若无，也可有可无的空气，转变成了空气本身——还是空气，但却是须臾不可少的空气，是家庭的"第五壁"、政治的操盘手、经济发展所需资源最上游的信息资源；当学生毕业从墙头跳向社会海洋之后，就被传播体系所接管，甚至，在新兴融媒体技术条件下，大众传播早已跨越教育围墙，消弭了知识传播和大众信息传播的边界，在主体性的培育过程中发挥着坚强而巨大的宰制作用。

可以说,"殖民-殖民主义"与"传播-传播体系"两大概念群的关系再现,实质性地反映了广义人类发展思想史与传播思想史的汇流乃至重构,它们同属广义"文化"概念群且都在推动文化变迁上发力,我们可以尝试从"文化变迁"的动态视野介入,来再现或重构这个断面。全面、恰切地把握殖民传播体系:首先需要从思想史的视野了解"殖民"和"传播"的耦合与体系化的过程;其次,同时兼顾殖民视野下的传播与传播视野下的殖民两条思考路径;第三,认真审视殖民体系和传播体系在"晚期资本主义"时期历史性的合流以及变异。这也是理解全球传播格局,把握殖民传播的文化逻辑及其后果的密匙。

绪 论

第一节 本项研究之浮现

一、后殖民文化批评理论之于跨文化传播研究的意义

1. 跨文化传播自身的语境化

二十多年来，从学术文章到一般性论述，不管是文学、哲学、艺术、宗教、经济、政治还是新闻传播，"跨文化"犹如一个话语明星，处处留声。如加拿大传播学者麦克卢汉所说，整个世界都是一个"地球村"了，"村里"的人们"隳突乎南北"是很正常的事。中国也在铺设"信息高速公路"，普及5G，网络改变了人们的时空观念。在此过程中，跨文化传播也逐渐成了我们思考和谈论文化与社会问题的语境。但对它作为一门科学的缘起、流变、性质、影响等，需要从人类文化思想史的高度来进行把握，找到自其产生到现在贯穿始终的内在线索，从这个线索出发，方可把握跨文化传播自身的语境化存在的问题以及跨文化传播的真实语境——后殖民语境，从而为我们进行跨文化传播的研究提供某种可供参考的理论起点。

在对"跨文化"这一视角的缘起和流变从文化思想史的高度进行分析的时候，我们发现了跨文化传播自身语境化的空虚和可疑。

"跨文化"视角，最早缘起于19世纪文化人类学家所探讨的"跨文化传播"（intercultural communication，又译"跨文化交流"），但只是到了20世纪70年代末，也就是第二次世界大战结束近三十年的时候，"跨文化传播学"才作为一个重要研究领域在美国文化学者的推动下得以形成。体现在："国际交流和跨文化交流问题委员会"作为独立的研究协会的出现，专业刊物的创办，学术著作的大量出版，大专院校跨文化交流课程的开办，以及跨文化交流这一视角在学术界的认可等。据统计，1977年美国有450多个教育机构教授该门课程。

富有意味的是，这一推动的最初动力是来自军队。第二次世界大战中，美国参战之后，其军政领导面临的一个现实问题是：美国如何确保所占领岛屿上的土著居民与美军合作？于是许多文化人类学家被政府请来研究这些地区的文化。比如本尼迪克特所著《菊花与刀——日本文化的诸模式》一书即是这类研究成果之一。该书取得了巨大的成功，由此，文化人类学家的作用也为各界所认可，跨文化的研究视角得到普遍接受。到了1959年，美国文化人类学家爱德华·霍尔的经典著作《无声的语言》出版，该书中首次使用了"跨文化传播"一词。该书的目的也是要增进美国人与其他国人民相处时的跨文化知识和意识，促成美国政府的商业计划的实施[1]。

由此我们看到，跨文化传播学最初缘起于文化人类学，而文化人类学的研究作为西方诸多学科的一种，就其最初的起源来说，是有着深厚的殖民和种族主义色彩的。文化人类学大体形成于19世纪中叶，它诞生于"文明社会"与"野蛮社会"的区分前提之下。所谓"文明社会"就是指西方社会，所谓"野蛮社会"就是指非西方社会。比如德国跨文化传播学者马勒茨克所提到的希腊人和非希腊人的区别："海伦人[2]和野蛮人[3]之间的区分是严格的和不可更改的。海伦人是精英并优越于

---

[1] 参见关世杰：《谈传播学的分支——跨文化交流学》，载《新闻与传播研究》1996年第1期。
[2] Hellene，古希腊人的总称。
[3] Barbarian，古希腊人对其他民族的贬称。

野蛮人。希腊人占据着世界的中心，他们的习俗是评价和衡量其他低等民族的标准。在文学记载中，野蛮人是奇怪的、令人厌恶的、没有教养的、迷信的、愚蠢笨拙的、简单的、不合群的和没有法律的。野蛮人具有奴性并生性怯懦，感情无羁，他们是个性乖张、残暴和好武力的，是不忠实的、贪婪和饕餮的……"[1]。从西方学科门类来看，"文明社会"的历史由诸如历史学、考古学、民俗学与社会学等部门承担，而针对非西方的"野蛮"民族则由人类学进行研究。正如前文所述，文化人类学家是服务于军政人员对土著文化的统治以及本国政治、经济利益的需要的。从这个意义上讲，人类学最初只是"以文明自居的人类学家对于异族与异文化即所谓'野蛮'的认识"[2]。因此，奠基于人类学的跨文化传播学就是从现实中的殖民主义、理论上的西方中心主义出发而开始的。更具体一点，早期的跨文化传播学就是从西方中心主义出发，研究如何使西方的殖民主义政策在东方得以顺利推行的学科。

当然，随着跨文化交流的进展，人类学的这种褊狭视角逐渐被质疑，一些人类学家倾向于进行东西方文化的对比，并在这样的对比中将似乎绝对中心化的西方文明相对化处理。但这样的人类学家可谓凤毛麟角，比较典型的如美国人类学家罗伯特·路威，他在1929年出版的著作《文明与野蛮》(*Are We Civilized: Human Culture in Perspective*) 就是这样的思路。路威认为，"我们的（指西方）现代文明更是从四面八方东拼西凑起来的百衲衣——因为任何民族的聪明才智究竟有限。所以与外界隔绝的民族之所以停滞不前只是因为十个脑袋比一个强"[3]。路威断言，"人种不能解释文化"[4]，"纵然种族之间真有心理上的差异，也只能解释我们的问题的微乎其微的一小部分。因为文化的历史常常指示我

---

[1] [德] 马勒茨克：《跨文化交流：不同文化的人与人之间的交往》，潘亚玲译，北京：北京大学出版社，2001年，第18页。
[2] [英] 埃德蒙·利奇：《文化与交流》，卢德平译，"中译本前言"，北京：华夏出版社，1991年。
[3] [美] 罗伯特·路威：《文明与野蛮》，吕叔湘译，北京：生活·读书·新知三联书店，1984年，第14页。
[4] [美] 罗伯特·路威：《文明与野蛮》，第30页。

们，在人种的基础完全相同的地方也会产生文化上的差异"。[1]他举例说，17世纪欧洲男性流行戴假发并扑粉。"巴黎的假发匠手拿着梳子和粉扑满街跑。主顾的头上已经装修完竣，便领他到楼梯口。那位艺术家把粉扑用力向天花板上拍打，雪花便飞舞在顾客的假发上——有时不免殃及刚走上楼梯的不幸的来客的衣服上，在几十万英国人和法国人饿得快死的时候，大量的面粉浪费在发粉上，然而哲学家还煞有介事地讨论野蛮人的无远虑！……革命伟人罗伯斯庇尔出来的时候无一次不把粉扑得纯净无瑕，拿破仑也到了远征意大利回来才摆脱这个习俗"[2]。路威更进一步地揭示西方的虚伪："他们（印第安人）里头的非法性交当然要比维多利亚时代的欧洲中产阶级家庭里头多些；可是我们把欧洲乡间的风俗和城市中的卖淫加在里头算，印第安人或许还要显得规矩些！"[3]

作为对西方中心主义的强烈反驳，路威的话或许刻薄了些，但相对于长久被殖民主义压制的东方文化现实来说，这样的反驳是必要的，而且是有效的。随后的西方跨文化研究学者在面对不同文化时，由单方面地达成自我的意愿而开始转向关注彼此的理解。比如，1988年，美国学者拉里·A.萨姆瓦、理查德·E.波特、雷米·C.简恩出版了《跨文化传通》。作者谈到了美越之战、伊朗革命[4]等，感叹前者是"我们试图与一个其战争观和胜利观与我们截然不同的敌人之间的较量"，后者则"生动体现了我们缺乏对不同文化的理解"。否则，"为什么伊朗国王对现代化的追求得不到民众的认可？"也正是对彼此理解的关注，跨文化传播不仅得到更多人的瞩目，并且开启了历史性的思想转向，由单纯服务于殖民、控制，转向文化之间的彼此理解。就像萨姆瓦所说，"学会理解别人行为的意义，无论是在联合国内还是在其外，不仅是美国政

---

[1] [美] 罗伯特·路威：《文明与野蛮》，第29页。
[2] [美] 罗伯特·路威：《文明与野蛮》，第86页。
[3] [美] 罗伯特·路威：《文明与野蛮》，第122页。
[4] 指的是1979年伊朗发生的推翻国王巴列维的革命。

府所十分关注的事,而且也为许多其他社会和宗教组织所关注;同样还为不计其数力求理解这个显得越来越复杂的世界的个人所关注"[1]。

我国内地对跨文化传播学的介绍始于20世纪80年代后期。1995年关世杰所著《跨文化交流学:提高涉外交流能力的学问》对这一介绍过程进行了较全面的综述[2]。该书是为北京大学国际政治系国际文化交流专业开设的"跨文化交流学"这门课程所写的教材。该著作对跨文化传播学从产生到发展进行了全方位的介绍,是一部理论性和实践性都很强的专著,在一定程度上是该时期中国在跨文化传播学方面的研究成果的代表。应该说作者代表了改革开放以后,中国的主流思想对跨文化交流过程和结果的善意的理解和接纳,而且,这样的欢迎姿态在一定时间段内不仅必需,而且有效。但是,当具体的现实一味向前的时候,当这种现实操作内涵的思想对现实的推动达到了应有的极限以后,其内涵本身的局限性有时不仅严重阻碍任何意义上的发展步伐,而且会将以前的一切推倒,不仅推倒,甚至会呼唤革命性的颠覆和重建。这样的例子,我们看得最清楚的就是启蒙现代性和后现代的颠覆性思潮之间的历史。

我们对跨文化视角的这种担心并非没有根据。考察当前东方(以及西方国家中的东方学家)对跨文化传播视角的热情,我们会从其分支中感受到一些问题。从解构主义所关注的边缘话语出发的人,对跨文化视角的理解是,从东方重新备受关注的状态中,似乎感受到西方"中心"的摇摇欲坠和边缘向中心运动的通道已经打开;从解构策略而引发的社会学和政治学出发的人,则进一步把这种视角的倡导者(大多是来自第二世界即美国以外的西方发达国家、第三世界、第一世界学术中心的人)当作主体为"第三世界"的"民族英雄",认为在无须本人任何声明的情况下就可以将其请入民族主义的殿堂使其得享烟火。如此,"跨

---

[1] [美]拉里·A.萨姆瓦等:《跨文化传通》,陈南等译,北京:生活·读书·新知三联书店,1988年,第3页。
[2] 参见关世杰:《跨文化交流学:提高涉外交流能力的学问》,北京:北京大学出版社,1995年,第13页。

文化视角下中国、非洲等传播学、文学、心理学、社会学"等的提法，以及"发出中国自己的声音"的提法，可谓众语喧嚣，但却奏出了在很大程度上是"牵强"的旋律。因为，在这个过程中，存在一些疑问。

一个简单的问题是，似乎在这样的一种跨文化视角提出来之前中国或东方就没有从跨文化的角度思考问题？要发出的自己的"声音"是个什么概念？是喃喃自语？是拍着胸脯证明自己？还是要跟在西方同行后面亦步亦趋，在对西方学术光环艳羡不已的内心里，期冀在将来的某个时刻也把自己的"某某学"输送到西方，一如现在西方的"某某学"在中国之大行其道？甚至如果有机会，也要在西方的某个地方进行中国式的"殖民"，把西方人欺负咱们的那套再重新来过？！

非此即彼的思路，尤其是文化上的单项选择题，已经让我们这一号称最有灵思的人类够郁闷的了。跨文化传播学产生之初的单向度，甚至其殖民主义的背景给人类带来的所有伤痛与教训，已经遭到了来自各个领域具有人文情怀的思想家的强烈批判。后来者总不能无视这些批判，非要邯郸学步，甚至连其错误和伤痛都要重新来过吧。如此，综观当前对跨文化传播学的漫天吹捧，我们怎么可能不发现其内涵的空虚和可疑？

所谓英雄不论出身。但是，人类文化作为人类生存的精神家园，在考虑文化存在的状态、可持续发展的未来等问题上，却无论如何也潇洒不起来。所以，还是另外一句话更意味深长，所谓一方水土养一方人。正是以上分析的跨文化传播自身语境化的空虚和可疑需要我们冷静地思考，为当前（强调的是当前）跨文化传播自身的语境化"扒粪"，以期待此后的清爽宜人。

我们承认不同文化之间的交流对个人、群体和国家文化的发展会产生不同程度的影响，至少从香农对信息的定义来说——"信息就是消除人们不确定性的东西"——跨文化传播中信息的沟通也会增进彼此的了解和友好相处。但通过以上对跨文化视角的简单追溯，我们看出，跨文化传播学与其说是文化发展到一定程度后在交流需求推动下的自然产物,还不如说是西方逻各斯对线性思维(直线式逻辑)的一种反思的结果和针对具体问题(比如与占领地土著关系)而提出的课题。它是西方学术思想和文化发展内部的一种内省、扩张和战略。

如果说,歌德、伏尔泰等所处的启蒙时代把中国等东方看作一个充满希望的他者来反讽西方贵族的愚昧和腐败的话,那么殖民主义时代的东方则变成反衬西方光明、伟大、富有、强盛的黑色底片,或者是光艳照人的新娘旁边丑陋的伴娘;而到了后殖民主义时代(领土殖民主义在世界终结之后,全球对殖民主义进行反思批判的时代),被打倒在地上的东方再一次被拾起来,被赋予一个或多个新的角色——模糊、狐疑、多重、变动的角色:相对于西方技术发达后的过度工具理性,东方的田园牧歌似乎是应该保护起来的极具"观摩"价值的"文化保护区";相对于日益膨胀的西方资本霸权来说,东方的一切冲出"保护区"的发展、进步都是值得警惕和应该怀疑、遏制的。东方成了西方敏感心理天平上的砝码,拿下来,放上去,伙伴-敌人、战略合作-恐怖威胁交织着。西方狐疑着,东方焦虑着;西方狐疑着东方的焦虑,东方焦虑着西方的狐疑和更多的东西。文明就在这样低水平的所谓互动中停滞并逐渐走向窒息、死亡。

而跨文化的视角,在此时不亚于一针强心剂。是西方从领土殖民退出后,准备开始新一轮的世界性掠夺之前,化好妆,向其目的地伸出的看似橄榄枝的东西。之所以说它"看似"橄榄枝,是因为,"跨文化视角"绝非西方兄弟吃饱喝足以后恩赐给东方兄弟的解构自己的工具,也不是悲天悯人地教给东方兄弟吃饱饭的方法,而是西方对"吃饱喝足"这一自我感觉的一种新角度的生态考察;是在砍伐了森林造起美好的小木屋以后,端坐在虎皮座椅上洋洋自得后的不安;是思考在如何承认目前的小木屋和虎皮座椅合法性的前提下,避免"文化保护区"的同志也如法炮制,甚至从保护区中冲出来,强占小木屋,抢夺虎皮座椅;是从对霸权现实的观照出发制造的认识陷阱,在不断地认可"文化保护区"异域情调的观赏愉悦感的同时,维护着"馅儿饼原则"("一匹马,一张馅儿饼",这对每一匹马都是平等的。比如清朝末期官吏中满族人和汉族人的比例分配即是根据均等原则:一个鞑靼人对一个汉族人。这当然掩饰了极不均等的现象:近30万人口的满族人对3亿汉族人)和"绝对公平民主原则";是强盗当了市长,50公斤级拳击手升级为100公斤级以后制定的,针对潜在的强盗和担心50公斤级拳击手联手对付自己而制定的新的游戏规则。在这样的过程中,从启蒙时代到殖民时代再到后殖民时代,"东方"不断地被改头换面进入到西方的视野。曾经的历史我们已经走过,历史又在重演?可以吗?当然不行。

"跨文化"与其说是地球村村民发言的语境,世界"文化兄弟们"将在其中取长补短、互通有无、相安而居、相扶而行,还不如说是在把握了东方和西方的博弈过程后,认清了东方和西方不同时代的角色关系后,应该具有的一种批判性的、分析性的思维方式。西方从启蒙时代开始就在引进"东方"的同时反思自己,在殖民时代奴役"东方"的同时充实自己,在后殖民时代推行文化渗透的同时提升自己。反过来,我们从一开始就在西方赞美我们的时候封闭自己,在遭受奴役的时候丧失自我,在面对西方新的文化战略的时候交出自己,在西方再一次地拿我们当镜子进行反省的时候竟然人云亦云,不知所以……

因此,在为"跨文化"洗尽铅华之后,我们应当承认,它还是给这个文明停滞的世界提供了一个渠道的,也对处于发展过程中的我们有点贡献——但需要明白的是,这个贡献不是它送给我们的,而是我们自己开掘出来的——一种反思和批判的方法。在运用西方理论的时候能操纵于手而非跳入它的窠臼,在对方的反思中反观自己,在从皮肉、骨骼到心灵的置换史中找回自己,带着对远古的理性沉思和对未来的审慎观照,踏实向前。吸纳、超越、积极应对——不卑不亢地检索传播学等诸多新兴学科——这些属于全人类而非地区专利的科学成就,摆脱西方人类学家最初的种族主义思路,在批判中避免堕入简单的二元对立陷阱,去构建新的东西方对立。在对文化帝国主义历史进行深刻的文化批判的基础上理解当前的媒介帝国主义现象(文化帝国主义是媒介帝国主义现象的实质）[1]，鼓励媒介在博弈的基础上朝着文化平等主义乌托邦做一点可能性的理论探索。这样可以为中国乃至世界的传播学研究探索出一条新路。

2. 跨文化传播的后殖民语境

就在将跨文化传播自身语境化的努力逼到墙角的时候，后殖民文化批评理论打开了一扇门，将黔驴技穷的跨文化传播视角拥在怀里。

当人们的理性思维习惯性地从20世纪一系列闪光的思想中穿行过来，后殖民文化批评理论似乎就在那串珠链的尽头。从形式上看，这一系列思想为现在的人类从各个角度提供了多种思考。其中存在这样一条内在的线索，即这些思考经过了把对人的定义从具体的、规定的时、点的考察，到向这些时、点边缘扩张，再到把人置放到广义上的社会、文化和历史背景中去的过程。反映在文化研究上，视野逐渐从对单个文本和作者的研究扩展到关注读者、关注三者的互动关系、关注三者的历史和文化背景的研究。在这样的努力中，后殖民文化批评理论似乎跳出了同质文化内部的传播互动研究而将视野扩展到异质文化之间的传播互动关系，并在对这种关系的研究中深刻地把握了几百年来发生在东西方文化交流之间的另类脉络——某种文化对另外一种或多种文化的霸权（或暴虐或温柔，但总之是霸权）实施细则和机制，为我们认识人之为人、文化之为现在的文化、世界之为现在的世界打开了从目前来看非常独到的窗口。从这个窗口，我们看到了过去，认识了现在，也预见了未来。

从内容上看，当18世纪西方启蒙现代性的理性主义深刻而自信地宣称，不仅为文学理论也为人类文化发展提供某种普遍性的本体论思考和阐释的时候，人为体制性的东西就逐渐进入到了人类的思维，指导甚至制约着人类文化发展的脉搏。尤其是当这种体制性的东西越过

---

[1] 详见姜飞:《后殖民主义视野中的西方媒介》，《新闻与传播研究》2003年第1期。

影响主体的界限而开始对主体实施强制性的构型甚至扼杀的时候,人类文化"又是一年秋风劲"。现代性的东西在其工程未竟之时,显露出的自然是砖石参差,钢筋狰狞。后现代性的拷问就在这一瞬间获得了合法性。后现代性恰是在现代性工程之未竟且理性体制性的东西对人类之压迫盛行的情况下获得生存的空间和威力的。它从学界开始,对涉及人类生存状态的学科和历史进行全面的检索,对压抑性的一切从根本上进行追问和颠覆。人类的精神自由从后现代的这些追问和颠覆中露出了曙光。但这线光亮却只是照亮了进行理性思考的一部分人,理论再一次走在了现实的前面而领受着来自各方面的风雨。理论潜行在地底,火热的岩浆灼烫着大地。最终是在萨义德[1]开创的后殖民文化批评理论领域打造了火山口,批判的热流开始从学界流向社会,流向全球。

后殖民文化批评理论作为一种极具人文关怀意味的理论,由于对殖民主义的批判而引发了来自世界范围的、遭受过殖民统治或有过类似经历的人群的呼应。后殖民文化批评理论的旅行可谓"风光无限"。它已经从西方旅行到世界的各个地方,引发了世界范围内的大讨论。以萨义德的《东方学》(也译为《东方主义》)为代表,据萨义德自己说,《东方学》已经被翻译成"法文、日文、德文、瑞典文、西班牙文、意大利文、阿拉伯文、土耳其文、葡萄牙文、希腊文,也许还有其他一两种语文"[2]。卢梭·雅克比,一位美国的马克思主义者,在他的《边缘性回归》("Marginal Returns")的论文中这样概括后殖民文化批评理论研究的现状:"后殖民理论遍布地图——这个领域刚刚开始并且存在流向任何方向的可能";"它是一个临时性概念——地缘政治概念——社会学概念,它的许多参与者发现,在将自己的工作进行定位的时候,有必要把

---

[1] 亦有人译为"萨伊德"或"赛义德"。
[2] [美]爱德华·W.萨义德:《知识分子论》,单德兴译,附录一,"论知识分子——萨义德访谈录",北京:生活·读书·新知三联书店,2002年,第103—104页。

其他的批评理论、方法论、社会客体或政治目标联系起来看"[1]。也就是在这样的"联系起来看"的思路下，我们顺藤摸瓜，发现了后殖民文化批评理论所开创的后殖民时代作为跨文化传播语境的深刻意义。

首先，我们从文化变迁的方式来摸索殖民主义和传播发展史的关系。美国文化学者伍兹认为，文化的变迁事实上是采取四种方式进行的：渐变、发现、发明和传播[2]。所谓的渐变就是从细微到重大、从局部到整体逐渐积累起来的，包括社会文化以及自然环境所引发的文化的变迁；发现则是对文化发展过程中被忽略的东西的重新认识，进行类似福柯的知识考古之后而产生新的认识的过程；发明则是在基本没有明显预示的情况下，对现在所有的文化、自然环境进行所谓的"偶然性并置"[3]而产生的崭新的变化；传播则是纯粹外来的东西通过自然的或人为的手段为现在的文化主体所接受，从而引发文化的变迁。

如果把传播过程中同一文化群体内部的传播或交流归入该群体的整体发展进程，则文化的变迁似可简单地归纳为进化和跨文化传播两大渠道。其中，进化是文化发展的内部力量，而跨文化传播是外在力量。比如中国的造纸术。中国的蔡伦在公元 105 年发明造纸术，到公元 793 年传入巴格达，公元 900 年传入开罗，1150 年传入西班牙，1276 年传到意大利，1350 年传到法国，1390 年传到纽伦堡，1494 年传到英国，1575 年传到莫斯科，1690 年传到北美，1698 年传到北欧的奥斯陆。[4]

---

[1] S. Stephen, "Post-Colonial Critical Theories", *New National and Post-Colonial Literatures*, Edited by K. Bruce, Clarendon Press. Oxford, 1996, p.178, p.183.
[2] 参见 [美] 克莱德·M. 伍兹：《文化变迁》，施惟达，胡华生译，昆明：云南教育出版社，1989 年，第 23 页。
[3] 伍兹对"偶然性并置（juxtaposition）"做这样的解释："两个以上先前没有关系的观念和事物被联系在一起创造了某种新东西。"因为它在文化发展的早期阶段常起着十分重大的作用。因此，格里曼这样解释它："在两个或更多的对象之间建立起密切的空间关系，或在它们的心象之间建立起密切的时间关系。这种建立是自然的或人为的，但纯属偶然，其结果是一个新事物的创造。"
[4] 参见 [德] 维尔纳·施泰因：《人类文明编年纪事·科学和技术分册》，龚荷花等译，北京：中国对外翻译出版公司，1992 年，第 40 页。

公元105年对于中国来说，就是文化变迁中的一件重大但也很自然的事情。但对于公元793年的巴格达、公元900年的埃及以及1494年的英国等，则是文化变迁中通过跨文化的传播过程而发生的一件同样重大且具革命性的事情，它在很大程度上超越了本土进化的历程而使当地文化事业的发展跃进了几个台阶，甚至有可能带来本土文化在某些方面的发现、发明甚至突变，比如中国的火药被西方用来侵略中国。

进化是一种自然而然地进行的传播；而有意识、有目的、有计划地进行的跨文化传播则是作为一个整体的人类的进化渠道。"文化的产生不都是传播的结果，也有进化的结果，这就是为什么东亚有独木舟，印第安人有独木舟，澳大利亚土著人也有独木舟的结果。"[1]进化与传播从人类发展的总体规划上是相映成趣的。因此，从这个意义上说，极端的自然进化论和极端的传播主义都是不现实的，因而也是不科学的。

但不可否认的一个事实是，当进化的机制被打破以后，传播的方式就占据了人类文化变迁发展的主流。"地球村"理论的提出以及它所反映的跨文化传播的现实已经昭示这样的一个道理，即殖民主义已经将世界各个角落共同的进化机制打破，白人至上论、欧洲中心主义、美国主义已经取而代之主导着后殖民时代的文化传播和进化。因此，可以这样说，由殖民主义发展而来的后殖民时代上演的是西方主流意识形态主导下的文化皮影戏。因此，在中国跨文化传播学的研究，就是要在明确中国传播现况和传播学研究实际情况的前提下，为实现文化间在彼此理解的基础上的平等传播探索一条出路。而中国的学者在做这样的工作之前，首先面对的就是文化皮影戏的现实。理论需要超越这样的现实才能向前。那么，从理论上来说，就需要对这种现实进行分析，而目前的后殖民文化批评理论既是跨文化传播的语境，又是最切实可行的分析途径。

其次，进一步考察我们对文化的认识，包括两个渠道：一是通过文化的传承（比如教育、博物等）而来；二是通过日常的感知得来。前者

---

[1] 戴元光：《关于文化传播学的理论问题》，《兰州大学学报（社会科学版）》1995年第4期。

为历史上的统治话语或主流话语所把持，而后者则是除了主流话语之外的公共话语游戏场。后者具有颠覆前者的潜力，而且，在开放的政策下，文化间传播也主要是在后一渠道中角力。因此，如何在加强并保障主流话语统治地位的同时，把握公共空间各种话语的消长之势，并能做到主流话语的力量在此空间也能自由腾挪，则是跨文化传播研究中需要关注的焦点。当然，需要说明的一点是，主流话语也并非永远不可能是文化的全部。它只能当作是给在世的人提供了一张"床"，供那些懒于思考的人酣睡，为那些勤于思考的人提供某个起始性的点。文化大气万千地容纳着其中的各路诸侯，并用文化的变迁和辩证法适时地提醒任何的本土中心主义恶性膨胀后可能带来的不良后果。

因此，从这个意义上说，历史上的殖民历程作为一种跨文化的传播历程，就是一种通过日常感知对教育、博物等传授结果进行颠覆的过程。当殖民主义话语从政治上征服了本土统治阶层后，它就试图从边缘话语的层面跃升为主流话语，这其中有很多成功的例子，比如美国（欧洲人征服了北美土著印第安人）和澳大利亚（欧洲人征服了澳大利亚土著毛利人）。不管殖民主义话语穿上什么样的衣服，试图扮演什么样的角色，启蒙也好，解放也好，其实质都是一种不平等的跨文化传播，更确切地说是跨文化的殖民历程。

而且，作为文化载体的个体，在对文化的接受上也有共性和个性的区别。所谓共性，就是最终能被概括为民族特色或群体特色的东西，这一部分是主流文化阐扬、传承之所在。个性部分即是人性中的处女地。它在很大程度上既是人类最基本的权利，也是历代主流话语试图侵蚀占领而不可完全占领的自留地，同时，在一定意义上也是文化得以休养生息并有所创新、有所前进或飞跃的息壤。在这片息壤中，来自各个方位的话语逐鹿其中。

同时，传播学本身也有自己的进化机制和对外渠道，跨文化传播学发展的合适方向，就是首先要对殖民主义时期以来奠基于西方人类学基础上的思维方式进行批判，在全面检索跨文化传播学到目前为止的西方中心主义和殖民主义机制的前提下，把跨文化传播引导到良性的、符合客观规律的发展轨道上来，使人类文化的发展重新回归到自我积淀机制和跨文化传播双重作用、协调互动的轨道上来。

这种轨道是有着现实性的基础的。新的传播技术为分布在世界各地的人群打造着交流和理解的平台。在一定的物质条件保证下（比如资金），相对落后的国家也可以在短时间内实现传播手段的快速更新换代，至少能够做到在技术方式上和发达国家有基本的相同或相似性。从进化的意义上讲，做到了这一点，就从一般意义上开始了跨文化的平等传播和理解的进程。语言的多样性颠覆了巴别塔，而传播技术将这种多样性限制在最小的限度。"我们正在以一种突然加快的速度发展一个世界性的传通网络"，而且，"通信卫星的发射，使得政府部门能够轻而易举地同时对千百万民众进行宣传教育和实施服务"[1]，分散的人群重新凝聚，重新建设并攀登巴别塔。

从跨文化传播学研究本身来看，其研究对象就是文化与传播的关系。因此，我们可以把跨文化传播学的研究归结为两个分支。其一，强调文化对国际传播的影响，从文化殖民主义时代到当前的后殖民时代，研究者注意到文化帝国主义的问题，包括萨义德、汤林森等；其二，强调传播对文化的影响，从文化殖民主义时代到当前的后殖民时代，研究者注意到媒介帝国主义的问题，早期可以追溯到葛兰西的话语霸权理论、弗洛伊德的潜意识分析、马尔库塞的单面人理论、本雅明对机器复制时代的分析、马特拉关于世界传播与文化霸权的分析以及马克·波斯特对所界定的"第二媒介时代"对人类意识形态进行殖民的分析等，揭示了媒介对人类意识形态进行彻底改造、殖民的历程。

这两个分支决定了跨文化传播学的研究存在着三个层次：跨文化传播手段的比较、跨文化传播思想史的比较、文化交流史研究。这三个层次是递进的关系。前者以后者为背景和思考起点。当前的跨文化传播学

---

[1] [美]拉里·A.萨姆瓦等：《跨文化传通》，第3页。

的研究应该跨越到第二层次，考察殖民主义时期和后殖民主义时期的文化基调。殖民主义时期的文化接触基调是征服，这种基调一直延伸到第二次世界大战后"跨文化传播学"在美国的形成。在西方中心主义、殖民主义的前提下进行的文化传播构成了当前后殖民主义时代传播学的基调。殖民主义基调上的跨文化传播，打破了文化发展的维模性、适应性和进化性，进行的是武力威胁前提下的跨文化圈层的文化扩张和征服、非文化融合的文化植入以及非互利前提下的单方面文化增殖，最终目的和结果是文化的同化。新的跨文化传播学的基调应该是平等意义上的文化彼此之间的理解与和睦共处。

因此，将传播学的发展置放到后殖民语境下去研究，就是要把跨文化传播学置放到文化发展大背景下去研究，以发现传播学的内在理路，从而使跨文化传播学的比较研究具有进行比较的根据和基础。否则，容易导致东西方传播史料的堆砌，比较的结果还是一团乱麻。更进一步说，就是在传播学从文化角度切入后，在文化发展中的作用这一内在理路下，对有关新闻传播学的史料，比如各国新闻传播事业史、传播观念的分歧、传播体制的异同、传播实务以及新闻教育观念等进行整合，使得传播学思想史的研究回归到有利于人类文化发展的大轨道上来，这种研究既突出了传播学的个性，有了现实意义，又为传播学找到了合适的娘家，在深厚的文化和历史背景下开掘更深厚的理论和历史意义。

二、国内后殖民文化批评理论研究基本情况

作为批评界的世界名人，美籍巴勒斯坦人爱德华·W.萨义德在其《东方学》中，从分析和抨击殖民主义对世界人民（既包括殖民地人民也包括殖民者自己）的精神刻痕入手，全面检讨人类精神的受压抑状态，带着一种浓厚的终极关怀意味，入木三分地把西方在所谓文化交流、互动中的诸种"怪现状"列举出来，并逐一剥出其皮袍（平等、互利、合作、开发）后的东西（所有的有助于打造东方懒惰、纵欲、落

后、病态、女性化的幻象及其机制)。《东方学》及其以后的《文化与帝国主义》等著作和文章都反复强调这样一些道理：造成今天有关西方的神话和有关东方的"妖魔化"现状的，绝非一日之寒；是有意为之而绝非无心插柳；古已有之，今天仍在继续或分歧更甚。不仅如此，他试图在对殖民主义全面的批判中祛除人类文化发展过程中存在于人性中的一切毒瘤和淤积在人类文化内核、文化本真中的一切非自由状态的诱因，在解构殖民主义以及殖民主义之外的人类多重压抑状况的前提下，为20世纪以后的人类文化发展提供某种新的起点：一种新的建构。

事实上，"后殖民文化批评理论"这个术语构造很简单，任何对历史有初级认识的人都会敏锐地意识到这种理论和殖民主义的历史有关。的确如此，它恰是以此为出发点并远远地超越了它。

后殖民文化批评理论"旅行"到中国后，较迅速地引起了广泛的关注。在媒体上出现了一系列探讨殖民文化以及运用后殖民文化批评理论进行批评的文章。如寒梅的《争鸣综述——怎样认识"殖民文化"？》[1]以及孙午的《警惕"殖民文化"沉渣泛起——围绕"殖民文化"的一场争议》[2]等文章对这些探讨情况进行了比较全面的综述。1995年以来在报刊上出现了一大批运用后殖民文化批评理论进行后殖民文化批评的文章，整理起来大致有以下这些：《人民日报》于1995年9月22日发表赵应云题为《警惕"殖民主义"的苗头》的文章。《经济日报》1995年10月20日在《"文化殖民主义"现象不可等闲视之》的总题目下，发表了王蒙、丛维熙、刘心武等人的文章。《经济日报》1995年11月3日又在《"文化殖民主义"现象还须深入透视》的总题目下发表季羡林、夏家骏、贾春峰、郑必来的短文。《中华读书报》1995年11月8日发表题为《如何看待"汉语殖民化"，众家陈词说法不一》的文章。《中国教育报》1995年11月14日发表国家语委主任许嘉璐题为《警惕语文生

---

[1] 寒梅：《争鸣综述——怎样认识"殖民文化"？》，《作品与争鸣》1996年第5期。
[2] 孙午：《警惕"殖民文化"沉渣泛起——围绕"殖民文化"的一场争议》，《前线》1996年第3期。

活中的"殖民文化"倾向》的文章。《解放日报》1995年11月16日发表司马心题为《帽子太大了一点》的文章。《解放日报》1995年11月16日发表冯宁题为《"帽子"安在？何谓之"大"？》的文章。《解放日报》1995年11月25日发表刘方平题为《警惕"殖民文化"的沉渣泛起》的文章。《文艺报》1995年12月1日发表题为《知识文化界针砭"文化殖民主义"》的文章。《中流》杂志1996年第1期发表题为《应不应该警惕和抵制文化殖民主义？》的评论员文章。《光明日报》1996年2月27日在《清除殖民文化心理，挺起中华民族脊梁》的总题下发表了李文海、龚书铎、张海鹏的谈话。《求是》杂志1996年第5期发表刘润为题为《殖民文化论》的文章。《吉林日报》1996年10月25日发表赵立题为《唤回民族的风骨与品格——关于殖民文化渗透的思考》的文章等。

  关于这样主题的文章还有一些。在这些文章中，大致分为三种立场：第一种认为，当前的一些文化现象，包括商家的洋店名等体现出的是殖民主义的延续或者是文化新殖民主义的倾向，坚决不能忽视，要及时抓住问题的要害进行民族文化认同的教育；第二种认为，把经济发展过程中自然出现的纯粹经济目的的行为扣上"殖民主义"的帽子不利于经济的开放式发展，认为"帽子大了点"；第三种认为，对待文化现实中的诸多现象，既不要认为是庸人自扰，也不要认为是大祸将至，而应该是"见微知著"。这些争论体现了后殖民文化批评理论的现实意义，这都呼唤着我们对后殖民文化批评理论从理论含义到批评规范上进行研究，从而发出中国自己的关于后殖民文化批评理论的声音。

  而我们考察发现，国内关于后殖民文化批评理论的讨论，是在缺乏基本的对话可能性基础上进行的，参与的各方差不多是在各取所需，自说自话。各方所理解的"后殖民"概念，无论作为认知范畴、价值取向还是理论工具都相去甚远，根本就缺乏对话的可能。但大致说来，讨论各方基本上是从以下三种路径出发的：一是对后殖民文化批评理论的译介；二是后殖民文化批评；三是对后殖民文化批评理论的诠释和研究。从这三种路径出发,我们或可一见后殖民文化批评理论在中国演变的端倪。

国内学界对后殖民文化批评理论的介绍开始于20世纪80年代末90年代初。从张京媛对萨义德的《东方学》一书作比较细致的介绍[1],到2003年2月7日陆建德在《环球时报》上为萨义德的新书《知识分子论》(Representations of The Intellectual)写作书评《知识分子为弱者说话——萨义德呼吁知识分子要代表受迫害者的权利》,中间的十三年时间,是后殖民文化批评理论翻译引进、争论思考最热烈的十三年。学术书籍、杂志、报纸等国内平面媒体一起,形成一种人人争说后殖民的局面。

刘禾发表于1992年的《黑色的雅典》[2]一文"试图对近几年美国学界的转型情况作一次梗概式的描述,文章牵涉后结构主义和后殖民文化批评理论的历史背景,也提到欧美学界对西方中心主义的批评检讨,并强调后殖民文化批评理论对西方文化霸权的批评绝不是对其他地方的民族主义的肯定或拥护"[3]。她在评述有关西方文明起源的论争时也涉及了后殖民文化批评理论的好几位代表人物。1993年,萨义德继《东方学》之后的另一部重要著作《文化与帝国主义》出版。在这种情况下,《读书》杂志在该年9月号上同时推出了张宽的《欧美人眼中的"非我族类"》、钱俊的《谈萨伊德谈文化》、潘少梅的《一种新的批评倾向》等三篇谈论"东方主义"和"后殖民"的文章,引起了强烈的反响。到1994年,《读书》《钟山》《文艺争鸣》《东方》《光明日报》《文艺报》等报刊争相刊登了王一川、陈晓明、张颐武、王岳川、王宁、戴锦华、张法、陶东风、杨乃乔、许纪霖、陈跃红、邵建等一大批学者有关后殖民文化批评理论的文章或座谈纪要,比如张宽的《再谈萨义德》[4]以及王一川、张法、陶东风、张荣翼、孙津的会谈《边缘·中心·东方·西

---

[1] 张京媛:《彼与此》,《文学理论》1990年第1期。
[2] 刘禾:《黑色的雅典》,《读书》1992年第10期。
[3] 刘禾:《理论与历史·东方与西方》,《读书》1996年第8期,第9页。
[4] 张宽:《再谈萨义德》,《读书》1994年第10期。

方》[1]等，形成了一个"学界争说萨义德"[2]的热闹局面。同时，对国外后殖民文化批评理论家原著的翻译工作也在进行，到1999年达到翻译的高峰。

作为较早介绍后殖民文化批评理论的学者，王宁于1994年写的一篇文章《后殖民主义理论与思潮》[3]，陈厚诚称其为"国内从宏观上勾画后殖民理论概貌的最早尝试"[4]。此后，王宁在国内十多种报刊上发表了一系列论文，并于1998年出版《后现代主义之后》[5]一书，介绍和批判后殖民文化批评理论，包括对萨义德和斯皮瓦克[6]进行介绍。[7]另外，陈厚诚的《后殖民主义理论在中国的传播》[8]一文（后收入《西方当代文学批评在中国》）[9]，丰林的《后殖民主义及其在中国的反响》[10]一文，都做了扎实的资料梳理工作，对后殖民文化批评理论从传入中国到理论研究上的分支、突破和局限进行了深入的分析。为国内进行后殖民文化批评理论的深入研究做了前期工作。

1997年王岳川在朱立元主编的《当代西方文艺理论》一书中撰写

---

[1] 王一川、张法、陶东风、张荣翼、孙津：《边缘·中心·东方·西方》，《读书》1994年第1期。
[2] 《学界争说萨义德》，《文汇读书周报》1994年5月21日版。
[3] 王宁：《后殖民主义理论与思潮》，《光明日报》1994年9月14日版。
[4] 陈厚诚：《后殖民主义理论在中国的传播》，《社会科学研究》（成都）1999年第6期。
[5] 王宁：《后现代主义之后》，北京：中国文学出版社，1998年。
[6] 也译为斯皮娃克。
[7] 主要介绍后殖民文化批评理论的文章包括：《东方主义、后殖民主义和文化霸权主义批判——爱德华·赛义德的后殖民主义理论剖析》，《北京大学学报》1995年第2期；《后殖民语境与中国当代电影》，《当代电影》（京）1995年第5期；《文化研究：西方与中国》，《国外文学》（京）1996年第2期；《后殖民主义理论批判——兼论中国文化的"非殖民化"》，《文艺研究》（京）1997年第3期；《解构、女权主义和后殖民批评——斯皮瓦克的学术思想探幽》，《北京大学学报（哲社版）》1998年第1期；《爱德华·赛义德和他的后殖民批评理论》，《南方文坛》（南宁）2001年第4期；《后殖民主义理论思潮概观》，《外国文学》1995年第5期；《后殖民主义理论批判——兼论中国文化的"非殖民化"》，《文艺研究》1997年第3期。
[8] 陈厚诚：《后殖民主义理论在中国的传播》，《社会科学研究》（成都）1999年第6期。
[9] 陈厚诚、王宁主编：《西方当代文学批评在中国》，天津：百花文艺出版社，2000年。
[10] 丰林：《后殖民主义及其在中国的反响》，《外国文学》（京）1998年第1期。

的第 17 章"后殖民主义"[1]、1999 年撰写的《后殖民主义与新历史主义文论》[2],以及 2001 年发表在《江苏行政学院学报》上的论文《后现代后殖民主义在中国》[3],对后殖民主义的语境、后殖民文化批评理论的话语理论来源、后殖民主义与后现代主义的关系、后殖民主义的当代理论意义以及主要的后殖民文化批评理论家(如萨义德、斯皮瓦克、霍米·巴巴[4]和莫汉蒂等)做了简明扼要的介绍。张首映在 1999 年 11 月出版的《西方二十世纪文论史》[5]中,最后一章(第 19 章)从"流变与特征""国际政治和文化""本土与他者"以及"第三世界批评"等角度对后殖民文化批评理论进行了简要的介绍。另外,王逢振在《今日西方文学理论》[6]一书中收入了他对后殖民文化批评理论代表人物萨义德的访谈录。单德兴在他所翻译的萨义德专著《知识分子论》[7]中,也收入了其对萨义德的访谈以及艾德蒙森(Edmundson)对萨义德的访谈录。

对后殖民文化批评理论的介绍除了对理论本身内涵的探讨外,还逐渐走出了后殖民文化批评理论自身,将视野拉伸、延展。从最初对后殖民文化批评理论创始人萨义德的介绍逐渐拓展到后殖民文化批评理论"三剑客"(除萨义德外,另外两名是斯皮瓦克和霍米·巴巴)、美国新马克思主义者詹姆逊以及澳大利亚的比尔·阿希克洛夫特、格里菲斯和蒂芬等的介绍。王岳川在《当代西方文艺理论》一书所撰写的"后殖民主义"一章中,就在重点分析萨义德、斯皮瓦克的理论主张的同时,还广泛涉及后来汇入后殖民批评思潮中的詹姆逊[8]的《处于跨国资本主义时代中的第三世界文学》,英国诺丁汉特伦特大学博士汤林森的《文化

---

[1] 朱立元主编:《当代西方文艺理论》,上海:华东师范大学出版社,1997 年,第 414—429 页。
[2] 王岳川:《后殖民主义与新历史主义文论》,济南:山东教育出版社,1999 年。
[3] 王岳川:《后现代后殖民主义在中国》,《江苏行政学院学报》(南京)2001 年第 1 期。
[4] 也译为霍米·巴笆。
[5] 张首映:《西方二十世纪文论史》,北京:北京大学出版社,1999 年,第 548—571 页。
[6] 王逢振:《今日西方文学理论》,桂林:漓江出版社,1998 年。
[7] [美]爱德华·W. 萨义德:《知识分子论》,第 102—147 页。
[8] 也译为詹明信、杰姆逊。

帝国主义》，阿希克洛夫特、格里菲斯和蒂芬合著的《逆写帝国——后殖民文学的理论与实践》，以及与后殖民研究相关的一些女权主义著作和黑人批评家等。

在这种引进介绍向横向扩展的同时，也有部分学者做了一些纵向上溯的工作，将视线投向了作为后殖民文化批评理论之"先声"的20世纪50年代至60年代的殖民主义批评话语。王宁认为，阿尔及利亚民族解放运动的核心人物弗朗兹·法农的《全世界受苦的人》（1961）堪称后殖民文化批评理论的"早期的开拓性著作"[1]。张京媛在《后殖民主义理论与文化认同》一书中追溯"后殖民理论的简史"时也指出，法农的《黑皮肤，白面具》（Black skin，White masks，1952）和《全世界受苦的人》"对遭受殖民主义统治的民族及其文化进行了分析"，提出了"这些民族的首要之务是要去掉心灵上的殖民状态，而不只是争取表面的独立形式"的重要问题。马海良翻译了法农的《全世界受苦的人》中的重要一节"论民族文化"[2]，刘象愚则撰写了《法农与后殖民主义》[3]一文，论述了法农与后殖民文化批评理论的关系。杨乃乔在《后殖民主义话语的悖论》中指出，"当下西方理论界在编年史的意义上汇总与讨论后殖民思潮时，已在体系和学脉的追踪上，把后殖民主义话语与殖民主义话语联系起来"。文中对艾梅·塞泽尔、法农和另一位黑人作家、批评家齐努瓦·阿契贝（或译为希努亚·阿契贝）的活动和著述进行了高度评价，认为"这三位殖民主义文学批评家对后殖民理论话语的崛起曾有过极为重要的思想启迪"。另外，杨乃乔在《后殖民批评》长达50页的"译者序"中，对后殖民批评理论进行了学缘谱系的追溯，从他的视角出发对帝国主义、殖民主义、新殖民批评、后殖民批评等进行了理论上的探讨，同时对在中国进行后殖民批评提出了自己的看法，对后殖民文化批评理论的研究具有一定的启发作用。而刘康、金衡山在《后殖民

---

[1] 王宁：《后现代主义之后……》，《文艺报》1994年9月10日版。
[2] 法农：《论民族文化》，《外国文学》1999年第1期。
[3] 刘象愚：《法农与后殖民主义》，《外国文学》1999年第1期。

主义批评——从西方到中国》[1]一文中则以一种宏观的视野,凭借对西方当代理论思潮大势的了解与洞悉,用尽量通俗易懂的语言对"十分复杂深奥、诘屈聱牙"的后学理论包括后殖民理论进行了清晰的分析,同时指出,后殖民文化批评理论有三种面貌:"以斯皮娃克为代表的解构主义派,其主要著作有《在其他的世界》[2](*In Other Worlds*)等;以霍米·巴笆为代表的精神分析派,其代表作有《文化的场所》[3](*The Location of Culture*)等;以莫汉迪为代表的女权主义派。当然,还有五花八门的许多流派,但主要的就是解构、精神分析、女权主义三大家。"这对后殖民文化批评理论从整体上进行了勾勒,具有重要的参考价值。

另外,1999年7月,北京大学出版社出版的王守仁、吴新云所著《性别·种族·文化——托妮·莫里森与美国二十世纪黑人文学》一书对后殖民文化批评理论的研究很有裨益。事实上,后殖民文化批评理论所关注的焦点之一就是种族与文化的历史互动关系,而历史上黑人反对白人殖民统治的斗争事实上即是后殖民文化批评理论产生的实践源泉。按照本书对后殖民文化批评理论的分期,早期的法农、阿契贝以及塞泽尔和桑戈尔等发起的"黑人性运动"开启了从文化角度对殖民主义的批判(本书第二章第二节将专门论述)。到了20世纪,美国黑人作家已经成为美国文学及美国文化不可或缺的组成部分。从哈莱姆文艺复兴运动中黑人诗人休斯、海登,到1993年黑人作家莫里森获得诺贝尔文学奖,黑人作家对黑人体验——从阿契贝、法农等描写的黑人被当作人和动物之间的中间物、被白人残酷奴役,到即使是通过斗争在白人的世界中争得了一些权利但还是感到自己无能为力的自我的失落或被迫处于局外的感觉——的描述,既给我们提供了一幅黑人挣脱白人奴役、求得独立的图景,也为后殖民文化批评理论批判提供了一个极为现实有效的蓝本。而王守仁和吴新云所著《性别·种族·文化——托妮·莫里森与美

---

[1] 刘康、金衡山:《后殖民主义批评:从西方到中国》,《文学评论》1998年第1期。
[2] 即《在他者的世界里》。
[3] 或译为《文化的定位》。

国二十世纪黑人文学》作为一个后殖民批评范本的意义自然凸显出来。作为引进工作的重要一环,后殖民文化批评理论原著的翻译也呈现出繁荣的景象。1993年出版的由程锡麟等翻译的美国著名学者拉尔夫·科恩主编的《文学理论的未来》[1]一书,就把美国黑人批评家小亨利·路易斯·盖茨和伊莱恩·肖沃尔特的文章收了进来[2],这两篇文章可谓较早自觉地运用后殖民文化批评理论视角对黑人所遭受的来自白人的种族压迫和剥削进行了批判,是后殖民文化批评理论研究比较主要的早期文献。到了1998年年底,由盛宁和韩敏中翻译的《殖民与后殖民文学》(Colonial and Postcolonial Literature)出版,该书作者是英国利兹大学英语学院讲师艾勒克·博埃默。作者在这本书中讨论了过去两百年中以英语写成的文学作品(主要是小说和诗歌,也涉及剧本、散文、游记和书信),认为殖民文学主要是指那些有关殖民的想法、看法和经验的文字,而后殖民文学主要指对于殖民关系作批判性考察的文字。后殖民作家都"寻求个人、民族和文化的属性,认为写作是一种自我的界定,强调对于历史的重构等"[3]。因此,博埃默多次提及并一再重申,"后殖民的读者应该懂得,理解来自别的文化的文本是需要下功夫的"[4]。书中很多观点都有助于中国后殖民文化批评理论研究走向深入。

翻译工作在1999年取得了可喜的进展。先是1月和4月,由张京媛主编的《后殖民理论与文化批评》和罗钢、刘象愚主编的《后殖民主义文化理论》相继出版。这两本书是中国大陆最早出版的西方后殖民文化批评理论译文集,它们按照主编者各自不同的理解和意图,收录了

---

[1] [美]拉尔夫·科恩主编:《文学理论的未来》,程锡麟等译,北京:中国社会科学出版社,1993年。
[2] 这两篇文章是:[美]小亨利·路易斯·盖茨:《权威、(白人)权利与(黑人)批评家;或者,我完全不懂》;[美]伊莱恩·肖沃尔特:《我们自己的批评:美国黑人和女权主义文学理论的自治与同化》。
[3] [英]艾勒克·博埃默:《殖民与后殖民文学》,盛宁、韩敏中译,沈阳:辽宁教育出版社,1998年,第263页。
[4] [英]艾勒克·博埃默:《殖民与后殖民文学》,第284页。

萨义德、斯皮瓦克、霍米·巴巴、詹姆逊、法农以及国外其他一些后殖民文化批评理论的研究者的部分论著。两书选收的学者和论著虽颇有差异，但却正好具有互相补充和参照之效。继这两本译文集之后，5月，由王宇根翻译的萨义德的《东方学》一书也由三联书店出版。作为开启了后殖民文化批评理论研究领域的著作，该书的翻译出版当是后殖民文化批评理论引进中的一个重要进展。8月，由谢少波、韩刚等选译的《赛义德自选集》出版，收录了十多篇萨义德的文章以及关于萨义德的专著《文化与帝国主义》的专题讨论会发言，比较全面地展示了萨义德的主要观点，为深入研究萨义德的理论观点提供了某种平台。2000年11月，浙江人民出版社出版了由汪民安、陈永国和马海良主编的《后现代性的哲学话语——从福柯到赛义德》[1]，把从福柯到德里达、拉康、利奥塔、哈贝马斯到萨义德等的经典文献集中在一起，试图通过文献的阅读勾勒出后现代性的谱系。该书对理解萨义德的福柯渊源以及后殖民文化批评理论与后现代性的关系提供了某种思路，正如汪民安所说，"后现代性正是这样以一种反乌托邦的形式构想了乌托邦，以一种反希望的形式构想了希望，以一种反伦理的形式构想了伦理，以一种反上帝的形式构想了天堂"，非常精辟地概括出了后现代性的实质，同时，也对我们理解作为一种带有浓厚终极关怀意味的后殖民文化批评理论提供了思路。

2001年6月，杨乃乔、毛荣运和刘须明等翻译的《后殖民批评》出版，这本书是吉尔伯特于1997年编著的，收录了萨义德、斯皮瓦克和霍米·巴巴的三篇文章，作为早期后殖民文化批评理论代表的塞泽尔、法农和阿契贝的三篇文章，以及作为后殖民文化批评理论延伸性与拓展性研究代表的布莱登、蒂芬、胡克斯、莫汉蒂和艾哈迈德的四篇文章。该书涉及后殖民文化批评理论的一些主要问题，比如关于东方学、

---

[1] 汪民安等主编：《后现代性的哲学话语——从福柯到赛义德》，杭州：浙江人民出版社，2000年。

民族文化、黑人女性批评、现代性以及种族和阶级的关系等。但在内容上和罗钢、刘象愚主编的《后殖民主义文化理论》有重合之处。比如两部译著都有萨义德的《东方主义再思考》、法农的《论民族文化》、斯皮瓦克的《三个女性文本和一种帝国主义批评》。

不同于以上的关于后殖民文化批评理论的论文集式的译介，南京大学出版社2001年7月出版了吉尔伯特的与《后殖民批评》同时出版的专著《后殖民理论——语境　实践　政治》。这是一部对后殖民研究领域比较全面的概览性著作，着重探讨了萨义德、斯皮瓦克和霍米·巴巴的后殖民文化批评理论。2002年4月，北京三联书店又出版了单德兴翻译的萨义德的《知识分子论》[1]。该书内容原为英国广播公司1993年瑞思系列演讲，萨义德分析了在当前发达的媒介、政治与学术利益交融的时代知识分子的存在样态，这有助于我们深入理解萨义德写作《东方学》以及《东方学再思考》时的立场和宗旨，用萨义德自己的话说，"知识分子不应该是没有争议的、安全的角色，以至于只是成为友善的技术人员……在任何情况下，知识分子都应该为人所听闻，实际上应该激起辩论，可能的话更要挑起争议。完全的沉寂或完全的反叛都不可取"[2]。"要对权势说真话。"萨义德多次引用阿多诺的一句话——"在自己家中没有如归的安适自在之感，这是道德的一部分"[3]，来说明知识分子应该是"放逐者"或"边缘人"。至此，我们对萨义德身份的评价应该有了比较清晰的感受，那就是，他既非纯粹的中东和平进程的代言人，也并没有通过颠覆西方经典而将自己重新作为西方的经典而经典化。因此，国内学者张宽在《欧美人眼中的"非我族类"》[4]一文中将萨义德的《东方学》称为"金刚怒目式的著作"，认为它和

---

[1] [美]爱德华·W.萨义德：《知识分子论》。另外，学者陆建德在《环球时报》（京）2003年2月7日第19版为此书写作了书评：《知识分子为弱者说话——萨义德呼吁知识分子要代表受迫害者的权利》。
[2] [美]爱德华·W.萨义德：《知识分子论》，第62页。
[3] [美]爱德华·W.萨义德：《知识分子论》，第52页。
[4] 张宽：《欧美人眼中的"非我族类"》，《读书》1993年第9期。

《文化与帝国主义》一道都是"论战性的",而萨义德"俨然成为替第三世界各民族打抱不平的文化斗士"等说法就值得商榷了。另外,《知识分子论》后面的几个附录很有意义,包括对萨义德的两次访谈录以及"萨义德专著书目提要",对国内学者深入研究萨义德的后殖民文化批评理论思想提供了非常有益的资料和线索。

另外一本相对于吉尔伯特的《后殖民批评》更全面的论文集是美国的帕特里克·威廉斯和劳拉·克里斯曼在1994年编辑的《殖民话语与后殖民理论》[1],内容包含范围比较广泛,是到目前为止介绍后殖民文化批评理论最全面和包含后殖民文化批评理论家、文本最多的一个读本。但目前国内还没有翻译,只有罗钢和裴亚莉对该书的介绍性文章《种族、性别与文本的政治——后殖民女性主义的理论与批评实践》[2],另外,由比尔·阿希克洛夫特、加雷斯·格里菲斯和海伦·蒂芬合著的《后殖民关键词研究》[3]对研究后殖民文化批评理论非常重要,在后殖民主义话语中,有些词语是新的,有些是很熟悉的但被赋予了新的意义。这本书就为我们理解构成后殖民特色的议题提供了关键的词语,解释它是什么,它在哪里与后殖民遭遇,以及它在锻造新文化身份中显示其重要性的途径。它包括这样一些定义:散居、摩尼教、东方主义、法农主义、模仿、帝国主义、黑人性、跨文化等。在每一个术语后面,都有拓展的参考资料和进一步阅读的建议,后殖民研究中的一些基本著作在书后按从A到Z的顺序罗列出来以便使用。另外,这本著作可以说是将后殖民作为一种理论进行的第一次全面的术语归纳,它创造了后殖民研究的一个平台,对于深入拓展后殖民文化批评理论研究提供了某种可能。因此,它具有重要的理论地位和价值。英国牛津大学教授、后殖民

---

[1] P. Willams, L. Chrisman, eds., *Colonial Discourse and Post-Colonial Theory: A Reader,* New York: Colombia University Press, 1994.

[2] 罗钢、裴亚莉:《种族、性别与文本的政治——后殖民女性主义的理论与批评实践》,《北京师范大学学报(人文社科版)》2000年第1期。

[3] B. Ashcroft, G. Griffiths and H. Tiffin, *Key Concepts in Post-Colonial Studies*, London and New York: Routledge. 1999.

文化批评理论家罗伯特·扬评价说,"(这本书是)一种无价的资源……一部关于后殖民文化批评理论的包容全面的词典……对所有工作在这个领域的或者是任何新手来说都是不可缺少的"。

到目前为止,关于后殖民文化批评理论的一些主要文献,诸如:萨义德1975年出版的《开端:意图与方法》(Beginnings: Intention and Method)、1979年出版的《世界·文本·批评家》(The World, The Text, and The Critic),霍米·巴巴的《文化的定位》、《民族和叙事》(Nation and Narration, 1990)以及近年致力于编辑的《法农读本》(The Fanon Reader),斯皮瓦克的《在他者的世界里》、《后殖民批评家》(The Post-Colonial Critic, 1990),以及被称为是第一部后殖民文化批评理论读本的由帕特里克·威廉斯和克里斯曼合编的《殖民话语与后殖民理论》,还有诸如法农、阿契贝、塞泽尔的小说和诗歌等,都没有翻译和介绍到国内学界,对国内后殖民文化批评理论的研究者来说不能不说是一个重大的缺憾。

另外,除了以上专门的后殖民文化批评理论著述外,国内学界还做了一些延伸性介绍工作,包括中国社会科学出版社出版的弗雷德里克·詹姆逊(也有人译为弗雷德里克·詹明信)的两本专著——《文化转向》[1]和《快感:文化与政治》[2],以及三联书店出版的《晚期资本主义的文化逻辑》[3]等。把后殖民文化批评理论放到"文化研究"的栏目下,"知识分子图书馆"丛书已出版和即将出版的《解构之图》(保罗·德曼)、《论解构》(乔纳森·卡勒)、《重申解构主义》(J.希利斯·米勒)、《后革命氛围》(阿里夫·德里克)、《文化研究读本》(雷蒙德·威廉斯等)、《狱中札记》(安东尼奥·葛兰西)、《全球化中的知识左派》(布鲁

---

[1] [美]弗雷德里克·詹姆逊:《文化转向》,胡亚敏等译,北京:中国社会科学出版社,2000年。
[2] [美]弗雷德里克·詹姆逊:《快感:文化与政治》,王逢振等译,北京:中国社会科学出版社,1998年。
[3] [美]詹明信:《晚期资本主义的文化逻辑》,陈清侨等译,北京:生活·读书·新知三联书店,1997年。

斯·罗宾斯）等，为后殖民文化批评理论的研究提供了一个宽广的思维出发点和着陆平台。时事出版社1999年1月出版的《十九世纪西方人眼中的中国》[1]和广西师范大学2001年4月出版的《中国印象——世界名人论中国文化》（上、下册）[2]，是继萨义德的《东方学》之后探讨西方对东方中国的东方学（或东方主义）的力作。另外，国内有一定影响的《文化研究》[3]《视点》[4]以及《视界》[5]《中外文化与文论》[6]等与国内影响较大的杂志如《读书》《天涯》等一起延伸着后殖民理论和后殖民文学批评的盛事。

理论的介绍和引进往往是与对理论的解读和研究同时进行的，后殖民文化批评理论亦然。到目前为止，后殖民文化批评理论引进中国已经十多年了，原著翻译了一些，论文可以检索到上千篇，但关于后殖民文化批评理论研究的专著还没有，这不能不说是后殖民文化批评理论研究状况的某种缺憾。因此，对国内大多数未能熟练掌握外文工具的研究者来说，只能从这些原著的翻译序言以及众多的研究文章出发对后殖民文化批评理论寻找感觉。在本书对后殖民文化批评理论进行视点方法研究之前，先选取一些比较有代表性的文章和著作进行介绍，目的是揭示到目前为止关于后殖民文化批评理论的研究是从哪些方面展开的以及到了何种程度。

第一，关于殖民主义的分期和"后殖民主义"术语的使用问题。南京大学丛郁先生在《后殖民主义·东方主义·文学批评——关于若干后

---

[1] [英]约·罗伯茨编著：《十九世纪西方人眼中的中国》，蒋重跃、刘林海译，北京：时事出版社，1999年。
[2] 何兆武、柳卸林主编：《中国印象：世界名人论中国文化》（上、下册），桂林：广西师范大学出版社，2001年。
[3] 陶东风、金元浦、高丙中主编：《文化研究》，天津：天津社会科学院出版社。2000年7月开始出版第一辑。
[4] 吴士余主编：《视点》，上海：上海三联书店。2001年7月开始出版第一辑。
[5] 李陀等主编：《视界》，石家庄：河北教育出版社。
[6] 钱中文、龚翰熊、曹顺庆主编：《中外文化与文论》，成都：四川大学出版社。第2辑（1996年）同时刊登出王逢振等学者的八篇后殖民理论研究文章。

殖民批评语汇的思考》一文中认为，殖民主义从理论上讲"是指以英国和法国为代表的西方列强在资本原始积累时期对于弱小、'落后'民族的一种侵略政策。这种侵略政策往往是以武力征服为表现形式的，其实质就是以种种莫须有的名义对于'落后'民族和地区使用包括武力在内的政治、经济、外交和文化艺术等手段进行掠劫和奴役"；而后殖民主义则是"指第二次世界大战后欧美资本主义国家对于'落后'民族和国家所实行的一种文化渗透和文化侵略政策。不妨说，后殖民主义的实质是欧美列强在第二次世界大战的刀光剑影之后由非武力对峙到友好外交的文化侵略政策。因此，我们可以姑且将后殖民主义看作是一种不平等的跨文化交流现象"。并且他还把这种不平等的跨文化交流现象剖析为表层和深层两个断面："所谓表层断面是指涉存在于日常生活之中的后殖民现象，即物质生活领域的后殖民趋势：被奉为时尚的舶来物，如可口可乐饮料、雀巢和麦氏咖啡以及耐克鞋、牛仔装等；而深层的断面则是指涉存在于学术和意识形态领域的后殖民现象，即精神生活中的后殖民倾向：主要表现为后殖民主义者（这里指发达的西方国家）在认知和阐释'落后'民族的精神产品诸如文学、艺术作品时的霸权主义审美意识。"[1]

可以说丛郁对这些术语的分析很到位，但从整体思想上来看，他只是把后殖民文化批评理论当作一种思潮，这从他的结论中可以看得出来，"所谓后殖民主义文学批评目前只能算作是一种文学的文化批评观，尚未形成一种独立的、有系统的文学批评理论"。分析这个结论的由来，从他文章中对殖民主义、后殖民主义的界定中我们发现，在他的眼里，殖民主义和后殖民主义似乎是很清晰的两个历史时期，二者是截然不同的。事实上后殖民文化批评从思想上去追溯的确是一种思潮，但绝不是非要等到以武力侵略为主要特征的殖民主义结束后，以文化渗透为主要特征的后殖民主义才开始的。作为一种对任何形式的殖民主义具

---

[1] 丛郁：《后殖民主义·东方主义·文学批评——关于若干后殖民批评语汇的思考》，《当代外国文学》（南京）1995年第1期。

有颠覆性的话语，后殖民文化批评思潮和殖民主义是同时降生的，在殖民主义产生的一刻开始就培养了后殖民文化批评这个"掘墓人"。正如詹姆逊在《现实主义、现代主义、后现代主义》《晚期资本主义的文化逻辑》《处于跨国资本主义时代的第三世界文学》等文章中把资本主义生产方式划分为早期的市场资本主义、19世纪末20世纪初的垄断资本主义和今天的跨国资本主义，它们是经济发展到一定阶段的经济社会现象，而对应于此的现实主义、现代主义和后现代主义则是对这种历史发展阶段所进行的哲学和美学层面的思考。因此，用这种思路来观照殖民主义，首先它是一个总体性的概念，其内涵中当然包括武力侵略和文化渗透两个方面，但这两个方面逻辑上的顺承关系应该是这样的，即是从以武力侵略为主要特征的早期殖民主义发展到第二次世界大战后的以文化渗透、文化侵略为主要特征的文化新殖民主义，这两个阶段都是殖民主义的延伸和拓展。而后殖民主义在一定意义上并不是一个可以单独使用的现象性术语，它是一种思潮，是运用后结构主义的思潮对殖民主义（包括早期殖民主义和文化新殖民主义）进行的反思、批判，它只有在和"批评"或"理论"等术语结合在一起构成"后殖民主义批评"或"后殖民主义文化批评理论"时才有意义。从这个意义上来看，丛郁对当前的不平等的跨文化交流现象所划分的表层和深层两个断面才有了意义，正是在对表层断面的批评上形成了后殖民主义文学或文化批评，而在深层断面上形成了丛郁认为的还在形成过程中的后殖民主义文学或文化批评理论。另外清华大学的罗钢《关于殖民话语和后殖民理论的若干问题》一文对"后殖民主义"的使用是这个问题的另外一种变体。比如，罗钢在该文的内容提要中说，"文章认为，对殖民话语的分析，尤其是对殖民话语中所谓'善恶对立寓言'的揭露，是后殖民主义最重要的理论贡献之一"[1]。

在这些表述中，我们可以感觉到罗钢在对"后殖民主义"术语使用

---

[1] 罗钢:《关于殖民话语和后殖民理论的若干问题》，《文艺研究》（京）1997年第3期。

上和丛郁存在同样的"问题"——即把文化新殖民主义现象和后殖民主义思潮(或理论)相提并论;但二者又有不同,丛郁的"后殖民主义者"是"西方发达国家",而罗钢的"后殖民主义者"却是来自第三世界的后殖民主义批评家。罗钢在该文中有这样的表述,"后殖民主义者尽管出身于第三世界,现在却置身于第一世界学术圈的中心地带,是地地道道的第一世界知识分子,他们的祖国无论从空间和经验上都已经十分遥远了,曾经限制过杰姆逊的西方文化的认识基素和文化符码也在不同程度地限制着他们,使他们在第一世界理论与第三世界经验发生冲突时,常常不自觉地倾向于前者,做出与第三世界本土知识分子不同的选择","从讨论的范围来看,后殖民主义者关注的主要是全球文化体系中的第三世界问题","正是杰姆逊等白人学者面临的困境,为阿迈德这样的后殖民主义批评家脱颖而出提供了机会和条件"。从这些论述中我们不难发现,在罗钢那里,"后殖民主义者"和"后殖民主义批评家"是一个概念。但事实上从话语呼应的角度来思考,"后殖民主义者"的提法和"后殖民主义批评家"的提法是矛盾的。我们可以这样假设,在"后殖民主义者"这个概念中,作为发出的动作应该是"后殖民主义",而"后殖民主义"中的"后"则必然是相对于"殖民主义"而来,是"殖民主义"之后的动作——延续的、拓展的新殖民主义,如此,"后殖民主义"后面加上代表动作发出的主体符号"者",则不可避免地是指这种延续的、拓展的新殖民主义的实施人。在这个意义上,"后殖民主义者"是和丛郁的"后殖民主义者"的含义是一样的;但依据以上的思路,"后殖民主义批评家"则无论从哪个意义上都是对"殖民主义者"的批评者。

另外,中国人民大学的张法在《论后殖民理论》[1]一文中则更是明确地把殖民主义、新殖民主义和后殖民主义并列使用:"后殖民主义的主词'殖民',自然而然地使不少后殖民主义论者从伴随着资本主义扩

---

[1] 张法:《论后殖民理论》,《教学与研究》(京)1999年第1期。

张的全球化的殖民主义来理出一条后殖民主义自身的发展逻辑。从这一角度看，有两段论（殖民主义和后殖民主义）和三段论（殖民主义、新殖民主义、后殖民主义）之分。"虽然张法已经明确说明"殖民主义和新殖民主义都是政治话语，而后殖民主义则是一种学术话语"，但还是将三者并列起来谈论。南京大学的杨金才在《后殖民主义理论的激进与缺失》[1]一文中先是把后殖民主义看作一种侵略政策，而把文化新殖民主义看作一种理论，"'后殖民主义'是指欧美资本主义国家在第二次世界大战之后的冷战和后冷战时期对'落后'民族和国家进行文化围剿和文化渗透的一种侵略政策，因而在理论上常常表现为一种文化殖民主义、文化霸权主义和文化帝国主义"。但他紧接着又说，"后殖民主义作为一种理论思潮其实就是指萨伊德、斯匹瓦克和霍米·巴巴这样一些西方理论家对殖民地写作、话语的研究"。前后自相矛盾。

以上种种表述表明，在"后殖民主义"术语的使用上的确存在有一定代表性的问题有待我们进一步探讨。

1996年7月，张京媛编写了《后殖民理论与文化认同》一书，该书为中国学者和海外华人学者评介和运用后殖民文化批评理论的论文集，集中展现了学者们对后殖民文化批评理论的理解和具体实践。张京媛在该书的前言中对"后殖民批评"做了一个词条式的解释："后殖民批评与我们惯常熟悉的文学研究十分不同。它的视野已经不再仅仅局限于文学文本中的'文学性'，而是将目光扩展到国际政治和金融、跨国公司、超级大国与其他国家的关系，以及研究这些现象是如何经过文化和文学的转换而再现出来的。它讨论的范围包括：现代化、新技术、商品物化、金钱的抽象作用和其对符号系统的影响、大众文化、主体构成的新形式。……（它）侧重于分析新形势下的帝国主义文化侵略，宗主国与殖民地的关系，第三世界精英知识分子的文化角色和政治参与，关于种族、文化、历史的'他者'的表述，揭露西方形而上学话语的局限

---

[1] 杨金才：《后殖民主义理论的激进与缺失》，《当代外国文学》（南京）1999年第4期。

性。……这种批评旨在考察殖民主义和西方文化彼此之间的影响已经到了什么样的程度,以及这种相互影响又是怎样被表述的。"应该说,这是中国后殖民文化批评理论研究者比较早的对"后殖民批评"所做的定义式的表述。此外,张京媛还对后殖民文化批评理论的一些主要方面从"批判东方主义""文化认同""对被殖民者的分析"和"对民族主义的探讨"四个部分做了概述,也有助于廓清后殖民文化批评理论的构成。本书第二章、第三章、第五章对此都有专门论述。

第二,关于殖民话语和后殖民文化批评理论话语问题。杨乃乔在《后殖民主义还是新殖民主义?——兼论从殖民主义文学批评到东方主义的崛起》[1]一文中提道,"我想说明的是,讨论后殖民文化批评理论时可以谈康拉德及其《黑暗的心》,但在思潮的渊源上则要把其追溯到殖民主义批评话语那里去,并且虽然殖民主义文学批评不是解构主义的,但其仍充溢着批判的人格力量"。在殖民主义批评话语产生和运作之时,"解构主义"作为一种思潮尚未提出来,但从解构主义的颠覆特色来看,殖民主义批评无论如何都是解构的,只是它不属于解构主义。后殖民文化批评理论的研究应该上溯到诸如法农、塞泽尔等人倡导的黑人文化批判运动——事实上的殖民主义话语批判运动。对法农等人的工作的解构性以及对这些工作与萨义德开启的后殖民文化批评理论领域在思想上的一脉相承性的忽略,促使本书提出了这样一个问题:在对殖民主义话语和新殖民主义话语、殖民主义批判话语和后殖民文化批评理论的使用上,是否应该破除太多的地理和时间因素,破除把后殖民文化批评理论简单归并到第二次世界大战以后对文化新殖民主义的批判这一单纯子目下的努力呢?在这里,我们需要明确的是"话语"的含义和"话语"的理论意义。当语言学的研究发展到这样的程度,即发现语言只不过是某种符号、某种社会词根,一切的神圣和飞

---

[1] 杨乃乔:《后殖民主义还是新殖民主义?——兼论从殖民主义文学批评到东方主义的崛起》,《人文杂志》(西安)1999年第1期。

扬不过是语言——这一纯粹的世俗——的演义的时候,当实在为语言找不到昔日万分荣光的理由的时候,也是语言最荣光的时刻到来的时候。于是,那些深刻地意识到语言存在的人(不管你是否愿意在场或不在场),都将陷入深深的思索之中。殖民话语不断地将殖民地人民纳入其话语生产和运行的机制,归化为殖民这一行为的客体,从物质到精神,从被动到主动,从强迫到赞同。从话语的角度来概括文化,文化即是主体在一定时空内的话语总和。如此,文化的殖民,首先是话语的殖民。而话语的殖民却并不只是通过文化殖民。武装入侵时的坚船利炮何尝不是一种话语,不仅是,而且是一种威力大、见效快的话语。如此,摆脱殖民梦魇的确需要从话语开始,但人为地把这种摆脱的努力限定在一定的时段和形式之下,则不仅令具有强大解构功能的全历史观的、全方位观的"后殖民文化批评理论"画地为牢,而且最终将使同样全历史观的、全方位观的"殖民主义"这一人类毒瘤逍遥法外。所以,从这个意义上说,理论的意义就是"去蔽"和"除瘴",任何局限于"理论"或为理论而"理论"的努力都将面临理论历史的流放。罗钢在对殖民话语的"善恶对立寓言"的剖析中非常敏锐地触及了殖民话语的"普遍性"陷阱问题(本书第六章第二节将作专门论述),对深入理解和研究后殖民文化批评话语具有重要的参考价值。

第三,关于后殖民文化批评理论和东方学(或东方主义)的关系问题。在《萨伊德的"东方主义"与西方的汉学研究》[1]一文中,张宽富有创意性地、较早地把后殖民文化批评理论话语引入汉学的研究,并运用萨义德的思维轨迹进行了初步的汉学的后殖民文化批评。但张宽的论述中明显存在的一个问题是,后殖民文化批评理论作为一种理论话语和东方学或东方主义之间的关系论述得并不是很清晰。同样的问题也发生在美籍土耳其人后殖民文化批评理论家阿里夫·德里克身上,

---

[1] 张宽:《萨伊德的"东方主义"与西方的汉学研究》,《瞭望》1995年第27期。

他在《中国历史与东方主义问题》[1]一文中,谈到美籍华人陈晓眉的论文《作为反话语的西方主义:毛以后中国的"河殇"》("Occidentalism as Counterdiscourse:'He Shang' in Post-Mao China")[2]时说,"陈晓眉走得如此之远以致于抨击萨义德的东方主义是一种新的殖民主义"。事实上,陈晓眉走得并不远,她所抨击的是萨义德所抨击的东方学(或东方主义),而不是萨义德的东方主义。东方学的确是新老殖民主义的大本营。德里克把东方主义当作萨义德所倡导的东西自然有误。四川大学的李杰指出,把萨义德看作东西文化冲突中代表东方利益的斗士是对萨义德的一种"误读":"赛义德本人写作《东方主义》的宗旨,恰恰是要超越传统的关于东西方的文化划分和文化冲突。"这在一定程度上算是对萨义德的"正读"了,但李杰在后文中认为,"在现实的阅读中,《东方主义》更多地还是被人们看成是一种特殊情形的见证,看成是世界苦难的回忆,而较少被当成利用知识权力提高自己的一种文化多元论批评",在这句话中,落脚点在于,"《东方主义》是(应该被看成是)……一种文化多元论批评"是非常有道理的,但其限定成分"利用知识权力提高自己",本书则认为是对《东方学》(东方主义)的另外一种误读了。或许萨义德写作《东方学》或者是其他第三世界学者进行广泛的后殖民文化批评的最终结果达到了这种提高自己甚或自己代表的某一群体的结果,但把《东方学》放到开创后殖民文化批评理论这一深具人文关怀意味的领域以及它所发起针对的殖民主义这一人类文化发展的毒瘤的攻击来看,这种"提高"就已经被挤迫到无限边缘地带而大可忽略不计了。事实上,对后殖民文化批评理论进行界定的任何努力都无法回避萨义德对东方学(或东方主义)所进行的批判,本文主张,在对后殖民文化批评理论进行含义的界定时,需要回到萨义德,回到萨义德在《东方学》的批判客体和批判方法上去,才能比较客观和到位地理解萨义德所开创的

---

[1] 罗钢、刘象愚主编:《后殖民主义文化理论》,第87页。
[2] Chen Xiaomei,"Occidentalism as Counterdiscourse:'He Shang' in Post-Mao China," *Critical Inquiry*, Summer 1992, V. 18, N4.

后殖民文化批评理论领域和这个"开创"本身的关系。本书绪论第三节以及第二章第一节、第四章第一节将对此作专门论述。

第四，关于后殖民文化批评理论的批评主体和客体问题。盛宁1997年出版的《人文困惑与反思——西方后现代主义思潮批判》一书，将后殖民文化批评理论纳入后现代主义的视界内予以考察，认为"如果说后现代主义是欧美发达资本主义国家的文化向所谓'边缘'的输出和辐射的话，那么，所谓'后殖民'的写作，则应是整个包括以往的和新近的被殖民化的非洲国家、澳大利亚、加拿大、加勒比地区、印度、新西兰等在内的国家和地区向西方文化中心的运动"。[1]在这里，盛宁把诸如澳大利亚、加拿大都包括进后殖民文化批评的主体之中，认为他们也当属"后殖民"的国家和地区。关于这个问题，本书在第四章第二节专门进行了论述。

第五，关于民族主义和本质主义的问题。丰林在《后殖民主义及其在中国的反响》[2]一文中，在对中国学界引入后殖民文化批评理论的现状进行分析后得出这样的结论，在后殖民文化批评理论的引入和研究上，"第三世界是中国学界的旗帜，民族主义是它的精髓。中国学界参与后殖民主义话语实践，其目的就是要从根本上解构西方霸权，从而摆脱西方的影响和控制。而这种对西方抵制的一个最根本的途径就是试图在'本土'文化中焕发出一种与西方话语相抗衡的文化力量"。因此，"民族主义形成了人们无法摆脱的潜意识，是中国学界的后殖民主义话语的直接基础，从这一角度讲，中国学界的后殖民主义研究必然难逃民族主义命运"。问题不在于民族主义本身，在于由对后殖民文化批评理论的引入引发的民族主义和本质主义的关系。萨义德认为，"作为一种思想体现的东方学是从一个毫无批评意识的本质主义立场出发来处理多元、动态而复杂的人类现实的；这既暗示着存在一个经久不变的

---

[1] 盛宁：《人文困惑与反思：西方后现代主义思潮批判》，北京：生活·读书·新知三联书店，1997年，第171页。
[2] 丰林：《后殖民主义及其在中国的反响》，《外国文学》（京）1998年第1期。

东方本质,也暗示着存在一个尽管与其相对立但却同样经久不变的西方实质,后者从远处,并且可以说,从高处观察着东方"[1]。相对于西方的"东方学",又有一个"西方学"[2](或西方主义)被制造出来与它对应,这在多大程度上算是理解了萨义德所批判的东方学和他的批判本身呢?后殖民文化批评理论作为一种理论是在批判,但是在这种批判中还需要超越,甚至说更需要的是批判性的超越和超越性的批判,否则,就进入了香港学者朱耀伟所批判的与本质主义的"共谋":"'他者'今日变成了文化中心与边陲批评论述的共同课题,这本来已经有点反讽,但更反讽的是,'被中心化'的'他者'论述在文化边陲所产生的影响及当中的运作逻辑并无异于当初将'他者'边缘化的论述策略。"[3]也即是说,这种共谋的形式和结果即是以一种新的本质主义对抗殖民主义的本质主义,跌入到本书第五章专门论述的殖民话语的修辞陷阱之中。1994年,张法等提出"中华性"问题,认为,"中华性"完全可以解决文化建构中的民族性(既包括西方的民族性也包括东方的民族性)问题,完全可以作为一种对现代性的超越性命题。"中华性"所表明的逻辑是,现代性是一个特殊性概念,具有一定的历史和文化背景,具有潜在的意识形态力;而"中华性"则表现出不同的气魄,"中华性并不试图放弃和否定现代性中有价值的目标和追求,相反,中华性既是对古典性和现代性的双重继承,同时又是对古典性和现代性的双重超越"。"对它来说,对人类经验的吸收,根本就不存在'中化'还是'西化'的问题,根本就不存在'西体中用'或'中体西用'的问题,只有现实和未来的考虑。"[4]丰林认为:"这种气魄实际上如同西方人在讲述现代性的普遍性一样,试图把空间时间化,潜意识里难以抹掉占领话语制高点的企图。因为任何这一类的讲述都不可能做到所谓的超越,无论是西方还是

---

[1] [美]爱德华·W.萨义德:《东方学》第429页。
[2] J. G. Carrier, ed., *Occidentalism: Images of the West*. Oxford: Clarendon Press, 1995.
[3] 朱耀伟:《他性机器?——后殖民香港文化论集》,香港:香港青文书屋,1998年,第20页。
[4] 张法、张颐武、王一川:《从"现代性"到"中华性"》,《文艺争鸣》1994年第2期。

东方。中华性——这条展开普遍性翅膀的中华性之龙，是从东方腾飞的，是在'中华圈'神话的讲述中腾飞的。这种背景就有了一种令人生疑的东西。"李夫生在《我国后殖民批评中的几个理论迷误》一文中把"中华性"的提出批评为是在构建一种新的二元对立论，"在解构西方中心主义的同时，又悖论式地将'东方身份'和'本土经验'绝对化、本质化，试图寻回一种本真的、绝对的'东方话语'和'中华族性'，以与'西方话语'和'西方中心'对举，构成一种新的二元对立，这样就不可避免地从解构西方中心合乎'逻辑'地走入'中华性'。而新的二元对立的形成，实质上是在解构一种中心时，又建构另一种新的中心论"[1]。

归结起来，在对待民族主义和本质主义的问题上，中国引入和探讨后殖民文化批评理论进入了特纳（Bryan S. Turner）所说的对殖民主义批判的两种危机之中，一是相信作为一种人性形式的民族和前现代中有着一种不被现代主义和西方主义所毁灭的自然本真，一是把本土保守主义作为一种进步的反西方主义的特殊形式[2]。因此，从这个意义上来看待"中华性"的问题，我们可以发现，它是在一种"自然本真"或"本质主义"的前提下提出来的话语策略，这和霍米·巴巴在《文化的定位》中提出的"第三空间"（The Third Space）和费斯克的"创造空间论"又有什么差别呢？同时，把这种"中华性"放到黑人性运动的历史语境中去，在发现了黑人性运动的超现实主义特征之后再来看待所谓的"中华性"可能会有新的思路。同时，在如何看待由后殖民文化批评理论引发的民族主义和本质主义的讨论中，中央党校李书磊在《中与西：别做梦西化别人》一文中用黑格尔、康德等几十位中西文化名人的虚拟对话极富睿智地提醒我们，在看到了东方学（或东方主义）同化东方和同质化世界之后，别做梦似的想去用同样的手段同化西方，这对看待"中华性"的问题很有启发作用。乐黛云在《后殖民主义时期的比较

---

[1] 李夫生：《我国后殖民批评中的几个理论迷误》，《文艺报》（京）1999年7月31日。
[2] 参见 S. B. Turner, *Orientalism Postmodernism & Globalism*, London and New York: Routledge, 1994, p.103。

文学》一文中同样意识到在后殖民时代到来之后，如何对待西方文化和自身的传统文化问题，她敏锐地感受到："从曾经被殖民或半殖民地区的视角来看，……由于这些地区的传统文化长期以来受到西方文化的灌输和扭曲，一旦从殖民体制的压制下解脱出来，人们首先想到的自然是如何恢复发扬自身的固有文化，使其传播四海。这种倾向完全合理，无可非议。但与此共生的往往是一种极端的民族情绪，特别是对历史悠久、文化灿烂、传统深厚的民族来说，更容易滋长这种情绪。"[1]乐黛云还分析了造成这种情绪的思维原因，那就是"他们认为西方中心的隐退就意味着另一中心的取而代之。显然，这样的思维方式不可能创造出任何新事物，只能是在新的时代和环境下，对过去的西方中心论的变形和复制"。这恰恰是朱耀伟所谓的"共谋"。针对于此，乐黛云提出，一种文化能否为其他文化所接受和利用，绝非一厢情愿所能办到的。"这首先要看该种文化（文学）是否能为对方所理解，是否能对对方做出有益的贡献，引起对方的兴趣，成为对方发展自身文化的资源而被其自觉地吸收。今天，东西方文化的接触只能是和过去完全不同的，以互补、互识、互用为原则的双向自愿交流。这种交流正是后殖民时代比较文学的基础。"乐黛云的观点和朱耀伟的一段话在本质上是暗合的，"论述边缘的问题已被中心的批评工具理性化了。当然，我们不应停留在'边缘被中心化'的层次之上，而应进一步推展至边缘不是不是边缘（The margin is not not the margin），边缘才有真正的'空间'，而不再是学术论述的位置性器具。看来我们所需的是从'空间'论述中找出意义生产的文化地理图景，将'边缘''中心'等论述范畴解放出来。唯此'中心不是不是中心'与'边缘不是不是边缘'才能真正互动互补"[2]。朱耀伟这段看似绕口的话事实上揭示了这样一个道理，后殖民文化批评理论需要做的是对一些人面对执着于西方对东方的边缘化从而非要通过自己

---

[1] 乐黛云：《后殖民主义时期的比较文学》，《社会科学战线》（长春）1997年第1期。
[2] 朱耀伟：《他性机器？——后殖民香港文化论集》，第14页。

的运动呼喊着"边缘不是边缘"的执着进行超越,将目前关于"东方"与"西方"、"边缘"与"中心"的二元对立论述解放出来,用双重否定的话语实现对民族主义和本质主义的双重超越。针对于此,本书认为后殖民文化批评理论所要做的是分析殖民主义所造成的三重压抑、后殖民时代的三重回归和三重超越,本书绪论第三节将做专门论述。

第六,关于运用后殖民文化批评理论进行文学与文化批评的问题。在《萨义德的"东方主义"与西方的汉学研究》这篇文章中,张宽在对萨义德的《东方学》和《文化与帝国主义》进行了简明的评述后,运用萨义德的批判性思维方式对世界范围内的汉学[1]研究进行了后殖民角度的剖析。他得出的结论是:西方国家拟定的对中国的外交政策、西方关于中国的学术研究、在西方民间流行的所谓中国形象,三者之间呈互动关系,只不过在多数情况下这种互动关系比较隐晦,不那么容易被人察觉罢了。他认为,"殖民话语对近代以来中国本土的学术有着深刻的影响。这种影响表现在我们常常以西方的是非为是非。我们按照西方人的要求和暗示去从事种种有关中国具体问题的论证。相当一段时间以来,我们已经丧失了从根本上去挑战和拒绝西方权势话语和殖民话语的勇气"。因此,"在改革开放的今天,在中国的社会主义市场经济形成并与国际惯例接轨的时期,如何保证和坚持自己文化上的主体性,如何加强中国人自身的文化认同,以便在未来的国际冲突中获胜,是每一个有责任感的中国知识分子应该认真思考的问题"。

第七,关于多元文化时代中国后殖民文化批评理论的声音问题。中国学者在引进、研究、评价后殖民文化批评理论方面所做的这些工作,无法忽略的是这样的背景:"现在我们所谈论的后殖民涉及的领域如此

---

[1] "汉学",英语是 Sinology,意思是对中国历史文化和语言文学等方面的研究。在国内学术界,"汉学"一词主要是指外国人对中国历史文化等的研究。有些学者主张把 Sinology 改译为"中国学",不过"汉学"一词沿用已久,在国外普遍流行,所以谈外国人这方面的研究,用"汉学"较为方便。"汉学"的"汉"是以历史上的名称来指中国,就像 Sinology 的语根 Sino- 来源于"秦",不是指一代一族。

之广，而且又显得那样地内在不一致，因而连那些赋予它理论地位的学者们也无法解释清楚这种理论究竟是何模样。"[1]因此，中国学者的评介研究并不仅仅是在引进一种理论，而且在一定程度上也是在和外国学者一道透视后殖民文化批评理论，为尽可能清晰地显现"后殖民批评内部的构图"[2]做出自己的一份贡献。

第八，关于将后殖民文化批评理论运用于传播学的研究。2000年，尹鸿在《中国社会科学》上撰文《媒介文化研究：意义与方法》，把"后殖民主义媒介文化"列入媒介批判的重要内容，同时他提醒说，"当我们借用西方的后殖民主义、第三世界理论来看待我们自己的媒介文化时，也会陷入同样的后殖民主义学术误区"，因此他提出，"中国的媒介文化研究必须有一种明确的本土视野，文化研究的方法和概念都需重新确立其在本土的合法性和合理性"[3]。随后尹鸿把后殖民文化批评理论话语引入对电影的分析之中，写作了诸如《好莱坞的全球化策略与中国电影的发展》[4]、《霸权与多元——新世纪电视文化随想》[5]、《八十年代以后的中国电影美学思潮》[6]等文章，把当前后殖民时代文化交流的特征概括为是一种"后殖民图景（下）的不平衡互动"。可以说尹鸿比较到位地把握到了后殖民时代电影产业等文化产业的运作实质，从这个角度去分析和把握目前国内影视业的发展不失为一种既有眼光又有文化底蕴的工作。另外，本人也曾在《新闻与传播研究》上撰文《后殖民主义视野中的西方媒介》[7]，试图把后殖民文化批评理论思想全面引入媒介研

---

[1] [美]阿里夫·德里克：《再论后殖民问题》，王宁译，《文艺报》1999年4月13日版。
[2] 陈厚诚：《后殖民主义理论在中国的传播》，《社会科学研究》（成都）1999年第6期。
[3] 尹鸿：《媒介文化研究：意义与方法》，《中国社会科学》2000年第6期。
[4] 载《当代电影》2001年第4期。
[5] 载《电影视究》2001年第1期。
[6] 载《电影艺术》1995年第4期。
[7] 姜飞：《后殖民主义视野中的西方媒介》，《新闻与传播研究》2003年第1期。另外，关于后殖民理论的论述，可参考作者其他文章：《马克思主义与后殖民批评》，《外国文学研究》2001年第2期；《后殖民理论探源》，《文艺理论与批评》2001年第5期；《全球化与新殖民文化》，《文艺理论与批评》2001年第3期。

究，不仅对媒介帝国主义，而且对殖民主义和后殖民时代西方媒介的话语殖民进行实质性的分析，并提出了媒介的反话语概念。另外还有诸如王宁的《后殖民语境与中国当代电影》[1]、颜纯钧的《经验复合与多元取向——兼论"后殖民语境"问题》[2]，邵建的《谈后殖民理论与后殖民批评》[3]等文章为后殖民文化批评理论的延伸、运用做出了一定的贡献。

正因为如此，中国学者在引进后殖民文化批评理论的过程中，并未停留于对这一理论的了解、介绍和诠释上，而是在批判考察的基础上进一步对其提出质疑，发出我们的声音。张宽在《离经叛道———一场多元文化的论争》[4]一文中描述了美国当代关于文化教育经典革新派和传统派的论战，认为在当前的多元文化时代，"多元文化的要求已经向西方经典的绝对统治地位挑战，冲突无可避免"。但从张宽的眼光来看，美国关于"经典消失"的问题事实上是一个假问题，因为"西方经典从来没有消失"，他还非常形象化地说："柏拉图、荷马率领一队雄壮的队伍挺立在书架上，占据着一大片地方，非西方经典则被可怜巴巴地挤在一个狭小的角落里。"从张宽的文章中我们可以看出，他是站在多元文化平等并存的角度来看待美国这场文化论争的。恰是因为西方文化在当今世界处于霸权地位，所以张宽认为，"在美国这场关于'经典'的论战中，我同情革新派"。同样，恰是因为中国在世界多元文化时代对文化传统的背离，所以，张宽认为，"若是中国也发生了类似的论战，我将偏向于传统派"。张宽的观点并不矛盾，其重要意义就在于在指出了当前世界多元文化现实的同时，提醒我们，中国的现实具有中国的特色，中国的问题不是多元的色彩太少了，恰恰相反，中国的问题是对中国传统的理解、传承以及在世界多元文化合唱中发出中国自己声音的努力太

---

[1] 王宁：《后殖民语境与中国当代电影》，《当代电影》1995年第5期。
[2] 颜纯钧：《经验复合与多元取向——兼论"后殖民语境"问题》，《当代电影》1995年第5期。
[3] 邵建：《谈后殖民理论与后殖民批评》，《文艺研究》1997年第3期。
[4] 张宽：《离经叛道———一场多元文化的论争》，《读书》1994年第1期，第123页。

少了。张宽的理论贡献就在于,在分析萨义德的理论源泉(福柯)的同时,运用萨义德《东方学》的批判思路对汉学研究进行了初步的后殖民文化批评,并提醒中国的学者在当前世界多元文化时代的文化讨论中,要有清醒的头脑,深刻、现实地理解"多元"的含义和现实,不要在谈论"东方主义"的时候堕入"东方主义"的陷阱。这些贡献都是很重要的,但从总体上来说,由于对后殖民文化批评理论与东方学(或东方主义)之间的关系并不是很清楚,这样最直接的结果就是把后殖民文化批评理论简单化为一种西方理论话语,从而忽视甚至绕过了这一理论深厚的人文情怀的基质,在一定意义上降低了后殖民文化批评理论的批判力度和理论意义。事实上,对萨义德的《东方学》一书,中国学者就多有中肯的批评。例如,赵一凡就曾指出《东方学》存在的两个比较严重的缺陷:一是东方主义整体模式有问题,大而笼统,无所不包,好像是普天下统一的规律。萨义德严重忽略了东亚和中国,他的所谓东方基本上是伊斯兰、阿拉伯和北非,而"不谈中国何来东方"。二是书中缺少与东方主义对立冲突的理论论述,"既没有注意东方国家的反帝、反殖民运动,也忽视了西方知识界内部的不同层次的抵抗和斗争"。这导致萨义德认为"东方本身过去不是、现在也不是一个思想和行动的自由主体"。而这种看法显然是"偏激"的,"至少忽略了中国人民的现状"[1]。王宁在《后现代主义之后》一书中则自觉地"从一个真正的东方学者的视角"对萨义德进行了质疑,指出他所建构的东方主义在地理学上的局限(仅仅局限于近东和中东的阿拉伯地区而很少论及东南亚地区和中国、印度、日本这样一些重要的东方国家)、在意识形态和文化上的局限(忽视了东方文化两大源头之一的以中国为中心的儒家文化)以及在比较文学研究方面的局限(主要论及英语文学作品而较少涉及非英语的第三世界文学)。通过这种质疑,中国学者实际上是在努力与西方学者平等对话,在同一理论层次上介入国际性的后殖民文化批评理论争鸣,

---

[1] 赵一凡:《欧美新学赏析》,北京:中央编译出版社,1996年,第218—219页。

同时也是对这一理论的改造与重构。它表明中国学者已不满足于对西方理论的简单移植和借鉴,而是开始有了比较明确的批判意识和超越意识。[1]

后殖民文化批评理论引入中国十多年的历史中,引发的来自政治、经济、文学、历史、哲学、传播学等诸方面的反思是多重的、多角度的。这和后殖民文化批评理论自身的多重性和多角度可视性是密切相关的。从目前看来,关于后殖民文化批评理论更多的还是引发的问题,上文只是列举了具有代表性的一些。还有更多的问题在酝酿和发展之中,因为现实没有停步。理论发展到一定程度,需要理性的思考,在理性的思考中诸多的思维开始沉淀,一方面是打碎飞扬的理论泡沫,另一方面就是进行理论的建构。后殖民文化批评理论的引进和介绍走过了这十多年后,现在需要的就是理论的盘整和平台的构造,然后再开始理论的下一步征途。

三、国内对后殖民文化批评理论研究的不足

丰林在《后殖民主义及其在中国的反响》一文中指出,"当后殖民主义作为一种新的理论视角和理论话语受到中国学界的接纳和重视时,当中国学界把自我的批评视界重新架构到东西方或第一世界第三世界关系之上时,他们没有全面而深入地介绍和审视后殖民主义本身,而是更多地关注新理论话语的批评实践功能,关注新话语与中国当前文化和文学状况的结合,从而或展示一种新的批评价值,或追求一种理论话语的深度,或体验一种对话的意境。从这一基本情形出发,我们不难发现中国学界接纳后殖民主义的动机和特征,也不难发现中国学界的后殖民主义是一种什么样式,它给中国学界的批评话语带来了何种变革性意

---

[1] 参见陈厚诚:《后殖民主义理论在中国的传播》,《社会科学研究》1999年第6期。

义,以及它可能具有的某种局限性"[1]。这段话颇富深意。在中国探讨后殖民理论首先遇到的一个问题即是,在西方乃至全球性后殖民文化批评理论的研究图景中,中国在哪里呢?在整个后殖民文化批评理论的探讨和批评中,中国的问题似乎"因为缺席而非常醒目"。正是基于中国并未如印度一样被彻底殖民过,所以才有诸如在中国没有后殖民文化批评理论,或者说在中国谈论后殖民不合时宜的说法。如果说"半殖民地半封建社会"的现实并不能作为在中国探讨后殖民状态和理论的理由,那么我们只能说,这种观点似乎在否认中国被殖民统治的历史,持这样观点的人尚不知后殖民文化批评理论为何;如果没有认识到在当前全球化背景下,在西方资本的牵引下,在包括中国在内的第三世界欠发达国家,甚至包括一些弱于美国的"第二世界"的国家所上演的"文化皮影戏",即所谓的文化新殖民主义的威胁,那么说"在中国谈后殖民不合时宜"也就自然而然了。诚如罗钢和刘象愚在《后殖民主义文化理论》一书"前言"中所说:"尽管后殖民主义仍然属于西方思想界内部的一种派别,但与我们过去接触的各种各样的西方理论,却有一点根本的区别,这就是它所关注的基本问题,西方国家与第三世界的文化关系,是超越西方的,与第三世界国家,尤其是与第三世界知识分子有着密切关系。"因此,他们认为:"假如说我们对前一时期西方关于后现代主义的种种争论还能采取一种较为超然的隔岸观火的态度,那么,今天后殖民主义所讨论的种种问题,对于我们这个曾经在历史上遭受过帝国主义列强的侵略和占领,有着屈辱的半殖民地经验的民族来说,却是有着切肤之痛的,是不能袖手旁观的。"[2]

两位学者不能"袖手旁观"的论点和论证过程都说明了这样一个事实,即中国与"后殖民"理论并非"拉郎配"。考察中国关于殖民文化的思考和后殖民文化批评理论研究,我们会发现中国不仅有后殖民现

---

[1] 丰林:《后殖民主义及其在中国的反响》,《外国文学》1998年第1期。
[2] 罗钢、刘象愚主编:《后殖民主义文化理论》,第7—8页。

象，而且有后殖民文化批评，最主要的，中国有自己的关于后殖民文化批评理论的思考。但我们首先面临的，也是本文所要试图研究的，是后殖民文化批评理论所面临的一些问题。在这里归结如下：

第一，术语混乱且各取所需。对后殖民文化批评理论的理解还处于初级，对后殖民文化批评理论所涉及的很多术语的含义和适用范围尚不清晰，而且由此造成很多的误读，从而使后殖民文化批评理论的理论和现实意义受到极大的局限甚至走向反面。理论自身成了战场，理论沦为学术策略，学术话语变成政治话语，并且有被排挤出局的危险。第二，屋下架屋且圈内割据。后殖民文化批评理论原本是一个总成性的理论，但由于缺乏整合，用西方的各种理论注解后殖民，造成后殖民文化批评理论支离破碎或者肢端肥大（比如过于强调其后结构主义特色而忽视其建构性）。第三，理论性批评过多而缺乏理论建树。从内容上，国内对后殖民文化批评理论的运用主要是截取其只言片语进行简单的关于民族主义、全球化以及文化新殖民主义的争论，众声喧哗，虚拟繁荣，欠缺对后殖民文化批评理论的浓厚的人文思想和终极意义的开掘；缺乏系统理论支撑的批评是苍白和危险的，大大弱化甚至偏离了作为一种深度意识形态批评理论的针对性和终极意义。

简言之，东方学家的"指鹿为马"（"东方"不是东方）与"刻舟求剑"，西方后殖民文化批评理论家的"隔山打牛"（解构主义）、"指桑骂槐"，以及国内后殖民文化批评理论家的"缘木求鱼"、简单化的"拿来主义"、"海市蜃楼"以及"画地为牢"等，共同构成了当前后殖民文化批评理论研究的现状。具体来说，中国后殖民文化批评理论的现状是，译介较多，批评较多，研究虽有一些，但缺乏整合。即使译介也是从各自的学术背景和观察视点出发进行粗略的介绍，缺少对作为一种文化批评理论的后殖民理论的系统性介绍，包括它的理论根源、批判话语、重要人物、理论宗旨、意义与不足等。更缺少在系统介绍的同时深入地站在第三世界与被殖民者的角度的发声。因此，在当前围绕后殖民文化批评理论进行的讨论中，更多的是操持着西方后殖民文化批评理论的话语碎片所做的不痛不痒的浅层文学和文化批评，不仅显现出理论后劲的不足，而且在很多时候不小心就跌入了后殖民文化批评理论所批判的东方学的话语陷阱中去，做了所谓西方普适主义、本质主义、民族主义（东方学的三驾马车）在东方的代言人。如此，不仅不是进行所谓的后殖民文化批判，而且是东方学的翻版和共谋。后殖民文化批评理论的研究呼唤"混元一体"的思考，需要一种深入而系统的理论分析。

第二节 在解构中建构

上述关于后殖民文化批评理论研究现况的综述告诉我们，后殖民文化批评理论是一种带有总体性思考的理论，"后殖民话语看上去是试图对这个世界进行重新描述和对三个世界的理论重新思考的总体性的另外一种理论"[1]。这种总体性是分两步进行的，即在对殖民主义进行非线性拆解的过程中进行深沉的建构——建构人之所以为人的文化意味上的起点。

对殖民主义的拆解从对象上有一个变动的过程。最初主要是对帝国主义的机制以及它向世界扩张的原因、方式的解构。当帝国主义在全球的扩张处于巅峰的时候，列宁、卢森堡等马克思主义者便写了很多文章批判殖民主义。虽然帝国主义是与殖民扩张紧密联系在一起的，但是早期的马克思主义者在讨论帝国主义时并不主要指宗主国与殖民地的关系，而更为侧重研究的是帝国主义国家之间的政治、经济、文化和军事上的争斗。学者张京媛认为，"他们所处的时代是第一次世界大战，即现代西方世界第一次大规模的血腥战争，对这场战争的反思是早期马克思主义者的主要关注点。他们探讨的问题是资本主义工业国为什么要向外扩张，在扩张的过程中各帝国主义之间的关系如何。讨论殖民地时只

---

[1] H. Sheldon H., "Universality/Difference: The Discourses of Chinese Modernity, Postmodernity and Postcoloniality", *Asian Pacific Communication*, 9 (1&2), 1999.

是把它看作反对帝国主义统治的起义和革命的爆发处"[1]。

第二次世界大战以后,这种反思转向对第三世界经历了被殖民统治的民族国家的经济、政治、文化的反思。1978年萨义德《东方学》的出版,开创了后殖民文化批评理论研究的领域。其后,斯皮瓦克和霍米·巴巴等诸多来自世界各个地方和学术研究领域的理论家从文化角度,尤其是殖民话语入手反思、批判殖民历程,不仅拓展而且深化了后殖民文化批评理论的研究领域,而且在全球化的语境下,后殖民文化批评理论已经由西方的文艺理论话语旅行到世界的各个地方,它在批判殖民带给人类的各方面的灾难的同时,也在颠覆着造成这些灾难的任何渠道和方式,同时,也以前所未有的对人类的终极关怀而吸引包括政治、经济、文学、艺术等各个领域的思想展开热烈的讨论。它似乎在运用着后结构主义的思路和方法,但似乎又不完全是。后殖民文化批评理论家霍米·巴巴对"解构"以及"Post"进行了这样的评述,"它(解构和Post)意味着永无休止的、革命性的超越,进入一种扩展的、非中心化的超越现在的可能,而非单纯局限在对宏大叙事(后启蒙主义)的消解的狂欢中。如果是这样,从学术上来说,不过是一种虽则深沉但却狭隘的热情而已"[2]。后殖民文化批评理论是从各个角度对来自殖民统治及其任何等价物的非人性结果进行的深度批判,这种批判绝非简单的解构热情能一语概括,它是一种解构中的深沉建构。

一、解构的是殖民主义以来三重压抑、三重边缘化的人类生存状态

徐贲的《走向后现代与后殖民》是中国学者研究后殖民文化批评理论的一部力作。书中强调了后殖民文化批评理论应根据西方与非西方社

---

[1] 张京媛主编:《后殖民理论与文化批评》,第3页。
[2] H. K. Bhabha *The Location of Culture*, "introduction," London and New York: Routledge, 1994, p.4

会不同的具体情况来变通策略，而不应机械照搬，指出"尽管身处西方的非西方人和第三世界社会中的人们同有第三世界的背景，但却因为具体社会中特定的压迫性结构各异而具有不同的压迫紧迫感和对抗策略"，而国内"目前对西方后殖民理论的介绍往往正是忽视了这一点"[1]。这里所说的压迫感具有深远的社会文化背景，因此，在进入本书所探讨的殖民主义对殖民地人民所造成的三重压抑之前，有必要先从对弗洛伊德所揭示的人类的两种压抑，即原始压抑和一般性压抑的分析入手，分析存在于人类一般生存状态下的压抑，到了殖民地那里会形成什么样的变体，又如何引发了后殖民文化批评理论。

弗洛伊德认为，"原始压抑是防止那些从未进入意识的本能性对象选择进入意识"，"这种压抑来自遗传的先天性心理障碍，它把本我中大部分内容永远封闭在无意识中"。"然而压抑了并不等于不存在了。这种原始的对象选择虽被压抑，还可以经过一番乔装打扮，运用种种间接方式进入意识，来影响人的行为，进而引起人们的焦虑。然而它们又往往在本我与自我的边界上受到自我设置的'审查站'的审查，使犯禁的东西无法进入意识。这样，某些记忆、观念和知觉，虽然乔装打扮，也只好退回到无意识中，这种机制就是一般性压抑。"[2] "'压抑'的本质不是取消或废弃本能的'观念性呈现'，而是迫使它不能进入意识，或者说，不使它成为'意识的'（或自觉的）。这样一来，这种概念就只能停留在无意识中，不能被'意识'所理解。但我们已有充分可信的证据证明，即使它是无意识的，却仍然在起作用，最终甚至会影响到'意识'。任何一种被'压抑'的东西都是无意识的，但我们现在还不能肯定，无意识的全部内容是由被压抑的东西构成的。无意识的范围也许要广泛得多，被压抑的东西仅是无意识的一个组成部分。"[3] 原始压抑是基本性的

---

[1] 徐贲：《走向后现代与后殖民》，北京：中国社会科学出版社，1996年，第186页。
[2] 西格蒙德·弗洛伊德：《性爱与文明》，滕守尧译，合肥：安徽文艺出版社，1987年，第330—331页。
[3] 西格蒙德·弗洛伊德：《性爱与文明》，第285页。

压抑，它遵循的是快乐原则，实现的是精神上的"麻醉"[1]。而一般性压抑则是文明——弗洛伊德所称"人类对自然之防卫及人际关系之调整所累积而造成的结果、制度的综合"[2]——打造的精神性自我的本能作为，它遵循的是现实原则。马尔库塞把这种精神本能的一般性压抑扩展到文明本能，提出还必须区分作为一般文明要求的现实原则与作为特定文明形式要求的现实原则，即操作原则，区分基本压抑与额外压抑。他认为，"由于经济上的贫困和克服这种贫困所需的劳动，要造就文化就必须对爱欲作一定限度的限制、克制或延迟。这是一种基本的压抑。它是不可避免的，因而在一定意义上是合理的"。但因为物质资料分配方式与生产物质资料的劳动组织方式已经远超出了人的精神本能范围而进入到文明的本能领域，"它们代表了特定文明阶段的统治利益……它们对人的爱欲所强行施加的压抑是在一般文明要求的基本压抑之外的、为维持特定统治形式所必需的额外压抑"。

马尔库塞的"额外压抑"为人类发展的某种乌托邦理想提供了依据——在马克思所设想的物质产品极大丰富、人们各取所需的共产主义社会里，这种额外压抑是会自然消亡的。或者至少把人们对消除这种压抑的努力引上这样的思路，即随着人类物质生产能力的扩大和组织方式的科学化，人类所感受到的这种"额外压抑"会呈现递减的趋势。然而，事实上这么样呢？弗洛伊德指出："最近由于科技方面的急速发展，人类开始面临巨大的困境。因此，有人提出不同的看法，或认为控制自然并不是文化唯一的努力目的，也不是人类幸福的唯一条件。或以为放弃文明恢复原初状态可能会使人类更加幸福。"[3] 弗洛伊德看到了科技发展对人类的消极影响，即科技虽然让人类控制自然的能力增强，但反过来，由此造成的对人类的压抑更甚。马尔库塞说得更具体，"人们面对的事实是：在现代工业发达社会里，人类的爱欲所

---

[1] 西格蒙德·弗洛伊德：《图腾与禁忌》，杨庸一译，台北：志文出版社，1986年，第9页。
[2] 西格蒙德·弗洛伊德：《图腾与禁忌》，第11页。
[3] 西格蒙德·弗洛伊德：《图腾与禁忌》，第12页。

受的压抑不仅没有消失和减轻,反而变本加厉地严重起来"。编写了7册《人类文明编年纪事》的德国维尔纳·施泰因教授则预感到这种发展与压抑的二律背反所带给人类的悲哀,"在20世纪,许多希望破灭了,代之以恐惧和忧虑,是否可以这样说,人类具有渊博的知识和巨大的能力,但是,能否驾驭这些知识,人类并没有把握,甚至是会因滥用这些知识而走向灭亡"[1]。

科技的发展使人类愈加能摆脱原始性的压抑,文明特有的要求又使人类面临一般性的压抑。如何解释这个处于发展与压抑之间的宽阔的灰色地带?弗洛伊德把原因归结为"基督教蔑视现实生活所必然要产生的结果"。马尔库塞把它归结为"统治(资产)阶级控制手段的增强和隐蔽",从而开启了对资本运作主导的社会生产生活方式的反思。但是在这样的反思中,马尔库塞发现,资本运作的结果已经凸显在现实生活中的各个方面,批判的任务能交给已经失去了批判意识的"单向度的人"吗?在《单向度的人》[2]一书中马尔库塞认为,在发达工业社会里,人们的批判意识已经消失得无影无踪。在资本主义强大的消费意识形态的操控下,人们所谓的自由只是选择由谁来统治自己的自由,而针对现实中的各种问题,尤其是既涉及自身生存环境,又关涉人类未来的一些哲学、社会问题的思考和批判能力已经没有,如此,人们只能蜷伏在发达的技术之下,科学取得了高居人上的权利,技术理性已经使人类匍匐于从亚里士多德以来把认识限定在直接经验和推理的形式规则之上,只关注人类生存"应然"的层面,而无意地忽视或故意不提"本然"的含义,人类变成了单面的失去批判精神的奴隶:"发达工业文明的奴隶,是地位提高了的奴隶,但仍然是奴隶。"[3]因为决定奴役的,"既不是顺从,也不是艰苦劳动,而是处于纯粹工具

---

[1] [德]维尔纳·施泰因:《人类文明编年纪事》(一),作者序言。
[2] 又译《单面人》。
[3] [美]马尔库塞:《单向度的人》,张峰、吕世平译,重庆:重庆出版社,1988年,第30页。

的地位，人退化到物的境地"[1]。

马尔库塞所说的人类退化到"物的境地"，就是前面所说的这个"灰色地带"的状况，同时也是他对这个"灰色地带"的解释。那么，如何突破这个"灰色地带"呢？马尔库塞认为，"要完全'超越'现存社会，追求一种'质的变革'；摧毁现实的根本结构，使人民能自由地发展自己的需求；建立一种新的技术（不是目前技术的新应用），重新把握艺术和科学、科学和伦理学的统一；自由地发挥我们的想象力，给科学套上缰绳，使之用于人类的解放"[2]。而现实的情况是，发达工业社会的人民已经如马尔库塞所说变成了"单向度的人"，资本主义的飞速发展也飞速同化了这种制度下的人；苏联解体、东欧剧变，在这些地方人类共产主义目标以"理想"存在着，在其他地方甚至有被彻底边缘化的危险。也就是说，可以、能够操作马尔库塞所谓的"超越"的人到哪里去寻找是个根本性的问题。马尔库塞提出的答案是："在保守的大众基础之上，有一些亚阶层，如被遗弃者和被排除在外者，被剥削、被迫害的其他种族和有色人种，失业者和不能就业者。他们全都是在民主过程之外存在的；他们的生活最直接、最现实地要求结束不可容忍的条件和制度。因此，即使他们的意识不是革命的，他们的敌对行为也是革命的。"也就是说，既然工人阶级不再是社会革命的动力，那么推翻现存社会制度的任务就落在了造反学生、少数民族和流氓无产者的肩上。[3]需要特别强调的是，在这些人中，马尔库塞专门提到了"被剥削、被迫害的其他种族和有色人种"，而这两种人群恰是进行后殖民文化批评理论批判的主体构成。

马尔库塞把弗洛伊德对人类生存状态的描述深化到文明的层面，这是他的重要贡献。但他在把人类面临的弗洛伊德意义上的基本压抑和一般性压抑拓展到资本逻辑上的额外压抑时，视野略显窄了一些。资本主义造成了单向度的人——丧失的是批判的意识和功能；但殖民主义打造

---

[1] 转引自［美］马尔库塞：《单向度的人》，"中译者序"。
[2] ［美］马尔库塞：《单向度的人》，"中译者序"。
[3] 参见［美］马尔库塞：《单向度的人》，"中译者序"。

了"第四世界"(详见本书第四章第二节)的空心人——丧失的是作为人的意义上的存在。虽然马尔库塞也提出资本主义条件下的人退化到了"物的境地",但这种"物的境地"还有层次上的差异。第一世界和第三世界处于"物的境地"的人有一个共同的特点,那就是他们都是"奴隶"。但这两个"奴隶"中,后者还是前者的奴隶。后者是地位最低的奴隶,承受着殖民主义带给他们的三重边缘化的地位;前者是发达工业文明的奴隶,是地位提高了的奴隶,但仍然是奴隶。后殖民文化批评理论视野里的"奴隶"是经受了三重压抑——弗洛伊德意义上的"基本压抑"、马尔库塞意义上的"额外压抑"和来自殖民者的"超压抑"——的奴隶。殖民主义恰是马尔库塞所说的额外压抑的毒瘤,或者说它是额外压抑之外的超压抑——包括殖民者制造并推广给殖民地的普适主义(包括普遍主义或国际主义)、民族主义和本质主义。它们像是殖民主义的三驾马车(普遍主义、本质主义、民族主义),驰骋在第四世界。"普遍主义"所做的,是殖民者在对殖民地文化意识的压抑和置换过程中,把殖民地民族文化认同的意识基础或本能从本能的"观念性呈现"的层次中排挤、压抑出,使之进入到文化生产和消费的无意识夹层,在和殖民者所期待并打造的"意识"对质中被放置到一个可疑和边缘化的境地——意识进入到无意识。同时,殖民者通过策略性的话语为殖民地预留了一个意识"保留地",在那里,由一系列的"欧洲中心主义"所铸造的第四世界的意识在"自由"地流淌,进行着低水平的、恶性循环的民族主义和本质主义的轮番登场。

具体来说,这三重压抑的实现是通过对殖民地三重边缘化的殖民而实现的。

由于欧洲实行流放犯制度,最初到达美洲和大洋洲的白人事实上是欧洲主流社会的边缘人;"对最早的欧洲人来说,大洋洲是他们想象中的地狱。那里自然环境恶劣(比如季节的颠倒),与监狱实无两样"[1]。

---

[1] [英]巴特·穆尔-吉尔伯特等编撰:《后殖民批评》,第287页。

1788年英国首批舰队人员在大洋洲定居。至此,大洋洲才不再是英国社会遣送不良分子的流放地,而成为某种战略要地。白人在殖民地屠杀土著居民,掠夺资源,推行奴化教育,推广英语,不断地使殖民地边缘化;殖民地独立前、独立过程中以及独立后,由殖民历史培养出来的殖民的维护者、同谋者——土著中操英语的精英分子——又对本土其他居民实行第三重边缘化。而在这三重边缘化过程中,通过诸如对哥伦布发现"新大陆"的描述、白人经典作家的小说、英语在世界范围内既作为工具也作为意识的推广、殖民者培植土著精英作为"舆论领袖"[1]等,将殖民地不断"野蛮化""他者化"。文学与殖民主义政治同谋,诚如戴安娜·布莱顿和海伦·蒂芬在《西印度群岛文学与澳大利亚文学比较》一文中所说,"在整个殖民主义领域,欧洲人的文本和他们的小说,犹如他们的枪一样起着决定性的作用"。枪手就是诸如《鲁滨孙漂流记》中的克鲁索、《黑暗的心》中的库尔兹等白人殖民者。皮尔曼认为,克鲁索是"一个激进的个人主义者,……是危险的独裁主义者,也是一个难以救药的野蛮的殖民主义者。如果脱去这本小说民族优越感的外衣,我们便可看到其殖民主义的本质。一个无法在自己国家获得成功的懦弱的人,一个生性浮躁、反复无常的人来到异邦,他在国内接受的技术文明很快使他优越于当地人。于是,他掠夺土地,屠杀异教徒,用武力使那些改变信仰的人成为他的工具。他蔑视土著人,但也害怕他们。如果他的安全受到威胁,他随时准备对他们进行屠杀。正是在这样的背景下扩张和殖民主义滋生了,也正是这个原因,《鲁滨孙漂流记》才需要我们不断地给予关注"[2]。

---

[1] "舆论领袖"是传播学术语,指的是那些具有一定文化水平(平均文化水平以上),接触传播媒介较多,热衷选举、政治、社会文化问题,并且能够在他的人际关系中,对他周围的人群的态度具有某种决定性的影响作用的人,这些人被称为"舆论领袖"。也正是在这样的研究结果下,美国著名的传播学者拉扎斯菲尔德及其同事在1940年提出了"二级传播"的假设:文化概念往往先从媒介流向舆论领袖,然后再从这些人流向传播受众中不那么活跃的部分人群。这种由"大众传媒到舆论领袖,再到受众"的传播过程被称为"二级传播"。
[2] [英]巴特·穆尔-吉尔伯特等编撰:《后殖民批评》,第291页。

殖民主义是启蒙主义的毒瘤,是启蒙主义所带来的对财富的控制欲的恶性膨胀的结果,它在使现代文明提供给人的一切便利发生变质的同时,也把人类文明的发展从高尚的轨道上拖下来;在带给殖民地和宗主国文明之外的体味(包括血腥、劫掠、暴政、贪欲)的同时,使人类文明进入了一个暗无天日的发展历程之中。哥伦布发现"新大陆"以后的近三个世纪,贯穿在人类征服自然以及阶级征服阶级中的,是殖民主义以一个种族对另一个种族的征服。也许,人类的确需要认真考虑人类对自然征服的得失问题,对一些经济利益的代表来说,也的确需要考虑因对自然资源的占有多少而划分的阶级之间的冲突问题,但对这些问题的探讨却绝对回避不了,也遮蔽不了——即使曾经被回避、被遮蔽,并且这种倾向还在继续——一个重大的问题,即通过对这些问题的探讨和解决而实现的人对人的奴役,尤其是在这些问题的名义上实施的一个种族对另外一个种族的奴役。

因此,三重边缘化或他者化构成了殖民史。萨义德在罗丝对他的访谈中提道,"一个民族如果被排斥在文明史以外,那是无法忍受的不幸"。但这种不幸从殖民主义时期到现在依然在上演。当然,如弗洛伊德所说,无意识当然是被压抑的内容,但并非就此消失,而是要本能性地发声和起作用。哲学上的解释和探求在多大程度上反射着对现实的批判和对未来的本体论上的构建,就在多大程度上完成着自己应有的使命。德里达的解构主义提供了方法,而福柯的知识考古提供了途径,从萨义德开始的后殖民文化批评理论家开始了对从启蒙主义开始以来的西方思想中的一切敌对、压制发起了总的反击,殖民主义是其长途跋涉的第一个关隘,而后殖民之后即应是建立在对人类文明(主要是目前的西方科技文明)深沉反思和批判基础上的扬弃性建构。如此,后殖民文化批评理论的意义就绝不是某种学科简单的延伸,或是某种思潮的某种自然的分支,到目前为止它还是集束性的见解。但为它感到幸运的是,它幸亏没有被归入某种理论体系而再度边缘化。它起源于对人类发展史上殖民主义的批判,但已经远远被超越了。诚如萨义德对东方学的批判,

"东方学的局限,……乃伴随弃除、抽离、剥光其他文化、民族或地区的人性这一做法而来的局限"[1]。因此说,后殖民文化批评理论是对人类,而非单纯的殖民地被殖民状态的批判。

二、在三重回归和三重超越中建构后殖民诗学

在考察历史发展的基本线索时,霍克海默、阿多诺在《启蒙辩证法》一书中一开始就用人和自然之间的冲突,取代了阶级冲突作为历史的原动力。[2]但这已是19世纪到20世纪中期的事了。历史,或者说是时间,已运用其巨大的威力让20世纪中期以后的人们认识到,并非无产阶级和资产阶级、东方和西方、发达和落后等"对立"或简单的"二元对立"是人认识自然、他人以及自己的天然合适的拐杖。身处后殖民时代的人们发现,历史的原动力已经由黑人运动、第三世界运动等反话语运动反射出来的种族矛盾取代了人与自然之间的冲突,这是人类从文化角度对自身的深沉关注。当奴隶制度——一种制造非人的人的机制——被打碎后,人性和对人性的关注浮出海面。

如果以人-自然作为我们这个世界一切的简单分类的话,我们发现,只有人,因其天生的孱弱,为自己搭起帐篷,盖上楼房,然后再上一把锁。如此,人栖息在自我设置的空间里,世界的一切都从人与自然或者说是人与周围的一切——其他人和非人的简单二元对立——中衍生出去。虽然在哲学中"对立"是一个中性的词语,但它却深刻地揭示了人自我内心的存在状态,在这样的状态下,人不仅远离了自然,远离了他人,最主要的是,"远离"(或异化)占据了他的心房,使他在很大程度上不能自持地用超出自己能力和"其他"想象的手段试图拓展他的心房的空间,以抵抗那加剧的窒息感。但这样做的结果就是愈加从自我中

---

[1] [美]爱德华·W.萨义德:《东方学》,第142页。
[2] 参见欧力同、张伟:《法兰克福学派研究》,重庆:重庆出版社,1990年,第4页。

异化出去；太多的自我异化的汇合就构筑了马尔库塞所谓的处于基本压抑和额外压抑之下的人类现实。于是，社会，这一本充满生机的自足体，这一来自自然、生于自然、融于自然的"灵体"就面临着"五马分尸"的惨烈后果；剧烈的社会布朗运动的结果是使社会失去了其生存和进一步发展的支点，不断地有人与非人从这巨大的球状体中被甩出去，甩向非人性的渊薮。那些哲学家、宗教家和文艺理论家的思维游离于球体之外在边缘处观察着。从几个世纪的殖民到20世纪人类两次大的灾难，可以称之为"人蚀"。当然，在人类的帐篷下的刀光剑影已不可避免地伤及帐篷外"无辜"的自然。然而，自然的威力就在于，它提供给你制造帐篷的一切便利，同时又把随时撤走这一切的权利紧紧地抓在自己的手上。"人"在自然的威力面前面临着自信丧失殆尽的危险。事实上，从目前看来，如果人作为自然的一员要申请延续地球上的居住权的话，人类必须首先停职反省。

事实上，人类文明的成果几乎一直都在探求何以为人、如何为人等问题。在这些问题面前，人本身的自我意识总是滞后的；然而一切非人性的包括科学的结果活在当代——它对人的意识的刺激和成就在当代；而社会科学中的哲学、宗教却是超前的。尼采在19世纪就自负地称自己的哲学二百年后才会有人懂；宗教悲天悯人地将人远远地放逐到似乎无法用公元纪年的另一个世界；只有文学，立足过去、现在和将来，在生命的有效期内将人、人性放在展台上，起伏升降，进行多维度的展示。它让人的思维在电光火石的片刻无限地逼近人性、普遍人性的殿堂，让人性在汲取、满足中升华。文学理论存在的必要性就在于，它是用哲学家的眼光、宗教家的胸怀、自然科学家的精确、现实家的敏锐等精奥的东西承载、烘托、透析着文学，并与哲学家、宗教家、自然科学家一起携手步入人性的辉煌殿堂。不同的是，文学理论从文学的角度运用文学在林中开路、铺路、燃长明灯和鸣枪示警。

而后殖民文化批评理论就在开路、铺路、燃长明灯和鸣枪示警。它开启了人性重返伊甸园的历程。这个历程是由一系列的回归与超越构成。对应于殖民主义对殖民地的三重压抑的,是后殖民地的三重回归:领土的回归、文化的回归与自我的回归;而对应于领土的回归的是族性(民族主义)的超越,对应于文化的回归的是差异(国际主义或普适主义)的超越;对应于自我的回归的是认同(本质主义)的超越。这是在解构中的建构,建构的是后殖民的文化诗学、语言诗学和人性的诗学。

需要说明的是,这里的回归是萨义德的"回归",超越是马尔库塞意义上的超越。萨义德认为,"我觉得回归的真正意义在于让回归者回到自身;也就是说,回到历史,弄清楚究竟发生了什么,为什么发生,我们究竟是谁。我们是来自那片土地的一个民族,我们也许不在那儿生活,但我们的根在那儿,我们的历史不容忽视"。萨义德的"自身"就包括领土、文化和人性自我。殖民主义迫使殖民地人民从武器的强制服从走向意识上的自动赞同,后殖民文化批评理论就是要在对服从和所谓的赞同状态的批判中通过回归走向超越。回归的欲望就像回家,似乎大病一场的人对健康的理解就是回到生病之前的状态。但简单的回家已经不可能,因为殖民主义所打造的压抑的无意识状态已经使后殖民国家无"家"可回。疾病曾经征服了软弱的肉体,但新生的抗体却让精神走向成熟。如此,"回归"就是要剥去这些闪光的外衣的同时,检视这些外衣的光环所及之处给殖民地人民的视网膜和心灵所造成的伤害,在批判中疗治,在疗治中回归。"回归"的现实处境萦绕着后殖民文化批评理论家。所谓超越,就是离开、高于现实的现象层次来理解现实。如马尔库塞所说,要完全"超越"现存社会,追求一种"质的变革"。事实上,任何理解都必须是超越。在同一现象层次上不可能理解这一现象,而跳出界外观之,高于现在才可以突破现在的局限。"一个理论必须不仅仅是一种推测:它不能一望即知;在诸多因素中,它涉及一种系统的错综关系;而且要证实或推翻它都不是件容易事。……被称为理论的作品的影响超出它们自己原来的领域。"[1]如此,回归与超越就构成了后殖民文

---

[1] [美]乔纳森·卡勒:《当代学术入门:文学理论》,李平译,沈阳:辽宁教育出版社,1998年,第3页。

化批评理论的基调,本书即是从时间、空间、主体和话语入手检视此过程,将殖民者/殖民地、殖民/非殖民化[1]、话语霸权/反话语、东方/西方等放到思维的平台上,在追溯中反思,在比较中批判,在解构中建构——建构一个超越之后的文化的新版"地图"[2],如此构成了后殖民文化批评理论的主旋律。

在这样的主旋律中,后殖民文化批评理论有多个音阶。从文化诗学的角度来说,后殖民文化批评理论是一种深沉的文化研究。美国当代著名文学批评家乔纳森·卡勒在其《当代学术入门:文学理论》中专设一章来讲"文学与文化研究"的问题,他指出,文化研究"是人文科学在(20世纪)90年代的一项主要活动,一些文学教授可能已经从弥尔顿转向了麦当娜,从莎士比亚转向了肥皂剧,而把文学研究抛到一边去了"[3]。卡勒认为,"文化研究是从文学研究中生成的"[4],同时,"文化研究就是把文学分析的技巧运用到其他文化材料中才得以发展的"[5]。但从外延来看,"文化研究包括并涵盖了文学研究,它把文学作为一种独特的文化实践去考察"[6]。因此,卡勒总结道,"文化研究存在于两种愿望之中。一种分析家的愿望是把文化作为一套标记符号和与人民利益脱离的实践来分析,并且创造出人民逐渐接受的愿望;另一种分析家的愿望是在通俗文化中找到价值观的权威表述"[7]。刘小枫在其专著《拯救与逍遥》"引言"中也提出类似的观点,"文化的研究显然有两种不同的层次:一种是考察文化的历史事实,另一种是寻访文化的历史事实中所

---

[1] 关于"非殖民化"这个术语,北京大学亚非所李安山在《论"非殖民化":一个概念的缘起与演变》一文中对该术语的缘起和演变进行了详尽的论述。参见《世界历史》(京)1998年第4期。
[2] [英]约翰·斯道雷:《文化理论与通俗文化导论(第二版)》,杨竹山等译,南京:南京大学出版社,2001年,第266页。
[3] [美]乔纳森·卡勒:《当代学术入门:文学理论》,第45页。
[4] [美]乔纳森·卡勒:《当代学术入门:文学理论》,第49页。
[5] [美]乔纳森·卡勒:《当代学术入门:文学理论》,第50页。
[6] [美]乔纳森·卡勒:《当代学术入门:文学理论》,第46页。
[7] [美]乔纳森·卡勒:《当代学术入门:文学理论》,第48页。

蕴含的价值意义。……探寻文化的价值意义、重新建构文化形态的活动始终与人的现实处境有关。它的要求恰恰不是把历史文化还原为历史事实，而是使历史事实中的意义透显出来。意义的追寻是人类活动的本质。人正是通过文化的建构活动来超越给定的现实，修正无目的的世界，从而确立人自身在历史中的价值意义。因而，这种层次的文化探究是更为根本、更为首要、更为文化性的"[1]。

从文学研究到文化研究的转变来自文学功能的变异。文学，在中国的儒家思想那里，是"经国之大业，不朽之盛事"，是载道的工具。无独有偶，西方的殖民思想在向东方渗透中也自觉不自觉地走上这样的选择，那就是在文学中，将西方的强大、自律、文明、高尚和东方的孱弱、宿命、懒散、低下、愚昧以文本的形式固定下来，并在大量的文学生产中，将代表着这些思想的东西循环、重复运用以及形成某种符咒，在审美性地"教化"东方的同时，而且将自己也"感动"了，于是西方穿上衣服，来到东方，开始了新一轮的文化上、意识上的对东方的"霸占、强奸"。由于其长期的努力、经济上的发达和语言的推广，因而形成了各种各样的"霸权"。于是，我们就会在东方看到描写渗透西方强大、文明而东方卑贱、落后的文学。同样，我们也会在西方看到渲染西方强大以及教导西方人如何"御"东方女人的文学。文学，这一人类精神神圣的殿堂，被庸俗的政治学、社会学所占据，变成了小丑，文学在自杀。

因此，文学变异的现实就决定了后殖民文学或文化批评理论处在这样一种文化探究层次上：它从对殖民主义文化历史事实的考察出发，探询殖民主义对人类文化发展的所有价值意义，在解构、修正、超越过程中试图建构文化发展新的平台。当然，正如所有生理的和社会的变动都在某种类似人一生的历史样态中发生着，自然而流畅，文化，或者文明，也是在这样的繁杂和喧嚣声中发生、发展和延续着。这个过程既有

---

[1] 刘小枫：《拯救与逍遥》，上海：上海人民出版社，1988年，第11页。

逆流而上的高歌猛进，也有顺流而下时的酣畅淋漓，当然也有平流时的舒缓深沉。而且，文化或文明这条河流不同于自然河流的复杂性就在于，这三种情状往往是同时存在的和彼此置换的。而文化研究或文化批判的任务，就是要在这样的共存和置换的组合中，进行不同层面的文化运行的考古，检索出三种或多种界面的重合与分野之处、置换之理、未来之势，从某个或某些视点出发进行某种疏浚、去蔽、阻遏的抑扬动作。而所有的文化批评者站在不同的视点上所进行的这一系列的检索和批判就成了自然、社会河流之上的另一条河流，即文化批评的河流。它悬浮在上，所做的却是最终促使文化的发展沉凝、稳健的工作。刘小枫的分析给我们的启示是，后殖民文化批评理论即是文化研究的第二层次。正是对殖民文化和后殖民文化现实的审读，文化研究者从文学解读、欣赏层次进入了文化价值意义的探寻和理论重构。

卡勒在《当代学术入门：文学理论》中对理论的意义归纳为如下四点：第一，理论是跨学科的——是一种具有超出某一原始学科的作用的话语；第二，理论是分析和话语——它试图找出我们称为性，或语言，或文字，或意义，或主体中包含了些什么；第三，理论是对常识的批评，是对被认定为自然而然的观念的批评；第四，理论具有反射性，是关于思维的思维，我们用它向文学和其他话语实践中创造意义的范畴提出质疑。[1]卡勒关于理论的结论也在这里说明了本文的一个性质：是关于后殖民文化批评理论的研究，而非后殖民文化批评。在这一点上，本书赞同王逢振的观点，他在为"知识分子图书馆"丛书写的总序中认为，"'批评理论'（critical theory）是（20世纪）60年代以来一直在西方流行的一个概念。简单地说，它是关于批评的理论。通常所说的'批评'注重的是文本的具体特征和具体价值，它可能涉及哲学的思考，但仍然不会脱离文本价值的整体观念，包括文学文本的艺术特征和审美价值。而批评理论则不同，它关注的是文本本身的性质，文本与作者的关

---

[1] 参见［美］乔纳森·卡勒：《当代学术入门：文学理论》，第16页。

系，文本与读者的关系以及读者的作用，文本与现实的关系，与语言的作用和地位，等等"，"它关注的是批评的形成过程和运作方式，批评本身的特征和价值。"

第三节 本课题的研究方法

一、视点研究方法

冯宪光教授在《文学理论：视点、形态、问题》[1]一文中倡导对文学理论进行分析性研究。冯教授认为，很多理论家在研究文学时，是"用一种先在的理性框架去对文学活动的经验事实'去粗取精，去伪存真'，去寻求和建立一种框架内的明确认识"。这样做的结果就是，造成"在文学理论的研究和建构中，理性框架的重要性远远大于文化、意识形态对文学理论的影响"。我们承认，"人类对文学认识的可能性、优越性和局限性都在于，人们对文学的理论概括必须受制于人类理性思维机能在历史文化中形成的思维普遍法则"，"任何一种成型的文学理论都有它理论上的框架，都有它在理论上的预定性、约定性、假定性"。但我们不是要去单纯地论证诸如柏拉图的"理式"、康德所谓的"先验"框架等的合法性，而"应当有更多的人去分析人们究竟使用了一些什么框架、视点去观察、看待文学，在这些框架结构的视野里，文学实践活动究竟存在着哪些值得研究的问题，从这些理论框架结构出发，已经形成和还可能形成哪些理论形态，这些理论形态有什么人类学的依据，有什么人类认识功能和文化积累的根源，这些理论形态又有哪些历史和文化的具体表现，这些具体表现又和特定历史时期的社会历史、意识形态

---

[1] 冯宪光：《文学理论：视点、形态、问题》，《社会科学战线》（吉林），2001年第2期。

有什么内在的关系，等等"[1]。在20世纪，较早做这种分析性文学理论研究的是美国学者艾布拉姆斯。他在《镜与灯》中，归纳了西方文论从古至今的四个理论视点，这就是艺术家（作家）、作品、世界、欣赏者，而且古今一切文学理论都来自站立在这四个视点上对文学现象的观察和分析，分成模仿说、实用说、表现说和客体说四种形态。艾布拉姆斯的这一观点受到西方理论家的广泛认同。20世纪80年代末期，英国学者塞尔登选编了一本西方文学理论读本《文学批评理论——从柏拉图到现在》（简称《文学批评理论》），摒弃了传统的编年史的编撰方式，采用一种按问题模式选编有关文论史材料的体制。这些问题来自罗曼·雅可布森关于人类语言交流的六要素及其六要素流程图式。塞尔登舍弃了雅可布森六要素中的"通道"要素，认为在"柏拉图到现在"的文学研究学术史上，受到文学理论家广泛关注的主要是五要素：作者（言语发送者）、历史（语境）、作品（信息）、结构（符码）和读者（言语接受者）。这五个要素实际上也就是五种审视文学现象的视点，由此也引发出文学理论学术史上的五种形态模式：再现理论，主体性理论，形式体系和结构理论，历史与社会理论，道德、阶级和性别理论。从《镜与灯》（1953）到《文学批评理论》（1988），从艾布拉姆斯到塞尔登，我们可以看到西方文学理论学术史研究上一种分析学派的形成和发展。这种文学理论的分析性方法，"并不致力于追求对某一问题的真理性认识，而是着重探讨人类自从有了文学理论以后，究竟从哪些地方去看待文学、认识文学、理解文学、思考文学，从这些视点出发，又已经和可能形成多少理论形态，它们涉及了多少不可回避的理论问题。也就是说，这种方法并不致力于回答什么是文学的问题，而是着重研究人们在回答什么是文学时，有多少种可能的回答"。这种研究可以从理论理性的合理性角度，对中国21世纪的文学理论建设发生积极作用。

正如康德在《判断力批判》中所说，"一些概念，当它们联系到对

---

[1] 冯宪光：《寻找百年中国文论的学术视点》，《中外文化与文论》第8辑，第131—138页。

象上时,不管对于这些对象的认识是否可能,这些概念有它们的领域,这些领域完全是按照着它们的对象对我们的全部认识能力所具有的关系而规定着的。这领域中的对我们而言认识是可能的那个部分,就是这些概念和为此所必需的认识能力的地盘。这个地盘的一个部分,即这些概念立法于其上的部分,就是这些概念和隶属于它们的诸认识能力的领域。经验的诸概念固然在领域里——作为感官对象的总和——有它们的地盘,但没有它们的领域(只有它们的居住地):因为它们虽是依照规律构成的,但自身不是立法的,在它们上面所建立的诸法则只是经验的,因而是偶然的"[1]。后殖民文化批评理论中有很多概念,诸如殖民主义、话语、文化、第三世界等,每一个概念都有它们合法性存在的领域,这些合法性领域与研究者所属的诸多背景相关联而进入人们的认识,这样的认识是多种关系的总和;这个"总和"就构成了到目前为止进行后殖民文学批评的"地盘"——一个多声部的播放。但文化交流和探讨的深入要求找到一个并非单纯经验的或偶然的地方——即一个理论的公共空间,而这个公共空间就是康德所说的这些"总和"立法于其上的领域。

走向这个领域需要付出艰辛的努力,从理论上来说需要抽象的概括,冯宪光教授所提倡的视点分析方法在国内是首次提出,虽然目前仍限于方法论的理论层面的阐释,但给研究者的启示颇多。作者愿秉承此种文学理论的分析性方法,通过对西方关于后殖民文化批评理论的多声部进行研究,提取出其中蕴含的多种视点,再分析多视点是如何对后殖民文化批评理论进行认识、思考、理解的。从这些视点出发,对已经和可能形成了多少种理论形态,涉及和解决了多少理论问题的课题进行比较全面的研究,并针对每一个视点提出自己的看法,整理、构建后殖民话语惯例,在对言说者的言说形式进行系统性梳理的同时,发现、界定后殖民话语理论,并为有效地运用它提供有效的途径和方式,从而发掘

---

[1] [德]康德:《判断力批判》,宗白华译,北京:商务印书馆,1985年,第8页。

出这样一个后殖民文化批评理论研究的公共领域，这也是对冯先生的这个理论方法的个案研究的实践。

二、拟人论的视点选取

后殖民文化批评理论的深入探讨，依赖于某些关系、范畴的认同，这也是分析的起点。每一个理论范畴都有其大致明确的使用范围，它们是如何在其他领域使用的，又是在何种意义上引进后殖民文化批评理论的，从目前来看，这些范畴在后殖民文化批评理论内部又产生了哪些变体，这些变体的结果对后殖民文化批评理论本身产生了什么样的影响等，都需要作为理论的存在和发展的前提问题提出来，并进行深入分析。正如《社会变迁》的作者哈格宾所说，"一个倚赖于某些东西的认同又不能提供认同手段的理论，很难被看作有帮助的。尤其当它还略去了细节的界定并避免分析时，那么我们不重视它大约也就情有可原"[1]。运用视点研究方法对后殖民文化批评理论的基本范畴和话语惯例进行梳理，目的就是要为后殖民文化批评理论提供进一步研究的某种认同的手段，在这样的工作中，奥尼尔在《身体形态》[2]一书中运用的拟人论的文化分析方法对我们选取后殖民理论的视点有着非凡的启发性。

所谓拟人论，奥尼尔采纳了《牛津英语词典》的含义："拟人说（anthropomorphism）：人的形象或性格之特征。a. 以人的形象或特征比拟神；b. 以人的特征或性格比拟任何非人类或非理性之物。"奥尼尔认为，"拟人说是人类（对世界）的一种最根本的反应方式；它是人类在构建其自身、构建其世俗组织及神祇系谱过程中的一种创造性力量"。"撇开字典中的定义不谈，我认为，如果没有拟人说，人类将难以在世上立足。假如人类彻底抛弃拟人说，世界之于我们将变得比任何一位神

---

[1] 转引自［美］克莱德·M.伍兹：《文化变迁》，第13页。
[2] ［美］约翰·奥尼尔：《身体形态——现代社会的五种身体》，张旭春译，沈阳：春风文艺出版社，1999年。

祇更为陌生。因此……人类知识的进步似乎要求摒弃一种拟人论的或以人为中心的世界观——对于这一论调我并不持强烈的反对意见。然而，一个明显的事实是：在这一过程中，人已经失去了那种赋予人类体制以人类形体的能力。"[1]

正是在对这种能力的丧失的观照中，奥尼尔在《身体形态》中确立了其出发点，"个人和家庭的生活将被现代大公司经济及其疗治型国家所控制"，原因和结果是一点，"人类知识的进步似乎要求摒弃一种拟人论的或以人为中心的世界观……在这一过程中，人已经失去了那种赋予人类体制以人类形体的能力"，这种缺乏所带来的就是人类的异化。因此，奥尼尔试图通过对人类的五种身体的论述做到这一点："对于人的身体的不可避免的兴趣将有助于我们解决人、自然以及社会机构之间那种复杂关系之中所存在的重大问题。我们将比较清楚地看到：人类身体是怎样作为一种智慧和评判的源泉导致了那些大大小小的拟人论秩序的形成——正是这些秩序支撑着我们的社会、政治和经济的结构体系。"[2]

深入理解奥尼尔的拟人论，并由之观照后殖民文化批评理论时，散见于各个理论家、各个理论领域的观点都通过千丝万缕的关系贯穿起来，共同构造了一个"后殖民文化批评理论人体"：这个"人体"从殖民主义的时间隧道中走来，在东方学家从古典东方学到现代东方学，再到当代东方学对殖民主义机制的传承中存活、延续；"他/她"存在于殖民主义和霸权主义思想的任何所及之处甚至这个"所及之处"的符号空间——地理意义上的东方与西方以及观念意义上的东方与西方，最终进入到人类得以存在和发展的认识空间。在那里，从殖民主义对第二自然、第三天性、第三空间、第四世界的打造中，我们可以清晰地触摸到"他/她"或平淡，或激昂的脉搏；"他/她"长着三头六臂——"他/

---

[1]［美］约翰·奥尼尔：《身体形态——现代社会的五种身体》，"导论"。
[2]［美］约翰·奥尼尔：《身体形态——现代社会的五种身体》，"导论"。

她"是一个主体——关注"他／她"的生态的研究者呈现出世俗百态：或革命或妥协或共谋。"他／她"在对文化身份的鉴别中游走，在对文化变迁和文化"译转性"[1]中的殖民主义运行轨迹的揭示中发声，在对殖民主义文化的模仿与戏仿中超越。"他／她"拥有自己的话语："他／她"把"反话语"的标签自信坦荡地贴到自己的身上，对各种具有霸权意识的"中心"观念（比如欧洲中心主义）发起猛烈的批判，但又清醒地认识到任何话语自身无法克服的一些矛盾，时刻规避着话语运用中的各种自身的和"他／她"设的陷阱。在人类政治、经济和社会日益非人性化的过程中，"他／她"从众声喧哗中以傲然的个性和人性化的表述，声讨着殖民主义对殖民地人民自然身体的毁灭以及政治身体甚至灵魂的移植的罪恶，批评着任何试图对后殖民文化批评理论进行同样的非人性化处理，使其在嘈杂中消音、在语焉不详中"泯然如众人"，甚至悄然死去的努力的妄想。

更具体一点，事实上，所有后殖民文化批评理论家的思考都无法回避这样几个问题：第一，我是谁——由此，研究者将自己放入自身的历史文化背景之中，从而确定了研究后殖民文化批评理论的主体视点。第二，我是如何成为现在这个"我"的——由此，研究者承认了自己的历史背景和被殖民者强加形成的现代文化之间的张力，从而确定了研究后殖民文化批评理论的时间和空间视点。第三，现在的"我"与哪个国家

---

[1] "译转性"是本书作者自造的词语，主要想表述这样的含义：translation 本身有两个层次的意义：其一，"翻译、译"；其二，"转化、化"。"翻译"是一个平面线性概念，"转化"是一个立体非线性概念。而霍米·巴巴在这里想要说明的，就是文化表意因为文化的空间置换以及全球性媒体技术的介入而复杂化，这种复杂化表现在文化指意的传统方式受到了质疑。原因就在于，在当前的文化跨国化和媒体介入的情况下，所表达出来的"文化内容所指"受到了来自各个方面的质疑。因此，文化在不同文化背景之间通过"翻译"（包括技术性的和媒介入主观性的）进行传播时，就有了太多的转化。因此，将 translational 译成"译转性"试图表达出霍米·巴巴丰富的含义。当然，翻译界对 translation 还有另外的译法，如译为"移译"或"迻译"，translation 包含了通过翻译这个行为含义发生变化的意思，但从一定意义上说，译为"迻译"已经约定俗成，在这里，用一个约定俗成的词语无法凸显霍米·巴巴的深厚用意，这也是制造出"译转"的一个理由。

或哪个文化具有更强的连接关系——由此研究者意识到自己既是独立的个体也是被自己身后的文化话语造就而成的,从而确定了研究后殖民文化批评理论的话语视点。

时间、空间、主体、话语,构成了"后殖民文化批评理论人体"的四个有力的视点。这绝非在构造某种自得、自足、自闭的体系。事实上,每一个视点都是一条隧道,形如光柱。正是在这些光柱的探照下,一个关于后殖民文化批评理论探讨的领域得以展开。从时间视点出发所要形成的是后殖民文化批评理论的"机制论";从空间视点出发形成的是后殖民文化批评理论的"异化论";从主体视点出发形成的是后殖民文化批评理论的"杂种论"和"译转性论";从话语视点出发形成的是后殖民文化批评理论的"霸权论"和"陷阱论"。沿着这些光柱,记载着前仆后继的后殖民文化批评理论研究者的努力;围绕着这些光柱,交织着千姿百态的观照、观看后殖民的眼神;透过这些光柱,展示的是后殖民文化批评理论人体精彩的舞蹈;超越这些光柱,铺陈着人类人性化未来的希望。

当然,"光柱"或"隧道"是事实上的开放领域或空间。一方面,作者在选取视点的时候,囿于资料和时间尤其是认识的限制,不可能做到拿着精密尺子对后殖民文化批评理论家的文字、话语、思想以及历史背景、现在的气候进行精确的度量,只能采取如顺藤摸瓜、纲举目张的办法。另一方面,各个视点之间并非完全隔绝,比如主体和话语,如斯道雷所说,"主体正是在语言中并且通过语言成为一个主体:语言中的主体、语言的主体和最终受制于语言的主体"。"主体性就是从语言的各个过程中产生出来,在语言的形式和表达中产生和复制出来的,它们并非像'理性的'观点所说的那样是一个事先假定的基本事实。""没有诸如基本的主体这样的东西,它只不过是我们为了生活下去而虚构出来的。"而且,"正是语言使我们能够将自己看作主体,离开了语言,我们将会没有自我意识,然而在语言中,我们的自我意识又总是悄悄地溜走了——脆弱而且存在着破碎的危险"[1]。

"类似地,其他主体也被某种系统性知识的流通所构形。福柯对权力如何通过系统性的知识——犯罪行为、性行为和精神病行为话语中关于'犯罪''反常'和'精神错乱'的知识——实践以创造和控制个体性主体进行了细致的分析。在任何历史时期,各种各样的话语竞相对主体性予以控制,但这些话语经常是那些控制着话语并决定知识和真理权力的一个机能。因此,当一个人在多种话语下作为一个主体时,主体性只会是由当时处于控制地位的话语所构形。"[2]因此说,后殖民文化主体是语言中的主体;后殖民研究者是后殖民语言的主体;被殖民者是语言的次主体和最终受制于语言的主体。

所有的人类活动都通过各种途径和世界相关联,不管它是以任何行动、思想、观念、信念、感觉或其他途径。我们都是"站"在某个地方才可能对这个世界发表我们的看法,也就是说,如何看待这个世界在很大程度上决定于我们"站"在哪里。因此,固执地认为自我能够站在所观照的事物本身来谈论事物"本身",往往会带来谬误和让人无所适从的偏见。站在阳光下才可以看到阴影,站在阴影里也就无所谓阴影,当然也就无所谓阳光了。因此,需要说明的是,对后殖民文化批评理论视点的选取,作者是带着超越的思维方式"站"在第三世界的土地上,从第三世界与其他世界的关系着眼来选取和看待后殖民这一来自西方的思潮的。另外,选取视点进行研究的最终目的是穿透视点,是要揭示这些视点背后的思想和文化背景。要做的目的并不是为了批判而批判,而是通过这样的批判深入到文化交流和文化发展的实质性内容,在探索以往的文化交流模式的情况下,为下一步的文化发展提供某种理论意义上的他者,让后来的文化交流在解读这样的他者的前提下前行。

---

[1] [英] 约翰·斯道雷:《文化理论与通俗文化导论》,第126页。
[2] B. Ashcroft, G. Griffiths, and H. Tiffin, *Key Concepts in Post-Colonial Studies*, p.224.

另外需要说明的是，关于书中一些外国理论家名字的翻译，为了避免不必要的混乱，除个别地方外，在本文中做了统一处理，如：Edward W. Said——爱德华·W. 萨义德；Frantz Fanon ——弗朗兹·法农；Aijaz Ahamad——阿贾兹·艾哈迈德等，并在书的附录中有西文人名索引备查。

第一章

后殖民文化批评理论基础

第一节 何谓后殖民文化批评理论

美国著名后殖民文化批评理论家阿里夫·德里克曾强调指出，在运用后殖民批评理论深入批判之前，迫切需要的是"追踪后殖民概念的演变历史，尤其是后殖民批评内部的构图"[1]。德里克的强调是很有针对性的，针对的就是对后殖民理论不甚了解而带来的各取所需现象，甚至在不直接引用后殖民文化批评理论原点性论述的情况下谈论后殖民文化批评理论。本文在对后殖民理论进行视点研究之前，先要追踪一下"后殖民"作为一个学术术语的由来、拼写上存在的争议以及对它进行的多维定义。首先让我们先看一下"后殖民"术语的由来。

第二次世界大战后，"后殖民"这一术语最初被特指"后殖民国家"（the Post-Colonial state），因此，"后殖民"有着清晰的编年史的意义，指独立后时期（post-independence period）。阿贾兹·艾哈迈德[2]说，"后殖

---

[1] [美] 阿里夫·德里克：《再论后殖民问题》，《文艺报》，1999年4月13日。
[2] 阿贾兹·艾哈迈德（Aijaz Ahmad），印度诗人。他是新德里尼赫鲁（Nehru）纪念馆和图书馆当代研究中心（the Centre of Contemporary Studies）的教授级研究员。他在美国和印度都教过学，在世界很多其他地方讲学。他写过很多有影响的文章，最重要的都收入了《理论思考：阶级、民族与文学》（In Theory: Classes, Nations, Literature, 1992）一书中。这本书或许是对"后殖民"概念以及在这个名目下操作的文化分析的各种形式、政治见解和组织机构做出的最著名的抨击。

民"一词是20世纪70年代前期在政治理论中第一次使用,用以形容第二次世界大战后摆脱了欧洲帝国束缚的国家的尴尬处境。[1]然而,从20世纪70年代晚期开始,这个术语被文学批评家用来探讨殖民所带来的各种各样的文化影响,"后殖民"这个术语第一次被用在探讨殖民地文学圈内的文化交互作用的语境中,这是对在20世纪60年代后期兴起的诸如联邦文学(Commonwealth Literature)和所谓的用英语写作的新文学(New Literatures)进行批判时所做的政治化尝试的一部分。这个术语随之被广泛使用于对欧洲殖民者的政治、语言和文化进行批评的社会实践中。[2]

像解构主义和其他后现代思想对文本的分析一样,后殖民文化批评理论是一个异质性领域,连它的拼写都给人提供了两种选择:没有连字号的"Postcolonialism"和有连字号的"Post-Colonialism"。事实上这两种拼写方法都是被接受的,只不过两者有略微的理论假设上的区别。那些将后殖民文化批评理论从历史时期来观照的理论家,往往采用不带连字符的拼法;而更多地从意义角度来观照后殖民批评理论的理论家,则采用带有连字符的拼法,以突出后殖民主义和殖民主义的一脉相承。此外,还有第三种观点,认为不管有没有连字符,"后殖民"在历史上从来就没有存在过,因此,应该取消"后殖民"这个术语。

深受后结构主义影响的殖民话语理论的主要代表,如萨义德(受福柯影响)、霍米·巴巴(受阿尔都塞和拉康影响)和斯皮瓦克(受德里达影响)等,坚持用连字符把Post和Colonial分开,以把后殖民理论的研究作为一个独立领域根本性地与殖民主义话语理论区分开。他们认为,殖民主义话语理论只是构造了"后殖民"这一术语所意欲探讨的诸多方面和兴趣的一部分而已[3],而更深广范围和更深程度的探讨需要从

---

[1] 参见[英]巴特·穆尔-吉尔伯特:《后殖民理论——语境 实践 政治》,第6页。
[2] 参见 B. Ashcroft, G. Griffiths, and H. Tiffin, *Key Concepts in Post-Colonial Studies*, p.186-192。
[3] 参见 B. Ashcroft, G. Griffiths, and H. Tiffin, *Key Concepts in Post-Colonial Studies*, p.186-192。

后殖民文化批评理论研究出发才可以进行。

"后殖民"的含义之所以产生分歧也是由于其前缀"post"具有多种意义之故。作为一个表示时间性的前缀，post 既有"……以后"（after）、"半"（semi）、"迟来的"（late）的意思，也有"排除"（ex-）或"新"（neo）阶段的意思，[1] 在两个角度的交叉处，可以暗指某种结束，现实的或急迫的。对于南非的种族隔离来说，"殖民主义"是分割和占有的意思，于是"后殖民主义"就有两种意义：其一是"殖民主义之后"，暗示着撤退、解放和重新统一；其二是"迟来的"或"新"殖民主义。如果"后殖民"是一个时期，从它的自然本质来说，就只能是一个被充满怀疑的进步所特征化的时期，是殖民主义在文化上的延伸，也即葛兰西所说的资产阶级"话语霸权"合法化的过程。这两种意义的区分造成了上述对"后殖民"从历史时期和意义两个角度进行理解的分歧。事实上，这两种理论假设并不矛盾，从历史时期角度来看，代表了殖民主义和后殖民主义的分期；从意义角度来说，殖民主义和后殖民主义（新殖民主义）一脉相承。"后殖民"的双重意义充分说明了后殖民文化批评理论的双焦点特性（"应该解放"的追求与新殖民主义），也说明了此消彼长的态势，更在一定程度上明确了后殖民文化批评理论的任务，这些都将在后面的章节仔细分析。

而对"后殖民文化批评理论"术语的抵制源于这样的谬误，即"（殖民势力走后）什么都没变"。新加坡国立大学英国语言与文学系教授安东尼·古尔特纳在其《后殖民性的事实空间：拉什迪、昂达杰、奈保尔[2]、巴赫金和其他》一书中提道，当他的一个印度朋友向他提出这

---

[1] B. M. Gilbert, G. Stanton and W. Maley, *Postcolonial Criticism*, London and New York: Longman, 1997, p. 2.
[2]《英国移民作家奈保尔荣获 2001 年诺贝尔文学奖》，载《新书报》2001 年 10 月 19 日。瑞典文学院将诺贝尔文学奖授予英国移民作家维·苏·奈保尔，瑞典文学院称："其著作将极具洞察力的叙述与不为世俗左右的探索融为一体，驱策我们从扭曲的历史中探寻真实的动力。"维·苏·奈保尔是当代最有成就的英国移民作家之一。他的《河中一湾》《岛上的旗帜》等多项作品，获得毛姆奖、布克奖等多项英国重要文学奖，并在 1990 年被英国女王（转下页）

样的问题："什么时候后殖民主义这种状态才终结呢？"他和其他的一些文学研究者感到了回答的麻烦。于是一些学者干脆主张取消"后殖民主义"这个词。1994年，爱拉·苏哈托和安娜·马克林特克发表在《社会文本》上的文章指出，"后殖民主义"除了表述上的方便外，在现实中根本就没有存在过。从本质上说，它只不过是在"殖民主义"一词上粘贴上了一个"后"。

分析起来，对"后殖民"持取消论者存在两种错误假设。其一，对他们来说，主要的历史事件或时刻出现时是和从前绝对断裂的。事实上并不是这样的。当然，从帝国主义国家中解放出来后，前殖民地国家还保留着殖民的痕迹，我们必须对这种痕迹带来的持续性和变化性的混杂有一定的心理准备。Post 的三个维度含义中，semi 的字面意思指进程的一半，实质上，当既往的宗主国式的殖民已经无法继续进行，全球反殖民主义的文化自觉已经兴起的时候，即便是经济上的殖民框架和文化上的深层结构依然保持着一种殖民惯性，这样的殖民也是进入了"后半场"。第二种错误假设就是，"事态还和从前殖民主义时代一样，什么都没有变"。尽管这个观点尚有争论的余地，但它暗中支撑了殖民者欧洲中心主义甚至是种族屈尊的观念。这句话似乎在暗示：殖民地的人们什么都没有做，不管好与坏，都是殖民者干的。

毕竟"后殖民主义"时期处于一个为西方所称的"进步"时期，这个"进步"是被西方认为东方从中得到了无尽的"好处"的进步。在这个时期，霍米·巴巴在《文化的定位》中引用了一名殖民官员爱德

（接上页）授封为骑士。这表明英国社会对他作为一个"当代经典作家"地位的承认。奈保尔出生于特里尼达，系印度婆罗门的后裔，其祖父为契约劳工，从西印度移居特里尼达，其父亲任特里尼达《卫报》的记者。奈保尔从11岁开始热爱文学，作为记者的父亲细心鼓励他写作。1953年，他的第一部小说出版了。后来，他先后成为自由撰稿人、BBC《加勒比之声》的栏目主持人、《新政治家》杂志的专栏撰稿人。1993年，他成为英国戴维·柯翰文学奖的首位获得者。《比斯沃斯先生的房屋》发表于1961年，是奈保尔的成名作。奈保尔被称为世界级的作家，他的创作受到西印度殖民社会和英国文学的深厚影响。奈保尔与拉什迪、石黑一雄并称"英国文坛移民三雄"，更被英国评论家普里切特称赞为"在世的英语作家中的佼佼者"。

华·库斯特爵士的话说:"英帝国的每一块殖民地都被授予一个模仿英国体例的代表,对这样的中初期政策进行质疑现在看来有点过时。但如果这个被恩赐的傀儡忘记了她真实的代表,……竟敢挑衅其母国时,她就不由不责怪自己的愚蠢——在一个根本没有希望获得如此尊贵地位的社会条件下所接受的如此的好处。在我们当前的殖民政策体系中,一个基本的规则看来是被遗忘或忽略了——殖民地的依赖性。只给殖民地一个独立的形式是某种嘲笑;如果她能维持其独立的地位的话,她绝不会做哪怕一个小时的殖民地。"[1]因为当西方的消费意识形态开始彻底"启蒙"了当地人的时候,当这些人也直接间接地享受到了所谓"进步、发展"的好处的时候,他们很难意识到,为他们造福的这些产品和机制,会不仅给他们而是给整个人类带来不幸;当一切的形而上的东西附魂于文化用品并进入人们的消费的时候,"消费"本身就摇身变成人类的最高意识形态,于是生存的意义就是机械的复制和意识的麻木不仁。在这个时期中,西方对世界其他地方的殖民就从物质层面转向精神层面,即殖民地从发展被外力束缚、资源被强制开发、人民被奴役转到发展被纳入西方全球化的轨道,资源和人民的精神也被纳入西方的某个生产系列,进入了自虐的然而看起来却是自慰的循环中,以至于"被殖民者永远不知道殖民者什么时候把他们看作什么东西,是完全拥有自我的人,或仅仅是物体"[2]。早期的后殖民理论家,如法农、塞泽尔等认为,在西方殖民主义所谓的"进步"名义下所做的一切,用历史的超前的眼光来看,绝非什么"进步",现在恰可以看成是后退、可耻和反动的。这样看来,后殖民主义,或曰新殖民主义可能还要在法农和塞泽尔所批判的基础上更进了一步,此时,"后"的含义可以表示为"事态如常[3],却不料更加如此[4]",绝非"取消论"者所认为的什么都没有改变。

---

[1] H. K. Bhabha, *The Location of Culture*, p.85.
[2] 罗钢、刘象愚主编:《后殖民主义文化理论》,第372页。
[3] 殖民主义所打造的被压迫之"常"。
[4] 即进入了文化的新殖民——真正的、深刻的、深度的殖民。

不管有无连字符，还是干脆取消"后殖民"，在目前学术界，"后殖民"已经被逐渐接受和广泛使用。诚如阿希克洛夫特等认为的，"当前，不管我们如何看待'后殖民主义'，以及在什么样的意义上使用问题重重的前缀'post'或同样充满问题的连字符，这个术语是奠基于欧洲殖民主义历史和制度实践，以及所有殖民地人民对这些实践的反应（抵抗或其他）之上的，这个基础在看待这个术语时依然是基本的事实"[1]。所以使用"后殖民"这个术语的原因有两点：首先，它比较简洁，凡接触它的人从字面上即大略知其含义；其次，正因为其简捷的特性，它本身就构成一个开放的领域，由此开启的是多角度、多领域、多层面的讨论。事实上，由这个术语出发，已经并正在引发诸如所有的殖民者是否具有某种共性，遭遇同一殖民者的殖民地是否具有某种经济、政治、文化上的共性，前殖民时期和后殖民时期殖民地的文化是否存在差异以及这种文化差异和殖民历史的关系如何，生活在非洲的黑人和生活在美国的黑人是否一样（如果不一样，和殖民主义有什么关系）等一系列问题。

因此，"后殖民"这个术语运用起来最大的目的或最大的好处就是，它提供给我们一个方便的可现实操作的意义批判工具，便于我们讨论我们所感兴趣的文本或其他事务。而且，很重要的是，它逐渐破除了这样两个谬误：一是，在欧洲中心主义的理论思维前提下，认为一切都变了——变得更好，殖民者带来了光明；二是在后殖民时代，一切都没有改变，即使民族国家建立了，取得了政治上的某种独立，但事实上还在老殖民主义的控制之下。正是在这样的谬误的冲击下，后殖民文化批评理论为我们提供了进行深入的文化批评的领域和工具。

上述诸多的分歧，造成后殖民文化批评理论的定义也有很多，比较有代表性的有这样几个：

（1）乔纳森·哈特："对欧洲帝国主义列强在文化上、政治上以及

---

[1] B. Ashcroft, G. Griffiths, and H. Tiffin, *Key Concepts in Post-Colonial Studies*, p.189.

历史上不同于其旧有的殖民地的差别（也包括种族之间的差别）的十分复杂的一种理论研究。"[1]

（2）西蒙·杜林："非殖民化的人为保护他们自己的文化免于西方侵犯的自觉意愿。"[2]

（3）艾勒克·博埃默："后殖民的文学，它倒并不是仅仅指帝国主义之后才来到的文学，而是指对于殖民关系作批判性的考察的文学。他是以这样或那样的方式抵制殖民主义视角的文字。"[3]

（4）斯蒂芬·斯莱蒙："后殖民理论是混杂性的。它被作为对西方整体历史主义进行批判的途径；作为一个等同于被重新定位的'阶级'的混成性术语被使用；作为后现代主义和后结构主义的一个子集；作为'后独立'的民族组织对本民族性期待的一个名称；对第三世界学术代表的非抵制的一个文化象征；作为对殖民强权话语的不可避免的但充满矛盾心理的颠覆，作为'阅读实践'的一个对立面形式……这其中，最明显的趋势是，将'后殖民理论'视为一种批评实践的主观愿望；是作为一个闪光的宝库，它自身有力量把政治合法性赋予制度化的努力。"[4]

（5）查里斯·布莱斯勒："后殖民文学和理论考察两种文化碰撞，以及当其中之一带有意识形态霸权，认为自己优越于对方时会发生什么。"[5]

（6）阿里夫·德里克："后殖民这一术语在其不同用法中表达了互不相同的多种意义，出于分析目的，必须加以区分。其中有三种用法在

---

[1] 转引自陈厚诚、王宁主编：《西方当代文学批评在中国》，第510页。
[2] [新西兰]西蒙·杜林：《后殖民主义与全球化》，见王宁、薛晓源主编：《全球化与后殖民批评》，北京：中央编译出版社，1998年，第137页。
[3] [英]艾勒克·博埃默：《殖民与后殖民文学》，第3页。
[4] S. Slemon, "The Scramble for Post-Colonialism," Tiffin, Chris., and Lawson, Alan. (eds.), *De-Scribing Empire: Post-Colonialism and Textuality*, London and New York: Routledge, 1994, p.16.
[5] Bressler, (ed.) *Literary Criticism – An Introduction to Theory and Practice*, New Jersey: Prenice-Hall, Upper Saddle River, 1994, p.263.

我看来似乎特别突出（而且重要）。第一，用于描述过去的殖民地社会的状况，此时它有具体所指对象，如后殖民地社会、后殖民地知识分子等；第二，用于描述殖民时期过后的全球状况，此时，它似乎更抽象，所指对象也并非十分具体，其模糊性堪与更早时候的'第三世界'相比，而它也正意在替代后者；第三，用于描述关于上述状况的话语，这些话语可由这些状况所导致产生的认识和心理取向来指示。"[1]

对已有的定义，尤其是社会科学领域的定义，进行分析的一般方法是，可以找出这些定义间关键的概念差异。比如：定义的观察水平或抽象性是否具有包容性，或是否具有某种约束性；有无定义的目的性预期，以及对该定义所指向行为的预期；判断的规范性如何。如此来分析这些定义，哈特的定义只是简单地点出了后殖民文化批评理论和以前理论关注点的不同和复杂性，判断不规范，并不能作为某种理论上的界定，这只是后殖民文化批评理论研究的某种开始。而杜林强调后殖民文化批评理论出于"免于西方侵犯的自觉意愿"，这个"意愿"的含义过于宽泛，包容性过强而没有了必要的定义约束性或规定性。杜林的观点迎合了民族主义者对"自我文化"的强调，虽然后殖民文化批评理论的出发点中有这方面因素，但事实上，后殖民文化批评理论已经远远超越了它。博埃默的观点很中肯和到位，他提到了两个关键点，即"批判性的考察"和"殖民主义视角"，这是后殖民文化批评理论的根本所在，也是其所从出发、所以超越的起点和原因。斯莱蒙的定义看上去很全面，事实上他想达到的目标即是如此，但更多的，他所描述的是后殖民文化批评理论所要做的事情。斯莱蒙是把后殖民文化批评理论现象罗列出来，让分析家们自己去从中把握后殖民文化批评理论的精髓性含义。这不失为一种方法，但不是定义。阿里夫·德里克对后殖民的界定富有历史深意。事实上，后殖民作为对殖民主义之后的世界状况的描述，恰

---

[1]［美］阿里夫·德里克：《后殖民的辉光：全球资本主义时代的第三世界批评》，《国外文学》（季刊）1997年第1期。

是界定了一个后殖民时代（本书将在时间视点一章充分论述后殖民时代），并从社会意识和心理方面提醒我们注意后殖民文化批判的路径或角度。布莱斯勒则很抽象地告诉我们后殖民文化批评理论的任务或内容，这个抽象的说法最精彩的是点出了后殖民文化批评理论的一个最重要的特点，那就是从意识形态角度进行的文化批判。英国文化理论家斯道雷在其《文化理论与通俗文化导论》一书中考查了意识形态的五种含义[1]，最后他得出结论说，"文化和意识形态在整体概念上所涵盖的面基本相同，两者之间的主要区别在于意识形态在两者共有层面的基础上还带有政治的一面。此外，关于意识形态的介绍表明文化/意识形态的总体范围不可避免地是由权力和政治关系来界定的"[2]。后殖民文化批评理论中，在福柯的权力-知识关系论证中，文化也不可避免地带上了政治的色彩。事实上，文化就是知识的权力话语。从这一点上来看斯道雷的

---

[1] 这五种含义是：首先，意识形态可以指与某一特定群体相结合的思想体系。例如，我们可以用"专业意识形态"来指渗透于某一特定专业群体实践的思想。意识形态的第二个定义暗示某种掩盖、歪曲、隐瞒。这里，意识形态用来揭示现存的某些文化作品与实践是如何扭曲现实的。它们制造所谓的"错误意识"。意识形态的第三个含义就是用这个术语来指"意识形态模式"。其目的是引起人们注意各个作品（电视剧、流行歌曲、小说、故事片等）表现世界特定表象的方式。此定义的基础是这样一个观念，即社会充满了冲突，而不是一片和谐。在这种冲突中，作品会有意地或无意地倾向于某一方。德国剧作家伯托尔特·布莱希特对这一点进行了概括："不论好或坏，一出戏剧总是包含了世界的一个表象……没有一出戏剧或舞台演出不以某种方式影响观众的倾向和看法。艺术从来都不是无的放矢的。"布莱希特的观点可以推而广之，适用于所有的文化作品。关于此类观点的另一种说法可以简单地概括为：所有的作品最终都是与政治有关的。它们给世界存在的方式赋予了不同的意识形态意义。第四种定义是一种在20世纪70年代和80年代初非常有影响力的定义。它是法国马克思主义哲学家路易·阿尔都塞所阐发的关于意识形态的定义。阿尔都塞的主要论点是：不要只简单地将意识形态看作一系列思想，而要将其看作一种物质实践。他这样说的意思是，我们是在日常生活实践中，而不单是在关于日常生活的思想中碰到意识形态问题。意识形态是为了再造资本主义经济环境和经济关系继续存在所必需的社会环境和社会关系。意识形态的第五个定义与法国文化理论家罗兰·巴特早期的一部著作有关。巴特认为意识形态首先是在内涵层次上起作用，其次，无意识的意思、作品和实践通常带有或被赋予意识形态意义。意识形态（或巴特自己所称之的"虚构信念"）是一个层面，在这个层面上进行着一场旨在限制内涵、确定特定的内涵和创造新的内涵等方面确立权威的斗争。

[2] [英]约翰·斯道雷：《文化理论与通俗文化导论》，第7页。

观点，文化和意识形态之间就没有了差别。事实上，马修·阿诺德的一句名言足以说明文化和意识形态之间难以割舍的关系。阿诺德认为，文化是"世界上最好的思想和言论"，并进一步认为，文化还是知识，以及把知识运用于"心灵与精神的内在修养"[1]。因此，在后殖民文化批评理论中，文化恒等于意识形态，或者说，后殖民文化批评理论研究的就是文化的后殖民意识形态。

这几个定义从各个不同的角度对后殖民文化批评理论进行了诠释，把诸如普遍性、差异性、民族主义、后现代主义、代表和反抗、种族、女性主义、语言、教育、历史、地域以及生产等范畴包括在内。这些定义至少告诉我们，后殖民文化批评理论有广义和狭义之分。狭义的后殖民文化批评理论就是指针对近代欧洲的殖民主义和帝国主义历史的文化批评理论。比如乔纳森·哈特、西蒙·杜林、艾勒克·博埃默的定义；广义的后殖民文化批评理论是"调解、挑战和思考在国家、种族和文化之间（常常亦在其内）经济、文化以及政治上主宰与从属的关系"[2]的文化批评理论。比如斯蒂芬·斯莱蒙、查尔斯·布莱斯勒、阿里夫·德里克的定义。

当无法对一个社会学名词下一个相对精确的定义时，先探讨一下在该词语中所可能包含的各种意义也是非常有益的一种思路。在对后殖民文化批评理论进行深入研究之前，明确一下我们所要研究的后殖民文化批评理论究竟是广义的还是狭义的是很有必要的，在此之前，还要明确殖民的含义。

从世界历史上看，殖民关系的确立大致有两种，其一即是内部殖民化的问题。韦伯在《资本主义在古代世界的失败》一文中分析了古罗马帝国的领地农业。其二，是建立在殖民入侵基础上的外部殖民。针对内部殖民化的问题，事实上，马克思已经通过对阶级以及对资本的分析对

---

[1]［英］约翰·斯道雷：《文化理论与通俗文化导论》，第31页。
[2]［英］巴特·穆尔－吉尔伯特：《后殖民理论——语境　实践　政治》，第10页。

它进行了深刻分析,并得出了很多令人信服的洞见;针对外部殖民化的问题,1978年萨义德的《东方学》一书开启了后殖民研究和批判的领域,由此开始,到霍米·巴巴的《文化的定位》,后殖民文化批评理论走向理论上的成熟;斯皮瓦克的《在他者的世界里》将后殖民文化批评理论与女权主义理论相结合,分析了后殖民社会妇女的双重边缘化地位,从而开创了后殖民文化批评理论与女权理论兼容的先河。但需要说明的是,这种兼容是有条件的,关键一点就是"后殖民"社会的限制。在没有殖民经历的社会中,男性对女性的霸权和压迫,任何将其归入后殖民文化批评理论的努力都是牵强的。也就是说,关于女权主义、黑人权力运动等只有在后殖民状况下,才具有了和后殖民文化批评理论在理论方法上相结合的意义和可能,也才决定了这些话语形式作为后殖民文化批评理论话语分支的地位现实。

现在的问题是,如果仅是单纯的广义的分析批判,后殖民文化批评理论就没有存在的必要,因为后殖民文化批评理论会因为分支太多、涵盖太宽、边缘过于模糊而失去其理论意义。如英国后殖民文化批评理论家吉尔伯特所说,"这一概念常常被变动以适应于不同的历史时刻、地理区域、文化身份、政治境况和从属关系以及阅读实践。结果,就对把某些地区、时期、社会政治构成和文化实践看作'真正'后殖民是否正确产生了日益热烈甚至是激烈的争论"[1]。如此,后殖民文化批评理论的确开启了某种批判的领域,但在这一领域内,对"东方学"及其机制的批判刚一开始就陷入了自我纷争的泥潭,后殖民文化批评理论自身的批判性其杀伤力之大是可想而知的。

任何一种发声都是站在某一点上的发声。网络的特点也暗示我们,任何一个结点上的发声都会是诸多结点共同支撑的结果。作为研究后殖民文化批评理论的中国学者感受着曾经的殖民经历和新的殖民气息,观察着作为一种批判理论的后殖民文化批评理论的缘起和发展状况,可以

---

[1] [英]巴特·穆尔-吉尔伯特:《后殖民理论——语境 实践 政治》,第9页。

比较清楚地明白：什么样的后殖民才和其缘起相称；我们需要什么样的后殖民；什么样的后殖民才是我们需要的有力量的、有前途的批判工具。归结起来，就是狭义和广义层面相结合的后殖民文化批评理论。在狭义的后殖民文化批评理论下，关注历史上欧洲殖民主义对殖民地人民和世界人民的诸多影响内容和方式，我们才发现并懂得了"东方学"；在广义的后殖民文化批评理论下，关注第二次世界大战后美国霸权对世界文化、政治的主宰－从属关系的构建，我们发现了"东方学"在当代的传承，由此构建了后殖民文化批评理论。同时，也只有同时关注这两个层面，目前很多有争议的问题——比如什么是殖民主义、后殖民主义、后殖民理论、新殖民主义、新殖民批评等——才有解决的思路和办法。

因此，对于后殖民文化批评理论来说，一个关键的问题是找到一个合适的语言，作为东方主义的一个反话语，用它来对西方话语霸权进行有效的抵制和批评。即不管是霍米·巴巴和斯皮瓦克的漂亮的理论学术话语，还是艾哈迈德那样充满争议的、直接的战斗性的语言，只有通过相对合理、公认的理论表述，从而明确后殖民文化批评理论的使命才是关键。后殖民研究的客观现状不容许我们对后殖民文化批评理论给出一个武断的定义。但本书认为，要明确后殖民文化批评理论的使命，还需要到萨义德对东方学的批评史中去寻找。在那里，我们可以找到一种视角，以及和视角伴随而来的批判和批判方式。在这样的方式下，我们可以这样定义后殖民文化批评理论：*后殖民文化批评理论是对殖民主义视角、东方学传承的机制以及它们的延伸所形成的文本进行的一种多维意识形态批判理论*。

当然，任何的含义在被生产出来的那一刻就已经死亡，因为在后结构主义者看来，定义的含义总是在不断产生和变化的。斯道雷干脆将含义定义为某种"短暂停顿"的结果——"我们所谓的含义就是对解释进行解释的持续不断的过程中的一个短暂停顿"[1]。从这个意义说，对后殖

---

[1] [英]约翰·斯道雷：《文化理论与通俗文化导论》，第120页。

民文化批评理论的任何定义都既有意义同时也因这个意义的存在而消弭了意义本身。这是一个意义的游戏，无始无终。而对后殖民文化批评理论运用分析性的方法来看待时，透过视点所要做的，就是将后殖民文化批评理论放在后殖民时代的背景下，终止或暂停后殖民文化批评理论从能指到能指任意滑动的无止境的游戏，从而获得某种短暂停顿的认识结果，这既是后殖民文化批评理论的定义本身，同时也是其定义的实质。

另外有学者认为，"帝国主义""殖民主义"无论是作为一种文化事实，还是作为一种学术现象，均与老牌帝国主义国家——法国有着维系。然而，法国在世界范围内的殖民史却被当下英语在西方世界的普泛言说权所遮蔽了；而且，由此"更有趣"的是，来自东方的学者在欧美学界以后殖民文化批评理论抵抗西方中心主义及其权力话语时，他们操用的哲学策略竟是法国学者德里达的解构主义和福柯的权力批判理论。[1]帝国主义、殖民主义的缘起确与法国有密切关系，尤其是与其早期在世界范围内推行的"同化"政策有关。以塞泽尔、桑戈尔、法农为代表进行的早期后殖民文化批评理论其针对矛头即是法国。但是法国、法语在当前的全球化语境中早已不具有某种普泛性的言说权力，正如法国学者佩雷菲特所哀叹的，"正当内部分裂的法国向整个欧洲大陆开战的时候，英国替代了法国在中国的位置。格林尼治子午线取代了巴黎子午线"。[2] 1898年，在所谓的法绍达危机过后，法国和英国签订协议，非洲整个尼罗河盆地划为英国势力范围。法国已经不可避免地在世界殖民地的争夺中衰落了。法国、法语已经由早期的世界范围的影响力退居二线——成为地区性的话语而只能在局部地区（主要是其前殖民地）发挥某种影响了。这种影响塞泽尔等人已经进行了着力批评，现在也需要关注。但当前全球化的语境中英语和法语的普泛性言说权对

---

[1]［英］巴特·穆尔-吉尔伯特等编撰：《后殖民批评》，"译者序：从殖民主义到后殖民批评的学缘谱系追溯"。
[2]［法］佩雷菲特：《停滞的帝国——两个世界的撞击》，王国卿等译，北京：生活·读书·新知三联书店，1993年，第166页。

比结果已自然让我们明白,当前后殖民文化批评理论的矛头主要应该指向何方了。至于说后殖民文化批评理论家操用的批判工具是殖民者法国的这一问题需从以下四个方面理解:其一,事实上,理论被运用于质疑和批判的领域与范围愈广,其生命力愈强。其二,考虑理论的谱系和其是否适用时,简单的民族主义往往弊大于益。其三,来自老牌帝国主义国家的具有强大力量的解构策略,用来分析新帝国主义岂不更具有针对性和杀伤力?事实上,除了德里达和福柯外,意大利哲学家葛兰西的批判性理论已经为学界所公认。其四,警惕语言、文化自身逻辑所编织的陷阱,审慎地运用一切可用的理论资源进行深度关注和批判才是我们理论研究的核心。

因此,在上述的基本思想指导下,如果对后殖民文化批评理论进行一番谱系追溯的话,塞泽尔、桑戈尔等开启的是后殖民文化批评理论早期批评的先河,其矛头主要指向法国和法语霸权,批判的是武装入侵的殖民方式以及由此带来的文化冲击,被殖民者此时是第三世界。而萨义德开启的是后殖民文化批评理论的后期阶段,在这个阶段又有两个焦点:其一是集中在对老牌帝国主义国家英国以及英语在世界范围内的霸权进行的后殖民文化批判;其二是对第二次世界大战后崛起的新帝国主义——美国以及美国英语在世界范围内推行"美国主义"(即文化帝国主义)所进行的新殖民主义批评。同时,在第二个焦点上还产生了新的分支,那就是,被殖民者已经从单纯的第三世界扩展到第二世界[1],比

---

[1] 关于三个世界的划分,比尔·阿希克洛夫特等三人合著的《后殖民关键词研究》(B. Ashcroft, G. Griffiths, and H. Tiffin, *Key Concepts in Post-Colonial Studies*, p.231-232)中做了具体的分析,他说,"第三世界"这个术语首次由政治家和经济学家阿尔弗莱德·萨维(Alfred Sauvy)用于所谓的冷战时期的1952年,萨维用它来描述那些既不和美国也不和苏联结盟的国家。"第一世界"当时广泛用于具有强大的经济控制力的西方,同时,"第二世界"用来指苏联和它的卫星国,以此把它们和第一世界区分开。"第一世界"的含义后来建基于更广泛的政治和经济基础上,主要是当第一世界用于经济上成功的前殖民地国家诸如加拿大、澳大利亚,以及不太频繁使用的比如南非时,这些都和第一世界的全球资本主义和欧美战略同盟挂起钩来。当苏联解体以后,"第二世界"转而指代比第一世界美国经济能力略低的国家,诸如加拿大、澳大利亚等。

如加拿大、澳大利亚、新西兰等，关于这一点，在本书第四章第一节还将专门论述。下面我们就按此线索对后殖民文化批评理论的源流进行谱系上的追溯。

第二节　后殖民文化批评理论源流

后殖民文化批评理论并不是突然出现的，"后殖民主义"是它产生的重要契机。所谓后殖民主义，即在第二次世界大战以后，西方的殖民势力从前殖民地撤走后，西方对东方进行的从经济到文化的全球化、同质化的殖民过程。后殖民主义使东方国家感受到了文化新殖民（软颠覆）的可能，从而激发了东方国家从文化的角度对殖民主义以至后殖民主义进行了一系列反思和批判的活动。

目前关于后殖民主义批评兴起的时间，学界有不同的看法。一般认为在19世纪后半叶就已萌发，而在1947年印度独立后开始出现。[1]从单纯意义上的批评来看，事实上后殖民批评是和殖民主义开始的那一刻相吻合的；殖民地从反抗殖民者开始一直到把殖民者赶出去，都是后殖民批评的土壤。从这个意义上讲，后殖民批评的萌发则要一直前推到哥伦布发现新大陆之时。这是一个充满了斗争的漫长的能量积累过程。在这个过程中，最开始后殖民批评还主要是在政治和经济领域进行简单的反殖民的明争暗斗。真正深入到思想上对殖民主义进行深刻反思和反抗的，是从20世纪初黑人性运动（Négritude Movement）[2]开始的。正是黑人作家从种族歧视的角度出发深刻揭示了黑人的现实景况：他们不仅遭受着殖民者政治、经济上的压迫和剥削，还遭受着文化、思想上的非人的奴役。黑人代表着遭受殖民主义苦难的最底层的声音，从20世纪

---

[1] 参见王岳川：《后殖民主义与新历史主义文论》，第10页。
[2] 关于Négritude Movement有多种翻译，比如"黑人传统精神运动""黑人文化运动"等，作者认为翻译成"黑人性运动"比较契合其思想特征。

初开始的一系列的黑人运动在世界范围内获得了极大的反响。因此，后殖民文化批评理论家巴特·穆尔－吉尔伯特在其专著《后殖民理论——语境　实践　政治》第一章中即指出，"任何斗胆要编写这些实践历史的人都可能至少要从20世纪初开始，要从这样一些不同人物的著作写起，像非洲裔美国思想家W. E. B. 杜波伊斯（W. E. B. Du Bois）和南非思想家索尔·普拉杰这些人。他需要研讨各式各样的文化类型，诸如像第一次世界大战和20年代的哈莱姆文艺复兴（Harlem Renaissance）以及四五十年代的黑人文化运动。这样的一部历史需要提到地理、思想和文化背景不同的各种人，比如大部分时间住在伦敦的特立尼达人C. L. R. 詹姆斯，最初来自马提尼克岛但又是阿尔及利亚革命积极参加者的弗朗兹·法农，还有非洲的批评家齐努瓦·阿契贝、安塔·狄奥普，长期住在澳大利亚的印度史学家拉纳吉特·古哈"[1]。综观目前的后殖民文化批评理论研究论著，如吉尔伯特所言，从黑人运动入手一直分析到目前的后殖民文化批评理论研究的这种思路，并试从这样的思路开始对后殖民文化批评理论的渊源[2]和现状进行一番梳理和剖析。

一、塞泽尔等发起的"黑人性"运动开启了从文化角度对殖民主义的批判

可以这样说，黑人要求平等权利的斗争一直伴随着英法对非洲和西印度群岛的殖民统治以及美国白人对本土黑人的奴役。戴安娜·布莱顿和海伦·蒂芬在《西印度群岛文学与澳大利亚文学比较》一文中说，"西印度和加勒比的历史是少数白人精英奴役非洲奴隶的历史"，"直到19世纪晚期和20世纪，西印度群岛的历史才开始从黑人的视角，而不是从欧

---

[1]〔英〕巴特·穆尔－吉尔伯特：《后殖民理论——语境　实践　政治》，"前言"。
[2] 关于后殖民理论的渊源，拙文《后殖民理论探源》（载《文艺理论与批评》2001年第5期）已做初步论述。

洲白人种植园主的视角重新撰写"[1]。在这样的撰写中，发生在20世纪30年代到50年代的法语非洲和加勒比黑人作家中的黑人性运动是一个典型代表。黑人性运动是一场文学运动，是一批觉醒了的黑人知识分子在对黑人被奴役的现实的反思下，对黑人文化传统精神价值的发掘运动。巴黎的黑人知识分子以及西印度群岛的马提尼克和安的列斯大学生是这场运动的主要力量。它的领导者是塞内加尔的利奥波德·赛达·桑戈尔和马提尼克的艾梅·塞泽尔。这期间，黑人创作了大量的诗歌，"丰富而有特质，其独特的形式，无可争议的原创性，都促使我们认识到，这些新非洲的作家开创了一种真正的文学流派"[2]。最典型的就是它的超现实主义的特征。对于此点，在黑人性运动的相关研究中，尚未引起应有的注意。

  黑人性运动的产生有其深厚的社会政治和文化背景，反映在当时世界范围内的黑人斗争中，是在机会主义和超现实主义的两条线索的斗争中产生的。黑人中机会主义发展观的代表有亚历山大·克拉梅尔，19世纪泛非主义的先驱，一位很有影响的美国黑人知识分子、政治家及传教士；以及布克·华盛顿，19世纪美国黑人领袖。超现实主义的代表所领导的运动从1903年美国黑人解放运动的领袖、杰出的和平战士、世界知名的学者和作家威廉·艾·柏·杜波伊斯博士的《黑人的灵魂》(The Souls of Black Folk)一书出版开始，一直到杜波伊斯领导的美国尼亚加拉运动，牙买加黑人知识分子马库斯·加维[3]领导的"回到非洲去"运动，以及美国纽约的哈莱姆黑人文艺复兴运动。黑人性运动作为一种文论话语把超现实主义的特征发挥到了极致。

  克拉梅尔认为，在白人占据一切优势的情况下，黑人没有别的选

---

[1] [英]巴特·穆尔-吉尔伯特等编撰：《后殖民批评》，第286页。
[2] B. E. Jack, *Negritude and Literary Criticism: The History and Theory of Negro-African Literature in French*, London: Greenwood Press, 1996, p. 2.
[3] "加维"又译为"伽威"，详见斯图亚特·霍尔：《文化身份与族裔散居》，见罗钢、刘象愚主编：《文化研究读本》，北京：中国社会科学出版社，2003年，第218页。

择；况且，黑人的一切都与"低劣"相联系。比如说黑人的土语，他列举出证明黑人土语"低劣"的很多"标记"：在发音上刺耳、具有突发性、不清晰；词语贫乏、极少变化、难以掌握等；在思想上则充满粗暴和报复的情绪，具有动物性的占有特征，缺乏美德、正义、法律、人权观念等。因此，黑人通向文明、理性自由及社会平等的唯一道路就是"掌握主人的语言"。他以自己的亲身经历——从一个奴隶去剑桥学习，后来成了为白人所认可的黑人上层人士——来说明："掌握了英语便是地位的上升。它使当地人的地位高于他的愚昧同胞，并赋予他文明的某种尊严。"[1]

针对克拉梅尔对黑人的贬低，加维极力赞扬所有黑色的东西，坚持认为黑色代表的是力和美，而非低劣。他于1914年在英属西印度群岛的牙买加创立"世界黑人进步协会"，并发起了加维运动（Garvey Movement）。在其创办的报纸《黑人世界》上，他告诉黑人，种族偏见是白人文明的重要组成部分，并不是黑人的天性使然。他事实上讽刺了克拉梅尔等所谓上层黑人对白人社会的迎合。加维运动的中心口号是"回到非洲去"，建立一个黑人自己的自由平等和强大的国家。排除掉这个运动所特有的"一切光怪陆离的表现"，剩下的就是加维对美国黑人问题的"民族性质的深刻感情"[2]。加维断言非洲人曾有过辉煌的历史，声称觉醒的"新黑人"应该为其祖先感到自豪[3]。黑人性运动领导人桑戈尔对加维的这段言辞进行了热烈的回应，他不仅把黑人的地位抬到和白人平等的位置，甚至还要超过白人："我们要求最高的位置要给予非洲人；现在，桑戈尔正在对欧洲人进行非洲化。"[4]

布克·华盛顿在19世纪80年代发起塔斯克基运动，这是一个能使

---

[1] [美]小亨利·路易斯·盖茨：《权威、（白人）权利与（黑人）批评家；或者，我完全不懂》，见[美]拉尔夫·科恩主编：《文学理论的未来》，第210—241页。
[2] [美]哈利·海伍德：《黑人的解放》，戎逸伦等译，北京：世界知识社，1954年，第246页。
[3] 参见张宏明：《黑人传统精神运动产生的历史氛围》，《西亚非洲》1994年第3期。
[4] F. Fanon, *The Wretched of the Earth*, New York: Grove Press, Inc. Translated by Constance Farrington, 1968, p.46.

黑人得到职业训练的温和计划,他认为,通过黑人的"节约"和"努力",以"财产、经济、教育和基督教徒的品性"为黑人的行动指标,可以改善他们的经济地位,尽快地使黑人从不识字、无财产的农民提高到在新工业界占据一个重要地位的人,并且白人就一定会赐予黑人一切应有的政治权利和其他公民权利。他的观点非常受白人欢迎,他也由此声名鹊起并在美国黑人的领导地位上把持了几十年。[1]

而杜波伊斯认识到了布克·华盛顿路线的危害性,他在自传中这样批评华盛顿,"当黑人的公民权需要对有组织的攻势进行防御的时候,他(布克·华盛顿)劝告人们默从,或者至少不要公开骚动,从而破坏了那个防御……他的公开演说……一味强调黑人的缺点,而且被广泛地解释为用意在把黑人状况的主要责任放在黑人自己身上"[2]。1903年4月,杜波伊斯出版了《黑人的灵魂》一书,将他自1900年以来在有关黑人争取权利问题上与布克·华盛顿的分歧公开化。他认为,布克·华盛顿所倡导的道路的结果,是使黑人在十年中失去了选举权和受教育权,并让更多的黑人失业。"财富"是白人统治黑人的工具,如果遵循布克·华盛顿的倡导,就会出现这样的情况,那就是"在公立学校里,财富竟代替了真、善、美,变成了教育的理想"[3]。而且,事实上,美国南方把黑人是当作一种粗鲁单纯的动物,认为是上帝在人与牲畜之间所造出的一种"中间物"[4],黑人至多是被白人视为永远在精神上和智力上存在缺陷的下等人,而且更可悲的是,很多黑人已经接受了白人给他们的这种形象。因此,杜波伊斯明确提出,黑人的首要任务是同时从白人和黑人的灵魂深处祛除黑人的上述形象。杜波伊斯于1905年和一批以《波士顿前卫报》为中心的黑人左翼知识分子联合发起了有名的"尼亚加拉运动"。在1905年7月尼亚加拉运动第一次会议上,发表了一

---

[1] 参见[美]哈利·海伍德:《黑人的解放》,第215页。
[2] [美]哈利·海伍德:《黑人的解放》,第218页。
[3] 威·艾·柏·杜波伊斯:《黑人的灵魂》,维群译,北京:人民文学出版社,1959年,第69页。
[4] 威·艾·柏·杜波伊斯:《黑人的灵魂》,第78页。

项《原则宣言》，主要内容有：（1）要求践行美国《独立宣言》所确立的平等、自由原则，贯彻宪法第13、14、15修正案；（2）反对一切基于种族或肤色的种族歧视和种族隔离；（3）不断地抗议和鼓动，争取黑人作为公民的一切权利。1906—1909年，尼亚加拉运动先后召开了四次年会，一再重申第一次年会的立场和要求。[1]杜波伊斯的工作，促使20世纪20年代纽约市哈莱姆区美国黑人文化得到极大的发展，被称为"哈莱姆文艺复兴"[2]。这个时期美国非洲裔文学的创作以表现黑人文化、展现种族自豪感与对种族歧视的反抗为重点。哈莱姆运动的主发言人朗思敦·休斯声称："我们年轻一代的黑人艺术家大声疾呼地表达我们独立的黑皮肤的自我，无可惧怕、无可自惭。"[3]此宣言与其后的黑人性运动的声明惊人地相似。另外，尼亚加拉运动失败后，其参与者大多来到巴黎，汇入黑人性运动作家之中。这样，哈莱姆文艺复兴从文艺创作上为黑人性运动起了示范作用，尼亚加拉运动的作家也加入到了黑人性运动中，这其中，杜波伊斯都起着关键性的作用。因此后来黑人性运动的倡导者、塞内加尔总统桑戈尔曾说，黑人性运动的源泉就是从杜波伊斯《黑人的灵魂》这部著作中喷涌而出的。比利时学者、著名的非洲文化专家凯斯特罗特女士称杜波伊斯为黑人性运动之父[4]。

最后，催生了黑人性运动的是法国在非洲的殖民同化（assimilation）政策。在法国或其他欧洲人眼里，世界有两种：一种是文明世界，即欧洲；另外一种是野蛮世界，即非欧洲，例如非洲。于是，在法国当局的主持下，一大批非洲学生被派往法国留学，试图通过他们的示范作用和

---

[1] 参见张聚国：《杜波伊斯对解决美国黑人问题道路的探索》，《史学月刊》2000年第4期。
[2] 王守仁、吴新云：《性别·种族·文化——托妮·莫里森与美国二十世纪黑人文学》，第5页，北京：北京大学出版社，1999年。根据古德（Charles Hamlin Good）的文章《美国第一次黑人文学运动》（1932），早在19世纪40年代，拉努塞（Arthur Lanusse）等人就在新奥尔良编辑文学刊物《文学画册》并发表诗歌、短篇小说和散文。1845年，拉努塞编辑出版了黑人诗歌专集《冬青果》。80年后在哈莱姆掀起的黑人文学运动因此被认为是一种"复兴"。
[3] [英]巴特·穆尔-吉尔伯特等编撰：《后殖民批评》，第58页。
[4] 参见张宏明：《黑人传统精神运动产生的历史氛围》，《西亚非洲》1994年第3期。

切身体会使法国人的价值观在非洲人那里得到理解、接受以至同化和推行。其结果是如此的显著，以至于"法属西印度群岛经过上百年的法国文化的同化，竟然达到这样的程度，那就是目前西印度群岛的黑人只能像欧洲白人那样进行思考"[1]。

塞泽尔用"伪善"（Hypocrisy）这个词一针见血地揭露出法国殖民者本质，即虚假地把非西方人"包容"进欧洲的文化内部，通过学习和长时间的"耐心导引"，把非西方人引向"成熟"并融入西方的工业体系，用阿尔及利亚革命家、思想家弗朗兹·法农的话来说，即是把他们变成"黑皮肤，白面具"的法国人。法农后来专门写了一部书《黑皮肤，白面具》来论述这个现象。他写道，"（在法国人看来）黑人梦想成为白人。而白人正是在对黑人的奴役中将自我提升到现在的样态"。于是，殖民之后的白人和黑人世界变成了这样的状况："白人就被隔绝在其白人性之中，而黑人就深陷于其黑人性之中。"正是在这样的事实下，"白人认为他们优越于黑人"，以至于进入一个带有自恋狂的恶性怪圈，而"黑人则想尽办法证明给白人看，看黑人丰富的思想并不亚于白人的智力"。[2] 正是在这些所谓的"证明"运动中，一场黑人性的宣告和回归——黑人性运动，磅礴出世了。

黑人性运动的领导者之一塞泽尔出生于马提尼克岛，曾在巴黎受教育，并在那里积极参与学生政治运动。1939 年他在巴黎《希望》（*Volenté*）杂志上发表叙事诗《返归故土》（法文 *Cahier d'un retour au pays natal*，译成英文即 *Return to My Native Land*），在其中创造了"黑人性"（Négritude）一词。这个概念，据罗伯特·弗拉策所说，只是在《返归故土》的部分章节被收入桑戈尔所编的有广泛影响的诗集《黑人和马尔加什人法语新诗选》（*Anthologie de la nouvelle poésie nègre et*

---

[1] B. E. Jack, *Negritude and Literary Criticism: The History and Theory of Negro-African Literature in French*, p.46.
[2] F. Fanon, *Black Skin, White Masks*, Translated by Charles Lam Markmann, New York: Grove Press, Inc., 1968, p.9.

malgache de langue francaise，1948）并经桑戈尔大力推荐之后，"黑人性"才得以进入法国本土外的法语文学主流。[1]

黑人性运动的开始和整个过程都是通过对"黑人性"意义的阐发来推动的。塞泽尔对黑人性的定义是："黑人性就是作为一个黑人的意识，就是直接承认作为黑人这一事实，就是承担起你作为黑人的命运，承担起你的历史和文化。"1955年塞泽尔出版了《殖民主义话语》(*Discourse on Colonialism*)一书，对非洲的殖民文化进行了激烈的批判。作为非洲最著名和最受人尊敬的诗人，桑戈尔把黑人性定义为"非洲文化价值的总和"(the sum total of Africa's cultural values)。他说，这些价值不仅包括非洲过去的伟大以及诸如兄弟般的友谊、平等主义等社会美德，而且是一个独具特色的非洲人获取知识的过程。这是一个精神的和直觉的过程，这个过程一直渗透到构成这个世界的现实中去，桑戈尔将其称为一种"理性的拥抱"(reasoning embrace)。在桑戈尔看来，这些价值是"能够使这个社会产生潜移默化变动的动因"。他从两个方面运用"黑人性"的标准，既把它当作文学的一个类型特征，又把它当作一种评价标准。对于后者，他不仅把"黑人性"看作非洲要求文化平等的基石，而且把它看作对世界文化的一个贡献，用桑戈尔自己的话说，"它既非种族主义也非自我否定。而且它也绝非仅仅是某种主张；它植根于自我和自我的确认：确认自己的存在本身。它也不仅仅是一些操英语的非洲人所说的非洲人的个性。因为它（非洲人的个性）和美国新黑人权利运动所发现和倡导的'黑人个性'没有什么不同……从西印度群岛诗人塞泽尔提出黑人性这个词以来，对我们来说，唯一的创意可能就是试图对此概念进行更切实的界定；把它发展成某种武器、某种工具，用来解放我们自己，同时，也作为对20世纪人道主义的一个贡献"[2]。

从时间上看，相对于黑人性运动，在法国较早产生的一个重要文艺

---

[1] 参见［英］巴特·穆尔-吉尔伯特等编撰：《后殖民批评》，第56页。
[2] 参见 P. Willams, L. Chrisman, eds., *Colonial Discourse and Post-Colonial Theory: A Reader*, p.27.

流派是超现实主义。从1919年安德烈·布勒东和菲利普·苏波合著第一部"下意识书写"的作品《磁场》开始，到1969年让·许斯特正式宣布超现实主义团体的解散，半个世纪的时间，超现实主义运动从只有十几个成员的巴黎小组，发展成为影响欧、美、亚、非四大洲几十个国家的国际性运动。[1]黑人性运动的主要成员当时就在巴黎，最先感受着超现实主义的气息。塞泽尔的诗《返归故土》在1947年出版，安德烈·布勒东为其作序[2]。作为黑人性运动的阵地，由西印度群岛的马提尼克大学生创办的《正当防卫》杂志，在其"宣言"中写道："我们毫无保留地接受超现实主义。在1932年，我们的变化与超现实主义联系在一起。"他们所创办的刊物的名称——《正当防卫》甚至袭用了超现实主义创始人、法国作家布勒东1926年出版的一本书的名字。布勒东本人也指出，安的列斯大学生所从事的事业是一个与他的运动平行的运动。[3]

黑人性运动和超现实主义相联系，是法国在非洲的殖民活动带来的结果——即黑人对自我和民族的无意识。觉醒了的黑人知识分子认为，从文化上说，黑人性运动就是要使黑人必须能够意识到自己的异化，意识到自己即使到了欧洲，也是被当作最下层人看待，甚至不被当作人看待。在这样的背景下，《正当防卫》的团体认识到，超现实主义看来是黑人获得具体的作为人的权利的最有效的途径。[4]具体来说，黑人性运动的超现实主义特征表现在这样几个方面。

首先，"黑人性"一词就是黑人的超现实主义宣言，是超现实主义思想下的产物。布勒东说，超现实主义的形象有无数种类型，最强烈的

---

[1] 参见程晓岚：《超现实主义述评》，见柳鸣九主编：《未来主义　超现实主义　魔幻现实主义》，北京：中国社会科学出版社，1987年，第85页。

[2] B. E. Jack, *Negritude and Literary Criticism: The History and Theory of Negro-African Literature in French*, p.57.

[3] 参见张宏明：《黑人传统精神运动产生的历史氛围》，《西亚非洲》1994年第3期。

[4] 参见 B. E. Jack, *Negritude and Literary Criticism: The History and Theory of Negro-African Literature in French*, p.48.

形象便是主观随意度最高的那一种，也就是为了翻译成通用的语言便须耗费最多时间的那一种。这或者是因为它包含着很大成分的表面矛盾，或者是由于它属于梦幻一类，或者因为它意味着对某种基本物质属性的否定。[1]

"黑人性"就是这样一个主观随意度很高的词语，它可以翻译成"黑人性"，也可以翻译成"黑人传统精神"或"黑人传统自豪感"等。从杜波伊斯对"黑人的灵魂"的白描，到加维提出的"新黑人"概念，再到休斯的"黑皮肤的自我"，都带有超现实主义想象的成分，但都不如塞泽尔造出的"黑人性"这一词具有广泛的含义和理解维度，以及超现实主义特色。塞泽尔称它为"作为黑人的意识"，桑戈尔概括为"黑人文化价值的总和"。这里的"黑人"既包括非洲黑人，也包括美洲黑人和欧洲黑人；既包括土著的不识字的黑人，也包括那些走出非洲的甚至在西方文化领域内有了一定影响的黑人知识分子。塞泽尔在其诗作《返归故土》中，这样描述他的黑人弟兄：

  那些既没有发明火药也没有发明指南针的人们；
  那些既没有能够驯服气体也没有驯服电的人们；
  那些既没有能够开发海洋也没有能够开发天空的人们。[2]

然而塞泽尔就是试图在"黑人性"那里，将这些"什么都没有"的黑人弟兄统一在具有某种共同特征的黑人群体之下，实现桑戈尔所说的"理性的拥抱"。因为从文化意义上定义的黑人和从皮肤上定义的黑人在具体特征上是两个几乎不相关的层次，两者相距太远，协调他们之间的差异并非人力所能及。也就是说，由"多样的黑人"向统一的"黑人性"的迈进必然充满着布勒东所说的"对某种基本物质属性的"否定，

---

[1] 参见柳鸣九主编：《未来主义　超现实主义　魔幻现实主义》，第240—277页。
[2] B. E. Jack, *Negritude and Literary Criticism: The History and Theory of Negro-African Literature in French*, p.72.

只有经过多重的否定,这种共性才能建立起来并为大家所接受。因此,萨特在描绘"黑人性"的思想特征时,用了海德格尔式的语句,"黑人性即是黑人的在世"。因为他认为,如果要给黑人性下一个定义的话,它"不是一种状态,它是对自我的一种纯粹的超越。它就是爱。它就是在放弃自我的那一刻而找到自我"[1],而这个放弃自我和找到自我的两个过程,就是塞泽尔所倡导的黑人性实现的超现实主义途径。

其次,黑人性运动的领导者和超现实主义者一样,都体现出对诗歌的偏爱。在所有的文学体裁中,超现实主义者对诗歌有着特殊的,也许是过分的偏爱。超现实主义者不仅把诗歌作为探索潜意识和客观世界所必需的、有效的工具,还把它看成解放人类的重要手段。超现实主义者认为,世界上还存在着经济、政治和社会方面的束缚和不平等,人还没有得到真正的、完全的自由和解放。最糟糕的是完全僵化了的思想方式对人的奴役,它使人不能深刻、全面地认识自己。超现实主义者力图把诗歌创作和人的精神解放联系起来,通过诗歌,人可以打碎由权威或陈规陋习强加在自己头上的精神枷锁,摆脱麻木不仁的精神状态,重新发现完整、健全的自我。不单是为了他自身的解放,也是为了其他人,为了全人类的解放。[2]

超现实主义诗学对黑人来说是合适的。不仅仅因为它的标新立异和革命性,而且它看起来和黑人性运动的政治要求关系密切。从政治上,黑人性运动的真正历史并不是对主要史实的关注,而是对黑人的历史特征的认识。而这个努力首先面对的就是西方殖民者的同化政策。可以说,在"文明"的掩护下,以"进步"为口实,西方殖民者已经逐渐将所有(不管是否有道理)可以称之为非西方特点的东西,包括思想、语言、风俗习惯等,一律屏除在"文明"之外,并尽一切所能

---

[1] B. E. Jack, *Negritude and Literary Criticism: The History and Theory of Negro-African Literature in French*, p.76.
[2] 参见程晓岚:《超现实主义述评》,见柳鸣九主编:《未来主义 超现实主义 魔幻现实主义》,第149页。

禁绝一切不合"常识"的非西方人探求真理的方式。因此，相比欧洲的超现实主义者受到的理性压抑，非洲黑人受到的精神枷锁更加深重（黑人是殖民地受到三重压抑的代表）。正是在这种情况下，黑人性运动的诗人从超现实主义者那里提取了欧洲超现实主义者对西方理性主义、物质主义的拒绝精神，并且与黑人作家对白人文明的成见，以及黑人透过西方同化政策的帷幕去开发黑人的无意识领域的努力一拍即合，创作了大量反映黑人遭受精神奴役和向往自由解放的诗歌，桑戈尔把包括塞泽尔的《返归故土》在内的诗歌合并成影响深远的诗集《黑人和马尔加什人法语新诗选》。

再次，黑人性运动所追求的目标和超现实主义思潮具有类似的境界。布勒东曾说，思想达到一定境界之后，就不能再以对立的眼光看待生与死、实与虚、既往与未来、高与低以及可以表达与不可表达的事物等。超现实主义的活动仅仅旨在确定这个境界的所在。这里所讲的境界恰恰是这样的一个点，在那里你不再能够将建设与破坏对立起来，挥舞其中的一方面去对付另一方面。[1] 历史的幕布在白人世界的牵扯下，飞速地将黑人边缘化，对绝大多数黑人来说，"黑人性"不仅像一个大容器，包容着来自各个角度的黑人的梦幻，而且以超现实主义的狂想的方式表达着类似对黑人童年的追忆以及对人类未来的畅想，它的含义在现实面前因为历史的久远而愈加抽象。他们遵循着跳跃的形象的罗盘，打造着黑人世界火树银花的盛景。用布勒东的话来说，这是美好的夜晚，是火树银花之夜；白昼若与之比短长，倒反而降格成了黑夜。这一光辉的、汇集了黑人斗争运动现实和梦想的境界就是通过"黑人性"喷涌而出的。塞泽尔把这个境界看作黑人对20世纪人道主义的贡献；肖沃尔特认为"非洲黑人性运动"这个术语颂扬了超越国度的一种独特的黑人艺术意识的存在；而杜波伊斯将此境界概括为"文化之邦"，在那里，

---

[1] 参见程晓岚：《超现实主义述评》，见柳鸣九主编：《未来主义　超现实主义　魔幻现实主义》，第240—277页。

"(黑人)做一个和别人一样的工作者，免于死亡和孤立的威胁，可以自由地使用自己的所长，发挥自己的被抑压的天才"[1]。萨特在为桑戈尔的诗集所作的名为《黑色的奥斐斯》序中对黑人性运动的超现实主义境界做了热情的概括："他们知道他们的目标是人类的大综合或实现一个无阶级的社会。黑人性运动注定要把自己消灭。它是道路而不是目标，是手段，而不是终点。"[2]黑人性运动就是通过这个境界在推动黑人的解放运动中起着巨大的精神导师的作用。

本书认为，对黑人性运动的超现实主义特征可以从以下几个方面来评价。

首先，应该肯定超现实主义对黑人性运动的积极意义。超现实主义思潮一个重大的思想特征就是，它把追求精神解放、思想自由放在头等重要的地位。主张通过想象来获取生活中的精华，并由此表达他们想要彻底摆脱道德、心理以及生理方面在特定的社会时期、阶段所受的限制的愿望。走出非洲的黑人知识分子在面对白人的来自肉体和精神双重奴役时，在思考黑人的发展道路之时，可谓拔剑四顾心茫然。关于黑人获得彻底解放的发展道路还暂时处于诗人的想象王国之中，同时也处于学者艰难探索的范围之内。现在所需要的，是突破人类目前所谓的一些"现实经验"，尤其是存在于很多黑人心灵中的、被白人殖民者训导多年已经成型的西方的"成功"经验——包括那些越发青睐急功近利的实用价值，并以西方启蒙时代以来形成的关于文明和发展的常识以及西方文化话语霸权来为自己保驾护航的所谓先进的文明经验。对黑人来说，这些先进的文明经验就如同梦境一样，它所能做的和所想做的，就是无限期地搁置黑人对自己母体文化微弱的记忆和无限期地延长这梦境，让这个梦在黑人世界大做而特做，做到不想醒来甚至不能醒来，最后只能被牵着鼻子，走向农场或屠宰场。

---

[1] 威·艾·柏·杜波伊斯：《黑人的灵魂》，第142页。
[2] B. M. Gilbert, G. Stanton and W.Maley, *Postcolonial Criticism*, p.10.

因此，当杜波伊斯对"黑人的灵魂"进行深刻的白描之后，黑人对存在于白人和黑人之间的"帷幕"有了清醒的认识，认识到黑人需要的是政治上的彻底翻身，取得和白人一样的平等权利；在加维对强大的"非洲帝国"的描述以及现实操作下，黑人开始对斯陀夫人《汤姆叔叔的小屋》中幻想有善良白人的黑人形象进行反思，开始急切地追求具有独立个性的"新黑人"形象；而塞泽尔创造出来的"黑人性"则把黑人的这些要求用超现实主义的手法凸显出来，让每一个黑人都从自我和整个黑人甚至人类的角度，把关于平等、自由和发展的概念投射到"黑人性"这一形象化的术语中去，在对西方的学习中反思，在对黑人解放历程的探究中超越，以一次言语的大规模行动，使存在于西方文明之下的非洲土著文化突破坚冰的秩序（愈冻愈深），同时克服外来的以及自身溢出来的实用主义的束缚，恢复或者解放存在于自身的全部力量，使活生生的非洲黑人的意识和文化形态不再如布勒东所说，像沉船的残片在死寂的海洋上漂泊，而是凝聚成一片美丽的云，振兴了黑人的文学，唤醒了黑人的民族自豪感，为后来的轰轰烈烈的非洲民族解放运动打下坚实的基础。

在超现实主义给黑人性运动带来了思想的解放和自由的同时，我们还应该看到，黑人性运动应该是人类看待自己的历史的新的境界。如布勒东所说，不能再用二元对立的眼光，把这个境界的产生和运动看作对什么的挑战和对现存秩序的破坏，是在建设什么完全不同于西方文明的一种新的文明。它的旨趣就在于，运用超现实主义的方式，在人类面临诸多文明危机的今天，在文明的沙漠上泼洒出一片令人心醉的海市蜃楼——对它进行寻找的一切动机都是愚蠢和徒劳的。它充耳不闻地创造出一个充耳不闻的地带，它在精神的领域中进行了一场冒险，那是一场长途跋涉，它用自己的方法，带着第三世界的意志，使思想日益摆脱西方残酷的奴役，试图使黑人走出狭隘，走出局部，走向全面理解人类的光明大道。在超现实主义的虹桥上，走出非洲的非洲人在瞬间即汇合在这条大道上，朝向令他们心仪的某些出色的、内在的、一般的而又略带盲目的最高级的认识高歌猛进——甚至在这个过程中，在"自救"尚且不足的情况下，他们却试图恢复整个人类的纯洁，尽管这个纯洁的含义是无法追问的。它的指向摆脱了某些人使其滞留在文字游戏、绝对的反叛意识、破坏或重建以及单纯的乌托邦中的努力。它就像一泓清泉滚滚向前，任何对它的流逝进行引导的行动都是徒劳的，同时也会使其枯竭。它不仅真正走出了非洲，同时也掌握了西方语言的原料，它以一种混沌的清晰激发着对人类"彼岸"的渴望，为世界打开了一个门户——在那个世界里，是巴别塔的尽头，现存社会一切形式的恶、丑和罪将不复存在，用诗意的直觉为人类的生命提供线索。简单地说，就是让黑人复归为人——让人类复归为人。

其次，要对黑人性运动的超现实主义和欧洲的超现实主义之间的不同有清醒的认识。

萨特在《黑色的奥菲斯》中认为，黑人性运动中存在两种超现实主义：其一，即是对法国超现实主义思潮"学生式的练习，粗糙的模仿"，这样的结果是"他们甚至无法超越自己，事实上正相反，他们封闭了自己"；其二，对照欧洲的超现实主义和塞泽尔的超现实主义进行实践。萨特说，"在（超现实主义）灵魂的尽头，白人超现实主义者发现了（个性的）释放；塞泽尔发现了（黑人对白人统治的）辩论和愤恨的固执的不可动摇性"。萨特认为，在塞泽尔的诗中凸显的不是所有文化的抱负，而只是受压迫的黑人的革命抱负。更进一步说，与其说塞泽尔的诗关注超现实主义文学对理智的触动，不如说他的诗是触及了一种特殊的"具体的"人性形式。因此，萨特认为，只有"在塞泽尔那里，伟大的超现实主义传统才得以实现，获致其明确的感受并同时摧毁了它（欧洲超现实主义）。超现实主义，欧洲的诗学运动，被一个黑人盗得并将矛头指向了欧洲"[1]。

---

[1] B. E. Jack, *Negritude and Literary Criticism: The History and Theory of Negro-African Literature in French*, p.70-71.

类似地，桑戈尔认为，在提到黑人的超现实主义时，把它说成是和欧洲超现实主义思潮的文学样式完全相平行是一种"误导"。因为，黑人的超现实主义想象和欧洲的不同。"欧洲是经验式的，而黑人的是直觉式的，形而上的。"[1]一方面，在桑戈尔的作品中多次强调黑人想象的特质。他认为，黑人的想象是"想象—类比"，而不是欧洲式的"想象—等价"，从这个角度来说，黑人的想象是超现实主义的。"非洲黑人往往会被直线式的思维、精确的词语的要求所吓着"，这主要是因为对于黑人来说，"物体并不意味着它代表的东西，而意味着它建议、创造的东西"。另一方面，桑戈尔进一步说，"泛灵论包含一种超越现实世界的直觉，在这种直觉中，人通过祖先精神（ancestor-spirit）和半神精神（half-gods）的中介，一方面和其他人发生关系，另一方面和神发生关系。如果黑人性的本质即是如此的话，那么，人们就会理解，非洲诗人不是把超现实主义当作工具，而是把它当作一种同化手段。最应该强调的是，并非如一般所说，在非洲黑人那里存在（欧洲式的）超现实主义，而是（反过来）说，法国人应该像非洲人那样具有（非洲式的）超现实主义精神！"[2]至此，当我们读到桑戈尔的宣言"我们要求最高的位置要给予非洲人；现在，桑戈尔正在对欧洲人进行非洲化"时，应该不难理解欧洲的超现实主义是如何被黑人性运动领导者所发现、使用并最终超越的了。

在对黑人性运动的超现实主义特征进行了基本定位之后，我们似乎应该用历史的眼光再来看一下黑人性运动的历史和现实意义。当前关于非洲文学的"非洲性"依旧存在争议，但是否可以这样说，"黑人性"的概念以一种姿态仍然代表着"非洲性"的本质呢？历史发展到今天，黑人在西方文化中的弱势甚至无助的状态，表现为美国黑人文学持续地对黑人独特的文化进行积极但收效甚微的倡导，以及对黑人女性所遭受

---

[1] B. E. Jack, *Negritude and Literary Criticism: The History and Theory of Negro-African Literature in French*, p.98.

[2] B. E. Jack, *Negritude and Literary Criticism: The History and Theory of Negro-African Literature in French*, p.121.

的多重压抑进行呼号,这是否昭示着黑人离走向真正平等的目标还很遥远?也许正是因为黑人的现实问题并没有得到解决,黑人性运动的超现实主义呼号才仍具有极强的现实意义。在一个虚拟的"黑人性"的名词下,凝聚了多少优秀的黑人知识分子的期待和梦想。虽然杜波伊斯悲哀地认为"黑人性"对绝大多数黑人来说如同天书,但既然无人能否认它在非洲民族解放运动中的灯塔作用,那么,如今在朝向黑人的彻底解放、朝向人类真正平等的彼岸境界中,谁又能否认它像一座仙岛依旧在导引着所有朝向彼岸的努力呢?塞泽尔以及桑戈尔对黑人性运动的界定以及对法国的非洲政策的批判,是较早对黑人性运动的理论总结,深刻地开启了从文化角度对殖民主义进行的批判。独立的躯壳仍未摆脱现实的奴役,超现实主义的梦想从黑人性运动开始,直到今天仍徘徊在以爱德华·萨义德等为代表的后殖民理论家的脑海中。不同的是,巴勒斯坦人或者其他遭受新老殖民主义奴役的第三世界人民暂时取代了黑人(或紧随黑人之后进入后殖民批判的视野)而成为被拯救的对象。事实上,正是在非洲黑人问题还没有充分解决之时,第三世界的现实状况又引起了理论家们的新的反思——在对以英法为代表的欧洲殖民主义的批判尚未完结之时,又需要投入精力到对美国为代表的文化新殖民主义的批判中去。

尼日利亚的杰出作家、黑人批评家希努亚·阿契贝是另外一位后殖民文化批评的先驱。他在世界很多地方教过学和演讲过。他的《后殖民主义批评》("Postcolonial Criticism")发表于 20 世纪 70 年代,是后殖民主义批评思想史上一篇具有历史文献价值的作品。在这篇文章中,阿契贝揭露了西方批评家用所谓的文学普遍性的观点来包裹自己文学的民族性,排斥其他民族的文学,实质上是一种殖民主义的批评。在《非洲作家和英语语言》("The African Writer and the English Language")以及《一个关于非洲的形象:康拉德的〈黑暗的心〉中的种族主义》("An Image of African: Racism in Conrad's *Heart of Darkness*")等文章中,阿契贝对存在于西方的根深蒂固的种族观念进行了尖锐批评。除了对诸如"小说是西方特有的文类,非洲小说不存在"这样"让人喷饭"的西方对非洲黑人的评论做出回应外,阿契贝还从更高的层面来看待后殖民文化批评:"让每个人发挥他们的才能,为世界文化的盛大节日奉献礼物。只有这样,人类才会拥有更加丰富、更加多样的文化精品。"[1]从塞泽尔到阿契贝,虽然其方法和使命都有所不同,但都在不同程度上构成了当代后殖民文化批评理论的基石。

后殖民文化批评理论的演进历史其实就是资本主义的发展历史,当早期的后殖民文化批评理论家(称他们为革命家更为适合)如塞泽尔、法农等战斗在民族解放、非殖民化的第一线的时候,那是对"人吃人"的压迫最强劲的斗争,是血泪的控诉;而当后来的移民如萨义德等,在西方感受着种族歧视并开始系统性地反思西方对东方的处置史(东方学)的时候,殖民地国家该独立的早已独立,民族经济和民族意识已经苏醒,塞泽尔、法农等倡导的革命也大致结束,但西方对东方的控制却已经上升到绝对性的霸权地位,原来的牛仔已经变成老板。而原来的奴隶如今想做一个自由、平等的牛仔而不可得。

一个民族用千年积累的习性和安逸来交换短暂的愉快(经济成就),就如同吸食鸦片烟,改变的将不仅是一个民族的体质,而且还有这个民族在可预见的未来是否还存在的可能。而充满人文情怀的后殖民文化批评理论家从喊出"黑人性"的那一刻起,就已经为我们,为这个世纪对文明的发展进程有思考、有影响的人们定下了文明发展的基本调子。否则,21世纪就不仅是一个资本纵情恣肆的世纪,同时也是一个多元民族文化消亡的祭时。

二、葛兰西话语霸权理论为后殖民文化批评理论奠定了一种分析的基本模式

意大利著名马克思主义思想家安东尼奥·葛兰西的话语霸权理论对

---

[1] 罗钢、刘象愚主编:《后殖民主义文化理论》,第295页。

后殖民文化批评理论有很大影响。"霸权"（hegemony）的概念，是葛兰西洞悉了资本主义作为权力的两种方式后提出的："统治"——通过强制性的国家机器如军队、警察、法院等实现；"认同"——一种隐蔽的权力关系，即霸权的施行。西方的话语霸权是通过市民社会的渠道，使人们形成一种世界观和方法论，从而在文化观和价值论上达到整合，统一在某种意识形态中。换句话说，即是指阶级的支配地位依赖于将世界观渗透成民族性的东西。总体上看，葛兰西强调了现代社会中权力运作或暴力或温和的统治方式，通过这种权力话语理论，葛兰西为后殖民文化批评理论确定了一种分析的基本模式。[1]

进一步进行殖民主义话语霸权分析的理论先驱是弗朗兹·法农。法农在其早期著作《黑皮肤，白面具》以及后期最重要的著作之一《全世界受苦的人》中说明了这样几个问题：宗主国对殖民地人民的压迫和掠夺与白人世界对所有有色人种的种族歧视和迫害是绝不会自行消失的；通过民族解放运动取得政治、经济的独立是第一步，但应把文化的解放作为一个更长远的目标；无论从社会层面还是从心理层面，西方殖民者构筑的是一个以牺牲或消灭殖民地、黑人或有色人种的本质属性的殖民体系，只有彻底打破这个体系及其社会结构，殖民地和有色人种才会真正找回自我。他在论文《论民族文化》（选自《全世界受苦的人》）中强调，"当我们看到竭力实行文化间离是殖民时代的一个突出特点时，就认识到没有无缘无故发生的事情。的确，殖民统治寻求的全部结果就是要让土著人相信殖民主义带来光明，驱走黑暗。……决定向殖民谎言开战的本土知识分子将以整个非洲大陆为战场，还过去以应有的价值。对种族文化思想应负最大责任或至少应对迈向形成这种思想的第一步承担最大责任的还是那些欧洲人，他们从未停止在其他文化不在场的裂谷里填上自己的文化"[2]。因此，建立自己的民族文化是反对殖民主义的一个

---

[1] 参见王岳川：《后殖民主义与新历史主义文论》，第10页。
[2] P. Willams, L. Chrisman, eds. *Colonial Discourse and Post-Colonial Theory: A Reader*, p.36. 中译参见马海良译：《论民族文化》，《外国文学》（京）1999年第1期。

重要方面,他提出了民族知识分子的使命以及民族文化发展的三阶段说:第一,没有辨析地吸收西方;第二,有所醒悟地探索自己的文化传统;第三,彻底觉醒并投入民族解放运动。法农为后殖民文化批评提供了瓦解帝国主义权威话语的丰富材料。

关于话语霸权的分析,将在本书第五章"后殖民文化批评理论话语视点:霸权主义"中做专门论述,此处只是简单述及它在后殖民文化批评理论溯源中的理论意义和地位。

三、萨义德开创了后殖民文化批评理论研究和批判领域

萨义德在1978年出版《东方学》一书,使后殖民主义批评在理论上成为显学。在这部书里,萨义德运用福柯的话语理论和葛兰西的霸权理论对东方学(或东方主义)的产生、发展和传承的历史进行剖析。他认为,19世纪欧洲所做的就是证明自己对世界其他地方的征服是正当的,从始至终东方学家不断强化的是这样一些观念:"东方"是懒惰的、没有思想的、纵欲的、感性的、不可靠的和疯狂的。欧洲的殖民者确信他们完全能够精确地描述他们所征服的东方居民。萨义德认为,西方殖民者没有也不愿意识到的是,所有知识都可以从其不同的政治、文化和方法论背景来考察,没有任何理论(包括政治或文学的)是客观的。他认为,"作为一种思想体现的东方学是从一个毫无批评意识的本质主义立场出发来处理多元、动态而复杂的人类现实的;这既暗示着存在一个经久不变的东方本质,也暗示着存在一个尽管与其相对立但却同样经久不变的西方实质,后者从远处,并且可以说,从高处观察着东方"[1]。

尽管在《东方学》中只有一处出现"后殖民"这一用语[2],两名重

---

[1] [美]爱德华·W.萨义德:《东方学》,第429页。
[2] 参见[美]爱德华·W.萨义德:《东方学》,第353页。

要的后殖民文化批评家斯皮瓦克和霍米·巴巴还是称萨义德开创了后殖民文化批评理论研究的领域。原因就在于，如后殖民文化批评理论家吉尔伯特所说，"确切地说，萨义德开创的是对来自当代欧洲大陆的文化理论的方法范式所做的分析。"虽然只有一处提到"后殖民"这一术语，但他所探讨的是"殖民话语，也探讨殖民话语理论或殖民话语分析"。因此，在《后殖民话语与后殖民理论》一书中，帕特里克·威廉斯和克里斯曼宣称："或许可以不夸大地说，爱德华·萨义德1978年出版的《东方主义》一书单枪匹马地开创了一个学术探讨的时代。"[1]英国文化理论家约翰·斯道雷说得更具体，"爱德华·萨义德揭示了一个关于东方——东方主义——的西方话语如何为了西方国家的'权力'利益而构造了一个东方'知识'和'权力－知识'关系体系的"[2]。如果说萨义德在《东方学》中对从观念形态上定义"东方"的"东方学"内在的一致性（即东方学传承的机制）进行了鞭辟入里的分析，从而开启了后殖民文化批评理论作为一个理论研究领域的话，那么，从《文化帝国主义》开始，萨义德则从现实的文本出发，将文化文本与帝国主义实践直接联系起来，开启了运用后殖民文化批评理论进行文化批评的思路。萨义德主要将文学，尤其是小说作为切入点来探讨帝国主义在文化上的作为以及二者的关系。在考察文学与帝国主义霸权的关系中，提出了"态度与参照结构"的概念，在萨义德那里，批评的目光主要集中在西方读者、批评家阅读非西方作品时如何表现出东方主义的偏见和霸权主义的审美观。他从小说入手，认为帝国小说中利用空间性的描述，把诸如帝国的统治、对殖民地的占据、帝国利益以及某种程度上的适者生存的概念通过形象化的、空间化的描述灌输给普通的殖民者，也植入殖民地人民的心灵。就是在这样一系列空间化的二元对立的描述和确立中，萨义德把欧洲中心主义等殖民主义观念散播到殖民地。因此，小说对形成殖

---

[1] [英]巴特·穆尔－吉尔伯特：《后殖民理论——语境 实践 政治》，第15页。
[2] [英]约翰·斯道雷，《文化理论与通俗文化导论》，第131页。

民地对帝国的态度和帝国对殖民地的态度有着非常重要的作用。可以这样说，萨义德在《文化帝国主义》中，把从《东方学》中发现、探讨的东方学传承机制运用于批判东方学的文化话语霸权上，而且通过对一些文学文本的具体探讨进行了后殖民文化批评的具体实践，对如何发现、批判文化霸权提供了方法和思路。

四、霍米·巴巴、斯皮瓦克等拓展了后殖民文化批评理论的批判视野

英国著名后殖民文化批评理论家巴特·穆尔-吉尔伯特在其专著《后殖民理论——语境 实践 政治》一书的序言中，明确认为："实际上后殖民理论就是指爱德华·萨义德、佳亚特里·斯皮瓦克和霍米·巴巴的著作。"另外，罗伯特·扬在其《白人神话》（1990）以及后来的《殖民欲望》（1995）中也宣称"在历史著作中有一种新的发展线索"，并把萨义德、斯皮瓦克和霍米·巴巴称为后殖民文化批评理论"神圣三剑客"。他认为，"萨义德、斯皮瓦克和霍米·巴巴对有重大文化-政治意义的国家、文化和种族之间的关系重新做了激进的界定"，并乐观地称三人的著作是"历史著作的新逻各斯"，这些著作的传播会有助于开辟一个勇敢的文化解放的新世界。[1]

霍米·巴巴于1994年出版了《文化的定位》一书，该书可以说是后殖民文化批评在理论上进入成熟阶段的标志。在该书的第四章"模仿和人——殖民主义话语的矛盾心理"[2]中，霍米·巴巴把心理分析学术语"矛盾心理"首次引入后殖民话语理论。在心理分析学中，这个术语用作描述"一种缺乏（需要）某物而又缺乏（需要）其对立面的持续的波动。它也指对一个物体、人或行动同时产生的吸引和排斥"[3]。在心理

---

[1] 参见［英］巴特·穆尔-吉尔伯特：《后殖民理论——语境 实践 政治》，序言。
[2] H. K. Bhabha, *The Location of Culture*, p.85.
[3] B. Ashcroft, G. Griffiths, and H. Tiffin, *Key Concepts in Post-Colonial Studies*, p.12.

学词典中，该词的意义是：（1）对某个人、某个事物或观念同时有相反的或混合的感情；（2）一种对人、物或观念的感情或态度"突然改变"的倾向。霍米·巴巴的解释包含了释义（1）的意思，霍米·巴巴用它来描述在殖民者和被殖民者之间的彼此吸引又互相排斥的一种非常复杂的混合性心理特征。首先，被殖民者从未简单彻底地反对殖民者；其次，这是一种正反情感并存的状态，这意味着时而同谋时而抵抗的波动关系同时存在于殖民主体中。

针对殖民地人民的异化，霍米·巴巴提出"第三空间"说，并一再强调其重要性。"阐释的约定从来不是在声明中已经设计好了的'我'和'你'之间简单的交流。意义的生产需要这两个方位是动态的，这种动态是通过'第三空间'在上下段落中实现的，这个'第三空间'代表着双方一般的言语状况，也代表着阐释行为以及使这种阐释行为形成的某种制度化策略中'它'并未意识到'它不在它自身之中'的独特暗示。"[1]"第三空间（虽然本身是不可能呈现的）构成了发音的论述条件，保证文化的意义和象征没有原生的统一和固定性；就算同样的符号也可被挪用、翻译、重新史化及重新阅读。"[2]霍米·巴巴所说的"第三空间"可以说是一种修辞幻象，某种意识上的存在物，是经过一系列的修辞运动后"造出"的空间。另外，从解构主义立场出发，霍米·巴巴提出了"文化杂种"（cultural hybridity）的理论。这种理论认为，不同民族的文化无论优劣大小总是呈现出一种"杂种"形态，特别是在全球市场化、信息化、网络化的今天，文化交流如此迅速和频繁，民族文化之间的杂交及由此引起的形变广泛而深刻，民族文化要保持自己鲜明独特的民族性已成为不可能。殖民地宗主国文化也当作如是观。"那些作为文化之间进行比较的基石的东西，比如同质化的、自愿的、临近的历史性传统的传播，或者有机的种族社区，正面临着重新定义的深刻过

---

[1] H. K. Bhabha, *The Location of Culture*, p.36.
[2] H. K. Bhabha, *The Location of Culture*, p.37.

程。……我倾向认为,精神的爱国热情这方面有着压倒一切的例证,说明了想象社区的杂种特点的跨国性和'译转'性。"[1]霍米·巴巴提出的文化杂种论引起了广泛的争议。

斯皮瓦克第一次用"后殖民"这个词是在其1990年出版的《后殖民批评家》一书中。[2]他和萨义德、霍米·巴巴一起代表后殖民文化批评理论研究的后结构主义流派。另外,斯皮瓦克1988年所著的《在他者的世界里》开辟了后殖民文化批评理论与女性主义批评兼容的先河。

斯皮瓦克的长篇论文《属下能说话吗？》被认为是她最有影响力的著作。阿希克洛夫特、格里菲斯和蒂芬认为,正是在这篇论文后,"属下这个意象由此成为后殖民理论中的一个议题"[3]。从解构主义立场出发,斯皮瓦克阐发了葛兰西和古哈等一些批评家提出的"属下"观念,认为它把古哈等人所特指的殖民地印度本土居民（特别是"贱民"）扩展到女性（特别是被殖民女性）领域,讨论在殖民霸权话语的绝对权力下,"属下"怎样变成了沉默的"他者",通过对以身殉夫的印度寡妇话语的仔细剖析,她明确得出结论说"属下是不能说话的"[4]。这和其提出的帝国主义"认知暴力"的观念是相一致的。她指出正是这种认知暴力巩固了帝国主义"君上的自我"的观念,诱导本土居民在自我主体建构中与之共谋,将自身变成一个"无声的他者"[5]。

美国文化理论家弗雷德里克·詹姆逊的后现代主义分析可以看作后殖民文化批评理论的另一个生长点。从人的自由发展、社会机构的合理化以及文化的独立性三方面看,现代性的理论其实就是一个殖民主义理论。如哈贝马斯所说,现代性还是一个未竟的工程,而后现代就是要把由市场经济、商业化所带来的拜金主义,由生产发展所带来的对人的

---

[1] H. K. Bhabha, *The Location of Culture*, p.5.
[2] 参见 B. Ashcroft, G. Griffiths and H. Tiffin, *Key Concepts in Post-Colonial Studies*, p.186-192.
[3] 参见 B. Ashcroft, G. Griffiths and H. Tiffin, *Key Concepts in Post-Colonial Studies*, p.216.
[4] [英]拉曼·塞尔登编:《文学批评理论——从柏拉图到现在》,刘象愚译序第36页。
[5] [英]拉曼·塞尔登编:《文学批评理论——从柏拉图到现在》,刘象愚译序第36页。

自由精神的压抑，由官僚政治所带来的文化自由的失落等蒙蔽在现代性上的假象颠覆掉。在这样的过程中，从对现代性的追求到后现代的颠覆中，西方的学者和官员始终是以这种西方的自启蒙运动以来的现代性作为某种虚拟的、普世性的价值标准来框范世界其他的民族和国家的。詹姆逊与萨义德一样，注意到第一世界掌握着文化输出的主导权，可以把自身的意识形态看作一种优越的普世性价值，强制性地灌输给第三世界。詹姆逊在其著作《文化转向》中提道，后现代主义与后殖民主义有其内在的逻辑关系，对第三世界来说，如何在后殖民文化语境中找到正确的文化策略，是第三世界文化出路的关键所在。他提出的一种民族寓言式的文化策略是：第三世界国家有必要以一种新的国家主义来对抗这种文化侵略，但绝不是指那仇视外国先进文化的国家保守主义，而是一种将自己国家的状况国际化的开阔胸襟和气度。[1] 这个"胸襟"和"气度"绝非虚指，而是指在介入世界性的后现代的讨论中，在借鉴西方的后现代思想方法观照自身存在的问题时，要避免跌入现代性的和后现代的西方陷阱，把后现代作为后殖民文化批评理论的一个理论和实践契机，后殖民文化批评理论将在此基础上努力将现代或后现代对东方的固定判断及其暗含的非人性的东西颠覆掉，如此才是在很大程度上摆正了自己与它们的关系。

在有关主体和主体性的建构问题上，后结构主义为后殖民文化批评理论提供了思路和希望。后结构主义所着力批判的，即是结构主义的，或者是经典主义所形成的既定的主体概念，而这个给定的主体从形式到内容、从历史到现实，和欧洲的殖民主义密切相关。殖民主义所推行的差异政策——包括一系列的二元对立：富裕和贫穷、先进和落后、文明和野蛮、东方和西方等——在有意无意中树立着殖民者的权威性，进入到话语实践，这种话语其内部结构即是某种不证自明的内在统一体，即殖民者的逻辑。而后结构主义所认为的主体是这样的："'我'这个概念

---

[1] 参见王岳川：《后殖民主义与新历史主义文论》，第115页。

不再是某个给定的东西,而变成其他人在言及的以及在和其他人的各种关系中才存在的东西。"[1]这就揭示了殖民主义话语的不言自明背后的逻辑,为后殖民主体性批判和新主体的构建提供了起点、思路和希望。

美籍土耳其人、后殖民文化批评理论家阿里夫·德里克堪称萨义德的"知音"。对后殖民主义的兴起,德里克有独特的理解。他在回答埃拉·舒哈特关于"后殖民主义确切始于什么时候"的问题时,略带戏谑地说,"后殖民主义批评始于第三世界知识分子到达第一世界学术界之时"[2]。德里克力图要说明的是,后殖民文化批评是随着全球资本主义的出现而产生的。在他看来,全球资本主义与后殖民文化批评毫无疑问是20世纪80年代之前很早就存在的,全球化的资本主义是后殖民文化批评产生的条件。

在运用政治术语定位时,后殖民文化批评理论是一种有争议的激进主义。后殖民文化批评理论与马克思主义的关系很复杂。[3]萨义德不是一个马克思主义者,尽管他运用了马克思主义的意识形态分析方法,但是他为了谴责西方文明的整体,为了全盘否定西方任何一个思想家对东方的论断,仍然认为像马克思这样具有"对人类不幸同情"的"博爱"情怀的思想家,依然不能解答"对正在遭受社会急剧变革之痛的东方人天生的反感与这些变革的历史必要性之间进行调和的难题"[4],"最终占据上风的却仍然是浪漫主义的东方学视野"[5]。因此,他把马克思主义关于东方的论述归入西方殖民话语的东方主义的组成部分。这就引出了后殖民文化批评理论一个有争议的问题,即马克思是否有东方主义的西方殖民话语的立场。萨义德的这种论断,受到许多马克思主义理论家

---

[1] B. Ashcroft, G. Griffiths and H. Tiffin, *Key Concepts in Post-Colonial Studies*, p.224.
[2] [美]阿里夫·德里克:《后殖民的辉光:全球资本主义时代的第三世界批评》,《外国文学》(季刊),1997年第1期。
[3] 关于马克思主义与后殖民批评的复杂关系,请参见姜飞、冯宪光:《马克思主义与后殖民主义批评》,《外国文学研究》2001年第2期。
[4] [美]爱德华·W·萨义德:《东方学》,第198页。
[5] [美]爱德华·W·萨义德:《东方学》,第199页。

的批评。詹姆斯·克利福德指出，萨义德对马克思的《不列颠在印度的统治》结尾部分的解读，事实上不顾马克思的阶级和历史的分析立场，"在这里，萨义德让马克思'有失公允'。他在振振有词地把这个文本里的东方主义分离出来的时候，对文本的修辞意图却蜻蜓点水，一带而过"[1]，"并不关心作为主体的作者马克思必然要说的或感受的东西"[2]，对马克思的意思做了断章取义的曲解。阿贾兹·艾哈迈德也批判了萨义德把马克思主义纳入西方殖民话语范围的错误认识，指出：在对马克思的分析里，"以历史观点给予我们时代中那么多反帝国主义运动以支持的马克思主义，可以轻松地当作东方主义的孩子和英国殖民主义的同谋来理解"[3]。许多人还指出，马克思关于人类发展远大理想的展望，不仅超越了萨义德谴责的东方主义的西方思潮边界，而且是对西方殖民话语的严厉批判。把马克思反对一切剥削、压迫的革命思想消解为一种西方中心主义，是对马克思的曲解。因此，阿贾兹·艾哈迈德、阿里夫·德里克、本尼塔·帕里、钦维祖、恩古吉·瓦·辛格[4]以及尼尔·拉扎勒斯极力主张，重新采用马克思主义，以此作为规范后殖民分析中经常讨论到的许多问题的最佳方式。[5]

后殖民主义对民族主义形成了冲击。艾哈迈德指出，即使西方的某些先驱已经预言了民族国家的终结，但是这种形式仍然既在西方也在世界其他地方保持着支配地位。后殖民文化批评经常与特殊的民族纷争语境下政治进程中的后殖民主义有着利害关系，在这里你可以想到法农与阿尔及利亚，萨义德与巴勒斯坦（对于后殖民文化批评来说，"放逐"或"背井离乡"是很普通的事情。作为一个放逐者，在逐渐进入"后"时代后，他们与殖民地的关系很复杂。在西方，一个一般意义上的对后

---

[1] 罗钢、刘象愚主编：《后殖民主义文化理论》，第36页。
[2] 罗钢、刘象愚主编：《后殖民主义文化理论》，第37页。
[3] 罗钢、刘象愚主编：《后殖民主义文化理论》，第64页。
[4] 原名詹姆士·恩古吉，后改名。
[5] 参见［英］巴特·穆尔－吉尔伯特：《后殖民理论——语境 实践 政治》，前言。

殖民文化批评工作的批评是，他们无法对他们离开的地方或者对与他们根本就没有隶属关系的地方进行正确的鉴赏和理解，他们所处的位置是个关键议题。正是因为归属的问题和地位上的内外之分造成了后殖民文化批评的混乱。没有一个一般性的对抗模型让人把握殖民者和被殖民历程之间的关系，这是后殖民文化批评一个有争议的事实）。遵照阿里夫·德里克的精神，对后殖民主义何在的问题，圆滑的回答是"在学院里"。另外一个同样适当也同样充满问题的是福柯对权力的回答，后殖民主义无处不在。

综上所述，后殖民文化批评在19世纪后半叶即已萌发，黑人性运动是后殖民文化批评的一个早期出发点，法农的《黑皮肤，白面具》以及《全世界受苦的人》是分析批判殖民文化的奠基之作；以1978年萨义德《东方学》一书的出版为标志，后殖民文化批评在理论上成为显学；霍米·巴巴的《文化的定位》一书是后殖民文化批评在理论上进入成熟阶段的标志；斯皮瓦克的《在他者的世界里》，开辟了后殖民文化批评理论与女性主义批评兼容的先河。后来的加拿大学者莫汉蒂进行的女性主义的后殖民批评、艾哈迈德的马克思主义的后殖民批评、詹姆逊的第三世界批评等，把后殖民文化批评理论的研究进一步深化、拓展。

在后殖民文化批评理论研究者队伍不断扩大，其和声之大逐渐使操此话语的理论家从边缘向学术、文化中心移动时，来自其他学科的对后殖民文化批评理论的批评也非常严厉。历史学家罗素·雅克比对后殖民文化批评家跨学科的勃勃雄心提出了疑问："当后殖民理论家从传统文学介入政治经济学、社会学、史学和人类学时，他们驾驭得了这些领域吗，还是仅仅浅尝辄止？他们是研究殖民史和文化问题严谨的学者，还是仅仅在著作中点缀一些葛兰西和霸权的词句？"[1]

事实上，从一定意义上说，雅克比的批评是有道理的。来自各个学科的理论家都操持着后殖民的术语对殖民主义时代的文化残留进行

---

[1]［英］巴特·穆尔－吉尔伯特：《后殖民理论——语境　实践　政治》，第12页。

了大范围的批判,不可避免地触及了所谓的英语文学的经典、经典的研究者同时也是经典的维护者;同时,介入这个领域的理论家的理论水平的参差不齐引起来自其他领域资深专家的疑惑也在所难免。最主要的,到目前为止,后殖民文化批评理论的研究并没有如其他学科一样在文学或文化研究的殿堂获得某种"正宗"的或类似"正宗"的席位,其"游方"的形象是要让一些"坐地僧人"反感的,如张京媛所说,"后殖民理论的著作和文章多是'战场'本身,并不是超文化、超历史的全球通用的理论,每一篇文章或著作有其特定的关注和试图解答的问题"[1]。

那么,针对这样的一些"道理",后殖民文化批评理论研究者应该如何回答呢?针对"经典"的问题,后殖民文化批评理论需要而且将不断质问的就是"谁是经典""谁的经典"?正是西方的经典在传承着萨义德所批判的东方学的机制;后殖民文化批评理论本就是一个异质性的领域,正是因为来自各个领域的不同理论家的共同努力,才在诸如文学、文化、史学、政治学、人类学领域开始了对殖民主义的大反思和批判。换句话说,幸亏后殖民文化批评理论还没有被归入某个理论流派!否则,就只能顺应各个领域所谓专家的"意见",对后殖民文化批评理论研究队伍进行一番"整编""清洗",给游方的发执照,在某个殿堂恩赐一个席位,发给规定的"经文",使其开始得享烟火。此则于后殖民文化批评理论来说不仅大谬,而且是本质上的背道而驰。因此,对后殖民文化批评理论来说,所谓的"百家争鸣、百花齐放"既是其研究现状的总结,也是其进一步发展的必需。

以上是对后殖民文化批评理论的一般问题进行的综述,在这样的综述梳理中作者发现,后殖民文化批评理论的研究还有很多需要改进、增补、加强的地方。来自不同殖民地区和不同殖民遭遇的研究者和研究对象从量上看是够多的了,从一定意义上满足了后殖民文化批评理

---

[1] 张京媛主编:《后殖民理论与文化批评》,前言。

论从特殊上升到一般的基础性要求；但在理论方法上，从塞泽尔的黑人性运动到法农的民族革命，从阿契贝对资本主义"文学普遍性"的反对到萨义德对东方学机制的剖析和批判，再到德里克将后殖民的缘起前推到资本主义在全球扩张的开始等，所有的后殖民文化批评理论家都从各自不同的理论和殖民主义背景出发，针对各自关注的民族的、地区的问题，从不同的角度运用不同的方法对后殖民文化批评理论进行了阐发和拓展，并取得了丰硕的成果。但总体上来说，对后殖民文化批评理论作为一种理论自身来说，是一种各取所需的状况。好比是奔向某个方向的各个支流，在过于强调个性、过于敏感于"同质"性危险的情况下改道、断流乃至在很多时候与这个方向背道而驰。汇集成海的努力存在于世界各地的后殖民文化批评理论家之中，但矛盾与进展并存。在后现代的语境下，体系性的东西已经被当作某种类似怪物的东西被遗弃，而且，借用了后结构主义的后殖民文化批评理论首要任务就是要批评西方自殖民主义以来的一切统治、君临东方的体系性东西，对于后殖民文化批评理论自身来说，似乎提一下"体系"这样的词语都是"失语"症候。

在作者的视野范围内，尚未发现后殖民文化批评理论家试图为后殖民文化批评理论建构某种理论体系。事实上，在英国一些较早、较有影响的文化描述和批评理论的著作中，后殖民文化批评理论甚至一直没有被当作一种单独的分析类型。这些著作有雷蒙德·威廉斯的《关键词》、特里·伊格尔顿的《文学理论》和拉曼·塞尔登的《文学批评理论》。尽管在20世纪70年代晚期，对殖民地处于支配地位的代表性权力的研究即已开始，以萨义德的《东方学》为代表，由此引发出诸如斯皮瓦克和霍米·巴巴等批评家使用的殖民主义话语理论，但在早期关于殖民者话语权力的研究中并没有用"后殖民"这个术语来框范或构造殖民地和都市里的意识和政策。"后殖民"作为正式的理论范畴在20世纪80年代晚期，才在许多学术杂志文章中和比尔·阿希克洛夫特、加雷斯·格里菲斯和海伦·蒂芬的著作《逆写帝国：后殖民文学的理论与实践》[1]的副标题中出现，这是第一部系统介绍后殖民文化批评理论的导论性著作。在这部著作中，"后殖民"被用来描述从殖民化时期到现阶段（欧洲）帝国统治过程对文化的所有影响。萨义德称这本书"溯写宗主国文化，打破了欧洲撰写的东方和非洲叙事，用一种更具游戏性质的或更强大的新叙事风格取代它们"[2]。稍后，"后殖民"这个概念于1990年再次出现在伊安·埃达姆和海伦·蒂芬的《后殖民主义和后现代主义的理论化》当中。萨义德1983年出版的《世界·文本·批评家》和1993年出版的《文化与帝国主义》，斯皮瓦克的《在他者的世界里》和论文《三个女性文本和一种帝国主义批评》《属下能说话吗？》，霍米·巴巴的《民族和叙事》《文化的定位》以及论文《纪念法农：自我、心理和殖民条件》《献身理论》等，使后殖民主义探讨开始在学术界被广泛接受，由学术边缘进入中心，一时成为显学。1993年出版的由帕特里克·威廉斯和克里斯曼合编的《殖民话语与后殖民理论》是第一部后殖民文化批评理论读本，它们将后殖民文化批评理论带入欧美的大学教育。在此后文学理论中，后殖民文化批评理论都占据着一个重要位置。现在"殖民话语分析"已跨越了诸多学科领域的范围，这些学科包括法律史、人类学、政治经济学、哲学、史学、艺术史和心理分析学等。[3]

但对"体系"的敏感以及来自其他学科对后殖民文化批评理论的质疑和批评，致使后殖民文化批评理论的研究一直就是一个众声喧哗的"战场"，既然抵制体系，那么，关于后殖民文化批评理论的西方著作也大多是以论文集的形式出现，比如美国的帕特里克·威廉斯和劳拉·克里斯曼在1994年编辑了《殖民话语与后殖民理论》，内容包含范

---

[1] B. Ashcroft, G. Griffiths and H. Tiffin, *The Empire Writes Back—Theory and practice in Post-Colonial literatures*, London and New York: Routledge, 1989.
[2] [美]爱德华·W.赛义德：《有关抵制性文化的诸种话题》，《赛义德自选集》，谢少波、韩刚等译，北京：中国社会科学出版社，1999年，第275页。
[3] 参见[英]巴特·穆尔-吉尔伯特：《后殖民理论——语境 实践 政治》，第6页。

围比较广泛，是到目前为止介绍后殖民文化批评理论最全面和包含后殖民文化批评理论家、文本最多的一个读本；另外，著名的英国后殖民文化批评理论家巴特·穆尔-吉尔伯特在1997年编撰的《后殖民批评》中就把诸如塞泽尔、阿契贝、萨义德等10名后殖民文化批评理论家的文章收录在内，内容涉及殖民话语、种族主义、帝国主义、女性批评、后现代、东方主义等；同一年，吉尔伯特写作了《后殖民理论——语境 实践 政治》，这是一部对后殖民研究领域比较全面的概览性著作，着重探讨了后殖民文化批评理论"三剑客"——萨义德、斯皮瓦克和霍米·巴巴的后殖民文化批评理论，是自1989年出版的第一本评述后殖民文化批评理论的著作——《逆写帝国：后殖民文学的理论与实践》，到1994年第一本后殖民研究领域教材——《殖民话语与后殖民理论》之后，以"后殖民理论"做标题的，对后殖民文化批评理论进行全方位论述的著作。它不是后殖民文化批评理论体系，但从其章节内容的安排上可以看出作者的"用心"：第一章："后殖民批评还是后殖民理论"——对后殖民文化批评理论进行界定；第二、三、四章：对萨义德、斯皮瓦克、霍米·巴巴进行全景展示——包括对后殖民与现代性、后现代的关系的论述，以及对后殖民女性批判的论述；结论：后殖民的未来。总体上来看，该书涉及种族、民族、帝国、文化等后殖民文化批评理论的"话语领域"：在后殖民文化批评理论的操场上，吉尔伯特熟练地在各种"体育器具"之间穿梭，构造了一个活生生的后殖民文化批评理论图景。

  体系性的追求是缺省前提下的本能性动作，这个本能性动作似乎可归入人们追求完美的过程性之中，事实上，社会科学的各个分支都是在这样的追求完美的过程中为自己赢得尊敬的。后殖民文化批评理论作为一种反话语，其反体系性既是其斗争之矛，也打造着理论现实体系之盾。它侵入体系中自蚀其体系性存在的合理性，在凝固中反凝固而产生，而又在流动中走向凝固——最终是事实上的自我解析。事实上，除了后殖民文化批评理论外，又有哪一种理论能逃此劫呢？理论就在这种在劫难逃中发挥着启迪人类心智的作用，它既可以在瞬间将人类的思维放逐到无限遥远的过去和未来，又能让思考者看清脚下的现实，如此，在理论标签变更下的任何敷衍塞责、滥竽充数和言不由衷都将面临理论和现实的双重流放；如此，体系既不可要，且不可得，更不可久，那么，对后殖民文化批评理论进行分析性研究的模式——如本书绪论所介绍的视点研究方法，自然如静夜春雨，随风潜入，润泽一方。

第二章

后殖民文化批评理论时间视点：机制论

"时间"总是让人想到历史。历史的确是通过时间串联起来的，同时也是时间的历史。东方学就是以时间为线索的时间的历史。因为对于那些曾经遭受甚至仍然遭受着殖民主义苦难的人来说，"历史"已经从抽象的计量单位幕后走出来，成为活生生的现实。因此，对后殖民文化批评理论时间视点的观照第一眼看到的，就是历史对当前的东方学或东方主义的刻痕。对这些刻痕的观照就是从人性的角度对人类文化发展史的观照，由此我们把握到文化共生时代、文化殖民时代、后殖民时代和文化博弈时代的历史脉搏。当然，对这四个时代的划分在其诞生的那一刻即宣告了它的局限性。正如哲学家罗素所说，"我们所看见的颜色只是光线到达眼睛时所造成的结果，而并不单纯是光线离开的那个客体的一种性质"，"太阳光约需八分钟才能照到我们。因此，我们看太阳时所见的是八分钟前的太阳"[1]。从一般意义上讲，意义作为主观性的东西在没有客观性支撑和佐证的情况下是没有生命的，而且，这种支撑和佐证又是时间的奴仆。赫拉克利特的名言能打动任何喜欢进行辩证思维的头脑："人不可能两次踏进同一条河流。"理论是灰色的，生命之树却常青，更何况这里分析的四个时代又是"八分钟"前的产物，但由此我们即已经触摸到了时间的三维（过去、现在、未来）之一维：未来之维。

---

[1] [英]罗素：《哲学问题》，北京：商务印书馆，2000年，第27、25页。

东方学的三个时期即是此三维的体现。

第一节 历史视野下的东方学（东方主义）

一、"东方学"还是"东方主义"

东方学（或东方主义）最早是由爱德华·萨义德在其《东方学》中引入学界的。其原著的标题是 Orientalism。国内的译本是三联书店 1999 年出版的王宇根先生翻译的《东方学》。关于"Orientalism"应该翻译成"东方学"还是"东方主义"存在很多争议，王宇根先生在译著的第 3 页脚注中对此进行了详细的说明。他认为，"在中国学界，'Orientalism'一词习惯上译为'东方主义'。但正如作者（萨义德）所言，'东方主义'只是该词三个方面含义（一种学术研究学科；一种思维方式；一种权力话语方式）之一，是从作为学术研究学科的'东方学'中引申出来的含义。尽管本书的主题之一是试图揭示隐含在传统东方学研究中的权力话语及其运行机制（'主义'），但其核心仍然是对作为一个学科的东方学发展和演变的历史进行基本的描述（'学'）。由于汉语无法用一个词来囊括这三种含义，译文只能采取变通的方式。方式之一是将原文在东方学意义上使用的'Orientalism'译为'东方学'，而将作为思维方式和话语方式的'Orientalism'译为'东方主义'。其二是对三者不加区分，将'Orientalism'通译为'东方学'或'东方主义'。这里采用的是后一种方式，并且选择'东方学'作为'Orientalism'的译名"[1]。

学者张京媛认为，"后殖民理论所用的'Orientalism'一词比'东方学'的含义要广泛得多，它不仅包括了西方对东方在学术上带有倾向

---

[1] [美]爱德华·W.萨义德：《东方学》，第 3 页。

的研究,而且包括了西方在客观世界、政治和社会生活、文学作品中对东方所持的根深蒂固的偏见。以萨义德为代表的后殖民理论家研究的不是东方主义与东方的关系,不是历史地求证东方主义的观点是否适用于东方,也不是对东方本身的研究,而是专门研究作为一种观念的东方主义"[1]。学者王铭铭赞成"东方学"的译法,"《东方学》译者尊重原著,没有随便发挥,并且澄清了原来存在的一些问题。我认为'东方主义'('后殖民主义'也有一点)其实起了一种误导作用,不是萨义德的原意,而译为'东方学'则是非常好的尝试"。

萨义德在《东方学》一书中,多处专门论述什么是东方学。"东方学归根到底是从政治的角度查看现实的一种方式,其结果扩大了熟悉的东西(欧洲、西方、'我们')与陌生的东西之间的差异。这一想象视野在某种意义上创造了以这种方式构想出来的两个世界,然后服务于这两个世界。"[2]"严格说来,东方学并不是一个学术研究的领域。"[3]"读者会明白,……通过'Orientalism'一词我意指很多,在我看来,它们是互相依赖的(interdependent)。最易于为人所接受的是其作为学术研究的一个学科的含义,这一称谓的确仍然应用于许多学术机构中。任何教授东方、书写东方或研究东方的人——不管是人类学家、社会学家还是语言学家,无论面对的是具体的还是一般的问题——都是一个'东方学家'(Orientalist),他之所说所做就是'东方学'。"[4]

通过以上的论述,我们似乎可以这样认为,萨义德所说的东方学并不是什么学术研究的领域,而是从政治角度查看现实的一种方式。然而,得出这样的结论还太早。萨义德在《想象的地理及其表述形式:东方化东方》一文中对东方学是否是一个学术研究的领域又有完全相反的看法:"严格地讲,东方学是学术研究的一个领域。"他说,"在信奉基督

---

[1] 张京媛主编:《后殖民理论与文化批评》,"前言"。
[2] [美] 爱德华·W. 萨义德:《东方学》,第54页。
[3] [美] 爱德华·W. 萨义德:《东方学》,第61页。
[4] Edward Said, *Orientalism*, New York: Vintage, 1979, p.1.

教的西方，人们认为东方学研究正式始于 1312 年的维也纳宗教会议。那次会议决定在巴黎、牛津、波伦那、阿维尼翁和塞拉曼加设立一系列教授阿拉伯语、希腊语、希伯来语和叙利亚语的职位。……到 19 世纪中期，东方学已经成为一座庞大的学术宝库。东方学盛极一时，它在学术上不拘泥于一家之言的新做法有两个明显的标志。第一个标志是雷蒙·施瓦布在他的《东方的文艺复兴》一书中对大约从 1765 年至 1850 年的东方学研究所做的百科全书式的描述。……施瓦布的观点是：东方学的研究即是对亚洲的一切事物的业余的或是专业的激情，而这些东方的事物则恰恰是与异国情调、神秘莫测、博大精深或潜在含蓄相等同的。至此，欧洲人特有的对文艺复兴鼎盛时期希腊、拉丁文化相似的激情东移了。1829 年，维克多·雨果是这样谈及这种变化的：'路易十四时期，我们是古希腊文化的崇拜者；现在，我们又变成了东方学的学者'"[1]。

事实上，萨义德显示出来的矛盾即是对"Orientalism"究竟是"东方主义"还是"东方学"的纠结。在萨义德看来，"Orientalism"有三种含义：第一种是学术研究学科，即"东方学"。第二种是一种思维方式，即"东方主义"。"与此（东方学）学术传统——它的丰富、轮回、特殊和流播是此学术研究的一个主题——相关的是关于东方学的一个更宽泛的含义。东方学是一种思维方式，奠基于'the Orient'（东方）与（大部分时间里的一种称谓）'the Occident'（西方）在本体论和认识论意义上的区分。由此，大量的作家，其中包括诗人、小说家、哲学家、政治理论家、经济学家以及帝国的行政官员，接受了这一东方/西方的区分，并将其作为精心阐说东方，包括东方的人民、习俗、'心性'和命运等的出发点。"[2]

第三种是一种权力话语方式。萨义德用一系列的论述论证此含义。"汉娜·阿伦特敏锐地观察到，与政府官员相对应的是帝国主义的代理

---

[1] [美]爱德华·萨义德：《想象的地理及其表述形式：东方化东方》，见张京媛主编：《后殖民理论与文化批评》，第 22 页。
[2] Edward Said, *Orientalism*, p.3.

人,也就是说,如果被称为东方学的集体学术努力是一个建立在某种保守的东方想象视野基础上的官僚机构的话,那么,这一想象视野在东方的执行者就是……帝国主义代理人。"东方学成了代理人的政治话语。[1] "我之所以……把注意力如此集中在帝国主义代理人和政策制定者而非专业研究者身上,是为了强调东方学、关于东方的知识、与东方的交流所发生的从学术性态度向工具性态度的重大转变。……现在的东方学家已成为其所属的西方文化的代言人,他将一种显而易见的两重性压缩进自己的作品中,他的作品(不管采用什么样的具体形式)正是这一两重性的象征表现:西方的意识、知识、科学控制着最遥远的东方地域以及最微细的东方要素。东方学家认为自己完成了东方与西方之间的联合,但主要是通过进一步确认西方在技术上、政治上和文化上处于优势地位的方式。"[2] "在1843年召开的(美国东方研究会)首届年会上,会长约翰·皮克林曾明白无误地说,美国的东方研究遵循的是帝国主义欧洲列强的范例。皮克林的言外之意是东方研究的框架——像现在一样——是政治性的,而不仅仅是学术性的。"[3] "格雷夫斯认为,美国目前所面临的最关键问题显然是'更好地理解中东那些正在与美国的观念相抗衡并且妨碍其传播的力量。最重要的,当然是共产主义和伊斯兰'。这一忧虑对美国东方研究会与时代发展而言相对落后的局面是一种促进,它所导致的结果是中东研究机制的全面改进。这一改进的典范之作——就其毫不隐藏的战略态度及其对公共安全和政策的敏感(而不只是像它常常声称的那样,是为了纯学术)而言——1946年5月在联邦政府授意下(如果不说受它的领导和控制的话)成立于华盛顿的中东研究所。"[4]

因此,萨义德认为,"东方学是一种阐释方式,只不过其阐释的对象正好是东方,东方的文化、民族和地域"[5]。这种阐释"归根到底是一

---

[1] 参见[美]爱德华·W.萨义德:《东方学》,第306页。
[2] 参见[美]爱德华·W.萨义德:《东方学》,第314页。
[3] 参见[美]爱德华·W.萨义德:《东方学》,第376页。
[4] 参见[美]爱德华·W.萨义德:《东方学》,第378页。
[5] 参见[美]爱德华·W.萨义德:《东方学》,第259页。

种强加于东方之上的政治学说,因为与西方相比东方总处于弱势,于是人们就用其弱代替其异"[1]。

在对这三种含义角度的选取和论述上,萨义德是颇费心思的。但他在《东方学》一书的开始即已清晰地说明"Orientalism"的多义性和自己的根本立场。"读者会明白,……通过'Orientalism'一词我意指很多,在我看来,它们是互相倚赖的。"[2]"互相依赖"四个字道破了萨义德在很多地方表现出来的对"Orientalism"的似乎矛盾的论述。也就是说,"Orientalism"是特定时期的产物,带有着它那个时代的鲜明特征,正确地看待它需要透过时间的视点。

在古典东方学时期和现代东方学的早期,"Orientalism"还是作为一种学科的特征;从现代东方学到当代东方学初期,"Orientalism"已经完全变成了某种看待东方的思维方式;而到了当代东方学阶段,"Orientalism"则彻头彻尾地成为一种权力话语方式。这样角色的转换是"Orientalism"多义的原因,也是多义的结果,同时也是这样的原因和结果置换的过程。建立在对东方学进行分期基础上的视点研究,所要做的不是要论证萨义德关于"Orientalism"的三种含义分支,而是要从时间的视点出发,说明"Orientalism"无论是作为一种学术研究的学科、思维方式,还是作为一种权力话语方式,探讨东方学这三种含义的重合与分野之处以及含义的置换之理,都既能为后殖民文化批评理论提供深度批判的标的,也能从实质意义上开启后殖民文化批评理论深度批判的起点。

二、东方学的分期和东方学的机制

上一节分析了对"Orientalism"的理解需要对东方学进行分期。本

---

[1] 参见[美]爱德华·W. 萨义德:《东方学》,第260页。
[2] Edward Said, *Orientalism*, p.1.

书认为，应把东方学大致分为三个时期，即古典东方学（18世纪末之前），现代东方学（18世纪末至第二次世界大战结束），当代东方学（1945年至现在）时期。[1]其中，古典东方学和现代东方学的分野即在于英国取代法国成为世界上殖民扩张大国。用法国学者佩雷菲特的话说，"格林尼治子午线取代了巴黎子午线"。而现代东方学和当代东方学的分野即在于美国取代了英国成为新的全球化时代推行文化新殖民主义的大国。

古典东方学的方法是截取东方的语言、文化、历史片断，做成切片后将夸大的截面在实验室中做成标本供西方来对东方进行研究、利用和再现。作为一种研究学科，古典东方学的落脚点在于为西方世界提供有关东方的知识。"展示科学（或科学家）与其对象之间的关系，而非对象与自然之间的关系。"[2]概括起来说，古典东方学有这样几个特点：第一，古典东方是白人建构的。"对他们（古典研究者）来说，'古典的'东方是他们而不是令人叹息的现代东方引以为荣的资本。"[3]第二，古典东方学是平面式的，是将完全属于东方的历史特征放入括号中，而只把东方学家所看到的、所能感受到的作为研究对象。"赫南与萨西试图做的是将东方概约（to reduce）为一个平面，使其特征易于考察，将其复杂的人性因素驱除。"[4]第三，古典东方学中对东方的评价恰如钟摆。"很多早期东方爱好者对东方的兴趣始于满怀热情地将东方视为对欧洲

---

[1] 关于"古典"、"现代"和"当代"是本文的分期和称谓。萨义德在《东方学》中并没有明确分期，即使有分期的意象，也是大多将"古典东方学"和"现实东方学"等术语混用。需要说明的是，分期的意义在于便于分析各个时期的特征。至于具体的分期，"近代"的称谓与东方学的分期多有不符。比如，据《辞源》，在世界历史学上近代历史一般以1640年英国资产阶级革命始，1917年俄国十月革命终；中国近代历史分期，一般认为自1840年鸦片战争至1919年五四运动。这两种分期都与东方学的分期差异很大。关于"当代"亦然。所以，本文所分析的历史分期和专业的历史分期有着很大的差别。因此，不用"近代"，而用"现代"。出于理论分析的目的和便利，便以法国、英国、美国三个大国在殖民主义历史上的作用为出发点笼统分为古典、现代和当代三个时期。
[2] [美]爱德华·W.萨义德：《东方学》，第184页。
[3] [美]爱德华·W.萨义德：《东方学》，第261页。
[4] [美]爱德华·W.萨义德：《东方学》，第193页。

思维习性和精神状况一种有益的变乱。"[1] 比如歌德在与爱克曼谈到中国时说，"中国人在思想、行为和情感方面几乎和我们一样，使我们很快就感到他们是我们的同类人，只是在他们那里一切都比我们这里更明朗，更纯洁，也更合乎道德。……我们德国人如果不跳开周围环境的小圈子朝外面看一看，我们就会陷入……学究气的昏头昏脑"[2]。然而几乎无一例外的是，这种过高的评价马上即被相反的评价所取代："东方一下子可悲地成了非人道、反民主、落后、野蛮的代名词。钟摆从一个方向摆向了另一个方向：从过高的评价一下子走向过低的评价。作为专业学科的东方学即源于这些极端对立的观点，源于建立在不平等基础上的补偿和修正，这些不平等观念被公众文化中类似的观念所孕育并且孕育了类似的观念。"[3]

到了现代东方学，东方学主要成了看待东方的某种思维方式，对东方的认识有这样一些特征：第一，东方是低下的——相对于西方。"我们可以安全地说，就19世纪和20世纪的西方而言，人们普遍接受了这样一个假定：东方以及东方的一切，如果不明显地低西方一等的话，也需要西方的正确研究。"[4] 比如英国在殖民地的管理模式、教育模式和军队的存在，处处都表现出英国的优越和殖民地的低下，"这产生了大量的心理上的冲击，尤其是对那些与殖民统治密切相关的，接受西方教育的本地精英。这些态度开始于18世纪晚期和19世纪早期的英国东方学家和殖民管理者。尽管这些东方学家在使西方了解印度和佛教徒大致形态以及重构印度历史方面没有多大的价值，但也对很多西方的思想家造成影响并促使他们对印度的学术有了某种历史的视角——他们在他们的时代里把印度社会和文化完全看成是低下的和退化的，并非常不合时宜

---

[1] [美]爱德华·W.萨义德：《东方学》，第193页。
[2] [德]爱克曼辑录：《歌德谈话录》，朱光潜译，北京：人民文学出版社，1978年，第112—113页。
[3] [美]爱德华·W.萨义德：《东方学》，第194页。
[4] [美]爱德华·W.萨义德：《东方学》，第50页。

地把它和英国文化史上的黄金时期及当代相比较,而几乎不考虑其目前富有生机的传统"[1]。法国早期浪漫主义作家、外交家、东方学家夏多布里昂眼里的东方是这样的:"自由,他们一无所知;礼节,他们根本没有;强力是他们唯一的真神。当他们长时期没有遇到执行公理和正义的征服者时,就好像一群没有指挥官的士兵,一群没有执法官的市民,一个没有父亲的家庭。"[2]当殖民者来到西印度群岛的时候,他们是这样看待这些土著居民的,"这些岛上的居民习惯于消遣和游戏中的那种自由自在的生活方式,因为实际生活很难摆脱劳役的束缚,他们就想方设法用各种手段来摆脱、冲破这种束缚。我想,如果他们接受了我们的宗教信仰,那么,他们的生活一定是在所有的人当中最幸福的了"[3]。第二,现代东方学为东方学的传承提供基础和机制。萨义德认为,"19世纪作家中,……他们几乎原封未动地沿袭前人赋予东方的异质性、怪异性、落后性、柔弱性、惰怠性"[4]。第三,东方被彻底"东方化",包括政治和学术上对东方的建构。"19世纪东方学的一个重大发展是将有关东方的基本观念——其纵欲,其专制倾向,其乖异的思维,其不求精确的习性,其落后——凝固为独立的、牢不可破的连贯整体;因此读者可以非常容易地将作家所用的东方一词确认为一种有关东方的特定信息体。"[5]第四,现代东方学的工作类似文本的拼图,是对知识的"选择性集聚、移置、滤除、重排和固持的过程"[6](即本书第五章要分析的东方学的修辞运动过程)。第五,现代东方学是一种单向的思维所得,是将东方"作为一种场景或者活的静态画面"[7]而进行单向观察和思考所得。既然

---

[1] A. Roland, *In Search of Self in India and Japan: Toward a Cross-Cultural Psychology*, Princeton University Press, 1989, p.18.
[2] [美]爱德华·W.萨义德:《东方学》,第223页。
[3] [美]理查德·泰勒:《理解文学要素——它的形式、技巧、文化习规》,黎风等译,四川大学出版社,1987年。
[4] [美]爱德华·W.萨义德:《东方学》,第262页。
[5] [美]爱德华·W.萨义德:《东方学》,第261页。
[6] [美]爱德华·W.萨义德:《东方学》,第228页。
[7] [美]爱德华·W.萨义德:《东方学》,第205页。

为单向，就不是真正的学术，成了某种个别性特征明显的思维方式。

第二次世界大战以后，东方学经历了最新的转变，进入了当代东方学阶段，其特征包括：第一，从学术性向政治应用性转变，成为某种权力话语方式。"东方学家不再试图首先掌握东方神秘莫测的语言；相反，他首先是以一个受到良好训练的社会科学家的身份开始他的研究，并且试图将他的学科'应用'于东方或任何其他地方。"[1]第二，当代东方学家保留了现代东方学家对东方的敌视态度。"社会科学家和新东方专家出场了，他们似乎并不宽阔的肩膀将要承受整个东方学的传统衣钵。……然而，无论如何，新东方学家接受了老东方学家对东方文化的敌视态度并且将其一直保留了下来。"[2]第三，东方学家的名称也有所改变，变成"区域研究专家"。"一个巨大的利益网现在将所有前殖民地国家与美国联结在一起，正如日益精细的专业划分导致了所有像东方学这样以欧洲为中心的语言学学科的瓦解一样。区域研究专家——这是东方学家的新名称——认为自己对区域专门知识拥有发言权，而后者往往被用来服务于政府或商业或是二者兼顾。"[3]斯图亚特·艾文（Stuart Ewen）认为："一体化的美国早已开始将自己界定为我们众人之父。"[4]作为美国的国家外交战略顾问，亨廷顿在《文明的冲突》的结尾处向美国当局建议，应设法在伊斯兰集团和儒教集团之间挑起冲突，以减轻西方世界可能遭受的压力。亨廷顿可作为将当代东方学运用于政治的典型代表，也是东方学转型的代表。

上述这些转变是因为东方学赖以立足的基础发生了巨大变化，"再也不可能不加质疑地接受欧洲对东方的支配几乎是一种合乎自然的事实这一看法了；再也不可能不加质疑地认定东方需要西方的启蒙了"[5]。产

---

[1] ［美］爱德华·W.萨义德：《东方学》，第371页。
[2] ［美］爱德华·W.萨义德：《东方学》，第372页。
[3] ［美］爱德华·W.萨义德：《东方学》，第365页。
[4] ［英］戴维·莫利、凯文·罗宾斯：《认同的空间——全球媒介、电子世界景观与文化边界》，司艳译，南京：南京大学出版社，2001年，第63页。
[5] ［美］爱德华·W.萨义德：《东方学》，第329页。

生这两种不可能的原因有二:其一,现在东方新生的"文化自我意识"比过去向西方提出了更大的挑战;其二,"是因为西方正在进入一个文化危机的新阶段,这一危机的产生部分根源于西方对世界其他部分控制力的减弱"。这一危机即是"在由东方学家重构起来的那种古典的并且在时间上常常是极为遥远的形式中,在现代东方被经验、被研究或被想象的现实形式中,东方这一地域空间被渗入、被详加研究,并且被控制。西方对东方如此霸道的长期控制逐渐累积起来,其结果是将东方由异域空间转变成了殖民空间"[1]。这种空间的转变对于东方来说,是东西方关系中某种质的转变。是由学术话语的霸权到领地殖民到文化殖民,萨义德称其为"文化帝国主义"。也许,文化的殖民将是殖民的最高级形式,也是最后的形式。称其高级是因为其特点是殖民主体和客体的"双向互动"和"密切配合";称其为最后的形式,是因为无须其他的形式,殖民宗主国所需要的一切皆可由文化上实施的殖民而获得,包括将国家、民族性收编、整改,最终实现看似不可阻挡的全球化——西方的或者说美国的全球化。正如法国东方学家莫里斯·巴赫斯在谈到埃及亚历山大城的一所学校时说,"可以令人欣慰地看到那些东方小姑娘们(在她们所说的法语中)如此欣然地接受了并且精彩地复制着法兰西的幻想和旋律。……即使那里并不是法国的实际殖民地,法国在那里也并非完全一无所获。因为'我们控制着东方人的灵魂'"[2]。到了现代东方学,控制着东方人灵魂的由法语变成了牛津英语,而到了当代东方学,则又变成了美式英语。

综观东方学的三个时期,东方学家看待东方、研究东方经过了两个阶段。第一个阶段即是文字阶段,主要是欧洲的(法国和英国)东方学(古典东方学和现代东方学)。文字性的描述通过选择、排列、断裂、重复、排除、空白等把西方人对东方的认识从空白到填满,从芜杂中呈现

---

[1] [美]爱德华·W.萨义德:《东方学》,第268页。
[2] [美]爱德华·W.萨义德:《东方学》,第312页。

出西方人感兴趣的线索。在这个阶段，想象高于现实，欣赏多于批判，研究多于实用。如萨义德所描述的在这个阶段的东方学家的特点："如果20世纪的历史果真在东方、为东方带来了内在的改变，东方学家则只有目瞪口呆的份儿了……东方学家假定，超出自己文本意料之外的东西并非自己的过错，它要么是东方所发生的外部变乱的结果，要么是由于东方被误入歧途。"[1]第二个阶段是现实阶段，主要是美国的东方学。东方学家来到了东方，看到了现实的东方，想象空间被现实空间所填满，对文明和文化的认识从乌托邦回归到实际的操作。第一阶段由文字加想象所构形的东方开始从幕后走向前台，当印证的过程在仍然面临无法消解的过多的不可思议时，思维却立即转入对现实的批判，以及在批判基础上的重新构形。

萨义德在《想象的地理及其表述形式：东方化东方》一文中认为，"东方学的学者和东方之间的和谐与默契也是建立在文字基础上的。据说，19世纪初叶，当几位德国的东方学学者初次见到一尊八臂印度塑像时，他们对东方的欣赏情趣便荡然无存了。当一位博学的东方学学者在他所研究的国度里旅行时，他总是抱着对这种'文明'的某种抽象的、不可动摇的信念；东方学的研究范围和内在力量不仅产生出关于东方的大量确凿的、实实在在的知识，随之而来的还有另一种知识：这种知识潜藏在'东方'故事、神秘的东方神话和亚洲不可思议的背后，有其自身的生命力"[2]。这种生命力的主线索就是东方学世代相传的机制。如果说文字阶段的东方学为现实阶段的东方学提供了参考的文本的话，那么，在这些文本当中，除了我们所理解的描述的堆积外，还有描述的方法、口气和思想的累积以及传承。当地球上最后一块殖民地消失之时，当殖民地国家和地区反思被殖民历史之时，尤其是在美国在新的世界形势下仍然固守着英法等西方前殖民国家对东方的所有想象视野和叙事方

---

[1] [美]爱德华·W.萨义德：《东方学》，第143页。
[2] [美]爱德华·萨义德：《想象的地理及其表述形式：东方化东方》，见张京媛主编，《后殖民理论与文化批评》，第25页。

式的情况下，东方学的传统，包括对东方的基本看法和由此看法所引申出的文化、经济、政治政策，从现代东方学开始，就一直在西方（主要是英法以及第二次世界大战后的美国）代代相传。这其中有着对后来的东方学家某种类似先验的东西在传承着，先在学术领域，后在政治领域，本书称其为东方学的机制，亦即萨义德所谓的"内在一致性"："我这里研究东方学的现象主要不是为了考察东方学与东方之间的对应关系（correspondence），而是为了考察东方学的内在一致性（internal consistency）以及它对东方的看法（比如说东方乃是一种谋生之道），不管其与'真正'的东方之间有无对应关系。"[1]对于此机制，张京媛称其为一整套的理论和实践，"东方主义的话语与社会、经济和政治的机构关系密切，它不是欧洲对东方的空洞幻想，而是有着几代人投入的一整套理论和实践"[2]。

这个机制的传承最明显的特征就是在美国这个没有东方研究传统的国家，自第二次世界大战后到目前的政策上体现出惊人的对现代东方学传统的驾轻就熟。来自前殖民地国家和第三世界的知识分子明显地感觉到，通过东方学各个时期的特征表象，发掘并颠覆这个在东方学中代代相传的机制，具有紧迫的学术和政治意义。尤其是在美国所推行的全球化以及其掩盖下的文化新殖民（真正殖民）的压力下，后殖民文化批评理论的产生则成为历史的必然。事实上，后殖民文化批评理论所要做的，就是要发掘并颠覆这个机制的产生过程和传承过程，包括理论基础、方式方法等。可以这样说，从古典东方学到当代东方学，形成的是西方看待东方和处置东方的历史；从塞泽尔到萨义德再到当代的后殖民文化批评理论流派，形成的是对这种处置的批判的历史。前者的历史从殖民主义走向新殖民主义，后者的历史就是要从对殖民主义向新殖民主义的"迈进"的批判开始，逐渐将这种批判扩展到世界范围，从时间角

---

[1] Edward Said, *Orientalism*, p.5.
[2] 张京媛主编：《后殖民理论与文化批评》，"前言"。

度上打造这样的一个批判的时代。如果说东方学构造了太多的关于东方的断裂和空白的话，那么，后殖民文化批评理论所要做的，就是要对这种构造关于东方空白的连续历史进行截断，以同样的方式和超越的状态预言并构造一个后殖民时代。

第二节　多维视野下的"后殖民时代"

一、全球化时代

第二次世界大战以后，信息技术的飞速发展带来世界范围内从实务到思想上的震动。世界性市场的建立以及世界市场意识的普及"忽如一夜春风来"，大有"千树万树梨花开"之势。昨天还引以自矜的一些文化产品，今天就已经只能被看作世界文化百花园的一种而已。文化交流和文化交往方式的革命性变革促使更广大范围的民众深刻反思现在的时代特性，以便在纷繁复杂的变动面前进行新一轮的自我定位。费孝通先生在描述20世纪的局面时说，"20世纪是一个世界性的战国世纪"，"未来的21世纪将是一个个分裂的文化集团联合起来，形成一个文化共同体，一个多元一体的国际社会。而我们现在的文化就处在这种形成的过程中"[1]。冯友兰先生在《中国哲学史新编》第五册自序中写道："每一个时代思潮中都有一个真正的哲学问题成为讨论的中心。"那么，在21世纪的全球化浪潮中，文化全球化问题首先成为讨论的中心。而引起这种讨论的原因是人所共知的，那就是第二次世界大战以后美国利用其强大的政治和经济后盾，在全球范围内推行文化渗透策略，对不管是第三世界还是第二世界进行文化的新殖民主义。北美哲学家福山关于"历史终结"的观点更是加强了世界其他地方的人群对美国价值观念在

---

[1]　费孝通：《从反思到文化自觉和交流》，《读书》1998年第11期。

全球范围内渗透的担心。同时，福山也认为，用"全球化"来概括这个时代是一个非常准确的标签："从许多意义上讲，同任何政治字眼相比，'全球化时代'都是一个远远准确得多的标签。"[1]

美国的新殖民主义引发了世界范围内的思考，用联合国教科文组织总干事弗雷德里克·马约尔[2]的话来说，就是缘于这样一种担心——"由于文化像物种一样，有着在隔绝中发生变异的倾向，所以人们会担心个别的文化会在这股信息的巨流中被稀释。从长远来看，这样一个进程可能导致各种地区和民族的文化混合为一种单一的同类的全球文化"[3]。英国社会学家安东尼·吉登斯认为，全球化，社会关系不再是本地性的，而是超越时空的，跨国公司势力的扩张传播了共同的全球资本主义文化。[4]而牛津大学的阿兰·鲁格曼博士却对有关全球化的问题有不同看法，其在专著《全球化的终结》中认为，这世界上根本就没有什么"全球汽车"或"全球的药物"这种东西，"同质化"只是思想家的全球化幻觉而已。并且还提出了这样的口号："思维区域化；行动本地化；忘掉全球化。"[5]联合国教科文组织总干事的科学顾问、联合国大学的顾问拉兹洛却比较乐观，他认为，"借助生物进化理论有助于做出不止一种判断：文化像物种一样，能够在与外界相互影响的接触中得到丰富和加强"[6]。

关于"全球化"问题的正、反、合的争论激烈，我们不可能一一列举出来，但这几个例子也足以说明，文化全球化的问题的确是我们这个时代面对的中心问题。在进入后殖民文化批评理论家所构筑的关

---

[1] 转引自闵大洪:《全球化时代中文网络的价值》,《新闻传播与评论》2001年第1期。
[2] 自1987年11月以来一直担任联合国教科文组织的总干事,在此之前担任格林纳达大学校长、西班牙教育与科学部长、欧洲议会议员。
[3] [美]欧文·拉兹洛编:《多种文化的星球——联合国教科文组织国际专家小组的报告》,戴侃、辛未译,北京:社会科学文献出版社,2001年,"前言"。
[4] 参见[英]阿兰·鲁格曼:《全球化的终结》,常志霄等译,第6页。
[5] [英]阿兰·鲁格曼:《全球化的终结》,常志霄等译,第15、22页。
[6] [美]欧文·拉兹洛编:《多种文化的星球——联合国教科文组织国际专家小组的报告》,第2页。

于后殖民时代的分析之前,分析文明所处的这个时代的主题,也就是确认后殖民时代的语境。我们首先从"全球化"这样一个术语的含义分析入手。

"全球化"一词,首先是在20世纪80年代的西方报纸上出现的。90年代以后,联合国秘书长加利宣布"世界进入了全球化时代"。事实上,"全球化"一词自T.莱维于1985年提出后[1],已经突破他最初所谓的经济指向,而逐渐扩展到经济以外的领域,包括文化和文艺领域,出现了诸如"全球化文化"和"全球化文艺"等的提法。全球化的问题从文化层面上谈最早可以追溯到歌德关于"世界文学"的畅想。早在1848年,马克思和恩格斯就已经在《共产党宣言》中指出:资产阶级,由于开拓了世界市场,使一切国家的生产和消费都成为世界性的了。过去那种地方的和民族的自给自足和闭关自守状态,被各民族的各方面的互相往来和各方面的互相依赖所代替了。物质的生产是如此,精神的生产也是如此。民族的片面性和局限性日益成为不可能,于是由许多种民族的和地方的文学形成了一种世界的文学。现在谈到全球化,许多人说歌德和马克思、恩格斯都讲过文化的全球化。而歌德的畅想和马克思、恩格斯的预言所谈到的全球化,并不是我们今天许多人理解的全球化。从19世纪开始事实上有两种(至少有两种)全球化的观念和全球化的努力。其一是全世界无产者联合起来,在全球实现社会主义和共产主义的理想,19世纪的巴黎公社起义和俄国十月革命就是其先声,从俄国革命延伸到中国革命,是全球化的轨迹;其二是以英美帝国主义为代表的资本主义全球化进程,这个进程从19世纪帝国主义对殖民地的霸占就开始了,而在20世纪随着苏联的解体和东欧的剧变,跨国资本主义对世界经济的控制进一步加强,福山断言人类"历史终结"在资本主义的全球化中。这个观点似乎在瞬间就获得了普遍的认同。现在一些人大力推行和向往的全球化,就是资本主义的跨国化、美国化。

---

[1] 参见吴元迈:《也谈全球化与文化》,《马克思主义与现实》1998年第6期。

吉登斯广义地定义全球化，认为全球化是政治的、技术的、文化的，也是经济的。而鲁格曼博士认为，"全球化"一词已经被滥用，并给从各自观点对它进行定义的社会科学研究者提出了问题。而只有正确的经济学的全球化定义，才有助于我们清晰、透彻地分析当今国际商务活动以及区域性的以三极为基础的跨国公司生产的特性。因此，他将全球化定义为：跨国公司跨越国界从事直接投资和建立商业网络来创造价值的活动。而社会学家约翰·汤林森[1]则认为，全球化的经济学定义太狭隘，全球化是多维的，是"经济、政治、文化、技术等领域内同时进行的、复杂的相关过程，并达到如何如何的程度"[2]。吉登斯和汤林森肯定了全球化的多维性，从而避免了鲁格曼把全球化仅仅限定在经济领域的局限，为我们思考全球化在文化范围内的推行开启了思路并奠定了基础。

加拿大著名传播学者 H. M. 麦克卢汉在 1964 年出版了《理解媒介》一书，引起了世界范围内的重视。麦克卢汉创造性地提出"媒介是人体的延伸"。比如，印刷品是眼睛的延伸，收音机是耳朵的延伸，电视机则是眼睛和耳朵的共同延伸，计算机更是中枢神经系统的延伸。总之，作为媒介的"一切技术都是肉体和神经系统增加力量和速度的延伸"[3]，世界不过就是一个地球村。美国的《生活》杂志称此书是"电子世纪"的先知；麦克卢汉也因此被《纽约先驱论坛报》宣告为"继牛顿、达尔文、弗洛伊德、爱因斯坦之后的最重要的思想家"，是"电子时代的代言人，革命思想的先知"。他的名字进入法语，构成了一个词"麦克卢汉式"（mcluhanism）并流行于世界文化界。[4]客观地说，麦克卢汉关于"地球村"的观点只是明证了这样一个道理，即任何文化形式都不可

---

[1] 又译约翰·汤姆林森。
[2] John. Tomlinson, *Globalization and Culture*. Cambridge: Polity Press, 1999.
[3] [加] 马歇尔·麦克卢汉：《人的延伸——媒介通论》，成都：四川人民出版社，1992年，第99页。
[4] 参见 [加] 埃里克·麦克卢汉、弗兰克·秦格龙编：《麦克卢汉精粹》，何道宽译，南京：南京大学出版社，2000年，"中译本"。

能孤立绝缘地存在于这样一个文化村落时代。随着一般视野所看到的文化交往升级和文化对话规模的空前扩大，似乎出现了一种以多元取代一元、边缘挑战中心为特征的超学科的文化研究，预示着新世纪人文社会科学新趋势和新格局的到来。但是，另外一个道理却无法被遮蔽，即恰恰是在这种看似多元化、被称为多元化的时代，我们愈发感受到这样的疑问，所谓的多元化究竟是优势权力话语的声音还是因纽特人、毛利人或其他土著人的声音？

福山博士在一次关于文化如何塑造日益增进的世界经济融合，反过来又如何受这一进程影响的对话中，探讨全球化问题。他认为，"文化也可能最终变得同质化，就像政治制度一样，不过我相信这种同质化进程将要缓慢得多。很多人觉得由于我们已经开发出先进的通信技术，能够向全世界传播全球性电视文化，因而必将导致更深刻的文化层面上的同质化，但我觉得情况也可能恰恰相反"。"比如，比起四十年前，美国和亚洲彼此之间可能更少好感，更多不信任，双方也更强调彼此的差异。20世纪50—60年代，亚洲人把美国看作现代化的楷模，而今亚洲人看到美国城市的败落及家庭的衰亡，他们不再觉得美国是很有魅力的榜样了。通信技术可以使亚洲人和美国人更方便地彼此看到对方，而这却恰恰凸显了他们的价值体系是完全不同的"[1]。

分析福山的基本思路，我们似乎能够把握住他这样的一条思维线索：经济发展带来观念的变革→信息技术在传播着全球普适性文化的同时第一步是让人们认识到自己与他人的不同→这种不同只是全球化文化进程中的初级阶段→下一步就是由经济基础改变带来的思想观念上的变革和社会制度变革的要求→这种要求的指向直指美国。但这不是文化的同质化又是什么呢？葛兆光教授在《中国思想史》中认为："有时，知识的储备是思想接受的前提，知识的变动是思想变动的先兆"[2]；"正是

---

[1]《经济全球化与文化：福山问答录》，http://www.pen123.net 2001-10-11。
[2] 葛兆光：《中国思想史》第一卷，上海：复旦大学出版社，1998年，第29页。

知识的背景，支持着思想史的谲诡的风云变幻，使思想史上的种种奇异的、怪诞的思想具有可理解的背景和土壤，思想脱离知识系统的支持，将失去语境"[1]。而那些后殖民文化批评理论家的敏锐就来自这种西方知识的储备。在与本土知识的对比中，文化的冲击使他们深刻感受到了不同文化在历史的不同时期给不同种群留下太多不同的痕迹。来自殖民地的理论家身处西方，更多感受的是本民族（殖民地）文化变动过程给自身带来的伤害，在同样不平等、不自由，并且仍在贯彻种族不平等政策和充满问题、矛盾的西方文化的对照下——而这种文化正努力地把自己打扮成全人类的救世主和憩息的天堂——他们反思、质问：究竟在这样的文化置换过程中，自我失去了什么？西方得到了什么？整个人类的得失又如何？法国学者佩雷菲特在《停滞的帝国》中谈到英国向中国销售鸦片时，向我们揭示了这样一段历史："鸦片在印度的贸易中占有越来越重要的地位，这曾引起下议院激烈的辩论。可敬的菲利普·弗兰西斯曾谴责在印度扩大种植罂粟这种'世界上最有害的一种产品'。幸好有一位议会成员为了英国的荣誉对从这几乎等于慢性种族灭绝的事中谋取利润感到愤怒。敦达斯[2]平静地回答说，鸦片是亚洲的一种日常消费品，从印度向中国出口鸦片越多，英国为印度花的钱就越少。马戛尔尼原来想'能用大米或任何干净的东西替代鸦片'。但他很快就听之任之了。"[3]后殖民文化批评理论家悲天悯人地看到，笼罩在伪善的某种"文明、文化"（西方）背景下的，是冒险家、海盗、土地主、商人的赤裸裸的掠夺和侵占，当海盗摇身一变而成为市政府的，乃至世界"参议员"的时候，在他们用美丽的西装努力掩藏皮毛、利爪的时候，当他们忘记或假装忘记自己的横行而要为世界——一个自我苏醒、经济苏醒、政治苏醒，文化苏醒等全面苏醒的世界——制定所谓"游戏规则"的时候，不能不引起后殖民文化批评理论家的愤怒——愤怒于曾经的以及现

---

[1] 葛兆光：《中国思想史》第一卷，第30页。
[2] 当时的英国内务部长。
[3] [法]佩雷菲特：《停滞的帝国——两个世界的撞击》，第10页。

在的"强权即真理";我们不能不悲怆——悲怆人性的巴别塔还是那么遥不可及。

当殖民者从殖民地走开的时候,殖民痕迹作为一种历史已经无可避免地在殖民地以各种方式留存;当美国被当作楷模的时候,即使这种感觉已经似乎消失了,但实质上是已进入了第三世界的知识视野和知识积累。关于西方发展、发达的神话成了第三世界的"知识储备",这种知识用葛兰西的思想来分析,就是西方的话语霸权在第三世界欠发展国家的刻痕,它打造了第三世界人民的"第四世界",甚至成为这个世界的思想资源。换句话说,殖民主义以强制、入侵的形式进入第三世界,又以精神赞同、经济和文化全球化的方式使第三世界从思想上接受了殖民者的一切。叶维廉在《殖民主义、文化工业与消费欲望》一文中说,"从弱化原住民的历史、文化意识到原住民对殖民者意识形态的认同和价值取向的同化,人性工具化的文化工业扮演了一个极其重要的角色。……西方人性工具化的文化工业输入第三世界的底线,是意识形态的一种重新布置,利用合作的说辞,作市场全球性的扩张"[1]。殖民者的一切成了第三世界进一步发展的语境,更何况这种语境又具有如此强大的力量,不仅在第三世界,而且在发达国家阵营的第二世界发挥作用,既延续了殖民统治的实惠,又从文化上拓展了殖民主义的方式,而且,最主要的,从实质上开启了全球化。相对于吉登斯和汤林森,福山对全球化的分析比较透彻,他指出了超越于经济全球化之上的所谓西方普适文化在全球的推广,并认识到这种普适文化在现阶段所带来的全球化的反面——区域化倾向。但他没有意识到的是,事实上这种区域化倾向或民族化倾向恰是全球化的初级阶段,在现代通信技术高度发达的情况下,信息高速公路的确使东西方的相互了解多了一些,在某些方面和领域也如福山所说,使亚洲人看到了自身的价值并开始有了强调自己价值的观念。但事实上,在这样的信息交流过程中,技术和经济发展基础

---

[1] 张京媛主编:《后殖民理论与文化批评》,第375页。

决定了这样的信息交流是不对称的，所造成的结果是事实上的信息不平等，最终结果还是强势文化的天下。而且文化的同质化过程正是在这样的有选择、有限度的认可前提下得以开启，从此以后将呈现某种加速向前的势头。

后工业化社会的提出者丹尼尔·贝尔反对各种形式的决定论和社会统一观，他认为现代社会不是统一的而是分裂的，由三个特殊领域——经济－技术体系、政治与文化——组成，它们之间不存在简单的决定性关系，并不相互一致，变化节奏亦不相同。三个领域由不同的，甚至相反方向的轴心原则加以调节，各有自己的独特模式，并依此形成大相径庭的行为方式。经济－技术体系的轴心原则是功能理性，而它的调节方式是节俭，从本质上说，节俭就是效率，即以最小的成本换回最大的收益。政治的轴心原则是合法性，在民主政体中它表现为被统治者授权于政府进行管理的原则，这种合法统治的暗含条件是关于平等的思想，即认为所有人在政治上都有发言权。政治的轴心结构是代表选举制或参与制，由几个政党或社会团体反映不同方面的特殊利益；政治体系的管理方式带有技术官僚倾向，且将日益明显，然而，政治决策主要还是依靠利益代表的谈判协商或法律仲裁，而不是技术官僚的理性判断。现代文化的特性就是极其自由地搜检世界文化仓库，贪婪吞食任何一种抓到手的艺术形式，这种自由来自它的轴心原则，就是要不断表现并再造"自我"，以达到自我实现和自我满足。不同领域间的冲突决定社会的各种矛盾，它们存在于官僚等级制的社会结构与要求平等参与的政治体系之间，存在于依据角色和专业分工建立的社会结构与迫切希望提高自我和实现个人"完美"的文化之间。[1]

这里需要强调的是，贝尔所谓"领域的断裂"是"现代社会"的特性，不是所有社会的共性。对这种断裂的分析就比福山更清晰地向

---

[1] 参见丹尼尔·贝尔：《资本主义文化矛盾》，北京：生活·读书·新知三联书店，1989年，第41—42、第56—59页。

我们说明了民族化或区域化作为全球化的初级阶段的特点，并且说明了抽象意义上的全球化是没有意义的，因为组成这种抽象意义的具体分支是断裂的。不同于经济上的效率标准和政治上的平等趋势，文化全球化的"自我满足""自我实现"决定了对文化在世界范围内的发展从总体的角度来考察的时候，我们首先能够看到的只会是断裂——呈现出加剧趋势的断裂，但就是在这样的断裂中，文化全球化的同质性倾向不仅凸显出来而且是必然的，它从重视本土化开始它的同质化进程。它始终就处于某种过程之中。在这一点上，贝尔的观点和福山有相通之处。认为重视本土化是全球化的初级阶段。断裂的历史和现状决定了全球化文化是某种极限：无限逼近，但永难到达。后殖民文化批评理论家就从这样的数学极限迷宫中走出来，发现：文化的殖民就在这个过程中得以推行。

全球化时代的重要阶段和为其推波助澜的是殖民时代。在殖民历史中，正是西方的技术和文化在世界范围内的或自主或强制性的推广和移植，以及由此带来的绵延至今的后续影响，再加上第二次世界大战后西方资本主义的全球性扩张战略，造成西方文化意识在全球范围的"殖民"，从而全球化的倾向（对西方而言）和全球化的威胁（对东方而言）才很快引起重视。世界的文化是人类的文化，是区别于动物、植物和山脉、石块的人性的汇集。而现在的全球化绝非世界文化的到来；相反，它却是世界文化必须要克服的一个障碍。人们必须克服部分地区、部分人所虚构出来的、建筑在利益（且是少部分人的私利）基础上的蠢动。它所具有的朝向世界文化的唯一称得上非负的作用即是，它以其自身的丑陋唤起了世界人民对美好的、符合人之为人的世界文化的憧憬和追求。而第二次世界大战后兴起的后殖民批判则是一把锋利的双刃剑。一方面它对西方的殖民历史中非人性的东西进行全方位的检索和批判，使需要发展、渴求发展和处于发展中的非西方世界从西方意识的"魔弹"中站立起来，把西方意识的皮下注射器拔出来，认真探索自己和世界的发展之路。另一方面，全球范围的后殖民批判所集中进行的，就是对西方的"东方主义"——包括西方的所有经典文献中的殖民痕迹——进行揭露和批判。但这样做的结果就是,在刚刚独立的发展中国家急需阳光和雨露的时候,世界的眼光却依然聚焦于西方的经典。走出殖民阴影的文化依然需要摆脱这些阴影的延续。在"英联邦"文学研究中也能听到这样的异议。例如,在《研究英语新文学的新方法》一文中,戴安娜·布赖顿认为,后殖民文化批评理论把相当的精力用于殖民话语,以致后殖民世界新的文化产品有被忽视甚至被默然的危险。在这一过程中它不知不觉地又发挥了殖民话语本身所起的作用。要反对似乎由来已久的过于关注帝国与殖民地之间关系的倾向,布赖登的结论是:"解构帝国主义使我们停留在帝国主义的影响范围之内。"[1]后殖民时代的双刃特性决定了,它必然是全球化时代的一个初级阶段,它从形式上阻断了全球化的进程,但却从一定程度上与西方的全球化实施着共谋。因此,理解了全球化的含义和目标以及它和后殖民时代的关联,就从某种意义上理解了全球化作为我们这个时代的主要关注问题的原因,以及我们下一步了解、认识后殖民时代的重要性。

二、第二媒介时代

1. 文化的"译转性"特征提出媒介问题

科技对人类外部生存空间的开拓到了一定程度后,形成了对人类自身内部(心灵)空间的挤压和重构。反映到社会生活的各个方面,经济的全球化对人类外部生存空间的开拓有效地"重组"人类;而文化全球化则让人类得以大量接触外部世界的同时消弭自我。因此,从这个意义上说,批判性的理论就是要反观自我,对自我在所处时代的落脚点和存在方式进行微调。相对于经济组织的交流规模,文明之间

---

[1] [英]巴特·穆尔-吉尔伯特:《后殖民理论——语境 实践 政治》,第19页。

低层次的交流加之彼此的误解等,在一定程度上促成亨廷顿"文明的冲突"论的提出。但把亨廷顿的论调放到人类文明发展的历史长河中去,文明的冲突事实上是人类文明交流、彼此影响的一种方式和初级阶段,但却是最恶劣、最虚伪、最非人性的一种方式。正是基于此,说亨廷顿的"冲突论"是文明交互影响的最初级层次——只是揭示了文明交流、发展历程中的最浅、最表面层次的情况,甚至是有违文明交流的层面——在经济利益主导下的,消弭一部分人性而满足另一部分人性,是在捍卫的口号下进行颠覆的行动。但在局部乃至大规模冲突频仍的当今世界,亨廷顿先生好歹抓住了一个关键词"冲突",而且千方百计、挖空心思地为这个"冲突"找了一个多维素的修饰语"文明"。这一方面让人痛心"文明"作为修饰语的边缘化地位甚至奴婢地位,另一方面让人震恐于"冲突"的稀释和遮掩作用,在它的巨伞下,经济、军事、政治的霸权野心得以遁形。诚如马尔库塞在《单向度的人》中所说,"核灾难能够毁灭人类,但这种核灾难的威胁不是也有助于保护那些使这种危险长期存在下去的力量吗?种种力图防止核灾难的努力,掩盖了对当代工业社会中核灾难的潜在原因的研究"[1]。在人之为人、人性、人类未来的参照系下,现实层面在20世纪是虚伪的;但至少把20世纪的主词"文明"以边缘化的形式提出来,于是,后殖民文化批评理论就开启了从殖民主义时代到后殖民时代西方关于发展、文明、科学等概念的批判性分析,同时提出了媒介在殖民主义的推广中的独特作用。

霍米·巴巴关于文化的跨国性(transnational)和"译转性"(translational)特征的论断,很精辟地抓住了20世纪、21世纪文化交流的物质和精神内涵两个层面,"文化作为一种生存战略既是跨国性的,又是'译转性'的。之所以说它是跨国的,是因为当前的后殖民话语就是基于文化置换的独特历史背景,即不管是处于奴隶制或契约

---

[1] [美]马尔库塞:《单向度的人》,"导论"。

关系的'中间状态'、文明传布的'出航'、第二次世界大战后第三世界人民向西方的大量移民,还是在第三世界内外所发生的经济、政治上往来的避难,其实都发生了文化的置换、换位。文化又是'译转性'的。因为这种文化空间换位的历史——现在又配之以带有领土野心的全球性的媒体技术——致使文化如何表意,或者说通过'文化'究竟是什么被表示出来,变成一个非常复杂的问题"[1]。霍米·巴巴在这里是将"translational"和"transnational"并称的,后者是跨国界、跨民族的含义,强调的是文化得以生存的背景的转换。"trans-"除了表示变化、转移外,还有超越的含义。但霍米·巴巴在对"transnational"随后的解释中强调的是变化,转移(空间);而对于"translational",他并没有像对"transnational"那样进一步解释,但"文化如何表意,或者说通过'文化'究竟是什么被表示出来"这句话就足以说明,霍米·巴巴想要强调的,是"文化"实现了空间置换后,在其意义、意义的表述方式以及实际表述出的意义上发生变化,此时的"文化",已绝非 A 物体被挪到 B 处后物理性质等没有变化的 A 物体,而是已经产生了"转化"和"超越"的物体。在文化的往来中,这种文化的"译转性"是始终发生着的,它的表现就是,"文化如何表意"以及"通过'文化'究竟是什么被表示出来"这二者的复杂性。这个过程消解了"文化"意义的确定性,同时也消解了由确定的文化所指产生的文化的稳定性,以及由此稳定性所带来的个人身份归属的稳定性和集体文化认同的稳定性。这个复杂性本来就存在着,但带有"领土野心"的媒介的介入使这个问题愈加复杂。由此,"辨别跨不同文化经历所形成的符码的伪装性和相似性就变得很关键"。这些跨文化经历包括文学、艺术、音乐仪式、生命、死亡——当它们被独特的地理背景和社会价值体系符码环绕时,这些意义生产的社会独特性,文化转换的跨国界维度,包括移民、散居、置换、重置等,都使文化的"译转性"过程变成意义的复杂形式。那些自然化

---

[1] H. K. Bhabha, *The Location of Culture*, p.172.

了的、一体化的关于"民族""人民"或真实的"百姓"等（表述）传统，那些被"嵌入"的关于文化独特性的神话，都无法随时被参照。尽管还很不稳定，但这种状态带给你的最大益处就是增强文化建构和传统创造的意识。[1]

霍米·巴巴所认识到的文化如何表意和如何被表示的复杂性，在福柯的《疯癫与文明》中得到进一步的说明。在探讨西方造型艺术和文学对疯癫体验的系列描述时，福柯认为，"我们不应被这些题材表面上的一脉相承所迷惑，也不应去想象超出历史本身所揭示的东西。……因为言语和形象的统一、语言描述和艺术造型的统一开始瓦解了。它们不再直接共有统一的含义。如果说，形象确实还有表达功能，用语言传达某种现实事物的功能，那么我们必须承认，它已不再表达这同一事物。……形象和语言依然在解说着同一个道德世界里的同一个愚人寓言，但二者的方向已大相径庭"[2]。这种"细密编织的精神意义之网"开始瓦解的原因之一，就是"……意义的自我繁衍。这种繁衍编织出数量繁多、错综复杂、丰富多彩的关系，以致除非用奥秘的知识，否则便无法理解它们。事物自身背负起越来越多的属性、标志和隐喻，以致最终丧失了自身的形式。意义不再能被直觉所解读，形象不再表明自身。在赋予形象以生命的知识与形象所转而采用的形式之间，裂痕变宽了。这就为梦幻开辟了自由天地"[3]。

霍米·巴巴所忧虑的和福柯所揭示的，都是一幅解构之后的西方后现代文化图谱。索绪尔区分能指和所指说明了意义和它们凭附的东西之间不断的分离状态；第二次世界大战以后，霍米·巴巴所描绘的移民、散居、移置、重置等对文化的不同层面的冲击，在媒介的介入下，愈发让人感受到文化意义和其表征之间关系的"灵动"。站在殖民主义的废

---

[1] H. K. Bhabha, *The Location of Culture*, p.172-173.
[2] [法] 米歇尔·福柯：《疯癫与文明》，刘北成、杨远婴译，北京：生活·读书·新知三联书店，1999年，第14页。
[3] [法] 米歇尔·福柯：《疯癫与文明》，第15页。

第二章　后殖民文化批评理论时间视点：机制论　　143

墟上回眸，让人更加迫切，同时也比较清晰地思考和发现到目前为止人类文化的各种意义生产模式及其对人类心灵的刻痕。这样的回眸让人文学者以及他所辐射的人群在剖析了另一群人之后愈发清醒地认识到人之为人的历史、现状和未来的意义，对于还没有成为废墟的，甚至在废墟上试图重建的努力也有了相对清醒的认识。

斯皮瓦克认为，后殖民性等同于"帝国主义在世界上别的地方的遗产"[1]。关于这一点，霍米·巴巴和斯皮瓦克有类似的说法，他认为，"那些用真正的民族文化界定人们的民族知识分子肯定会失望的。因为这些人们遵循着'辩证重组'（dialectical reorganization）的原则，他们通过把民族的文本'译转'成现代西方信息技术、语言、服饰来建构自己的文化。在这个变化了的政治、历史的阐释场所，把殖民主义的遗产转化进入解放了的人们未来文化符码中去"[2]。

因此，媒介与文化、意识形态、主体的建构关系，以"译转性"为生发点，进行了多维的"译转"：包括外来文化本土化过程中的"译转"；主流（强势、优势、控制）意识形态通过媒介的"译转"；本土主流意识形态与外来意识形态在媒介中的"译转"大战；主体（个体）面对、身陷文化网络时，对文化符码通过媒介传来的信息的"译转性"解码；媒体对文化（包括任何一种文化）的"译转"特性。

正是霍米·巴巴对文化"译转性"特征的论述，使后殖民文化批评理论家注意到了，在当前世界文化的交流往来中，媒介具有一种文化传播工具的意识形态功能。而后殖民文化批评理论所要探讨的就是，在文化的"译转性"特点下，媒介的地位、作用和作用方式：文化如何通过媒介表意，文化应如何通过媒介表达，媒介表达的是什么样的文化、谁的文化、谁的表达；文化的对立朝向人类平等、自主的文化交流目标有多远，以及这些对立之间彼此的距离有多远；用后殖民文化批评理论的

---

[1] [英]拉曼·塞尔登编：《文学批评理论——从柏拉图到现在》，刘象愚译序第36页。
[2] H. K. Bhabha, *The Location of Culture*, p.38.

视角,通过媒介与文化之间的关系,探讨媒介究竟只是简单的信息中介者还是传播信息的同时也传播帝国主义?

2. 媒介中性论还是媒介帝国主义?

报纸、广播、电影、电视以及现在的网络已经成为人们观察世界的窗口。这些媒介利用它们强大的信息收集、编辑、制作和发布能力,超越时空地不间断为人们提供信息、知识和娱乐。从口头传播时代、文字传播时代到现在的电子媒介时代,人们已经逐渐形成了对媒介在很大程度上的信息依赖。早在1965年,一位非洲批评家恩克鲁玛就曾谈到美国大众传播媒介对非洲的特殊影响:"神奇的好莱坞电影是别有用心的。我们只需要听一听非洲观众在看到好莱坞英雄们屠杀印第安土著人或亚洲人时爆发的喝彩声便可以理解这一武器的有效性。"[1] 随着传播学研究的深入,对传播效果的研究引发的一系列思考把一个问题愈加清晰地推到人们面前:究竟媒介在提供给我们信息、知识以及娱乐的同时,它们还干了些什么?对这个问题的回答有助于我们理解霍米·巴巴所提出的媒介之于文化的"译转性"特征的理论。

对媒介作用的研究源于对媒介效果的探讨,同时,媒介效果论也是传播学研究的核心。新闻媒介的效果研究经历了三个阶段。第一阶段是1940年以前的早期强效果理论。这种理论的核心就是所谓的"魔弹论"或"皮下注射论"。认为传播媒介的效果是非常神奇的,其作用之强大类似枪械,其传播的信息犹如子弹,受众则像靶子,在信息射中的刹那应声而倒;同时,传播媒介的作用又类似注射器,受众则如伤病员,信息如药水,在传播媒介的作用下,从受众的皮下注射进去,效果非常灵验。这种理论主要来源于第二次世界大战期间同盟国和协约国之间的战时宣传,研究者注意到,"在当时那种大难将临的历史氛围中,成千上万的民众如痴如醉地聆听希特勒的演讲、歇斯底里地向纳粹党魁欢呼致

---

[1] 张京媛主编:《后殖民理论与文化批评》,前言。

意，宣传的效力便不由自主地被夸大了，许多事情都被归结为新闻媒介的影响，甚至连加拿大著名的传播学者麦克卢汉也相信：没有广播，便没有希特勒"[1]。正是因为战时宣传和围绕它而进行的传播效果研究，"魔弹论"才得以广为人知。20世纪40—60年代，心理学和社会学研究的新进展体现在开始在传播学效果研究中强调个人差异性。同时一些著名心理学家的实验也证明，传播者已经从理想中的大众传播对受众产生强大效果的心理定式中走出来，认为媒介只不过是某种人们获取信息和形成判断的中介因素，由此对传播效果的信心降低到了低谷，这种理论被称为"最小效果论"或"无效果论"。从20世纪70年代开始，西方传播学者开始探讨媒介与整个社会历史变革之间的关系以及与资本主义社会制度的关系，"着重研究媒介长期的、无计划的、间接的以及集体产生的而非个体产生的影响"[2]，形成了媒介传播效果研究的"适度效果理论"。

早期传播效果的研究者已经注意到，不管是同盟国还是协约国，其报纸上充斥的并非简单的战时简报性信息，而是双方敌对阵营为自我寻找合理和合法性以及如何弱化对方阵营而进行的意识形态宣传大战。换句话说，媒介的内容是意识形态——是希特勒、丘吉尔或罗斯福的主张。而70年代以后的传播学者愈加认识到："大众传播不仅对个人而且对整个社会或文化都有影响；它可以影响到一个团体的共同信仰和价值观，影响它对英雄与恶棍的选择，影响它的公共政策与技术。特别是媒介持续不断的信息传播，能对社会变革产生真正深刻的影响。"[3]

至此，我们从西方关于传播效果的三个阶段的探讨中可以看出，媒介除了发挥其一般性的传播信息和知识以及提供娱乐等功能外，还发挥着另外独特的功能，即宣传、引导、创造意识形态。换句话说，它改

---

[1] 李良荣：《新闻学概论》，上海：复旦大学出版社，2001年，第120页。
[2] 李良荣：《新闻学概论》，第121页。
[3] ［美］梅勒文·德弗勒、埃弗雷特·丹尼斯：《大众传播通论》，颜建军等译，北京：华夏出版社，1989年，第117页。

变、制造着我们的精神性空气和水,从而最终铸造、改变我们的体质和思想。当受众有一天发现媒介不仅提供给我们思想所需要的信息,而且还提供我们思想或代替我们思想的时候,不禁惊呼:这究竟是谁的媒介?它想要干什么?由此思考引发了对媒介与文化关系的研究。这种研究在很大程度上处于当代文化研究的核心,并运用了多学科的知识和思维方式,包括历史、教育、文学、语言学、社会学、符号学以及政治学等;设置了很多的学院来研究媒介的传播,比如研究大众传播的莱切斯特中心、格拉斯哥媒介小组以及美国伊利诺斯大学(Illinois)的传播研究院等。在美国大学里还有一些院系长年向传播研究的各个层次授予学位,这些学位是在很专业的领域里授予的,比如出版和电视新闻。美国的媒介研究与英国的比较起来,从一开始就倾向于经验性,运用并推进市场调查的方法来考察受众是如何被引导的,以及考察媒体是如何作为一项工业实践来组织其工作的。[1]

在这样的研究中,约翰·汤林森博士在其专著《文化帝国主义》中持媒介中性论的观点。汤林森承认媒介在文化发展过程中处于核心地位,在此前提下,认为媒介问题只不过是文化发展深层结构过程的外设(类似电脑的显示器、打印机、扫描仪等,服务于电脑,但为电脑的主机所决定)。用汤林森的话来说,"媒介与文化的关系可以视作一种微妙的'种种中介的交互作用'。所以,我们不妨将媒介视作现代文化的'再现'面,而且媒介占据了支配的地位"[2]。也正是这种支配的地位,使得"媒介是最明显的一个目标,因此也就是最为公众所熟知。但也正是危险之处,由于媒介是那么触目可及,我们也就可能认为媒介的种种问题正是文化帝国主义的实质问题,殊不知媒介问题只是更为深层结构之文化过程的指标而已"[3]。而且,"文化的'亲身体验'包括了家人、

---

[1] 参见 J. Munns and G. Rajan, eds., *A Cultural Studies Reader: History, Theory, Practice*, London and New York: Longman, 1995, p.297.
[2] [英]汤林森:《文化帝国主义》,冯建三译,上海:上海人民出版社,1999年,第120页。
[3] [英]汤林森:《文化帝国主义》,第114页。

朋友的言谈互动过程，也包括了日常生活的物质存活经验：吃、喝、工作、身强体健、性欲、时间流逝的感觉等"。因此他得出结论说，"评估'帝国主义者'的媒介对于另一个文化所产生的诸般效果，最好不要只狭隘地从媒介帝国主义这样的观点看待，……更为适当的做法，很可能必须将文化帝国主义的现象当作一个远较宽阔的文化变迁过程，其间媒介只是众多运作要素的一种"[1]。

美国威斯康星大学与马里兰大学客座教授约翰·费斯克[2]认为，媒介是随意性地被受众所消费的，不管是报纸、电视、网络还是其他媒介，对于受众来说具有充分的选择权。因此，从这个意义上说，媒介似乎天然就不具有把自己的意识强加于受众的能力。"媒体被消费的模式是开放的、灵活的。电视、书本、报纸、录像带及电影等，之所以是大众的，部分原因在于它们作为媒体的性质，允许人们对它们进行随意的使用。这样，它们就无法把意义强加于人，也无法强迫人们按照特定的单一方式把它们纳入日常生活之中。"[3]但事实上媒介的作用从来没有如此消极过，费斯克进一步分析说，媒介所传播的是优先意识形态，这个"优先意义由读者和文本共同产制，读者也由此与优势价值体系保持某种特定关系。这就是意识形态"[4]。并通过不断地重复来强化和保存符号的价值和神话，"（符号）隐含的价值和迷思[5]（应）是文化成员所共有的。而这个共通性要得以延续、发扬，只有靠在传播中经常'露脸'。

---

[1] [英]汤林森：《文化帝国主义》，第125页。
[2] 约翰·费斯克（John Fiske），原任教于澳大利亚，近年被延聘至美国威斯康星大学与马里兰大学任客座教授，是世界知名的文化研究健将。主要著作有：1978年与约翰·哈特利（John Hartly）合著的《解读电视》（*Reading Television*）；1987年出版的《电视文化》（*Television Culture*）；1989年出版的《了解大众文化》（*Understanding Popular Culture*）以及1990年出版的《传播符号学理论》（*Introduction to Communication Studies*）。
[3] [美]约翰·费斯克：《理解大众文化》，王晓珏、宋伟杰译，北京：中央编译出版社，2001年，第186页。
[4] [美]约翰·费斯克：《传播符号学理论》，张锦华等译，台北：远流出版事业股份有限公司，1995年，第218页。
[5] myth，"神话"。

一个符号每露脸一次，其第二层次意义便能在文化使用者心中受强化一次。……符号靠其使用者的使用才免于成为过时品；也只有靠使用者在传播中与符号的一唱一和，才能保存文化里的迷思和隐含的价值。存在于符号与使用者、符号与迷思和隐含义之间的关系，正是一种意识形态的关系"[1]。因此，费斯克从媒介所外显的一般特征入手，逐层深入地分析，揭示了媒介所传播的不仅是意识形态，而且是优势的或主流意识形态，这种意识形态是经过预先设计的，并通过媒介的重复作用进入到人们的消极意识之中而成为习俗或惯例性思维方式，从而将意识形态的功能发挥于无形。

把费斯克对媒介的分析洞见运用到对殖民主义时期以及后殖民主义时期西方媒介在世界范围内的信息霸权地位的分析上，我们发现，媒介的作用并非如汤林森所说，只是起着中性的信息媒介的作用。基于经济、政治和军事的殖民主义，在其推广过程中，通过媒介实施了更为隐蔽的殖民——文化的殖民。

对殖民者来说，媒体不过是西方主流或优势意识生产、创造和传播的一个最重要的管道。它用超越时空的信息和娱乐满足了人们，同时也限制、铸造了新的主体。有限开发出的是无限的想象空间的基因，任何的社会想象在媒体的操纵下都呈现出严重的同主流意识形态趋同现象——激发出的战争热情、种族仇恨以及各种歧视的"异口同声"。趋同的最直接结果，就是在主流媒介照射不到或决定视而不见的地方，形成从现实到意识的"边缘"地带。于是，在一国内，这些"边缘"就成了沉默的大多数；在国际范围内，这些"边缘"也就成了异域性的"他者"，成了被冷落、歧视、奴役的对象，至多是被一种"悲天悯人"所笼罩的"观众"，而被关照、观看、消费。受众是同时具有消极和积极两种倾向，主流意识形态通过媒介的不断重复进入到主体的常识领域，当与该内容相同或相似的语境产生时，由这种宣介所沉淀下来的意识形

---

[1]［美］约翰·费斯克：《传播符号学理论》，第225—226页。

态符号系统会自动启动而与之无意识相和；成功的传播最终造就的（或追求的）是消极倾向的强化，其比重大于积极倾向。殖民中运用二元对立思维以及语言的推行等同化政等，所追求的也是增加殖民地人民对宗主国文化的认同——最终结果也是希望训练出一样的倾向：消极地自动接受，符码的内化——最后实现其文化的新殖民主义。从文字媒介时代发展到电子媒介时代之后，推行起来更加顺利。马克·波斯特在《第二媒介时代》一书中对这种转化进行了卓有成效的论述，可以让我们清晰地把握媒体作为一种意识形态工具在殖民主义时期以及后殖民时代对殖民主义的新的推行轨迹。

3. "第二媒介时代"与文化新殖民

全球化时代最显著的一个特点就是网络在世界的覆盖。瞬间的点击打开的是通向世界各个地方的窗口，窗口的景色可谓光怪陆离。知识、信息和观点的传输完全同步化，交流似乎突破了所有的极限而在这样一个虚拟的空间中实现了接受、表达的充分的民主。人类现实所追求的大同世界在这样的一个虚拟世界中似乎开始了运作。媒介，尤其是电子媒介，在这样的过程中奠定了新时代的信息传输介质的霸主地位。

但对这种处于霸主地位的媒介的反思却同样引人深思。如麦克卢汉和本雅明认为现代媒介带来了民主。"本雅明意识到了媒介的平等主义的推动力。在他看来，电影把艺术作品带给人民。……在电影中，观众站在镜头的位置上，而不是演员的位置上，这便提升了一种批判姿态。……媒介原则是这样的，即作者与观众并非处于固定不变的等级制位置，而是处于可逆的位置，这从根本上瓦解了艺术维护权威政治的主要手段之一。……电影还提升了一些分析习惯……对本雅明而言，媒介的这些特征促进了平等和解放。"[1]而如上文所论，费斯克等人认为，媒

---

[1] [美]马克·波斯特：《第二媒介时代》，范静哗译，南京：南京大学出版社，2000年，第17页。

介所传播的终归是优势的意识形态。从这种观点出发，全球化的媒介可能传输一种殖民主义的思想。因为传输的同步化带来一种优势意识（强势文化）的迅速蔓延，带来文化的全球化，而这一切都依靠媒介来实现。一方面因为因特网的双向多元，人们可以发表不同意见；另一方面，造成了话语霸权。这就需要对媒介进行全方位思考和定位。

美国厄湾加州大学历史系教授、批判理论研究所所长马克·波斯特[1]的《第二媒介时代》一书，基于社会理论和文化理论中对启蒙、现代性、后现代性等的反思，考察了媒介在当今的地位和作用。最突出的是，他提出了"第二媒介时代"这个新的术语，并在论证中富有洞见。他关于"第二媒介时代"的定位，对于我们理解全球性媒介的地位和作用，从后殖民文化理论的角度来分析在这样一个时代，媒介是如何在提供信息、知识和娱乐的同时传播优势意识形态的，以及在这样的对优势意识形态的传播中是否传播了殖民主义思想等，提供了很多有启发性的思考。

"第二媒介时代"是针对"第一媒介时代"提出的。对于"第一媒介时代"，波斯特是这样定位的，"播放模式有严格的技术限制，但随着信息'高速公路'的先期介入以及卫星技术与电视、电脑和电话的结合，一种替代模式将很有可能促成一种集制作者／销售者／消费者于一体的系统的产生。该系统将是对交往传播关系的一种全新构型，其中制作者、销售者和消费者这三个概念之间的界限将不再泾渭分明。大众媒介的第二个时代正跃入视野。……我还想进而指出，在信息制作者极少而信息消费者众多的播放型模式占主导地位的那个时期，亦即我所称的第一媒介时期……"[2]。对第一媒介时期，波斯特还引证了《启蒙辩证

---

[1] 马克·波斯特，美国厄湾加州大学（UC Irvine）历史系教授、批判理论研究所所长。专著有《福柯、马克思与历史》《批判理论与后结构主义》《信息方式》《第二媒介时代》等；编译著包括波德里亚的《生产之镜》《让·波德里亚作品选》《政治理论与当代文化》等。

[2] [美]马克·波斯特：《第二媒介时代》，第3、第6页。

法》中阿多诺和霍克海默的论述,"……为数不多的制作中心与为数甚众分散甚广的消费之间的技术对比……","从电话到收音机,主体的角色就被这一步明确地区别开了。前者仍然容许拥护承当主体的角色,因而是自由的。而后者的情况则是民主的:它把所有参与者都转化为听众,并且以一种极具权威的方式迫使他们全部收听完全一样的广播节目……言说无孔不入,这一惊人的事实便替代了言说的内容……广播的这一内在趋势能使言说者的言辞由虚假的圣训变得绝对正确。一个建议于是变成了一道命令"。对于阿多诺和霍克海默而言,第一媒介时代的播放模式实际上就等同于法西斯主义。[1]

区别于第一媒介时代的制作者、销售者和消费者之间的关系,在第二媒介时代,这三个概念之间的界限将不再泾渭分明,因为,"因特网从根本上瓦解了民族-国家的区域性……信息的复制和传布如今不费吹灰之力"[2]。因此,因特网作为第二媒介时代的代表,它的运行在当前对于民族-国家的命运以及所谓"地球村"的发展所具有的深远的政治、文化意蕴就值得我们深入思考。波斯特认为,"在因特网上,英语的使用占绝对优势,这暗含着美国权力的延伸,这就好像只有美国的电子邮件地址不需国别码一样。因特网将美国用户标准化了"[3]。这种所谓的标准化的背后就是,当英国在世界范围内的殖民结束后,以美国所推行的所谓"美国主义"(即全球化)为特征,以美国英语为工具的一种新的殖民主义重新出现。因特网上美国英语的绝对优势以及美国用户的"标准化"所传输的是文化的话语霸权。因此,波斯特认为,"随着第二媒介时代的展开并弥漫到日常实践中,便出现一个政治论题,即如何构筑技术与多重性别及多重种族性的新组合"。引发这一论题的主要原因在于,"新媒介……对于主体状态的复杂化,……对主体形成过程的非自

---

[1] [美]马克·波斯特:《第二媒介时代》,第7页。
[2] [美]马克·波斯特:《第二媒介时代》,第40页。
[3] [美]马克·波斯特:《第二媒介时代》,第39页。

然化,……对主体内在性质及其一致性的质疑"[1]。"语言不再表征现实,不再是用来强化主体的工具理性的中性工具:语言变成了,或者更确切地说,重构了现实。"波斯特以电视广告为例,认为,"在人文道德领域内,电视广告是操纵性的、欺骗性的、令人厌恶的;它们唆使消费者作出'非理性的'决定,并且鼓励'只图眼前的快活'这种吸毒心态、这种虚假地解决人生问题之计"[2]。

当然,波斯特并不是后殖民文化批评理论家,他只是在似乎中性地探讨媒介的作用。同时他也时刻避免自己的探讨被归置到某个激进的阵营。因此他强调,他对第二媒介时代后现代性去中心化的趋势的探讨,"并不是在说,电子媒介交流的整体以一种线性方式发挥着巩固白人社会的他者位置的作用。信息方式既是支配的潜在根源,又是解放的可能源泉。当它的各种构筑因素都渗入到不同的文化空间中时,它们具体的政治效应难以预测,有赖于各种语境下特定的力量关系。但是它们是斗争与抗争的重要客体,其终结意指方式仍然令人存有疑问"[3]。事实上,波斯特已经在自己前文的论述中透露出他对媒介在文化层面深刻影响的看法,"媒介对文化的介入程度变得如此强烈,以至于被介入事物连假装未受影响都不可能,媒介往往会改变其所探讨事物,改变了原本(originals)与指称性之间的同一性,从这一意义上讲,文化越发具有拟仿性。在'第二媒介'时代,'现实'变成多重的了"[4]。

这个"多重"的现实,就是霍米·巴巴所说的当今文化的"跨国性"和"译转性"特征融合的现实。造成这个现实的诸多因素中,因为媒介和通过媒介而造成文化的"译转性"特点,正是波斯特所论述的媒介对它所探讨的事物的改变——对文化原本与指称性之间的同一性的改变——使文化越发具有"戏仿性",而这个所谓的"戏仿性",事实上就

---

[1] [美] 马克·波斯特:《第二媒介时代》,第56页。
[2] [美] 马克·波斯特:《第二媒介时代》,第87页。
[3] [美] 马克·波斯特:《第二媒介时代》,第183页。
[4] [美] 马克·波斯特:《第二媒介时代》,第42页。

是霍米·巴巴所说的"译转性"的最直接结果。同时也正如瓜塔里所说:"……当今的信息与传播机器不仅仅传送表征性内容,而且还有助于形成观点阐发的新型聚合体,无论所阐发的是个人的还是集体的观点。"[1]

波斯特在其书的前部分就强调了这样一点,即他提出"第二媒介时代"这样的称谓并不是在做什么标新立异的工作,也并非在断言某个崭新时代的到来,而是从理论意义上引发人们对这个时代某些突出特点的关注,从而在这个基础上打造某个探讨的起点。用他的话来说,他引入"第二媒介时代"这一概念,主要是"要引起人们从修辞方面关注某些革新,并不是要在日常生活的普通领域划分界限"。他承认,"这一概念是早期状况自然还在延续,并且还占据优势"。但富有理论深意的是,"一个历史阶段的强行推出意味着的,可能不是从一种存在状态过渡到另一种状态,而是意味着一种复杂化,意味着一种结构与另一种结构加以叠合,意味着对同一社会空间中的不同原则进行增殖处理或多重处理。阶段或时期并非彼此相继而是相互涵盖,并非彼此置换而是相互补充,并非按顺序发生而是同时存在"[2]。事实上,"第二媒介时代"的积极意义就在于,波斯特通过客观地分析媒介发展的历程,从两个媒介时代的现实出发分析媒介在文化交流过程中与意识形态的作用关系。随着信息传输方式的改变,电子媒介的交流方式改变了主体思考的方式,主体(即个体)的多重身份,瓦解了印刷媒介时代读者-作者之间的关系。霸权主义出现于印刷时代,电子交流时代出现超文本和对话式交流方式,给信息传播方式以及人类社会带来巨大的革命。印刷文本形成现代性问题,主体相对稳定,传输方式固定(印刷文化),反复阅读,信息凝固;电子文本形成后现代问题,新媒体的出现,使读者-作者之间只有部分稳定性,个体的主体性得到发展和建构的空间。如此,读者

---

[1] [美]马克·波斯特:《第二媒介时代》,第23页。
[2] [美]马克·波斯特:《第二媒介时代》,第26页。

(个体)在不同时空上将被一再重新构形。个体主体意识的觉醒是后殖民文化批评理论的动力,亦是它的目标。新的言说形式和内容启发、创造着新的意识形态,从而也在培育新的政治。信息传输方式的变化,带来人们对话语表达传输方式的关注,由于电子媒介的特性,文化的不同话语在接触、移置中可能形成文化新殖民主义,比如"第二媒介时代"美国英语占绝对优势的使用,就在用西方的或美国式的思维"标准化"着世界。因此,从这个意义上说,波斯特的"第二媒介时代"就是文化新殖民主义时代,就是我们下文要探讨的后殖民时代的后期特征。

三、后殖民时代

给萨义德很多启发的意大利哲学家、历史学家维柯[1]把世界历史划分为三个时代:神祇时代、英雄时代和凡人时代。神祇时代,这是人类的原始状态;英雄时代,相当于奴隶社会和封建社会时代;凡人时代,相当于资本主义社会时代,此时平民登上历史舞台,创立新的民主制度。维柯认为这三个时代的发展是循环的、交替的。

维柯分类的标准是以个体的人作为视点,由此线索出发观照整个历史。这样,在原始状态下,个体的人是不独立的,是无法自我生存的,人与自然的关系是人退自然进。集体主义和对自然的恐惧交织,在自我主体丧失的同时将自己交给神祇,人类是匍匐在自然和想象的图腾之下的。英雄时代相当于奴隶社会和封建社会时代。人类征服自然的能力

---

[1] 维柯(G. Vico,1668—1744),意大利哲学家、历史学家。其父亲是一个书商,维柯幼年在耶稣会办的一个学校学习,获得了一些古典学术方面的知识。他对柏拉图和塔西佗的作品很感兴趣。1697年29岁时,维柯就任米兰大学的修辞学教授。薪金低,生活困难,直到晚年才得到那不勒斯国王宫廷史官的职务和较高的待遇。但维柯的身体已经很坏,在丧失了记忆力后不久便去世了。维柯的主要著作有:《论普通法的唯一原理》(1720)、《论民族共同性的新科学原理》(1725)、《新科学再编》(1730)。《新科学再编》是在《论民族共同性的新科学原理》一书的基础上彻底修改而成的,这两部书是维柯的主要著作。维柯认为历史发展是进化的,决定历史变革的是群众心理。

大大提高，人与自然之间的关系是人进自然退。来自现实的成功映射出人类日渐膨胀的心理，荀子"人定胜天"的断言可堪代表。在从自然掠夺创造出来的空间中，人类开始获得了日益增多的自由，同时也鼓励了人向自然的进一步索取，个人形式的英雄取代了人类对自然和想象的神祇的崇拜，同时，这些英雄也堂而皇之和顺理成章地实施少数人对多数人的统治。凡人时代相当于资本主义时代，此时平民登上历史舞台，创立新的民主制度。在这样的时代的每一个角落，看到的都是走向工具理性成熟阶段的人类对自然实施的非常"自然"的猖狂。人类对自然，最终对人本身的殖民已经达到如此"自然"的境地，"文明人"引以自豪的东西愈发脱离对人本身意义的考量，英雄时代的"英雄意识"深入到凡人时代的平常人，在资本的无限操控力下，似乎没有什么实现不了的事情。尤其是所谓的第一世界、第二世界对第三世界实施的领土殖民和文化殖民，使第三世界的人民在接受着来自西方宗主国的先进技术的同时，却充满了疑问：究竟这些技术是在实施着谁的现代化？是第三世界人民生活的现代化还是西方控制东方的现代化？诚如美国加州大学伯克利分校教授刘禾所说，"我们不是反对科学技术，而是要追究谁在使用技术以及技术为谁服务"[1]。

资本的神话已经取代了想象和崇拜，资本的成功已经取代了个人和家族的英雄。在这个时代，如果真的还要找到一种崇拜的话，那就是马克思所说的"商品拜物教"。平民作为资本运营链条上的结点，再一次地"团结"起来——只有在资本打造的市场统一链条上，个人和资本才能获得意义。如此，人类从维柯所谓的神祇时代经过英雄时代，跨到了凡人时代，或称资本时代——一个充满了殖民神话和批判反思的时代。这一历史就是自然对人殖民、人对自然殖民、第一和第二世界的人对第三世界的殖民，最终是人对人殖民的历史。到了所谓的凡人时代，技术的最大受益者就是西方，他们运用新的技术，实施着不同于以前领地殖

---

[1] 杨小彦：《说话读图时代》，《天涯》2001年第1期。

民的文化的殖民——真正的殖民。

不同于维柯，黑格尔认为人类的时代应分为英雄时代和散文时代。在英雄时代，每个人的个人特性、心理都能得到整体、完整的表现。这有点像我们在古希腊的雕塑中所看到的丰满的人体所透露出的同样丰满的人性特征。另外，从他们的衣着也可以看出自由的气息，全身只是用一匹布从上到下披下来，衣服是身体地道的附庸，随身体的自由行动而摆动。希腊英雄们根据自己性格的独立自足性，服从自己的意志，承担和完成自己的一切事务，他们都出现在法律尚未制定的时代，或者他们自己就是国家的治理者和法律的制定者。从英雄时代过渡到散文时代，人的个性自足性受到异化。作为一个人，不管他向哪一个方向转动，他都隶属于一种固定的社会秩序，是这个社会中某一个受局限的成员。我们也可以从现代人尤其是从企业家身上看出某些端倪，剪裁得体的西服，如绳索般的领带，人的健康活泼的肉体被包裹在人为的框架中，受着外在的一切的摆布。因此，从康德、黑格尔，直到马克思，都认为理想的人性出现在古代，中国的孔子也把理想的国家和社会放在三皇五帝和上古时代。事实上，提出这些概念的思想家所处的时代都是黑格尔所说的散文时代，是人文精神遇到危机的时代，具体表现为尖锐的个人理想与社会现实的矛盾，个人的独立自主性受到压抑。在以前人们的工作是可以更换的，相对来说劳动是有快乐感的。如今，所有人都上了社会生产的流水线，他们如机器上的螺丝钉，嵌在一个地方，个人能力和社会可能的局限使他们进入了一种周而复始的机械循环。

维柯和黑格尔对人类时代的划分都有着独特的视点和丰富的含义。二者的共同点就在于，他们观照历史的视点都是人类个体，从某些侧面反映了人类发展到现在的个体生存状态的演变。但我们无法回避的是，自从"国家""社会"这样的字眼以及伴随着它们的一整套观念的产生，个体已经不再是个体。任何的个体都是一定国家、社会和群体下的个体。同样，任何的国家、社会都是由具有某些共性的个体的集合。另外，从出现剩余产品、拿去交换、获得剩余价值的冲动产生开始，人类攫能本质[1]就已经使得个体之间的关系进入了一个争夺的状态，文化的整体本身就构成一个多重争夺的圈子；不同文化之间的关系也是一个更大规模和范围内的争夺关系。这种争夺从维柯所谓的英雄时代对自然的争夺演变到凡人时代人类总体自身范围内的争夺，到黑格尔所谓的散文时代人类对自己生存空间和生存资源的争夺。现实境况的转变促使我们思考，在看待人类历史的时候，黑格尔和维柯向我们展现了从个体视点出发的人类个体的生态状况，其巨大的作用就在于启发性，启发我们寻找新的视点解释这种人类生态。这个视点应该是有所超越、有所创新的。

对此，弗雷德里克·詹姆逊有他自己的看法。他认为后现代主义不仅仅是一种特殊的文化风格，而且首先是一种"划分时期的概念"。他把后现代主义视为晚期资本主义或跨国资本主义的"主流文化"[2]。而欧内斯特·曼德尔关于资本主义分三阶段发展的论述充实了他的论点。资本主义的三个发展阶段是："市场资本主义""垄断资本主义"和"晚期资本主义或跨国资本主义"。与此相对应，詹姆逊关于文化发展的三段式方案为："现实主义""现代主义"和"后现代主义"。詹姆逊的论点也借鉴了雷蒙德·威廉斯的极具影响力的观点，即某一特定的社会形式总是由三种文化（"主流""突现""残留"）时期组成。正是基于这种观点，詹姆逊认为后现代主义是晚期资本主义或跨国资本主义的主流文化。威廉斯认为，从一个历史时期进入到另一个历史时期通常并不意味着一种文化模式的完全崩溃和另一种文化模式的建立。文化差别的标志是文化模式在社会文化等级制度中的位置。因此，有可能在现代性中分

---

[1] 见姜生、汤伟侠主编：《中国道教科学技术史·汉魏两晋卷》，北京：科学出版社，2002年，第63—76页。在此书第六章"文化的攫能性问题：若干理论思考"中，姜生教授从"文化生物学"的角度，非常有洞见性地把人类文化的真正本质概括为"一个庞大的自我累进式的攫能系统。这个攫能系统在本质上乃是自我意识支配下人性的外化与扩张"。"'文化生物学'将揭示支配人的攫能行为的内驱力之源，内驱力外化的过程、结构及内驱力的转换——自我超越以及人类用以自我实现的科学技术可能具有的功能：除了帮助人类满足肉体生存发展的需要外，还须满足精神的需要——包括道教的成仙理想，飞升天国之梦。"

[2] 转引自[英]约翰·斯道雷：《文化理论与通俗文化导论》，第263页。

离出后现代主义文化的某些特征,而在后现代性中分离出现代主义文化的某些特征。[1]葛兰西也表达过类似的观点,"一定的历史－社会阶段,从来不是铁板一块;相反地,它充满错综复杂的矛盾。当生活中某个基本力量支配着其他的力量,代表着一个历史'高潮'的时候,一定的历史－社会阶段也就获得了'个性',成为发展进程中的一个'阶段'。但这就要求制约、矛盾和斗争。谁反映这占支配地位的力量,反映这历史的'高潮',应该说它就反映出一定的历史－社会阶段。"[2]

波斯特对"第二媒介时代"的分析、詹姆逊对后现代主义的定位以及葛兰西对一定历史阶段的洞见,都是对黑格尔和维柯对人类时期划分的超越。其创新性就在于,他们从文化与文化之间的关系出发,而不再是从单纯的人类与自然的关系出发来看待人类生存的样态,这启发我们从文化角度出发,对人类时代的划分形成新的整体性的思路。本书认为,人类生存样态大体上分为四个时代:文化共生时代、文化殖民时代、后殖民时代、文化博弈时代。文化共生时代相当于古典东方学时代,即维柯所说的神祇时代以及英雄时代的早期、黑格尔所谓的英雄时代的早期。资本主义处于詹姆逊所说的市场时代,资本自由竞争,人类对资源的开发还处于起步和初级阶段。在这个时代,文化之间的交流范围比较小,文化的发展互为他者,彼此从对方文化发展中的一点出发,对自我进行反思和批判,总体上来说是彼此尊重和相互促进的。文化殖民时代相当于现代东方学时代和维柯所说的英雄时代以及詹姆逊所说的垄断资本主义时代。资本主义已经积累起庞大的生产能力,国内狭小的市场已经无法满足资本进一步扩张的需要,冒险、扩张、殖民的神话激发着西方资本家将眼光投向全球,也就是在19世纪,如后殖民文化批评理论家比尔·阿希克洛夫特等所说的,是"全球化"这样一个术语魅力四射的时代。[3]文化之间的交流范围因为资本的胃口和能力而扩张到

---

〔1〕 转引自[英]约翰·斯道雷:《文化理论与通俗文化导论》,第263页。
〔2〕 [意]葛兰西:《论文学》,吕同六译,北京:人民文学出版社,1983年,第5页。
〔3〕 参见 B. Ashcroft, G. Griffiths and H. Tiffin, *Key Concepts in Post-Colonial Studies*, p.110.

了全球。西方殖民者在文化上做了两件事情（或者说试图实现两个目的）：其一，证明土著文化是野蛮的、落后的和没有前途的；其二，努力证明宗主国的文化是文明的、先进的和前途光明的。殖民历史的残酷（对世界历史而言）就在于，它以赤裸裸的血腥开启了文明交流之河，使世界文明的发展从此以后带上了永难磨灭的非人性、不平等的阴影。噩梦过后，似乎是杯弓蛇影的世界了。它让徘徊的狼品尝了人类的血腥，于是，驯化的狗也会在它被放归山林之后时常想起原始的盛宴情景。于是，后世的扩张和在设定的疆界之外的一切"顺差"都成了促使舔血的触媒。世界的文明就在巨大的利益前，血腥地由殖民历史开始踏上了与伊甸园背道而驰的不归路。因此，较早发起后殖民文化批判的萨义德，虽然可以在思想的世界里自由探询和发声，但他是痛苦的，他沉淀着伊斯兰的精神，脚踏着资本的土地，背负着文明的激荡，胸怀着人类的伊甸。萨义德等后殖民文化批评理论家所感受到的，就是文明由独立—交流—殖民—后殖民的历程。

因为经济发展水平的差异，更主要的是由于来自殖民主义的罪恶，文化的发展已经出现了所谓的高下之分，现代东方学家已经把东方当成低下、懒惰和需要研究的东西而放到实验室，反过来，西方的一切对东方来说都是文明的象征。以移民、领土的侵占等方式来到东方的西方人，构造了一个经济上掠夺资源、文化上进行殖民的时代，"后殖民时代"——一个用批判精神打造起来的在解构中建构的时代。

"殖民地"原指古代罗马由300多位罗马公民及其家属组成的保卫海岸的村庄；"殖民主义"约在1500年就开始实行了，当时欧洲人发现了通往印度洋和美洲的航道，出现了西班牙、荷兰、法国、英国等殖民国家，他们一方面向外大肆侵略扩张，另一方面向殖民地人民传播欧洲的文明。1945年第二次世界大战结束，风起云涌的民族革命运动终结了殖民历史，一直到1990年纳米比亚宣布独立，地球上最后一块殖民地才就此消失。但对整个殖民罪恶历史的反思从第二次世界大战结束后就已经开始，甚至更早些。殖民史上受压迫最深重的非洲黑人，在西方国家掀起革命行动和理论斗争，包括20世纪初在美国由杜波伊斯领导发起的"尼亚加拉运动"、加维领导的"加维运动"，以及后来由巴黎的黑人知识分子以及西印度群岛的黑人大学生共同发起的"黑人性运动"，无论从革命实践还是从理论上，都对殖民主义的罪恶进行了深入的揭发和斗争，同时，这些都组成了后殖民时代的早期内容。

殖民主义并没有因为民族国家的独立而终结，领土殖民结束后，西方以新的途径继续对深受殖民统治之苦而经济上极端落后和急需发展的第三世界进行剥削和掠夺。跨国公司和金融寡头的势力像巨大的章鱼，第二次世界大战后在世界上蔓延拓展。信息革命所带来的信息流通的加速，使跨国企业在世界范围内掠夺资源和延伸势力如虎添翼。跨国媒介的介入使第三世界在感受着飞速变动的世界地图的同时，感受着由殖民主义所带来的政治、经济的不平等，感受着由跨国媒介带来的不平等的信息交流传播秩序，这种不平等的传播秩序从天空、陆地一直深入到民族国家民众的个体意识中，在尚未缝合的民族政治、经济的疮口处，又增添了来自文化意识的殖民。西方所有关于"文明""发展""现代化"的神话强烈地刺激着第三世界国家本就脆弱的神经，使他们在咿呀学语的阶段就开始了和"自我"——民族传统、民族文化精神的背离，一种义无反顾的背离。西方经济的飞速发展、东方的日渐相对落后，东西方差距的拉大以及"全球化"的提出赤裸裸地将经济的巨棒插到东方的大地上，东方的、来自东方的以及关心东方的人文学者在经历、感受或反思了被长期"霸占"的痛苦后，又感到被"强奸"[1]了，即使如此，在这样的大棒周围还有人在狂欢，并且以此为圆心，正在以不同于以前的形式一圈一圈地荡漾开去。我们看到，在全球化打造的列车上，只有世

---

[1] 事实上，这种被"强奸"的感觉在中国艺术界早就有独特的表达，1994年尹吉男在《读书》第9期上发表《有关配猪的文化抢答》就介绍了艺术家徐冰所策划的一场所谓行为艺术"表演"：身上印满拉丁字母的公猪与身上印满汉字的母猪在一大堆书上交配。这场"表演"被解释为"西方文化对中国文化的强奸"。另参见樊星：《九十年代思想裂变——"当代思想史"片段》，《华中师范大学学报（人文社科版）》1999年第1期。

界上的几个巨头在碰杯,两旁呼啸而过的是日渐逼近的飞扬尘沙。"现代性的特征就是全球化"[1],当第三世界似乎觉醒了的知识分子在高呼着赶上世界科技信息革命的末班车的时候,谁能告诉我,当章鱼把海洋中其他生物吞吃光了后,海洋还是不是那个充满生机的海洋?!

卡洛·朱利安尼,一个23岁的意大利青年,2001年7月,向在热那亚参加八国峰会的军车投了一颗燃烧弹——这是投向资本跨国侵略和建构资本横行的真正殖民世界的燃烧弹,他被警察击中殒命,成了世界上反全球化的第一名"烈士"。当垄断资本以似乎公平的跨国经营、平等竞争的市场原则在世界上顺利延伸的时候,当世界地图被全球媒介重新勾画成文化、机制、意识边界的时候,当每个人极端熟悉的生活和存在的物质、精神环境被铺天盖地的超级信息网络覆盖的时候,当人类对人之为人的物质、精神的存在状态的思考还尚未被强行或自愿终结的时候,当人类对殖民主义所带给整个人类包括殖民者自身的丑恶和罪进行深刻反思并由此感受到心灵深重的创痛的时候,那么,披着温情脉脉的面纱的号称"全球化"的资本的世界及其所必然带来的对欠发达地区的文化新殖民——真正的殖民又如何能够逃脱被追问、被谴责、被声讨以及被联合起来抵制的命运呢?至此,从黑人性运动开始的早期后殖民批判到现在的文化新殖民主义批判,后殖民时代作为这一时期代表性、汇总性名词的出场真是合乎时代的需求。

后殖民时代是晚期资本主义时期以后现代主义风格出现的一种文化突现。其核心内容——后殖民文化批评理论——在学术界从边缘向中心的成功运动显示了它成为主流的潜力。其任务或目标集中在对垄断资本主义时期的文化主流——殖民主义或者说是现代性在世界范围内的殖民以及其在晚期资本主义时期的残留或延伸(文化新殖民主义)进行批判。这样的批判的综合构成了后殖民时代的最强音。换句话说,后殖民文化批评是由现代东方学和当代东方学(文化殖民主义时代)引发的

---

[1] 张京媛主编:《后殖民理论与文化批评》,"前言"。

对它们的批判,既包含了对文化共生时代的回顾,又包含了对它的超越,它借助后现代的颠覆性理论,勇敢地在西方的传统理论壁垒中发难,尤其是从文学这一浸润人心、构造社会生态的领域出发,带着悲壮的终极人性关怀开始了新一轮的理论旅行。处于后殖民时代的前殖民地理论家是在为失去的一切的叹息与愤怒中反思、观照当前的现实的,他们面临的任务是多重的,既要从宗祠中把其他肤色的神清理出去,又要对礼拜已久的所谓"正神"验明正身,必要时还须重塑一尊神或者打碎一切神,在对"神"的否定中既肯定自然的功能,更肯定人的价值。诚如霍克海默和阿多诺在《启蒙辩证法》中得出的结论:"历史的目标不应是对自然的统治,而应是同自然的和解,而这就意味着要抛弃那种使自己服从于人的'粗野'而'无望的企图,要摆脱逻辑和数学的专制主义'。"[1]在这样的肯定中,文化的发展将是在平等基础上的交流、促进。如杜波伊斯所呼吁的,"二十世纪一切高尚的人都应该努力奋斗,力使在今后各种族的竞争中适者生存将意味着真、善、美的胜利;我们能够为将来的文明保存一切真正优良、高贵和健康的东西,而不致继续奖励贪婪、无耻和残暴"[2]。这和尼日利亚革命家、思想家阿契贝的理想是一致的,"让每个人发挥他们的才能,为世界文化的盛大节日奉献礼物。只有这样,人类才会拥有更加丰富、更加多样化的文化精品"[3]。萨特也对黑人性运动的超现实主义境界做了热情的概括:"他们知道他们的目标是人类的大综合或实现一个无阶级的社会。黑人性运动注定要把自己消灭。它是道路而不是目标,是手段,而不是终点。"[4]同样,后殖民文化批评理论注定是在超越很多东西的同时超越自己,它是走向人类人性充分发展的道路和手段,是在殖民时代、全球化时代到来的背景下在人

---

[1] 欧力同、张伟:《法兰克福学派研究》,"中译本序"。
[2] [美]威·艾·柏·杜波伊斯:《黑人的灵魂》,第142页。
[3] [尼日利亚]齐努瓦·阿契贝:《殖民主义批评》,见罗钢、刘象愚主编:《后殖民主义文化理论》,第295页。
[4] B. M. Gilbert, G. Stanton and W. Maley, *Postcolonial Criticism*, p.10.

文、社会科学领域进行的大的反思和颠覆，其结果是概括了一个新的时代的到来。后殖民文化批评理论家在对西方的小说等题材进行批评、颠覆时，将看到他们所做工作的大厦的整体——即迎接、建构后殖民时代的同时，开启了后殖民之后的时代——文化的博弈时代。

解构思想处于后殖民时代和文化新殖民的历史衔接部。而解构之后的建构即是文化的建构和文化的博弈时代。德里达的颠覆绝不是用一个等级或中心来取代另一个等级或中心，而是当对等级和中心予以颠覆后，让我们检讨那促使新老等级产生的价值观和信念。这种检讨让我们明白，构成等级和中心观念的一切术语、价值、信念是如何成形并成功运作于以前和当世的。比如说"东方主义"的所有幻想（相）。而德里达首先是从对由柏拉图时代至今的言语/写作的二元对立和言语高于写作的观念的颠覆入手的。德里达在《文字学》中说，"解构必须从内部进行操作，借用旧结构的一切策略性、经济性颠覆资源，从结构上借用它们，也就是说，不能把它们的元素和原子孤立开来，解构的事业总是成为自己工作的牺牲品"。而解构后新的建构则必须从外部、用新的元素和策略来进行。

当德里达把西方形而上学中的二元对立观念颠覆掉后，会产生两种结果：第一，在看待人类文化形式时开始具有"场"的概念。人类的意识从具有个性的领域中走出来，把自己放到或意识到自己在整体人类社会中的网络结点上。当我们说我们能认识、知晓或理解另一种文明的时候，仅仅是因为这种文明与其他文明样态的"延异"（différence），并不是我们把这种文明拿去和某种其他绝对的或内在一致性很强的或标准的文明样式——一种被德里达所称的先验性所指的东西——去对比。事实上，每一种文明都不可能是孤立存在的，研究任何一种文明都得把它放到与它有关系的其他文明场中去，因为所有的文明都是共生并存的。第二，这个"场"有其规则，即"博弈"。因为，既然在解构的威力下，任何先验性的所指已被彻底颠覆，那么，在这么一个全球化的初级时代，任何关于文明的起源、存在理由、发展道路的阐发都是可能的和合法的。后殖民之后的文化博弈时代即是开始了一种新的征程：探寻人类与自然彼此互相调和、多元共生的思维方式。"文化是人与自然、人与自我之间长期互动的'博弈'过程的产物。（正是）在这种长期复杂的'博弈'过程中，人类心智逐渐提升，文明渐次演进，伦理在社会秩序、人－神秩序中的作用逐渐提高。"[1]博弈，即文化综合协调发展的一种自然形式，在密集的交流中综合，在博弈性的步调中发展。而后殖民时代所做的一切探讨其作用即是在文化博弈时代开始以前的颠覆中建构了此起点必需的生态。

---

[1] 姜生、汤伟侠主编：《中国道教科学技术史·汉魏两晋卷》，第67页。

第三章

后殖民文化批评理论空间视点：异化论

哲学家罗素在《哲学问题》中说："科学上的空间乃是中性的，介于触觉和视觉之间的；所以，它既不可能是触觉的空间，也不可能是视觉的空间。""实在的空间是公共的，而表面所看见的空间则是属于知觉个人的。"[1]本书所说的空间视点之"空间"，如罗素所说，它既非触觉的空间，也非视觉的空间，而是卡西尔所谓的"符号的空间"。卡西尔认为："就有机体空间而言，就行动的空间而言，人似乎在许多方面都远远低于动物。动物天生就具有的许多技能，一个儿童必须靠学习才能掌握。"基于此，卡西尔认为，"与其研究知觉空间的起源和发展，不如分析符号的空间"，因为"人并非直接地，而是靠着一个非常复杂和艰难的思维过程，才获得了抽象空间的观念——正是这种观念，不仅为人开辟了一个新的知识领域的道路，而且开辟了人的文化生活的一个全新的方向"[2]。正是这样一个全新的方向给予人类天赋，弥补了人不如动物的天生技能方面的缺陷。詹姆逊说，"哲学思想（正如我们将要看到的，哲学涉及空间）会最终依赖空间，如果没有空间，哲学将是不可言喻的"[3]。后殖民文化批评理论就是建立在行动空间（领土、民族等）置换

---
[1]［英］罗素：《哲学问题》，第22页。
[2]［德］恩斯特·卡西尔：《人论》，甘阳译，上海：上海译文出版社，1985年，第56页。
[3] 张京媛主编：《后殖民理论与文化批评》，第9页。

以及对此空间的超越和抽象化基础上的哲学，是本土、现状，帝国、落后，东方、西方等的行动空间拉扯中的思维实验和符号运动过程。它来源于实在的东方与西方的彼此作用，但又在空间的哲学置换中植入想象的范畴；来源于触觉的和视觉的现实的地理上的东方和西方，但又超越了它们。因此，后殖民文化批评理论的空间视点是对行动空间的理论意义上的深入探讨。

第一节 东方不是东方，西方不是西方

对萨义德所研究的东方学中关于"东方"的论述（包括地理意义上的和观念形态意义上）的分析，说明这样一个问题：东方学中的"东方"走过了一个从文字到现实、从地理意义到观念意义、从真实到虚拟的过程，它从一个文字意义上带有具体所指的能指变成修辞意义上的滑动的能指，从而从具体地指代意义变为执行意识形态功能；同样，"西方"也并非什么铁板一块的所指。从古典东方学时期作为东方的一般的他者，到现代东方学阶段作为侵入的他者，再到当代东方学作为分裂的他者，"西方"也走过了复杂的历程，在后殖民文化批评理论中最明显的问题就集中在美、加、澳是否后殖民的问题上。

一、"东方-西方"二元对立话语成为当今文化冲突的原罪

"东方"在援用这个二元对立话语的过程中被"东方化"，同时也将原本就是修辞和观念意义上的而非简单地理意义上的"西方""西方化"了；换句话说，"东方"在使用着"西方"确立的"东方-西方"话语框架的过程中不仅自我指认，还在不断强化着"西方"，做着内心解构但口头不断建构的工作——内心不承认或者不认同"西方"对东方身份和地位的指认，想要拆解这个话语的壁垒和高墙；但是口头上援用的却

是对方的话语，在使用的时候不断地确认着这个壁垒和高墙。这真是当今文化研究的巨大的历史和话语悖论，日用而不知，表面来看是一种简单的修辞，很便宜的使用，结果是复杂的话语，深沉的文化建构。

这套话语模式，被"西方"媒体熟练地运用于报道视角之中。凡是涉及美国、英国以及其他盟友的事件，使用的修辞是"文明－文化"的二元对立话语，也就是说，"我们"共享着共同的西方物质文明，只不过我们在文化上有所差异；但是，在谈论非西方国家和非盟友国家的时候，大多采用的是"文明－野蛮"的二元对立话语，意思是说，相对于"我们"（西方）这些现代国家来说，你们是"前现代的"落后国家，即便你们采用了我们的物质文明成果，你们从文化上也是"野蛮"的，不开化的，非我族类的。在这样的"我们－他者"的修辞中，最直接的表述就是"东方－西方"的二元对立话语。

如此操作的结果，就是文化传播领域的双重标准，奠定了当今世界的政治思想和思想政治底色以及全球话语体系；从思想层面来看成为隐藏最深、最难撼动的文化冲突思想性根源；演变成为包括中国、印度在内的第三世界和新兴国家文化安全领域习以为常、最难发现，也最难去除的文化毒瘤。

东方[1]以及对东方的研究，从萨义德1978年出版的《东方学》开

---

[1] 学者余英时在《历史人物与文化危机》一书中提醒我们，"萨义德的'东方'主要指中东的阿拉伯世界，并不包括中国"。另外，大陆学者黎跃进关于"东方"的分析比较详细。登载于《湘潭大学学报（哲社版）》1999年第3期的文章《东方文化与东方文学》，从方位、地理学、政治学、历史文化学角度对"东方"进行了分析，指出"东方"是一个有着多种内涵、具有几分模糊却又广泛使用的概念。它至少具有下列几种含义：第一，方位概念。方位就有一个立足点的问题。以中国为立足点，中国的东面称为东方，中国的西面称为西方。因而长时期我们把印度称作西方。唐代高僧玄奘从凉州出玉门关赴天竺，称为"西天取经"，以此为题材创作的小说名为《西游记》。第二，地理学概念。按照国际的地理疆域规定，以西经20°和东经120°的经线圈，把地球分为东、西两个半球。这样，亚洲和非洲的大部分都属于东方范围。非洲的阿尔及利亚、尼日利亚不在东方圈内，又把欧洲的苏联、东欧部分国家包括进来，大洋洲也属东方。第三，政治学概念。随着20世纪国际政治关系的演变，"东方""西方"又具有政治学的内容。第二次世界大战后长时期形成两大阵营的冷战对峙，发达资本主义国家属于西方，曾沦为殖民地半殖民地的国家属东方。（转下页）

始,成为当代文化理论研究关注的焦点。事实上,在萨义德写作《东方学》之前,某种地理意义上的东方就现实地存在着,不同于萨义德以及现在文化理论中所谈的"东方",这个现实地存在着的东方并不一定被称为"东方",它或许有诸如印度、日本、中国等这样的称谓;这些地区一旦被冠以"东方",那么,说明它已经不可避免地进入到人们的视野——主要是那些将自己定位为"西方"的西方人的视野。如此,现实地存在着的东方就从地理相对意义进入到观念相对意义的视野,就成了西方的东方学家"想"起来的时候目光远远地投向的那片神秘、荒蛮、可怜之地。事实上,不管这些从远处"投"过来的目光是什么样的,那个现实地存在着的东方历史性地、现实地存在着。不同于以前的是,在过多的目光聚焦于这片土地的时候,言语和唾沫编织的东、西竟然如彩虹般绚烂,苏醒过来的、现实地存在着的东方也灵魂脱壳似的要举步跨上这座绚烂的"虹之桥"。

如此,萨义德的《东方学》不啻惊雷,震得"虹之桥"在颤抖。当我们了解了萨义德是怎么分析和解构这个"虹之桥"的之后,我们或许才能够阻止"东方"的这种类似被催眠一样的灵魂脱壳。

萨义德在谈到东方学现状的时候总结说,"与所有那些被赋予诸如落后、堕落、不开化和迟缓这些名称的民族一样,东方是在一个生物决定论和道德-政治劝谕结构框架中被加以审视的。因此,东方就与西方

(接上页)因而地处亚洲的日本却是"西方七国首脑会议"的成员。第四,历史文化学概念。古代西亚两河流域的亚述人把太阳升起的地方称为"亚细"(意为日出之地),古代希腊罗马人把地中海东岸地区称为"亚细亚",还分为近东、中东、远东。历史文化学概念中的"东方"指除了古希腊罗马之外的几大古代文明发源地,因而包括亚洲和非洲北部地区。本书所讲的"东方",是黎跃进所说的政治学概念和历史文化学概念的综合,包括亚洲和非洲,当然也包括中国。事实上萨义德在《东方学》中的"东方"的确如余英时所说主要指中东阿拉伯世界,他在全书中涉及中国的内容不超过10处。但事实上后殖民文化批评理论中的"东方"不可能把东方排除在外;后殖民文化批评理论的"东方"恰是在萨义德对东方学的批判中从理论上被"唤醒",在"注视"中逐渐反思获得它自己的身份,它来自萨义德笔下的"中东",但也超越了它。后殖民文化批评理论运作的结果不是要创造出某种纯粹意义上的"东方",纯粹的地域文化从"五月花号"船登上美洲大陆以及哥伦布发现美洲大陆以后即已变成一个模糊的概念。

社会中的某些特殊因素（罪犯、疯子、女人、穷人）联系在一起，这些因素有一显著的共同特征：与主流社会相比，具有强烈的异质性"[1]。如今看来，"东方"被意识形态化地成为"西方"的异端，这些"特殊因素"的修辞意象在萨义德的书中涉及很多，概括起来有这样一些：

第一，东方是欧洲的病人。"'亚洲有预言家'。吉内在《宗教之特性》一书中说，'欧洲有医生'。……面对现代东方显而易见的衰败以及政治上的无能，欧洲的东方学家们发现有责任挽救东方已经丢失的、昔日的辉煌，以'推进'现代东方的'改良'。"[2]"（东方学家雷恩）运用了大量细节，通过这些细节，那位域外观察者可以引入大量信息并且将其聚合在一起。好比说，埃及人首先被开膛破肚，然后又被雷恩以一种警世的口吻拼合在一起。"[3]因此，东方的命运恰如标本。西方将东方捕获后，将其政治、经济、文化等各个方面做成标本，放进东方学家的实验室，东方学家就运用西方的政治、经济、文化等方面的价值标准和利益取向之手术刀，对"东方"这一标本进行解剖、分析和实验改造，甚至克隆。其最终结果是，"使标本永远只能成为标本，只能成为语言学和科学研究的对象"[4]。因为在东方学家的眼里，东方是无论从伦理还是从生物学意义上都是退化。东方学的任务是"为世界提供知识"[5]。"为世界提供知识"的预设前提是除己之外的蛮荒，是动手将"东方"阉割后再随时哀叹其男性魅力的丧失，甚至还会说是先天缺乏等，东方学家于是感觉有义务为其打造一个仿真器官，将"东方"变成一个"创造出来的创造物"。"打造"过程充满了诱导，东方学家最希望达到的效果是在虚空的"叮当"声中让"东方""他者"去自我指认，在"叮当"的"乐音"中去建构自己的新的历史。历史

---

[1]［美］爱德华·W.萨义德：《东方学》，第263页。
[2]［美］爱德华·W.萨义德：《东方学》，第103页。
[3]［美］爱德华·W.萨义德：《东方学》，第211页。
[4]［美］爱德华·W.萨义德：《东方学》，第183页。
[5]［美］爱德华·W.萨义德：《东方学》，第189页。

上以及今天的西方的东方学家就是在这样的实验室思维下,以试图改换东方人的精神来对东方输出文化的。

第二,东方是被西方男性征服的女人。东方学家是以男性的形象出现的,并将"东方"指认为女性[1]——不会说话、不说话的温柔女性。东方学试图在占有了她的肉体后还要声明:这是自然,是两情相悦。并力图用"历史"揩掉身上残存的污渍,重重关上门后围坐在火炉边,品着咖啡来对东方品头论足。比如福楼拜不仅"占有埃及妓女库楚克·哈内姆的身体,而且可以替她说话,告诉他的读者们她在哪些方面具有'典型的东方特征'"[2]。"隐伏东方学还可以促使人们形成一种特别男性化的世界观。……东方男性被分离出他所生活的整个社群之外,许多东方学家,遵循雷恩的做法,在考察这一社群时带有某种类似于轻蔑和恐惧的情感。况且,东方学自身是一个彻头彻尾的男性领域;像现代社会为数众多的专业领域一样,它在考察自身及其对象时带着性别歧视的有色眼镜。"[3]更进一步地,萨义德把东方学家面对东方时的关系界定为"性"关系。"在每一种情况下中东与西方之间的关系实际上都被界定为一种性的关系;……东方与性之间一直存在着显而易见的关联。中东当然会反抗,正如任何少女都会反抗一样,但男性学者可以通过撕裂、捅破那一戈尔迪之结而赢取回报,尽管这一过程充满着'艰难'。要达到'和谐'需要征服'少女的羞涩';但这一和谐却绝不意味着平等。学者与其对象之间的权力关系从来就没有改变:它总是毫无例外地朝有利于东方学家的方向发展。研究、理解、知识、评价——披着'和谐'的甜蜜外衣——是这一征服行为的工具。"[4]

第三,东方是东方学家的舞台,而东方学家是看客。"东方被观看,

---

[1] "东方在实践上是被描述为女性的,东方的财富则是丰富的,而它的主要象征是性感的女性、妻妾和专横的、又极为动人的统治者。"引自罗钢、刘象愚主编:《后殖民主义文化理论》,第17页。
[2] [美]爱德华·W.萨义德:《东方学》,第8页。
[3] [美]爱德华·W.萨义德:《东方学》,第264页。
[4] [美]爱德华·W.萨义德:《东方学》,第397页。

因为其几乎使冒犯性的（但却不严重）行为的怪异性具有取之不尽的来源；而欧洲人则是看客，用其感受力居高临下地巡视着东方，从不介入其中，总是与其保持着距离，总是等着看《埃及志》所称的'怪异的快乐'的新的例证。东方成了怪异性活生生的戏剧舞台。"[1]这个舞台的边缘就是东方学家的视野所及，"一道知识与权力的连续弧线将欧洲或西方的东方学家联结在一起；这道弧线构成了东方舞台的外缘"[2]。

第四，东方是被审判者，西方是法官。"西方是东方人所有行为的目击者和审判者。"[3]"用克罗默和贝尔福的表达方式来说，东方被描述为供人评判的东西（如同在法庭上一样）。"[4]同时，萨义德也分析了造成这种关系的实质，他认为，"在有关东方的讨论中，东方是完全缺席的，相反，人们总能感到东方学家及其观点的在场；然而，我们不可忘记，东方学家之所以在场其原因恰恰是东方的实际缺席"[5]。因此，他向东方学家提出这样的质疑："当用以比较的对象完全缺席时，如何理解所谓的'差异'？"[6]

第五，东方是儿子，西方是父亲。在东方学家夏多布里昂看来，东方像"一个没有父亲的家庭"[7]。"东方是为西方而存在的，或至少无以计数的东方学家是这么认为的，这些东方学家对其研究对象的态度要么是家长式地强加于其上，要么是毫无忌惮地凌驾于其上。"[8]"美国从社会科学角度出发关注东方的一个显著特征是将文学排除在外。……打破了东方学家的偶像并且打落了他们怀中搂着的那些瘫痪的大孩子——这正是他们对东方的看法。"[9]

---

[1] [美]爱德华·W.萨义德：《东方学》，第135页。
[2] [美]爱德华·W.萨义德：《东方学》，第136页。
[3] [美]爱德华·W.萨义德：《东方学》，第142页。
[4] [美]爱德华·W.萨义德：《东方学》，第50页。
[5] [美]爱德华·W.萨义德：《东方学》，第266页。
[6] [美]爱德华·W.萨义德：《东方学》，第139页。
[7] [美]爱德华·W.萨义德：《东方学》，第223页。
[8] [美]爱德华·W.萨义德：《东方学》，第261页。
[9] [美]爱德华·W.萨义德：《东方学》，第372页。

最后，对于"东方"，萨义德总结说，"和美国不同的是，法国人和英国人，还有德国人、俄国人、西班牙人、葡萄牙人、意大利人和瑞士人，有着我称之为东方学的悠久传统，这是一种建基于东方在欧洲西方经验中的独特位置而处置东方的方式。东方不仅仅是欧洲的邻居，它也是欧洲最伟大、最富裕和最古老的殖民地，是欧洲文明和语言之源，是欧洲文化的竞争者，是欧洲最深奥难懂、频繁循环出现的他者形象之一。此外，东方也有助于欧洲（或西方）将自己界定为与东方相对照的形象、观念、人性和经验。然而，这些东方形象并非都出自想象。东方是欧洲物质文明与文化的一个内在组成部分。东方学作为一种话语方式——在学术机制、词汇、意象、信念，甚至殖民体制和殖民风格上都有着深厚的支撑——在文化甚至意识形态层面对此组成部分进行表述和表征"[1]。

正如前文所论述的，东方学经历了文字和现实两个阶段，在这样的两个阶段，"东方"是这样被创造出来的：首先是客观存在的大量的有关东方生活的文本记录，与此同时客观存在的是西方的同样的文化习惯和思维习惯，包括自己的理解模式和表述方式。其次，这样的西方人来到了东方，进行航海、贸易、传教、战争和殖民。异国风情使他们每时每刻经受着异域文化的冲击，并由此而思考、研究和总结。于是，利马窦、马可·波罗、福楼拜、罗素等人将他们眼中的东方带回了西方，这其中夹杂了过多的表面和个人的东西在里面。如此众多的人都将他们对东方的观感写成了传记或专著。历史的积淀，使他们的文本成了后来具有东方探险理想的人的初级教程。在他们的眼里，所谓的东方就是读到的东方，就是通过这样的观看过程所了解的东方。后来他们有机会亲自接触到东方，再一次对以往的文本进行修正、补充和表述。事实上，这样的工作一直在进行着，直到现在。然而，能够进行这样的工作的人终归是少数，因为即使有越来越多的人能够接触到东方的实际生活，但同时既

---

[1] Edward Said, *Orientalism*, p.1.

具有亲身感受又能抽象为理论的人也还不多。所以，如此运动的结果就是，在从历史一脉相承下来的有关东方的论述中，在自我文化的催促和反思下，东方不再是东方，而变成了"东方"——文本意义上的东方，西方眼中的东方，凝固的东方，静态的东方和作为西方对立面、他者的东方。因此，萨义德才说，东方是欧洲人的发明。东方是被东方学家编辑出来的观念形态的东西，是"产品"，有意"剔除"掉了背景的意义。

最终结论就是：东方不再是那个地理意义上的"东方"，而是修辞和观念意义上的西方化了的东方，可以用话语之鞭和修辞之刺，在任何事情上进行鞭打的对象。任何"西方"的一名成员与某个观念意义上的"东方"的相遇和文化冲突，势必会引发那些所谓"西方"联盟的联动——即便是和自己眼前的物质利益无关，但似乎和自我长远的文化身份和文化利益有关。于是，孤立的某个被东方化的"东方"国家，势必要面对整个被西方化了"西方"，尤其是西方媒体；而这个被东方化了的"东方国家"，忽视或者没有看到从来没有所谓的"西方"，有的只是"文化西方"，不过是有意淡化甚至有意忽略语言和地域差异之后建构起来的利益共同体，于是在自觉不自觉地使用"西方-东方"的二元对立话语；自觉不自觉地、不断为这个死去的"西方"叫魂，叫出不少的"大鬼、小鬼"出来共舞——这真是当今国际文化领域巨大的悲哀。我在《传播与文化》中论及18世纪的德国崛起，坚决而果敢地将"文明-野蛮"的二元对立话语进行更新，用"文明-文化"来替代，用了近两百年的时间，几十位哲学家和思想家来强化这个概念，为德国文化的崛起和获得世界认同做了大量艰辛的话语架构之路，其良苦用心，不可不深查[1]。

二、美、加、澳是否为后殖民

在本书的第二章第一节已经谈到，萨义德等开启的后殖民文化批判

---

[1] 姜飞：《传播与文化》，第63—85页。

领域具有双焦点的特征，除了对传统意义上由英国、法国等在世界范围内推行的殖民行为进行批判外，还有对新的美国主义即文化帝国主义的批判。而文化帝国主义又有两个分支，既包含对第三世界的文化全球化策略，也包含对第二世界的文化殖民。"第二世界"在一些后殖民文化批评中由一些移民批评家用来描述一些移民殖民地，诸如澳大利亚和加拿大，以此来"强调它们和占领殖民地的差别"[1]。这就引发了这样一个问题，即这些所谓的"第二世界"在当前的后殖民文化批评理论中具有什么样的位置，换句话说，究竟这些"第二世界"——加拿大、澳大利亚等国是否属于后殖民？甚至，从一定角度来说，也存在这样一个问题，即第一世界的美国是否如一些学者所说，也存在后殖民的问题？

这个问题事实上不很复杂，其关键点就在于，需要我们再一次明确，我们这里所谈论的后殖民文化批评理论究竟是广义的还是狭义的。如本书第一章所分析的，所谓狭义的后殖民就是指针对近代欧洲的殖民主义和帝国主义历史的批评理论，比如乔纳森·哈特、西蒙·杜林、艾勒克·博埃默的定义。广义的后殖民理论是"调解、挑战和思考在国家、种族和文化之间（常常亦在其内）经济、文化以及政治上主宰与从属的关系"[2]，是对美国的文化新殖民主义的批判。本书认为，后殖民文化批评理论是对殖民主义视角、东方学传承的机制以及它们的延伸所形成的文本进行的一种多维意识形态批判理论。并认为，对后殖民文化批评理论究竟持狭义还是广义，关键在于后殖民理论的缘起是什么，我们需要什么样的后殖民理论分析以及如何解决当前存在的诸多理论和现实问题，比如对诸如"殖民地""殖民主义""后殖民主义""后殖民理论""文化新殖民"等所指称含义的界定，都决定于言说的角度是狭义、广义的后殖民文化批评理论还是二者的综合。

从狭义的后殖民文化批评理论角度来看，"殖民地"已绝非原来所

---

[1] B. Ashcroft, G. Griffiths and H. Tiffin, *Key Concepts in Post-Colonial Studies*, p.231.
[2] ［英］巴特·穆尔－吉尔伯特：《后殖民理论——语境　实践　政治》，第10页。

指的古代罗马由300多位罗马公民及其家属组成的保卫海岸的村庄,而是指从约1500年开始实行的,西班牙、荷兰、法国、英国等殖民国家向外大肆侵略扩张而形成的被压迫的国家和地区;那么"殖民主义"就是伴随这种侵略扩张而进行的向殖民地人民传播所谓欧洲文明的过程。1945年第二次世界大战结束,风起云涌的民族革命运动终结了殖民历史,一直到1990年纳米比亚宣布独立,地球上最后一块殖民地消失。但以美国为首的西方垄断资本主义在第二次世界大战中及战后积聚起巨大的力量,并以此为出发点,向世界其他地方推行其以强大资本为后盾的全球化政治、文化和经济形式,此即构成殖民主义之后的新殖民主义——文化新殖民主义,也有人将其称为后殖民主义;1978年萨义德的《东方学》所做的努力,就是把早期反对法国殖民主义统治的诸如塞泽尔、法农等发起的后殖民文化批评从理论的边缘推向西方理论探讨的中心,并开启作为一个学术领域的后殖民文化批判理论。而这个后殖民文化批判领域产生两个分支,第一个是对以英国为代表的领土殖民主义进行的批判,第二个是对以美国为代表的文化新殖民主义进行的批判。前者和法农等的批判一起被称为后殖民文化批评理论,后者我们称之为文化新殖民批判,它沿用后殖民文化批评理论的思想和批判方法,但同时又是后殖民文化批判理论的延伸。

从广义的后殖民文化批评理论角度来看,广义上的"殖民地"作为某种话语表述方式,主要描述的是某种状态——不独立、受外力包括外国外族等的主宰。而"殖民主义"是对这种"不独立、受外力包括外国外族等的主宰"状态的概括。在这种状态下,只有程度上的差别甚至感觉,而没有新、旧之分。那么在这种情况下,如果也存在一个所谓的"后殖民文化批评理论"来对这种状态进行批判的话,这种理论也绝非是法农、萨义德等人所进行的激进的文化批判,而是一种存在于人类文化发展进程中对文化碰撞、冲击以及融合问题一直都没有停顿的一般性思考。用"殖民主义"来对这种状态进行概括似有过多的牵强,同样,它也可以用其他的理论,比如英国文化研究、佩雷菲特的综合协调发展理论等来进行理论上的概括,而不一定非要沿用后殖民文化批评理论。后殖民文化批评理论的确开启了某种批判的领域,它是一种激烈的意识形态批判,是对帝国主义殖民侵略的思想颠覆。任何从它引申出去而将其泛化的努力都是和后殖民文化批评理论的初衷和终极目标背道而驰的。

通过以上的分析我们再来看美国、加拿大和澳大利亚等的后殖民性问题,就比较清晰了。如果从狭义的后殖民文化批评理论角度出发,美国、加拿大和澳大利亚的文学不应该归入后殖民文学。如张京媛所说,殖民主义是帝国主义侵略的产物,而非简单的民族的迁移。首先,这三个国家并没有像印度等国家和地区那样经历过大规模的外族武力入侵和长时间的外族殖民掠夺和殖民统治,它们不是现在后殖民文化批评理论所探讨的"殖民地"。其次,与其说这些国家曾经而且现在还在接受着来自欧洲文化和文明的"殖民主义",还不如说它们所进行的是与母国正常的文化交流,或者更不如说因为它们对世界上其他落后地区曾经有过军事和文化侵略,把自己定性为殖民主义的推广者更合适,而这些国家和地区把自己归入后殖民地区与儿子把自己归入父亲或母亲对他的"殖民"影响一样牵强和不可思议。如果我们这里所探讨的不是美国文化也不是澳大利亚或加拿大文化,而是美国土著印第安人文化、澳大利亚土著毛利人文化或加拿大土著因纽特人文化,并且,假设第二次世界大战后的民族解放运动中,印第安人起来推翻来自英国、法国等欧洲国家移民形成的美利坚合众国而重新建立起现在称谓"美国"——以印第安民族为主的国家,毛利人推翻澳大利亚建立起毛利人为主的国家——也称为"澳大利亚",因纽特人推翻加拿大建立起因纽特人的国家——也称为"加拿大",则自然它们就可以归入后殖民文化研究的范畴。然而现在的美国绝非印第安人的美国,加拿大也绝非因纽特人的加拿大,澳大利亚也绝非毛利人的澳大利亚,这已经是无须证明的共识。因此,在美国、加拿大和澳大利亚探讨后殖民问题,出发点和落脚点都应该是西方掠夺式殖民对土著的政治、经济、文化的霸权问题。也就是说,殖民和后殖民议题适用于这三个国家内部历史，来自欧洲移民对本土居民的领土占领、经济霸权和文化宰制，能够归入后殖民文化的只能是他们国内的土著文化。因此，把美国、澳大利亚和加拿大文化统统归入后殖民文化的做法是草率的，对后殖民所探讨的问题来说是旁生枝节，不仅无益，而且有害。

萨义德在《东方学》中并没有明确地说明这个问题，但他的一段话却可以给我们很多启发，他说，"如同本书一直试图表明的，伊斯兰在西方一直得到人们错误的表述——真正的问题却在于，究竟能否对某个东西进行正确的表述，或者，是否任何以及所有的表述，因其是表述，都首先受到表述者所使用的语言，其次受表述者所属的文化、机构和政治氛围的制约。如果是后一种情况（我相信如此），那么，我们必须准备接受下面这一事实：一种表述本质上乃牵连、编织、嵌陷于大量其他事物之中，唯独不与'真理'相连——而真理本身也不过是一种表述。从方法论的角度而言，这一事实迫使我们认识到表述（或错误的表述——二者之间的差异至多只是一种程度上的差异）里面包含有一片公共的游戏场，决定这一游戏场的并不只是某种具有内在一致性的共同对象，而是某种共同的历史、传统和话语体系"[1]。因此，决定后殖民文化批评理论这一"游戏场"的并不是一般意义上对殖民主义的理解，即认为共同针对的对象都是欧洲中心主义或来自英国、法国的殖民，而应该指拥有共同的被外族入侵（包括资源掠夺、政治和军事控制以及文化的同化输入等）的历史，有着民族解放、起来推翻这些异族统治、建立自己民族国家的传统以及经历着本土话语和外族话语的冲撞、融合（这里强调的是主词而非动词）等。

另外也有西方学者把殖民分为外部殖民和内部殖民，把美国对加拿大、澳大利亚等的影响称为内部殖民问题，并援引后殖民文化批评理论的范畴和话语进行分析，大有将其归入后殖民文化批评理论研究范畴的

---

[1]［美］爱德华·W.萨义德：《东方学》，第349页。

倾向。比如英国后殖民文化批评理论家吉尔伯特在其《后殖民理论》一书中说:"与殖民批评有关的视点和方法还越来越多地被用来说明'发达'世界内部的民族国家中'内部殖民化'文化的历史和困境。比如以英国为例,迈克尔·赫克特写的《内部殖民主义》(1975)一书开创了一个新的分析阶段,强调一直存在着一种基本是(新)殖民的臣属关系,苏格兰、威尔士和爱尔兰是'边缘'民族,英格兰是'中心'。同样,法农的《全世界受苦的人》一书否认在非洲裔美国人的历史和文化困境之间存在着有意义比较的可能性,但同样在这本书中带有讽刺意味的是,受欧洲人控制的殖民地民族却成了60年代美国民权运动和黑人民族主义运动的重要参照物。以亨利·路易斯·盖茨等人为代表的一代新的非洲裔美国批评家凭借像索因卡这样老的当代非洲作家的著作,试图详细阐述一种'黑人'的诗歌和文学理论。像安东尼·阿皮亚和托克斯·阿德瓦那样,迁居美国的非洲知识分子又进一步模糊了在法农身上还存在的那种隔阂,使得非洲裔美国文化和后殖民文化两种观点相互之间得以大大补益。最后,在1975年后'英联邦'文学研究基本成型时,这一研究的倡导者中有越来越多的人认为老的'移民'殖民地有其后殖民身份,这些殖民地是前英国自治领地,如澳大利亚、新西兰和加拿大。"[1]

关于加拿大文化与美国文化的关系问题,已经引起了广泛的关注,这样的统计数据有很多,并时常在更新。比如加拿大95%的电影、93%的电视剧、75%的英语电视节目和80%的书刊市场主要为美国文化产品所控制。[2]另外,西方学者柯林斯指出,"卫星电视有可能预示着那种向美国文化势力俯首称臣的'加拿大经历'会普遍化"[3];他还注意

---

[1] [英]巴特·穆尔-吉尔伯特:《后殖民理论——语境 实践 政治》,第6页。
[2] 乔兰,"行业分析:难以振翅高飞的欧洲媒体",2001年07月13日10:34人民网-市场报,http://finance.sina.com.cn/j/82824.html。
[3] [英]戴维·莫利、凯文·罗宾斯:《认同的空间——全球媒介、电子世界景观与文化边界》,第58页。

到，卫星电视或许真将宣告他所谓的"欧洲电视加拿大化"的到来，欧洲人担心被美国文化所吞噬。一时间，似乎这个来自第三世界的批判理论——后殖民文化批评理论——博得了来自第一世界和第二世界的同情，大家都不约而同地从不同的方向和角度向后殖民文化批评理论朝贺，使这种原本具有强烈的批判、激进色彩的理论似乎成了放之四海而皆准的东西，其从理论的边缘地位向中心的进发可谓凯歌高奏。

后殖民文化批评理论家比尔·阿希克洛夫特、格里菲斯、蒂芬合著的《逆写帝国：后殖民文学的理论与实践》对这种现象进行了比较客观和精辟深入的分析。他们认为，这些地区（加拿大、澳大利亚、新西兰等）面临着三方面的问题："第一，现在国家与欧洲母国之间社会和文学背景的关系；第二，这些国家的土著居民与现在的白人移民之间的关系；第三，这些国家操用的语言与引进的语言（比如母国的英语，以及现在来自世界各个地区的移民的语言）之间的关系。"[1]

针对第一个问题，阿希克洛夫特等人认为，这些国家的白人移民关心的是如何建构自己的"本土性"问题。[2]来自欧洲的白人在美洲、澳大利亚书写自己的时候，是无根的感觉[3]，然而他们所要建构的"本土性"是什么呢？那就是如何实现对这个新占领的所谓"本土"的巩固、持久统治，为自己的统治建构一套合理、合法、自圆其说的话语体系，希望在本不属于自己的土地上建构一种让自己的后裔自动认同的类似盎格鲁-撒克逊人对英格兰岛居住、占有、使用的自然性。如此，和英国人来到印度时所需要面对的问题性质就截然相反了。英国入侵印度的时候，首先强调的恰恰是欧洲人甚至英国人与印度本土人的差异性，差异在很大程度上履行着统治工具权能的作用。

---

[1] 参见 B. Ashcroft, G. Griffiths and H. Tiffin, *The Empire Writes Back-Theory and practice in Post-Colonial literatures*, p.134。

[2] B. Ashcroft, G. Griffiths and H. Tiffin, *The Empire Writes Back-Theory and practice in Post-Colonial literatures*, p.135.

[3] B. Ashcroft, G. Griffiths and H. Tiffin, *The Empire Writes Back-Theory and practice in Post-Colonial literatures*, p.138.

针对第二个问题，这些国家所担心的是会看到这样的场景，"在澳大利亚大街上，很多的人都像外国人一样地走着"[1]，这样的人构成了这些地区文化的多样性，他们在这些地区站稳脚跟以后，所追求的是自己的艺术，是根源于本土的花草树木和动物。[2]然而在这样的追求中，充斥的却是白人对土著灭绝性的屠杀以及到现在将其作为一种甚至可以忽略不计的力量的边缘化，白人——构成现在的澳大利亚、加拿大和新西兰的主流控制阶层——是殖民者，是针对土著的殖民者。

针对第三个问题，这些国家操用的语言是欧洲变体的英语，与欧洲母国有着深厚的联系，他们担心的、不愿看到的是本国文化、文学只是欧洲文化、文学的一个分支，"作为一种殖民文学，被定义为母国文学一个分支或附庸，刚开始是对自己无法确认，到后来结果则是一种自我的意识"[3]，这种自我意识最明显的感觉就是，"加拿大的词汇中隐藏着众多其他性质的经历，有时是英国的，有时是美国的"[4]，事实上，有时又是法国的。然而，后殖民文化批评理论在这里要质问的是，那个担心自己变体的英语被分支化的言说者其背后始终沉默的"他者"是谁？这个言说者是担心加拿大成为美国第51个州的问题，而这个言说者决定视而不见的恰恰是，它延续着的是欧洲帝国主义话语体系对土著语言和后来移民话语的控制。

这一系列"担心"的问题，事实上就是担心美国实施的以全球化经济为起点的文化新殖民主义问题。美国、澳大利亚、加拿大的共同点在于，他们都操英语，主流社会由欧洲白人移民控制，都经历过被欧洲殖

---

[1] B. Ashcroft, G. Griffiths and H. Tiffin, *The Empire Writes Back-Theory and practice in Post-Colonial literatures*, p.140.

[2] B. Ashcroft, G. Griffiths and H. Tiffin, *The Empire Writes Back-Theory and practice in Post-Colonial literatures*, p.140.

[3] B. Ashcroft, G. Griffiths and H. Tiffin, *The Empire Writes Back-Theory and practice in Post-Colonial literatures*, p.137.

[4] B. Ashcroft, G. Griffiths and H. Tiffin, *The Empire Writes Back-Theory and practice in Post-Colonial literatures*, p.141.

民也经历过向第三世界的殖民，都存在着对本土居民（土著）的殖民。不同点在于，由于各自经济发展水平不同，美国现在处于第一世界，它除了向第三世界输出全球化思想外，还对第二世界进行新的文化殖民。至此，我们可以得出这样几个结论：美国、加拿大和澳大利亚文学并不在现在所谈的后殖民文化批评理论的范畴之内；在探讨这些国家的文化、文学的后殖民性的时候，只能这样说，这些国家的土著文化、文学是应该纳入后殖民文化批评理论视野的，但也只能说它是文化新殖民问题，在很多范畴的使用上都和国际以及种族之间由领土占有而引发的后殖民探讨存在分歧，二者运用的理论工具或许可以通用，但要解决问题的角度和程度则有着很大的差异；同时，这些国家的主流文化、文学在某些问题上，比如身份认同上带有某些后殖民性，但从狭义后殖民文化批评理论来看，它所探讨的不是后殖民问题，而应该被称为文化新殖民理论问题。此问题从后殖民引申而来，与后殖民问题具有很多的共性，但在方式、程度和范围上已经大不一样。如此，以美国的文化新殖民主义为转折点，似乎铁板一块的"西方"开始分裂，"西方"不再是传统的西方。

第二节 人性第二自然和文化第三空间

欧力同、张伟在《法兰克福学派研究》一书的译序中提道，启蒙精神追求一种使人能够统治自然的知识形式。在这个过程中，理性最初是作为神话的解毒剂而出现的，但在后来，它本身却变成了一种新式神话，因而被广义地理解为西方文明合理化的最高命令的启蒙，把自然当作一个好像要为了主体的利益而加以剥削的他者来对待。启蒙对于自然的统治，对于人们之间的相互作用有着巨大的影响，这是因为，对于自然的日益增长的统治意味着从自然的异化以及对人类的同样日益增长的统治。启蒙理性主义提高了人统治自然的力量，同时又增强了某些人对另一些人的统治。启蒙精神还从语言学中系统地消灭了否定，使它不再能发出抗议之声，于是，语言不再显示意义，而变成无非是社会中统治力量的一种工具。在霍克海默和阿多诺看来，工业主义把人的主观性"物化"了，商业拜物教盛行于生活的每个领域之中，而思想本身则因此被摧毁了。这样，启蒙精神就走上了自杀的过程：随着阶级的巩固，和对自然的征服同时发生的，是大多数人对于一种作为第二自然而毫不留情地加诸他们的社会秩序的服从，而科学技术的发展只是完成这暴政的机器。[1]而康德认为，启蒙就是"人类脱离自己所加之于自己的不成熟状态。不成熟状态是指没有能力运用自己不经他人引导的知识"[2]。"不经他人引导的知识"就是由理性引导的知识。这不过意味着，它按照自身的一致性，把认识的个别材料构建成一种体系。[3]

这个第二自然（自然化了的人性空间）运用所谓的工具理性征服、役使着柔弱的人类理性世界。东方的"第二自然"和西方的"第二自然"不同。后者是启蒙所带来的工具理性占据统治地位的新的社会秩序；而前者除了这些之外，还有由西方殖民侵略造成的除了本土统治秩序之外的外族统治秩序，其中当然包括殖民势力培植的所谓"精英"势力对本土的控制秩序，这就是本书绪论中所探讨的殖民地的三重边缘化状态。在东方的"第二自然"中，殖民主义以西方诸如"发展""征服""先进""文明"的地位存在着，它是东方学家创造出来的"东方"，是冒险家和殖民者的伊甸园，但却是人性的失乐园。事实上，启蒙精神演化过程的延伸就是西方的殖民主义。启蒙精神破除的是神和自然统治的神话，从而找到一种统治、征服自然的自信与方式；殖民主义采取了同样的思路，只是它把殖民地的人民降低到启蒙精神的自然他者的地位，把殖民地人民当作为了主体的利益而加以剥削的他者来对待。

---

[1] 欧力同、张伟：《法兰克福学派研究》，"中译本序"。
[2] 《历史理性批判文集》，何兆武译，北京：商务印书馆，1990年，第22页。
[3] 参见曹卫东编选：《霍克海默集》，渠东、付德根等译，上海：上海远东出版社，1997年，第81页。

因此，殖民是启蒙下的异化，后殖民文化批评是异化后的启蒙。被压抑、异化的人性控制和奴役的他者无处藏身。"要了解殖民地的教育。在本质上，无法推行启蒙精神。启蒙，即是要通过教育使他们自觉到作为一个自然体与生俱来的权利和知觉到作为一个中国人所处的情境。这，殖民政府不能做，因为唤起被统治者的民族自觉，就等于让他们认知殖民政策宰制、镇压、垄断的本质；自觉是引向反叛和革命之路。殖民地的教育采取利诱、安抚、麻木等。""殖民主义的运作，首先是外在宰制，即军事侵略造成的征服与割地。但在征服以后，要完成全面稳定的宰制，必须要制造殖民地原住民的一种仰赖情结。这个仰赖情结，包括了经济、技术的仰赖和文化的仰赖，亦即是所谓经济和文化的附庸，使殖民地成为殖民者大都会中心的一个羽翼。大都会（在此是英国的伦敦）仿佛是一个统治一切的主子，有种种理论支持着；并塑造成属于优越、进步、发达的形象，边远的原住民是属于未开发或有待开发的属民。这个中心与边远关系和形象的塑造，包括野蛮人、吃人族神话的制造，有一段复杂的历史。"[1]法国当代历史学家马克·费罗在回忆中提及，当杂志《穿越》出版一期关于"铁路网络"专辑的回忆时，火车被当作一个和东方快车的美妙形象不相同的国际想象："黑烟本身是进步的符号。穿过火车，西方认同它自己的象征。以火车的名义，维多利亚制服了从好望角到开罗的非洲。以火车的名义，亚历山大和尼古拉威胁亚洲一直到海参崴。法国共和党人追逐同样的梦：穿越整个非洲大陆。可惜在达喀尔和吉布提之间，希望停止在了法绍达。在轮到美国的时候，为了控制太阳升起的帝国或者至少赢得公众的兴趣，山姆大叔向日本天皇送了一辆小火车。中国的慈禧太后不知羞耻地取悦列强：作为交换，她要求一辆快车停留在广东的口岸。这样，三个颜色的世界臣服于冒烟机器的主宰。"[2]

---

[1] 张京媛主编：《后殖民理论与文化批评》，第362—382页。
[2] 转引自[法]阿芒·马特拉：《世界传播与文化霸权》。

那么，被殖民者的真正栖息地在哪里呢？于是霍米·巴巴在其《文化的定位》中一再强调"第三空间"的重要性："言说的规则从来不会是在声明中已经设计好了的'我'和'你'之间简单的传播行为。意义的生产需要这两个方位是动态的，这种动态是通过'第三空间'在上下段落中实现的，这个'第三空间'代表着双方一般的言语状况，也代表着说话方式所带来的独特暗示——存在于在哲学上的表述的和制度化的策略中，自己身处其中但不能意识到。"[1]霍米·巴巴的"第三空间"具体来说就是处于政治和现实（类似马克思的上层建筑和经济基础）之间的文化实践，这是个过程。在这个过程中，我你之间的关系不再是简单化的二元对立关系，比如殖民者和被殖民者之间的关系，而是说，这种关系已经是某种自身无法意识的发声的一般条件和战略，主体是杂种性的，主体的杂种性来源于文化的杂种性。"第三空间说"是民族国家和民族地域限制从思想上解除以后思维方式的巨大变革，用德里达的话来说，是一种延宕。只不过霍米·巴巴把德里达的延宕思想用文化在书写形式和过程中的协商性和戏仿性合理化。"第三空间"是殖民地人民反抗的阈限，它安慰了殖民地学者，从而将革命性反抗的可能性降低到最小程度。这个空间内，殖民者和殖民地他者，即霍米·巴巴所谓的"我"和"你"之间的关系是动态的、协商的。只不过在霍米·巴巴的论述过程中，具有明显对立倾向的殖民者以及殖民地被置换成了我和你。但不管怎么说，霍米·巴巴的"第三空间"实质上是一种修辞幻象，某种意识上的存在物，是经过一系列的修辞运动后"造出"的符号空间。而费斯克则似乎更具体地提出"创造空间说"，"在《理解流行文化》一书中，费斯克大量运用了笛雪透的理论，认为普罗大众可以主动地创造自己的空间。他在书中直接借用了'日常生活'的论点，指出身处商品文化的受众仍有能力保持主动性：在屋主的房屋居住的我们可以使之变为我们的'空间'；居住实践是我们的，并不是屋主的。这种

---

[1] H. K. Bhabha, *The Location of Culture*, p.36.

'空间'在费斯克看来是一种'中间空间'(space of 'between'),是以'他们'的产品来达成'我们'的目的的之一种艺术"[1]。

因此,就出现了这样的一个思维链条:(过度)启蒙→人统治自然→科学;人统治人的强化→西方人的异化→殖民(打造第二自然)→西方人统治殖民地人民→异化的殖民地人民寻找第三空间发声。言说的原因就是由殖民统治造成的第三世界进入了第四世界——一个有意无意屈从的自然无声的世界——殖民主义(不管是殖民主义、后殖民主义还是新殖民主义)所追求的最高境界,也是真正的殖民的完成。

第三节 主体第三天性和文化身份第四世界

一、文化的异化

事实上,我们在本书绪论中所谈的殖民地三重边缘化状况,用一个词来概括就是异化。异化了的殖民地是由过度启蒙推动下已经异化了的第一世界和二度异化了的殖民地本土精英所打造的第四世界。因此,我们在深入分析殖民地第四世界的状况之前,需要对异化有所认识。

美国伊利诺伊大学哲学系副教授理查德·苏哈特[2]于1971年出版了专著《论异化》。普林斯顿大学的哲学教授沃尔特·考夫曼[3]为这本书写了长长的序言,《论异化之不可避免》("The Inevitability of Alienation"),提出了异化是人类生存状态的观点,对我们探讨殖民主

---

[1] 朱耀伟:《他性机器?——后殖民香港文化论集》,第6—8页。
[2] 理查德·苏哈特(R. Schacht),美国伊利诺伊大学哲学系副教授。他曾在德国图宾根大学(Tubingen University)学习,1967年从普林斯顿大学获得博士学位。他的研究领域是19世纪和20世纪欧洲哲学。除了《论异化》专著外,还有其他的著作和论文,诸如《黑格尔论自由》和《胡塞尔与海德格尔的现象学》等。
[3] 沃尔特·考夫曼(Walter Kaufmann),美国普林斯顿大学哲学系教授,著作有《异端的失败》《从莎士比亚到存在主义》《黑格尔:重新阐释》和《悲剧与哲学》等。

义所造成的异化有非常重要的启发。

在此序言中，考夫曼对异化进行了理论上的分析。他认为，"异化"一词从冷战期间盛行以来，是一个东方和西方、马克思主义和存在主义交会的地方。如果有人说异化在以前就存在，那么我们只能这样说，在我们这个时代，它愈发极端发展甚至是整体性的异化过程。考夫曼认为，不仅在资本主导的社会，在此以前即非资本主导的社会，异化也大量存在。也正是基于此，考夫曼批评关于非异化社会的梦想以及那些认为事情从来没有这样糟过的时髦的思想。考夫曼认为，异化既非一种病态也非一种福音，不管怎么样，它是人类存在的一种样态。

考夫曼提出，大多数关于异化的讨论都从三个方面历史性地失聪：第一，无力搞清事物在以前究竟是什么样子；第二，总是健忘这样的事实，那就是日常性变化的副作用，从长远来看，往往被证明比那些故意所为作用力更大；第三，无法用历史的眼光来看待当前通行的时髦的"异化"。他把异化限定为"某人与某物或其他人的疏远"。他说，"我们无须保证说以前 A 接近 B。事实上，疏远能使 A 突然感到或意识到某种隔阂是如何使他和 B 分离的"。他还提醒说，"异化不一定必是破坏性的。一个人不可能参与到他可能附属的所有的组织，他必须进行选择。不仅时间和能量是有限的，一些组织也把自己和其他的组织定义为对立的。从 B 中异化出来可能是一个人附属于 C 的付出的成本；当然，它也可以不被感觉为一种付出"。而且，"很多种的异化还对人富有成效。"

因此，总结考夫曼关于异化的分析，我们发现异化有两个方向：其一是人从自然的异化；其二是人从自我的异化。在这里，所采用的"异化"的含义是考夫曼所界定的，即"将其限定在某人与某物或其他人的疏远"。对异化的困惑来自太多的关于人类的生存假定。比如说，人是有创造性的和没有创造性的两种假定，人类对自我本然和应然的模糊，人类的健忘以及历史眼光的缺乏。正是基于这些描述，考夫曼才得出他的结论：异化是必然的，是人类生存的样态。

对于异化的应付办法，考夫曼比较赞同尼采的观点：让大众安于他们的平庸，不要用太多的教育来激发他们过多的希望："这种疏远的感觉可以通过彻底削减大众教育而实现其最小化，通过洗脑、药物——甚至通过医学上的对前脑叶白质的切除手术来实现。但如果绝大多数人只是对他们可能会成为的样子进行拙劣的模仿，那么，为了让他们更人性化（仁慈），很有可能需要让他们首先变得愈加疏远（异化）。"同时，考夫曼认为，重要的是在认清人类作为一种异化的存在的同时，通过什么办法提高人们应付异化的能量和空间。在这一点上，他没有进一步阐述。

事实上，考夫曼提出的应付异化的办法在很大程度上和当前社会的步调是不一致的（当然，这也是异化的过程），或许他是想使人类、使思想从目前飞速的异化中解脱出来，把眼光放到历史性的角度和远处，用矛盾的或辩证的眼光来为我们提供一个应付异化的方法，至少希望为我们提供一个应付的思路，那就是：首先摆脱目前最时髦的异化。而这种深陷其中的、最难觉察的异化过程就发生在每一个普通人身上，或许通过前资本主义社会或当前的社会主义和资本主义的彼此观照能发现彼此的异化，但对于当前的全球化时代人类异化呈现出的加速现象却很难认清。在这种情况下，看待考夫曼和尼采的策略，是用历史的眼光反历史的。但一个"反"字就足以概括对待异化的反应和反异化的全部含义吗？

一个人当他自己意识到了自我的异化状况的时候，是自我意识觉醒的开始；当他开始分析异化的现象特征和原因的时候，他开始有了自主性；当他开始分析自我的本然和应然的时候，他进入了哲学；当他开始对照这个自我的本然和应然与目前的"自然"的时候，他开始了批评；当他把自己的思考放大到社会整体的时候，也是他的自我的异化放大到社会整体的时候；当一个人把自我和自然、他者对立起来的时候，他开始了从自然的异化；当一个人把现在的我和本我、应然的我对立起来的时候，他开始的是从自我的异化；当一个人认为他已经认识到了异化，并开始了反异化的长途跋涉的时候,他走的不过是另外一种更高层次的异化——一个没有起点也没有终点的朝向人类终极的异化——而且,这个终极的意义本来就始终处于被追问并异化的过程之中。所以,说到这里方才理解考夫曼的深刻:异化本就是人类生存的样态,我们所要做的,就是要认识到这个样态,并积极思考如何去应付这种异化。这正如人为了生存就必须每天进食一样,那么,现实的问题就不是如何解决"不进食也可以让人生存"的问题,而是解决如何进食更有利于生存的问题。

考夫曼关于异化的讨论最主要的贡献就是让我们深刻理解了人类异化这个一般状况,从而推动我们进一步思考,在当前这样的异化的一般状况之下,异化的"角落"——超出一般异化范畴而非同一般的异化——殖民主义的异化的特点是什么。法农的《黑皮肤,白面具》可以说是用整部著作来论述殖民主义之下黑人世界的异化状况的。

在法农的眼里,黑人有两种状态,一种是异化,另外一种是缺乏判断力。他说:"我想让他(黑人)明白的是,当白人在场的时候,一个黑人与他的同伴之间缺乏理解时,其实是缺乏判断力。"法农是这样形象地定义"异化"的,"一个塞内加尔人学习克里奥尔语是想被作为一个安的列斯人而通过审查:我称这种现象为异化。一个被人认为从不厌倦于别人对他开玩笑的安的列斯黑人:我称此为缺乏判断力"[1]。

法农认为,"那些拒绝将自己封闭在以往的物质主义高塔中的白人和黑人将会非异化"[2]。这种拒绝就是要让自己成为自己的主人。"我自己是我的奠基人。并且,超越了历史的和工具性的假设,我即进入了我自己的自由的轮转。"[3]进而,推己及人,"每当一个人对人类精神的尊严有所贡献的时候,每当一个人对征服他的同伴的企图说'不'的时

---

[1] F. Fanon, *Black Skin, White Masks*, p.38.
[2] F. Fanon, *Black Skin, White Masks*, p.225.
[3] F. Fanon, *Black Skin, White Masks*, p.231.

候,我从他的行为中感受到了某种团结"[1]。也就是说,"通过这些追求自由的持续的张力,人由此才可为整个人类世界创造一个理想的生存条件"[2]。在书的最后,法农呼吁,"我,作为一个有色人种,希望的只是这些:那就是工具永远不要支配人类;那就是人对人的奴役永远地终止;那就是大家肩并肩;那就是对我来说有这样一种可能:去发现和热爱人类,不管他是在哪儿"[3]。

通过法农对黑人异化的分析,我们可以看到,白人对黑人所成功实现的,也就是所有殖民主义试图做的,就是成功的、更为有效地把他们的某种"法律"(东方主义)镌刻在被征服者的心灵和肉体上,从而让被征服者进入一种自我解构的隧道,从而内外配合地实现西方人眼中期待的自我结构,这种逻辑的主观就是中心权威的消失(土著意识)和建构(西方倾向),从而为一种新的法规和政治、社会权力的概念打下基础。殖民者在黑人世界构建了一个全新的主体世界——而这个全新的人类主体就如艺术品一样,是在自身的对自由向往的特性深处而非某种强制性的外部力量中寻找规律。法农《黑皮肤,白面具》中描写的黑白混血女人即是此种主体。法农写道:"一个胆小的谦卑的黑人情愿接受他的主人的一切呵责——即使只是因为主人是比他'更白'一点的混血儿。但是,当这个'更白'一点的主人接到黑人奴隶的求爱时,她感到莫大的侮辱,她认为他是个白痴、白丁、无赖,并且需要给他点教训;她要教会他更加礼貌和不要厚颜无耻。她要让他明白:'白皮人'可不是为他们这些下贱的族群人准备的。整个'混血儿'群体共同感到了莫名的愤怒。他们向公共事务部的官员写信,要求殖民官员注意这些'黑人'的行为,并要他们因为他们造成的对'混血儿'精神上的严重损伤给予补偿!"[4]

---

[1] F. Fanon, *Black Skin, White Masks*, p.226.
[2] F. Fanon, *Black Skin, White Masks*, p.231-232.
[3] F. Fanon, *Black Skin, White Masks*, p.232.
[4] F. Fanon, *Black Skin, White Masks*, p.56.

这个全新的主体意识，不是刻在额头上和法典中，而是铭刻在其内心。它成为这个新群体的真正"宪法"，其力量从无到有，与日俱增，它确保这个新的群体按"宪法"的初衷行事，并不知不觉地将该群体的意识扩展到其他群体，"舆论领袖"的地位不可抹杀，比如土著中的精英。殖民主义所带来的结果是使土著人中的接受了西方文化教育的所谓"精英"从他们所生存的社会中异化出去，然后在接受西方文明和文化形式的过程中，再进行下一步的异化——即自我的异化。这个过程是通过在自我认同的链条上楔进西方文化的自我，从而造成本我和自我的异化，在这个异化的作用下，殖民地个体对本我产生了怀疑和动摇，对西方文化他者的自我发生了兴趣和欲望，在这种异化加剧的过程中，殖民主义试图实现的就是后者对前者的彻底置换，即实现法国的同化政策和现在的美国所谓的文化全球化。最终这种意识在其适当的时机取代其他所谓权威的力量，进入统治阶层，渗入风尚、习俗、舆论。这就是文化新殖民者期待的力量，是他们任何目标（政治、经济、军事……）赖以成功的力量。"东方主义"的意识像植牙一样种在个别与个别相联系的一般之间（即霍米·巴巴所谓的第三空间）。它是运用强权的形式，生硬地割断每个个别与其一般之间的契合，在文化间离的前提和结果下，构造新的主体的尝试和暴行——无法律的合法性，不是权威而权威。

二、主体第三天性和身份的第四世界

被殖民者自我异化的结果就是第三天性的塑造和从意识上进入到殖民主义、文化殖民主义所期待的最终结果——第四世界的打造。

黑格尔在《法哲学》中谈道，伦理似乎不是一种法律，而是一种风俗，一种成了第二天性的习惯性行为方式。风俗是自由精神的法则；教育工程就是要向个体展示新生之路，把他们诸如嗜好、欲望之类的第一天性转化成后天的第二天性，让他们习惯于此天性如习惯于本性。[1]殖民历程（文化新殖民）即是在诸如嗜好、欲望之类本能范畴的第一天性的基础上，消解、颠覆由民族文化、教育工程所形成的第二天性——人类文化自我发展过程中必要的他者性，把西方眼中的"希望的东方性"注射进东方，使盲目的个人主义和愈加抽象的源自西方而带上普遍主义幻相的普遍主义耦合，从而打造第三天性，打造新的西方需要的、欢迎的主体和主体意识。这是一种理性基础上的非理性冒险。而且，这是一种群体性的活动。法农在《黑皮肤，白面具》中写道，"我被憎恨、被鄙视、被厌恶，不是被街对面我母亲那边家族的堂兄弟，而是被整个一个种族。我面临的是某种无理性"[2]。在这种无理性下，白人和黑人处于一种无比尴尬的境地，"当人们喜欢我时，他们告诉我说不包括我的肤色。但他们不喜欢我时，他们指出并不是因为我的肤色。不管怎么说，我被锁进了这种恶魔般的怪圈之中"[3]。这个"怪圈"就是第三天性的生态。第三天性没有任何的主体和主体意识。用法农的话来说，只有白人对黑人"期待"的东西，并且不时地提醒着黑人，这个"期待"的东西才是黑人"应该"的所在。"当我正在忘记、宽恕时，只想去爱的时候，教训像一记耳光一样抽在我的脸上。这个白人的世界，这唯一的尊贵，把我彻底排除在外。一个人被期待着从行为上像一个人。我被期待着从行为上像一个黑人——或至少像一个黑鬼。我大声地向世界宣告我的问候，这个世界用鞭子抽走我的快乐。我被告知待在你的边界里，滚到你该去的地方。"[4]

伊格尔顿在《美学意识形态》中提道，"随着早期资产阶级社会的成长发展，强制和赞同之间的比率却渐渐地发生了变化；唯有向后者倾斜的统治才能有效地控制其经济活动所需要的高度自律的个体"[5]。

---

[1] [英]特里·伊格尔顿：《美学意识形态》，王杰等译，桂林：广西师范大学出版社，1997年，第10页。
[2] F. Fanon, *Black Skin, White Masks*, p.118.
[3] F. Fanon, *Black Skin, White Masks*, p.116.
[4] F. Fanon, *Black Skin, White Masks*, p.114.
[5] [英]特里·伊格尔顿：《美学意识形态》，第11页。

"按照卢梭的观点,若主体服从的乃非个性化的法律,其结果就是奴役。"[1]当殖民统治的血腥规则被分解成自发的、能动的反应,当殖民统治者与新旧大陆相互之间居然建立起对话机制之时,当殖民统治的整体战略成功到能使"基因"由移植到自我生产的程度时,所谓的共同社会即将形成。第三天性的塑造从殖民史的强制中走来,向文化新殖民的渗透性和有保留的赞同性走去。新的"独立"主体进入了世界联动的链条,文明的多样共生机制终将被打破——最终结果就是文明的死亡。

在这个所谓的"共同社会"中,殖民地主体生产的自我是第三天性中的第二个"我"。安·杜西尔说:"我周围的大人都是白人(只有我的父母除外),我的玩具娃娃像周围的其他绝大多数事物一样,也是白色的,……我的童年大都沉湎于奇思幻想,完全交托给虚拟物的王国,既没有注意到也不会在意我的玩具娃娃与我不相像。我甘愿投入并相信的那个虚拟世界完完全全是白色的,就是说,我捏造了一个'我',我想象出一个'我',在我五彩缤纷的梦幻里的自我并非像我一样是黑色的,而是像我的玩具娃娃。在我五十年代至六十年代的童年时光里,那个黑色的他者就是我的自我,但是只能被想象成没有面孔的、遥远的和完全陌生的自我,就像我们的战争游戏里作为他者的外国人的身体。"[2]

杜西尔对打造这个第二个"我"的西方进行了深刻的反讽:"听一听我们的语言:我们'容纳差异';我们实行'种族宽容'。通过质询和普遍化的复合骨折,他者不是按其自身的形象被复制,而是按我们的形象去复制。"因此,当逐渐反思自我异化的黑人回头再来看一下伴随他童年生活的芭比娃娃时,他开始了不断的质问:"芭比坏吗?芭比只是一块塑料,但是它就我们这个社会的经济基础所说的话——它就我们这个世界的性别和种族所表明的意思——并不好。"

---

[1] [英]特里·伊格尔顿:《美学意识形态》,第13页。
[2] 安·杜西尔:《跨文化的芭比》,马海良译,载《天涯》2001年第2期。

当人类需要或仅需要用肤色来进行区分的时候，那么，人和动物的区别也就很简单了，那就是皮毛的颜色和亮度。而事实上，在这样的标准下，人类（号称世界、自然的主人）与老虎比起来简直逊色万分，甚至还不如山林中的一只野雉。但人类还是"阴险地"主宰着这个世界，因为，在"肤色政治学"之下的，就是种族进而是文化的经济压迫学。在这个消费主义的社会里，能够称得上在政治、经济上有权力的，始终就是那极少的一撮人。但这少数人却运用他们手中的权力塑造着其余大多数人的生活乃至思想，最终创造出一个与其说是符合"西方人"利益或"白人"利益，还不如说是符合资本利益的金字塔式控制结构（世界—社会—人），于是，在这样的少数人的千方百计下，所有的人都往下看，看到比自己不如的人和世界。但黑人，这最底层的一群，就只能盯着蚂蚁和蚯蚓了！"身体特点隐含身价"，如此，人的价值衡量就和市场上选择马匹和猪仔没什么区别了——第四世界的现实和悲哀！

从宗教的神秘主宰到俄国神秘象征诗人的玄学，他们都相信有人类经验所不能达到的所在，有另一世界；这个世界是不能感知和不能说明的神秘的世界，在这个世界里，其代表者是菩萨，是上帝，是穆罕默德，真主安拉或其他。但西方殖民者在殖民地人民，最典型的，在非洲人（黑人）那里，却塑造了此在世界中的另一个神秘的世界，白人的世界。在这个现实的神秘世界中，充斥着白人至上论的神话；从繁复的西方礼节，到精细的生活享受；从巨大的生产能力、武力到白色的皮肤；从创造的能力到生活的能力，再到想象，都构成了此在世界的新的划分：神的世界下的另一个层次，包括发达（文明即"上帝"）的第一世界；比较发达并接近和脱胎于第一世界的"第二世界"；永远处于追赶和落后阶段的第三世界；事实上，殖民者的残酷和阴谋又制造出另一个世界，即在人的内心深处的第四世界：丧失自我，认同他者，在外力（殖民）和内在空虚的前提下将自我杀死，并在现实中将躯壳交给幕后的他者，使自我的存在成为当前和未来稳定、和平、民主发展的人类社会的"变数"(或加权系数)。他们用他们不知所云的呓语、不知所终的胡为以及"他者"批发给他的纸糊大氅在闹市中急走而掀起波澜,在历史的未来中做的就是不断自我放逐的事情。不能说他们没有信仰,口中之涎不都是来自第一、第二世界的"垃圾快餐"吗?不能说他们没有操守,他们对自由、民主、平等、博爱等第一、第二世界的游戏规则不是坚定得不能再坚定吗?不能说他们无所作为,他们在奔向第一、第二世界的路上不也挥汗如雨,且自信在这"走出埃及"的路上通过他们的免费推介而人气渐增吗?不能说他们愚蠢,发起塔斯克基运动,旨在培养温和能干的黑人的布克·华盛顿不是几年间成了明星式的人物而受到来自各界的赞颂吗?不能说他们的努力没有结果,因为天堂的坟茔里还能看见这样的墓志铭:这是主人约翰和他的狗——"黑人"某某安息之所。沉默,喧嚣背后文化个性的沉默以致沉没、沉沦。用法农的生动的话来说,如果不抵制它的沉默,它们就会生产出"没有锚地、无色、无国、无根的个体——天使的种族"[1]欺压在被殖民者的头上。

从政治、经济和社会地位的角度来探讨第一、第二和第三世界甚至第四世界是一件没有头绪且充满变故的事情。事实上,后殖民文化批评理论所关注的的确是第三世界或第四世界的政治、经济和社会地位问题,但又远远超越了这些。更确切地说,后殖民文化批评理论所关注的更是心理和文化的状态,即文化的生态问题。从这个意义上说,三个或四个世界的划分是延伸到文化心理的结果。比尔·阿希克洛夫特等合著的《后殖民关键词研究》中谈到第三世界和第四世界,"第三世界形象"产生后逐渐在传播中成为某种关于贫穷、疾病、战争的意象,并经常用它来勾画衰弱的非洲或亚洲形象,强化此概念在西方普遍使用中日益增长的种族主义倾向。而且,这个词也可以用于对任何欠发达社会或社会状况的一般性描述。"第三世界状况""第三世界教育水平"等,强化了对联合国中经常被划入第三世界国家的近三分之二成员的蔑视。在这些

---

[1] 罗钢、刘象愚主编:《文化研究读本》,第212页。

地区，明显的经济差异已经开始出现，随着很多地区的经济发展，尤其显著的是亚洲，一些经济学家开始提出了"第四世界"这个概念来描述那些在经济规模上更加弱小的群体。"第四世界"现在也用来描述那些移民到来之前的本土居民群体的经济地位和受压迫状况，他们被放置在一个比起其他后殖民人群在社会和政治层次上更加边缘化的地位。另外，2002年5月26日《参考消息》头版头条，《美国经济模式：衰败的偶像》一文指出："西方眼中的样板变成第三世界的灾难"。记者詹姆斯·彼得拉斯谈道，阿根廷从1992年到1997年执行了美国等自由主义经济专家开出的所谓"正宗"药方，最终从世界银行等盛赞的第三世界"样板国家"变成"贱民国家""麻风国家"。在文章的最后，记者写道，"阿根廷正在沿着下坡路走向'第四世界'，而不是像世界银行6年前预言的那样，是'即将进入第一世界的第一候选国'"。在该文中，记者也是用"第四世界"指代比第三世界更加处于边缘化地位的国家。但事实上，这种经济和政治角度上的边缘化地位的描述并没有揭示出以前的第三世界和现在的第四世界国家在国际上地位的实质。

与从经济学意义上讲的第四世界（从第三世界分离出来的更加弱小的经济群体）不同，文化意义上的第四世界是存在于第三世界后殖民地区和国家之中的，主要是指其文化心理中被三重边缘化后的生存样态。事实上，后殖民时代的主角就是第四世界，后殖民文化批评理论事实上是第四世界的批判话语。在第四世界中，诸如萨义德笔下的"东方"、斯皮瓦克笔下的不能发声的"属下"、杜波伊斯笔下的帷幕后的黑人、莫汉蒂笔下的第三世界的妇女等都是第四世界的臣民。而且在此中还有层次程度的不同。比如这其中有"顺臣"：如克拉梅尔等有壳而空心的人；有像布克·华盛顿等一样的半空心人；还有如法农、阿契贝、塞泽尔、桑戈尔、杜波伊斯等一样的逆子贰臣；还有黑暗深沉的根本没有发声的无心人。"空心人"（包括有壳而空心，也包括无壳无心人）是第四世界的主流。"20世纪，黑人在他们自己的种群中不知道自卑何时被他者带来并存在。"[1]在第四世界里，人们在活生生的现实里却遭受着地狱之苦，向往、自卑、求而不得、无处可求等交织在一起。因此，第四世界的提出即是让身处后殖民时代的人们深刻认识到这种现象的存在原因、继续的可能以及应对措施。同时，在马尔库塞批判资本主义工业制造"单向度的人"之后，殖民历史还在继续制造"空心人"，对那些饱受殖民摧残的殖民地第三世界来说，全球化、资本主义、市场经济等，都是他们未知的领域，他们面临的危险是，把殖民者赶走的一刹那，巨大的政治、经济、文化落差——这些已由那些殖民者险恶地装备好的一切，将使他们堕入第四世界，做一个空心人——一种彻底的殖民，彻底的人的商品化和物化——且处于最底层的境地。

在通向认识、辨别"空心人"的道路上，需要一把钥匙，那就是后殖民的视角。事实上，从福柯的《知识考古学》和德里达的解构开始，在西方思想内部，在具有终极关怀的世界学者心中，已经开始了对现存三个世界中的从社会现实到社会文化的组成元素（比如语言等）的非人性外观和实质的反思和批判。但法农、萨义德等后殖民文化批评理论家的功劳在于，他们向我们展示了第四世界从肉体到文化精神的由来、现状和惨象，他们把西方文艺理论中对"权威－边缘"的思考和颠覆引向活生生的现实，从而使"解构"这一学术性很强的术语在历史、人性的链条中焕发出异彩，而且占据了一个伟大的位置。

在朝向颠覆第四世界的路上，法国和加勒比的黑人性运动以及美国的黑人文艺复兴运动等做出了勇敢的尝试。但分析他们的得失，我们发现，如果民族、种族的地位或命运的秩序能通过"文化"——通过祈求于暗含在民族传统中的价值或情感——就能自我建构和维护的话，那么这个过程最大的倾向就是诱发出带有极大煽动性的空想主义来。它抵制自然化的力量，而希冀从人的内心深处探求出动力和方向——而事实上，这个内心深处与传统的价值或情感的脐带早已割断，伤口弥合于无

---

[1] F. Fanon, *Black Skin, White Masks*, p.110.

形了。如此,激情也就如昙花一现,从现实状况来考察,它与其说是一场运动,还不如说是"觉醒"的智者的呓语带上了过于浓重的超现实主义特色。

因此,在考察这个问题时,伊格尔顿的话很有启发性,他在《美学意识形态》中说,"正如伯克在《新辉格党对老辉格党的吁求》一文中所言:'当人们凭借感情而活动时,他们的激情总是有限的;而当人们受想象的影响时,他们的激情则是无限的'"[1]。我们在这里不妨增添一句:当身处后殖民时代的第四世界的人们在想象的影响下,在后殖民文化批评理论的启发下投身于现实的权利斗争时,他们的激情才是有效的。如此,后殖民文化批评理论的超越性才会体现得淋漓尽致。

---

[1] [英]特里·伊格尔顿:《美学意识形态》,第17页。

第 四 章

后殖民文化批评理论主体视点：杂种论

殖民主义打造了深陷于第四世界的主体，从现代东方学到当代东方学，从殖民主义到后殖民主义或文化新殖民主义，所维护的就是这样一种打造的结果和过程。后殖民文化批评理论就是要从对这种主体打造的过程起点入手，考察从殖民主义造成的族裔散居开始，殖民者和被殖民者主体与自我的疏离（异化），文化上发生的变迁，以及文化的变迁导致文化认同的混乱。这种混乱的根源在于文化变迁中对"自治"的扭曲，而扭曲的"自治"下，文化的变迁更多的是以文化的模仿和戏仿面目出现，于是，殖民地文化成为文化的杂种、殖民者真正的"他者"、不发声的"属下"，进入到了自我主体所无法自控的东方学家注视下的发展轨道，最终是文化新殖民——真正的殖民的开始。

主体视点的探讨将把对主体的认识从给定条件下对主体的指定动作的研究，深入到对主体的自由体操的研究。我们以前（包括殖民主义）是把主体放在某个意识形态、话语或言说方式下，作为某种固定的形象进行延伸性的研究——研究在这样的条件下，主体的自我与他人和社会的关系问题。在后结构主义的观点下，主体被从某个中心的或舞台主角的位置拉下来，回到了身体——它来源、生长和存在的地方。在这里，主体将是这样的一个概念——它将依赖于身边的说者（不再是单一的权威）以及自身和其他主体（包括社会主体、政治和他人等）的关系来确定。主体回归的意义在后殖民文化批评理论看来，即是对由殖民主义所打造的第四世界或关于东方的所有固定的低下的"属下"特性的颠覆，是主体个体意识的觉醒，是民族意识真正觉醒的前提。

阿希克洛夫特等人指出，"对结构主义和后结构主义来说，主体的概念发生了变化，与其称其为某个中心或是某种'出场'，不如称其为不过是一个'结点'。库勒认为，个体已经被剥夺了作为意义之源以及意义主人的地位，在文化话语中，'个人身份'这样的概念浮现出来，'我'这个概念不再是某个给定的东西，而变成其他人在言及的以及在和其他人的各种关系中才存在的东西"[1]。

第一节　文化的变迁

一、族裔散居和文化身份

后殖民文化批评理论所关注的一个重要问题是族裔散居问题。阿希克洛夫特等人合著的《后殖民关键词研究》一书是这样定位"族裔散居"的："散居——人们从他们的家乡自愿地或被迫地迁移——是殖民过程中的一个中心历史事实。殖民主义自身就是一种激进的散居运动，包括上百万的欧洲人向整个世界的临时性的或长久性的分散或定居。这些移民在世界范围内造成的影响绵延至今。很多这样的'定居地'被历史性地发展成为专门为帝国都市人群提供食品的栽植或种植殖民地，因此，在很多地区产生了大量的人口需求，而本地却无法满足。"用张京媛的话来说，族裔散居是指"某个种族出于外界力量或自我选择而分散居住在世界各地的情况（用通俗的话讲即是移民现象）。散居的族裔身在海外，生活在所居处的社会文化结构中，但是他们对其他时空依然残存着集体的记忆，在想象中创造出自己隶属的地方和精神的归宿，创造

---

[1] B. Ashcroft, G. Griffiths and H. Tiffin, *Key Concepts in Post-Colonial Studies*, p.224.

出'想象的社群'"（imagined community）[1]。

事实上，爱德华·萨义德就是族裔散居的代表，而后殖民文化批评理论就是由那些散居化的族裔所引发的。后殖民文化批评群体可以归为以下三类：其一是有着欧美文化和学术背景的学者，如弗雷德里克·詹姆逊；其二是那些出生在第三世界国家并接受其文化教育而现在在西方居住、研究和写作的学者，包括斯皮瓦克、萨义德、霍米·巴巴、德里克等；其三是居住和工作在第三世界的作家、诗人和革命者，包括阿贾兹·艾哈迈德、阿契贝以及弗朗兹·法农、艾梅·塞泽尔等。其中，罗伯特·扬所称的"后殖民文化批评理论三剑客"中，萨义德原籍是巴勒斯坦，斯皮瓦克原籍是印度，霍米·巴巴也是印度人。另外德里克是土耳其人、阿贾兹·艾哈迈德是印度人。一些学者对这些后殖民文化批评理论家的评价就是，来自第三世界国家，现在在第一世界的美国，高居美国大学的教席，领受着优厚的俸禄，做着批评美国文化的事。另外也有学者称，后殖民文化批评理论就是由一批主要是来自印度的理论家发起的，并且这种理论逐渐在世界政治、经济、文化中心的美国由少数者话语向话语的中心地带运动，从美国这样的一个制高点向世界其他地区进行了散布，用萨义德的话来说就是进行了"理论的出航"或"理论的旅行"。不管这些说法的出发点和用意如何，作为一种理论，其地位的确立，在很大程度上，由提出者提出后就已经交给了历史，历史会从广度和深度上对其进行检验。事实上，到目前为止的这种"检验"已经摆脱了这些学者所单纯描绘的图景。后殖民文化批评理论的确由这些散居的族裔而引发，他们最初探讨的问题也的确引起世界范围内的关注，但事实上，后殖民文化批评理论也已经超越了这些，它已经进入到了通过对人类历史上殖民主义所带来的对包括殖民地和殖民者双方的恶劣影响的研究，而对人类现实和未来生存状况进行研究的阶段，它的目标已经由最初的对殖民主义的批判升华到为人类文明的发展探寻某种可能的思

---

[1] 张京媛主编：《后殖民理论与文化批评》，"前言"。

路。这种超越性的探讨目前还集中在对后殖民文化批评理论的一些关键问题的思考上,比如引发后殖民文化批评理论的族裔散居问题。由族裔散居所引发的后殖民问题包括:散居带来对居住地文化和母体文化的双重批判,这种批判奠定了后殖民文化批评理论家的地位,同时也让人对这种地位产生质疑,后殖民文化批评理论家的文化身份问题成为后殖民文化批评理论中备受关注的一个重要问题。

从阿希克洛夫特和张京媛对族裔散居的定位,我们可以看到,族裔散居的最大推动力就是殖民主义,在这样的推动力下,族裔散居存在几种形式:第一,由欧洲殖民者从非洲掠夺奴隶到欧洲和美洲;第二,由于殖民和通过殖民扩张,欧洲人到美洲以及其他地方定居;第三,由殖民主义之外的原因(如经济、文化向心力等)所推动的世界历史上民族的大规模或局部的人口迁移,比如中国人下"南洋",亚洲人移民到美洲或欧洲等。族裔散居化的过程是在被东方学家称为某种"进步化"的时期,在这些时期,最主要的发展就是欧洲和美洲由于奴隶贸易和殖民扩张所带来的"发展",但这种"发展"对这些被迫"散居"的人群造成的深刻的民族、人性的灾难却也是有目共睹的。如本书上一章中分析的由殖民主义造成的对被殖民者人性的扭曲——对第三天性的打造、对第三空间的幻想、第四世界的彻底殖民状态等。对族裔散居进一步的深入思考,引发了我们对这些后殖民文化批评理论家身份地位的质疑。这里以萨义德为例,分析一下族裔散居者的文化身份问题。

萨义德,这位哥伦比亚大学教授、后殖民文化批评理论的开创者,对于15岁那年离开埃及开罗的家的情景,仍然记忆深刻。普林斯顿、哈佛这样的名校背景,以及《东方学》《文化与帝国主义》这样的著作,令这个外乡人在西方主流知识界获得了席位,但是一种强烈的异化感仍旧主宰着萨义德。他对此的经典陈述是:"流亡是现代知识分子的典型状态——准确地说,是唯一一种值得我们尊敬的状态。"[1]芝加哥大学教

---

[1] 转引自许知远:《被浪漫化的流亡》,《21世纪经济报道》2001年4月9日。

师玛莎·纳斯鲍姆的文章《教条的终结》对萨义德的《流亡沉思录》进行了评论，说流亡是爱德华·萨义德的"政治状况"。作为一个成长在埃及和美国的巴勒斯坦人，作为在哥伦比亚大学执教38年的知识分子，萨义德知道国家意味着什么。他主要是以文学批评家和理论家的身份出现在世人面前的，他的"东方主义"有着广泛的影响。萨义德相信，流亡虽然痛苦，但从道德上讲却是更有价值的生存状况。另外，萨义德在英国广播公司瑞思系列演讲"知识分子的流亡"中再次谈到一样的话："在自己家中没有如归的安适自在之感，这是道德的一部分。"[1]

从萨义德的概括"流亡是现代知识分子的典型状态"，我们似乎看到了一个主张世界主义和多元平等主义文化的萨义德。但事实上，从目前的国际政治和文化发展的现实来看，这些话语所透露出来的和给人的印象却只能是愈发将这样一个问题推到前台，即以萨义德为代表的后殖民文化批评理论家主体身份的不清晰带来了后殖民文化批评理论批判客体的幻化。这给他们所开创的后殖民文化批评理论的批评力度投下了阴影。比如从维柯的有些论述中，我们完全可以看出他的东方学的色彩。他曾讽刺具有古老文明的中国居然到现在还用象形文字书写。

文字是一国文化的符号象征和文化承载，是该国或该地区特有的文化样态的凝结。在多样的文字形式中，我们不应只看其怎么写，更多地应该看到它写的是什么。而后者是决定性的，是可以用优劣长短来衡量的。萨义德在接受采访时也认为，他觉得写作永远不可能固定不变。怎么写常常取决于特定的场合、写作的内容以及目的。"如何写"与"写什么"的区别就好比是用什么工具吃饭和吃什么的差别。进食工具并不能绝对地证明生活的质量，而吃什么才真正说明问题。当维柯说中国经过了那样长时间还在用象形文字书写时，他的潜台词是认为象形文字是如此落后和低下，夸口比世界哪一国都古老的中国由此（使用象形文字）如何证明自己的文化优越呢？他的口气是如此

---

[1] [美]爱德华·W.萨义德:《知识分子论》，第52页。

断然和没有余地，以至于不得不让人反问：如果古老的形式都是应该扔到垃圾箱里去的，那么该如何判断这个该扔掉的时间，以及这个时间由谁来决定呢？也就是说，欧洲的拉丁文字或拼音文字也应该在什么时间扔到垃圾箱里去呢？如果不是说古老的就该扔掉，那么，持续了那么久的东西（中国五千年的文明）和仅仅几百年的东西（现代西方文明）哪个更能在生命力上说明问题呢？如果说根据科学，那么现代科学证明，长期使用筷子不仅锻炼了手指的灵活性，而且对大脑都有很多的益处，那么我们是否在这里也可以套用维柯的口气说，"西方国家夸口说比世界哪一个地方都先进和科学，可是经过了这么长时间，现在怎么还在用汤匙吃饭！"

主体性的缺失，从某种程度上可以戏谑地说从后殖民文化批评理论的鼻祖萨义德那里开始。萨义德本人认同巴勒斯坦，并且参加过巴勒斯坦解放组织，但自身并没有伊斯兰的根基。他在黎巴嫩的一个基督教家庭长大，是一个深受西方文化影响的杰出文学理论家。他的钢琴也弹得非常好，对西方音乐有很高的造诣。他把"东方学"这个问题提出来以后，在美国的伊斯兰教和伊斯兰研究界引起了一些震荡。这中间有一个非常复杂的关系：美国不认同伊斯兰教，但又掌握了它。所以伊斯兰的学者更感觉"失语"，不仅是"失语"而且被"敌人"所掌握。但是作为一个"宣战"的人，萨义德对挖掘自己母国的伊斯兰文化又有多少把握？不懂阿拉伯文，也没有受伊斯兰教的影响，参加巴勒斯坦运动主要是政治上的抗议……所以萨义德本身也受到责难。在一个非常重要的文化讲座中有人问他："你的文化背景是什么？"他几乎无言以对，因为他没有想过。这个问题没有在他的生命中起很大的作用。所以最妙之处就是，"完全不懂文化的亨廷顿把'文化冲突'表达出来了；对伊斯兰文明并没有一种珍惜性情感的萨义德提出了'东方学'"[1]。

---

[1] 徐新建整理：《杜维明教授访谈录》，《中外文化与文论》第8辑，第76页。

后殖民文化批评理论主体性的不完整性也打造了滑动的客体，存在于局部并扩张于局部的后者在不断明证着前者。事实上，假如后殖民文化批评理论是真正主体的缺失，那么，其作为一个理论存在的实体的本质，就依靠"缺失的本质"了。它自身只不过是它的客体——一台机器或多台机器的串联，产品就是那些从文化帷幕后面走出来的，在文化现实生产过程中被忽略、遮蔽、排除的事物（事务）。它以其来自现实世界的强大生产能力向人们展示它凝聚成理论莲台的向心力，它可以深入海底，也可以使飞船上天，但却经不住简单的追问：理论主体何在？缺失的主体所感受到的缺失恰恰不应是他们内心深处所缺少的东西，而是人们的客观感觉——对主体生存样态（即下面所探讨的文化变迁的历史长河）的客观感觉。他们把它交给了虚幻和虚幻的生产。事实上，也正是它缺失了，才有虚幻在生产。这一客观事实用杜维明的话概括比较精当，"我们现在碰到的问题是：我们所知道、所熟悉、能理解的都是我们不要的，因为它们是包袱；但我们认为能救我们、能救民族、救国家的却是我们所不知道、不熟悉的，因为没有经历过"[1]。罗素·雅克比也对后殖民文化批评理论进行了质疑，在他看来，后殖民文化批评理论本身就是作坊，这个缺失的、不在场的本质生产着不断幻化的客体。并通过历史的、政治的、经济的、文化的和文学的分析和冲撞，得到貌似断裂却日趋圆满（或正相反）的解释。

　　如果从这样的角度来处置后殖民文化批评理论，无异于是在谋杀这个理论和思想。这是将后殖民文化批评理论运用东方学的思路，进行低层次的循环、过度阐释，它试图说明的是这样一个道理：后殖民文化批评理论所缺乏的真正的客体事实上是与其时代的自然、社会生产密切相关的；但后殖民文化批评理论却内在地生产（制造）一个或多个想象的批判客体，用作现实的替身——一如东方学的努力。如张京媛所说，"散居的族裔身在海外，生活在所居处的社会文化结构中，但是他们对

---

[1] 徐新建整理：《杜维明教授访谈录》，《中外文化与文论》第8辑，第67页。

其他时空依然残存着集体的记忆,在想象中创造出自己隶属的地方和精神的归宿,创造出'想象的社群'"[1]。如此则满足了一般的所谓"似乎所有真正的客体背后都有一个梦幻的客体",或者说"所有的真正的生产背后都有一个精神的生产"[2]。这样带来的文化分析就只能是抓住局部的、片面的文化道具,甚至可能只是抓住文化小丑来进行分析,真正的主体生产分析被闲置,幻化的主体在狂欢。

所有的这些"假如"都没有看到或决定视而不见的一个现象就是,超越于各个国家、民族、地区和理论家之上的后殖民文化批评理论正在将问题的探讨引向深入,并且在这些问题上,已经开始形成了具有本体论意义的一些结论。这些结论是虚位的主体、幻化的客体、变动的现实之上透露出的理性"曙光",任何来自理论的对它的预测都可能会落空。诚如巴尔扎克所说,在他的小说王国里国王、武士、百姓、厨子等一应俱全。后殖民文化批评理论就是这样的一个大综合体,这个超越之后的"曙光"设计着它的客体、主体和现实。正是因为它不缺少任何事实,所以它有能力渗透到现实的各个领域。

事实上,没有哪个理论家能完备地提出所有的问题和分析、解决这些问题的方法。方法的运用和立场的问题都因"主体性"差异而具有天然的局限性,这种局限性恰如人不能揪着自己的头发脱离地球一样,是与生俱来的。因此,在分析、看待(评价)一个理论家对某个或某些问题的解决方法和解决程度的时候,由其采用的方法,尤其是理论观点及对设定的目标的解决来断言该理论家的价值大小是没有太多意义的。"马克思主义、精神分析学、现象学以及存在主义都融进了法农处理种族、文化和殖民主义问题的方法。"[3]但我们不能因为法农身上杂糅的上述理论而说法农是西方话语的代言人,更不能因为他似乎是为"东方"说了一点话而将其指认为反西方"战士"。对待理论家,不是只靠阶级

---

[1] 张京媛主编:《后殖民理论与文化批评》,"前言"。
[2] 汪民安等主编:《后现代性的哲学话语——从福柯到赛义德》,第47页。
[3] [英]巴特·穆尔-吉尔伯特等编撰:《后殖民批评》,第66页。

划分就能说清楚其立场的。评价的标准似乎应该是看其在推进反帝国主义、反殖民主义以及推进人性进步的进程中，在哪些方面有所进展、突破。否则就会出现："像法农这样一位坚定的造反者，最终竟落到纯粹性和排他性话语的牺牲品的下场"[1]，这是很具有讽刺意义的，同时也不利于对殖民主义、后殖民主义或新殖民主义的反思、理论建设和现实推进。张京媛的观点可以给我们启发，"身份可以作为一种表述的策略，用来拓展新的发言渠道。后殖民文化批评理论认为，没有理论上的纯粹，甚至那些反对本质论的人也不能保持'中立'。知识分子应该注意到自己所处的场所和知识生产的情况，意识到自己也是夹在意识形态的生产运作之中的"[2]。阿希克洛夫特等也表达了类似的观点："在任何历史时期，各种各样的话语竞相对主体性予以控制，但这些话语经常是那些控制着话语并决定知识和真理权力的一个机能。因此，当一个人把多种话语作为一个主体时，主体性只会是由当时处于控制地位的话语所构形。"[3]

因此，作为人类历史上19世纪和20世纪的现实社会状况，族裔散居以及它面临的问题就像导火索一样引发了后殖民文化批评理论，开启了对19世纪和20世纪初"处于控制地位的话语"——殖民主义以及20世纪中期以后的后殖民主义或文化新殖民主义的深刻大反思。后殖民文化批评理论现在以及将来能否上升为某种占控制地位的话语呢？我们前文所探讨的全球化时代和后殖民时代已经预示着这种趋势。但所有这些话语都身处并推动着的恰是民族、地区、国家、世界文化的变迁，不管上述的这些话语哪个处于控制地位，居于它们之上的就是文化变迁的话语。族裔散居引发了人们对文化身份的思考，促使我们对后殖民文化批评理论本身的一些问题进行检讨。但文化的变迁就像一条历史和现实的长河，所有的主体、客体和主客体的关系都需要置放到这样一条长河

---

[1] [英]巴特·穆尔－吉尔伯特等编撰：《后殖民批评》，第66页。
[2] 张京媛主编：《后殖民理论与文化批评》，"前言"。
[3] B. Ashcroft, G. Griffiths and H. Tiffin, *Key Concepts in Post-Colonial Studies*, p.224.

中去，才可以在辩证的、动态的观照中深刻认识和把握后殖民文化批评理论的主体和客体。

二、"馅儿饼"原则与文化的变迁

殖民主义导致族裔散居，散居的族裔在后殖民时代的身份以及对文化变迁的作用值得质疑，他们改变着民族与世界文化存在和发展的环境；全球化时代制造新的族裔散居，引导着世界文化变迁的方向，从事实上促成了文化新殖民主义的推行。

美国学者克莱德·M.伍兹的《文化变迁》对文化的变迁做了某种一般性的解释。他认为，"变迁通常随着社会文化环境或自然环境的改变而发生。二者的改变一般是同时或先后出现的。所谓社会文化环境指人、文化和社会，其改变如人口密度的增长、与外界的联系，或新的政治制度的诞生等。而自然环境则指生态环境，包括自然的（如山、平原）和人工的（如建筑和道路）。其改变如迁徙到一个新的地方、自然灾害、气候变异等。社会文化环境和自然环境同时发生改变的可以由乡村迁移到城市为例。这时社会文化环境和自然环境都要求人们做出新的反应。在任何情况下，当环境的改变需要新的思维和行为模式时，社会文化变迁的必要条件就出现了"[1]。

变迁事实上是采取四种方式进行的，即渐变、发现、发明和传播。[2]所谓渐变就是从细微到重大、从局部到整体逐渐积累起来的包括社会文化以及自然环境所引发的文化的变迁；发现则是对文化发展过程中被忽略的东西的重新认识，进行类似福柯的知识考古之后而产生新的认识的过程；发明则是在没有任何预示的情况下，对现在所有的文化、自然环

---

[1]［美］克莱德·M.伍兹：《文化变迁》，第22页。
[2]［美］克莱德·M.伍兹：《文化变迁》，第23页。

境进行所谓的"偶然性并置"[1]而产生的崭新的变化;传播则是纯粹外来的东西通过自然的或强制的手段为现在的文化主体所接受,从而引发文化的变迁。同时,"变迁存在于某个特定社会的个体成员对环境变化的新的反应方式之中。……只有当新的反应方式被足够多的成员所接受和学习,以至于它成为这一群体的特征之后,实际的文化变迁才形成"[2]。

殖民主义带来的文化变迁在这四种形式中都有某种因素存在。殖民者来到殖民地,他们的文化对土著来说是某种新鲜的东西,当两种不同的文化被"偶然性"地并置到一起的时候,殖民者和殖民地主体双方都从对方不同的文化形式中看到新的东西,这其中既有发现,也有发明,发现的"新"东西既包括对自我的新的认识,也包括对"文化"的新的认识,发明文化交流的新形式,并通过某种渠道和形式将其传播出去。由此,文化即在这样的过程中采取或渐变或发现或发明或传播的方式发生变迁。

具体来说,族裔散居和文化变迁互为因果;但归结起来,殖民主义是二者共同的原因。以当代东方学为代表的文化新殖民制造着族裔散居,但和以前以现代东方学为代表的殖民主义所制造的族裔散居从形式到内容都发生了深刻的变化。形式上,以现代东方学为代表的殖民主义对殖民地主体的打造中,打造者是殖民者自身,打造的形式是强制性的、赤裸裸的"传播";而文化新殖民主义对殖民地主体的打造中,打造者当然还是殖民者,但这个殖民者主体产生了分化,除了第一世界外,还有第二世界,而且还有新的主体加入,即前面所论述的虚拟的主体——来自第三世界但游离于第一世界、第二世界边缘的人以及第四世界的精英。这些新的主体的产生本身就是殖民主义所导致的文化变迁的结果,同时,

---

[1] 伍兹对"偶然性并置"做这样的解释:"两个以上先前没有关系的观念和事物被联系在一起创造了某种新东西。"格里曼这样解释它:"在两个或更多的对象之间建立起密切的空间关系,或在它们的心象之间建立起密切的时间关系。这种建立是自然的或人为的,但纯属偶然,其结果是一个新事物的创造。"
[2] [美]克莱德·M. 伍兹:《文化变迁》,第22—23页。

他们又反过来通过殖民主义发现或发明的东西影响、推动着殖民主义的进程。从内容上来看，殖民主义时期是诸如法国的"同化"政策，是以西方来同化东方；而文化新殖民主义时期除此之外增加了对所谓"地方性"保护的特征——殖民主义的"发明"。而后者的实质概括起来说，是在全球化名义下建立某种观赏性、研究性、异国情调的文明或文化保护区——和自然保护区的形式一样，但目的却值得考察，是在完成了诸如欧洲移民对印第安土著种族灭绝、建立起西方人的巩固的世界之后所进行的，像给予剩余的印第安人"保留地"似的给予其他文化"保留地"。在诸如机会均等、利益均沾的名义下进行的所谓全球化经济模式下，推行的正是"馅儿饼"原则，掩饰了极不均等的现象。

由此，全球化时代下，文化发展的自然环境和社会环境都发生了变化，已经为世界性的文化变迁提供了可能。文化殖民时代引发的文化渐变式变迁如今已经被绑在了后殖民时代的全球化列车之上，强制性的文化传播已经为自我默认、赞同所取代，殖民地文化变迁已经由以前的"指定动作体操"变成"自由体操"。本土文化就在飞速流动的国际商品生产、流通线上，在摆脱不掉的生产、流通的全球化列车上，与西方文化激烈地辩论和抗争着，"本土文化"不时喝着"咖啡"，用英语交流以和"西方文化"交换必需品，吃饱喝足后即开始某种"发展"。随着新的殖民主义的推广，文化变迁超出了彼此促进、推动的临界点，由互动而进入到同质化运动而进入到真正的文化殖民的境界。如果说殖民主义时代文化的变迁和当今全球化时代文化的变迁有什么联系的话，那么，这种联系的关节点就在于，殖民主义时代的文化变迁导致了文化的压迫、变异，打造了第四世界，而全球化时代的文化新殖民主义则在收获这种第四世界的"果实"，进入到真正的文化殖民时代。后殖民时代最大的焦点问题就是，传承至今的"文化"或"文明"（包括各民族、国家、地区的文化以及全球的下一步可能的发展趋势）的变迁问题以及如何对这种变迁从后殖民文化批评理论的视角给出某种合理性的解释。因此，我们探讨文化变迁的出发点和落脚点都在于，如何在对殖民主义和新殖民主义所导致的文化变迁的分析中，探讨文化发展过程中除了"殖民"这种结果之外，还有无其他文化发展的可能模式和结果。以及，东方能否在无须西方的价值观念的条件下，拥抱西方所有的技术和发展？"西方文化"能让你喝着咖啡，用着它的钱而唱《国际歌》或《义勇军进行曲》吗？"本土文化"能走下"西方文化"打造的列车吗？"本土文化"能够喝着茶，吃着窝头打造另一国际列车吗？在"本土文化"的变迁方式的选择中，"先登上西方列车"、"自己打造列车"、"将自己挂在西方列车后面"，究竟哪种选择是合适、明智的呢？

事实上，这些问题的确存在，但针对这些问题的回答最可悲的就是，在机会均等、人权、发展等掩盖下的"馅儿饼"原则的推行下，这样的选择——选择权从何而来？后殖民文化批评理论主体的缺失是它的一大缺陷，但后殖民文化批评理论中被殖民者主体选择权的自动失聪更值得关注。如此，如何使文化的交流走出简单的异国情调—殖民掠夺—文化同化的变迁螺旋，而能在批评简单的民族主义和同样简单的所谓普世主义的情况下，在文化竞争极端激烈的状态下，在人类已经为文化的进一步发展提供了各种物质和精神条件的情况下，让文化回归或处于一种博弈的自由竞争时代？在这样的博弈过程中，文化成了某种主体性的东西，决定它的并非什么简单的优胜劣汰的人类中心主义的原则，而是综合协调发展的状况，从而让人类的文化发展如百花园，各种植物都有它的特色和独特的地位。要想达到这样的目标，首先需要做的就是对人类文明发展史上最丑恶的殖民主义的历史进行全面的检讨。

正是在这样广大的文化变迁的背景下，我们才可以从对后殖民文化批评理论主体缺失、客体幻化的低级循环的阐释中摆脱出来，深刻认识到后殖民文化批评理论所开启的对殖民主义的批判的意义，以及其下一步，对以当代东方学为代表的文化新殖民主义进行批判所可能带给人类的"曙光"。这个时候我们再来分析文化新殖民主义得以推行的"群众基础"——殖民主义打造的第四世界臣民，我们才可以具有超越的眼光和批判的精神，触摸到后殖民文化批评理论的脉搏。

第二节 第四世界的臣民

一、从他人到他者

散居的族裔所探讨的，以及文化变迁所制造的，在殖民地，就是第四世界的臣民。这个臣民的历史就是被"他者化"的历史。这个"他者化"从一般意义上的文化交流的自然产物——碎片式的一般的"他人"，被殖民者主观化、陌生化，变成一种一定事实基础上再加上殖民者"合理想象"的产物——"他者"。

"他者"最初的特征是很模糊的。在阿希克洛夫特等人合著的《后殖民关键词研究》一书中，在"异国情调"这个词条下谈道，"从欧洲早期航海史开始，异域的矿石、艺术赝品、植物和动物就被带回国在私人收藏和博物馆中展出和驯化。例如，在邱园（Kew Gardens）或其他许多当时建的私人或公共的动物园中。其他文化背景的人也被带回欧洲都市，在一些时髦的沙龙上做介绍或出于娱乐目的巡回演出。从社会群岛带回了'欧迈人'（Omai），从澳大利亚带回了'伯尼龙人'（Bennelong）人，后来又从南非带回'霍屯督人'（Hottentot Venus），他们在欧洲都市作为某种异国情调被展览"。这些所谓的欧迈人、伯尼龙人、霍屯督人在欧洲人看来，当然如同那些异域的动物一样，具有较高的观赏价值。但除此之外，"那些被认为经历过异域风情的欧洲人也被展出或自我展览，例如，海难后在澳大利亚土著中幸存下来的爱利莎·弗雷泽就被当作曾经在野蛮人中生活过的妇女而被展出"[1]。当把那些和土著人仅仅有接触关系的欧洲人自身也当作某种异国情调展出的时候，就说明了在早期的不同文化间的交流中，包括殖民主义的早期，当今意义上的文化"他者"还处于初级阶段，所以此时，"他者"从一定

---

[1] B. Ashcroft, G. Griffiths and H. Tiffin, *Key Concepts in Post-Colonial Studies*, p.94-95.

意义上说是文化交流的自然产物。就如同东方的神秘和异国风情第一次展现在西方人眼里所引起的惊异一样，金发碧眼的西方人出现在黑头发、黄皮肤的亚洲人面前，亚洲人也会以一种观看珍稀动物的眼光和心态来将其作为相对于本民族的普遍"他者"来看待。这种"自然性"用哲学家和社会学家格奥尔格·齐美尔的话来说，现在意义上的"他者"之前的"他人"还只是"一般的他人"，"任何个人都只是一块碎片，必须看一下'一般的他人'才能完成他们自我本身的画像。但是，如果一个他人看上去像是对我们自我本身的概括与典型化，那么他或她也是一块碎片，是被我们融入了整体的一块碎片。因此，我们总是参照着外部世界来解释我们的内心世界，使两者仿佛都成了一种镜像"[1]。詹姆逊在《现代主义与帝国主义》一文中列举了这种"他人"的范例。19世纪后期关于他者的原型范例——譬如左拉的《崩溃》(*La Débacle*, 1882)——是指另外的帝国民族国家。左拉的小说中的"他人"指的是德国人[2]。用一句话来概括此种他人，就是彼此互为异国情调的客体，互为观看的镜像。

　　但萨义德认为，"他者"是主观的产物。他在《想象的地理及其表述形式：东方化东方》一文中说，"如果我们都同意这样的观点，即历史上所有的事物也同历史本身一样是人创造的，那么我们将会得出这样的结论：许多实物、地点或时间很可能会被先赋予作用和意义，然后才被证实其客观真实性。该做法特别适用于那些相对来说不寻常的人和事：像外国人、某些突变、'反常'行为等等"[3]。萨义德在《东方学》中所着力做的，就是要把东方学家制造东方、东方化东方的机制找出来进行批判，而这个机制就是从把东方当作"一般的他人"逐渐发展到当作西方发展的"他者"，并从学术上和政治、文化上将"东方"纳入这

---

[1] [美]哈特穆特·莱曼、京特·罗特编:《韦伯的新教伦理——由来、根据和背景》，阎克文译，沈阳：辽宁教育出版社，2001年，第178页。
[2] 张京媛主编：《后殖民理论与文化批评》，第6页。
[3] 张京媛主编：《后殖民理论与文化批评》，第26页。

种生产机制中去，从而构造了"东方学"和"东方"。这种构造出于这样的事实，用东京大学哲学教授井上达夫的话说，即出于某种"深层的动机"——"欧美为了确立自己作为创造现代精神和现代文明的历史主体地位，需要亚洲作为'他者'。亚洲被当作反衬欧美自画像的亮度的底色。……这种欧美与亚洲的二项对立图式虽然具有归纳事实的伪装，但实际上只是把事实材料的意义固定起来的先验性解释框架。……它是通过亚洲的本质界定使欧美霸权得以合理化的一种知识权力的装置"[1]。罗伯特·扬把将其他人命名为"他者"的这种行为称为"可以同种族主义和性别歧视相提并论"[2]。因此，后殖民文化批评理论家认识到，"他者"是在某种不太光彩的动机下组装起来的，并非天然的，是欧洲中心主义者为着"反衬欧美自画像的亮度"而人为设定的底色，也就是说，是一定的事实和某种想象的产物。天然的"他者"作为帝国需要的要素发挥作用，但在所谓的各种"中心主义"被创造出来的瞬间就被消灭或隐藏，一如歌德所倡言之"世界文学时代"到如今被"全球化"或"文化全球化"所替代和遮蔽。

通过以上对"他者"从"一般的他人"到"他者"的论述，我们得出这样一些结论：第一，"他者"是一个主观概念和人为的产物。正如东方学，它对西方的意义在很大程度上是将某种东方陌生化后的产物。"他者"亦然。客观上说，并非每一个西方人都可以读懂东方的任一文化符号，西方的东方学家在处置来自东方的各种资料，并努力试图把这些资料让西方人读懂的时候，他只有进行某种转化。本书第三章第二节所探讨的文化的"译转"部分说明了这一道理，但除了客观存在的误译外，主观性的转化才是"他者化"的轨迹。萨义德在《东方学》中用大量篇幅谈到西尔维斯特·德·萨西。萨义德这样评价他，"萨西非常明智，不会让自己的观点与实践建立在空中楼阁之上。首

---

[1] [日]井上达夫：《自由主义与亚洲价值》，《二十一世纪》1999年8月号，总第54期。
[2] [英]戴维·莫利、凯文·罗宾斯：《认同的空间——全球媒介、电子世界景观与文化边界》，第219页。

先,他总会让人们明白,'东方'自身为什么不能满足欧洲人的趣味、才智或耐心。萨西确实为阿拉伯诗歌这类东西的效用和益处辩护,但他的真正意思是,阿拉伯诗歌只有经过东方学家的适当转化后才可为人们所欣赏"[1]。不同民族、种族或国家之间的文学必须经历某种形式的转化才能被欣赏、被接受,而这种转化并不是导出文化的原汁,而是主观性地加上了某些特殊物质如色素后的混合物。所以,也许西方的管理者能有机会去接触真实的东方,但最终他们的政策还是要借鉴东方学家的东西,原因就在于,东方学家所做的工作之一就是将表面的东西抽象化,将过于熟悉以致视而不见的东西陌生化,这样,在西方看客眼里,这些东西会是一种特征突出、迥异于自己的东西,西方看客自然就会因这迥异于自己的东西中充斥了某些为自我文化所不容的东西而使眼睛和身体的距离拉开,从简单的异国情调层面中脱离,自然地以一种对立面的心态和方法来看待和处置它。因此得出第二个结论:"他者"是一个过程概念。正如在人类技术发展的情况下,理性居上而逐渐将自然单方面地转化成人类的"他者",美洲土著也逐渐被欧洲人"读懂",而从最初好客的"主人"被驱赶到"保留地",沦为欧洲"文明"的"野蛮他者"。萨义德认为,"自我或'他者'的身份绝不是一件静物,而是一个包括历史、社会知识和政治诸方面,在所有社会由个人和机构参与竞争的不断往复的过程"[2]。在这个过程中,"他者"从文化的帷幕后面"整体性"地走出来,在殖民者的强力下被击成碎片,镶嵌在自身的价值承诺和其所生活时代的文化争端之中,并由此着床和深陷于殖民者打造的关系网络之中。"他者"再一次地被"整体化",反射着殖民主义所带来的这个世界的光怪陆离。第三,"他者"是"我者"和"他者"共同的陷阱。一方面,"我者"在对"他者"的设定和观照中确立、巩固"我者"的中心地位,这样的过程就

---

[1] [美]爱德华·W.萨义德:《东方学》,第166页。
[2] [美]爱德华·萨义德:《东方不是东方——濒于消亡的东方主义时代》,唐建清、张建民译,《天涯》1997年第4期。

是把"整体性"的"他者"击碎的过程，殖民主义所做的最终结果就是制造了无还手之力的"他者"主体；另一方面，由碎片式的"他者"镶嵌而成的镜子反过来将"我者"幻化、分解，"我者"也在击碎"他者"的同时失去了方向，最终只是证明了这样的一个道理：没有还手之力的"他者"是无效的"他者"。

二、属下及其"文化杂种性"

"属下"（subaltern）是后殖民"他者"的生存样态，附着于其上的是文化的"杂种"性。杂种性本身就是殖民者创造出来的西方文化得以推广的试验田，就像在澳大利亚土著的土地上养羊、在东南亚的岛上种植金鸡纳树以及开采锡矿一样，英国在世界范围内"有的放矢"的殖民政策，最终结果就是造就了殖民文化的干细胞——像殖民者对瓷器和香料的需要一样，满足殖民者对文化发展反照、对称、异国情调以及对手无扶鸡之力的"女人"的随时临幸。

"属下"，意思是"低下等级"，是葛兰西用来指称那些受统治阶级霸权控制的社会团体。属下阶级可能包括农民、工人和其他被杜绝通向"霸权"力量可能的群体。既然统治阶级的历史在政府中得以实现，那么历史其实就是政府和统治集团的历史，葛兰西对属下阶级的历史编纂比较感兴趣。在其《意大利历史笔记》中，他为属下阶级的历史研究列举了六点计划，包括：（1）他们的客体性（objective）的构建；（2）他们与处于控制地位的机构或积极或消极的联系（affiliation）；（3）新政党和控制群体的诞生；（4）属下阶层创造的压抑他们自己宣言的机构；（5）在老的框架中确保属下阶级自治（autonomy）的新框架；（6）其他的有关贸易联合体和政党。葛兰西宣称，属下阶级的历史和统治阶级的历史一样复杂，尽管后者的历史通常被接受为"官方"的历史。对他来说，属下社会团体的历史是碎片式的和散乱的，因为他们即使是在起义的时候也经常是受控于统治阶级。很明显他们几乎不可能获得某种途径以操纵他们自身的代表、文化和社会机制。而只有"永久性的"胜利，也就是说，某种革命性的阶级调整才能打破这种受控的模式，甚至这样也并不能一蹴而就。[1]

正是基于此，斯皮瓦克认为，"属下"这个群体是后殖民文化批评理论需要重点研究的范畴。斯皮瓦克在其论文《属下能说话吗？》中，对"属下"这个范畴进行了阐释，"属下"这个意象由此成为后殖民文化批评理论中的一个议题。从解构主义立场出发，斯皮瓦克阐发了葛兰西和古哈等一些印度批评家提出的"属下"观念，她把古哈等人所特指的殖民地印度本土居民（特别是"贱民"）扩展到女性（特别是被殖民女性）领域，讨论在殖民霸权话语的绝对权力下，"属下"怎样变成了沉默和喑哑的"他者"，通过对以身殉夫的印度寡妇话语的仔细剖析，她明确得出结论说"属下是不能说话的"[2]。不能说话的重要原因用佩雷菲特的话来说，就是因殖民而对殖民地人民造成的"集体自卑感"。"工业化世界和第三世界之间——用今天委婉的说法就是'北南'双方的争论，一开始就由于殖民征服而恶化了，殖民征服使殖民地人民的心灵遭受了无法忍受的创伤，那就是一种集体的自卑感；它使殖民者在一度陶醉于自己的统治后，由于掠夺行为而不断地产生着自卑感。"[3]

"集体自卑感"是东方学家的视野。"属下"并不是不能说话（从发音器官上看），但却又的确不能说话（从发音地位和声音分贝上看），其原因并不是面对所谓的西方"文明"而患上了某种精神自闭症，自动地将自己归并到不能说话和不该说话的地位，而恰恰是，在殖民主义以及当前的全球化众声喧哗中，"属下"的声音不具有声达世界的能力。也就是说，并不是"属下"真的不说话，而是一方面，与殖民主义的声音在"分贝"的较量上相差太远，另一方面，殖民者"主动"地代替"属

---

[1] B. Ashcroft, G. Griffiths and H. Tiffin, *Key Concepts in Post-Colonial Studies*, p.215-219.
[2] [英]拉曼·塞尔登编：《文学批评理论——从柏拉图到现在》，第36页。
[3] [法]佩雷菲特：《停滞的帝国——两个世界的撞击》，第1页。

"下"说话。因此,后殖民文化批评理论家运用福柯的知识考古思想,革命性地对"属下"和类似"属下"命运的历史进行考古,对他们碎片式的和穿插于统治阶级历史缝隙中的发声历史进行考古和发掘,这本身是在发现历史,同时也是在创造历史。发现的是"属下"受控以及统治阶层如何控制的历史,创造的是通过后殖民文化批评理论家"属下"由此开始发声的历史,这样的历史即是杜波伊斯、阿契贝、法农等呼吁的历史。同时,"属下"本身就是一个类似上文所探讨的"他者"的过程性的概念。从古典东方学家对"东方"的赞叹到现代东方学家和当代东方学家对"东方"的殖民,就说明了"东方"从某种"君上"到"属下"的历史。

同时,在对殖民话语批判的过程中,需要认识殖民者的话语方式对"属下"发声的作用和意义方式。一方面,殖民话语的控制性或代表性体现和实现着殖民者的意图;另一方面,被殖民者所采用的殖民话语反过来言说着被殖民者自己的"民族寓言",在日益边缘化的轨迹上,他们用所谓"敌人"的武器为自己的地位"止损",甚至发出令殖民者头疼的反话语。这就在一定程度上突破了斯皮瓦克所说的"属下是不能说话"的境地。比如中国代表在申奥会议上用英语发言。这与那些自负的本土主义者试图用自己的语言发话,结果却只能是喃喃自语相比,哪种更好?或许有论者说,言说方式决定并构形着言说者。或者如海德格尔所说,语言是我们的家园。而用别人的语言就似乎相当于闯入别人的家园,必然遵守的是邻居家的规则。那么,在这样的逻辑下是否可以问这样一个问题:人类中食牛肉者必是温和派的,因为牛是整天温和地吃草的,事实上又如何呢?由此说,对于"属下"来说,为了发声,问题的关键不在于使用何种语言,而在于如何使用。也不必吃了牛肉后非要学着牛的样子躺倒去反刍,吃了狗肉则见人即狂吠;"他者"的积极作用即是教会我们换位思考,用他人的眼光来"检视"我们自身,而非简单"处置"。后者是需要慎重考虑的,而且轻易就成为后殖民文化批评理论批判的目标。这其中的分寸很难把握,但它却是后殖民文化批评理论所进行的批判中最有力（最有针对性）和最精妙处之一。

"属下"试图发声的一切努力往往把顾虑重重作为它的天然搭档。于是，正是在这样的重重顾虑下，"文化杂种"的概念进入了后殖民文化批评理论家的视野。从解构主义立场出发，霍米·巴巴提出了"文化杂种"理论。这种理论认为，不同民族文化无论优劣大小总是呈现出一种"杂种"形态，特别是在全球信息化、网络化的今天，文化交流如此迅捷和频繁，民族文化之间的杂交及由此引起的形变广泛而深刻，民族文化要保持自己鲜明独特的民族性已成为不可能。殖民地宗主国文化也当作如是观。"那些作为文化之间进行比较的基石的东西，比如同质化的、自愿的、临近的历史性传统的传播，或者有机的种族社区，正面临着重新定义的深刻过程。……我倾向认为，精神的爱国热情这方面有着压倒一切的例证说明了想象社区杂种特点的跨国性和译转性。"[1]按照这样的理解，前殖民地和宗主国的区别不存在了，奴仆和主子的区别不存在了，商人和马克思主义者的区别不存在了，民族精神不需要了，历史意识不需要了，文化个性不需要了，一切都消融在他所谓的文化杂种中了，历史变成了一堆纯粹的事件和偶然性。[2]因此，有学者对霍米·巴巴的"文化杂种理论"提出了批判，"文化杂种理论以资本和市场全球化理论为基础，它假定作为商品的所有文化是平等的，然而它实际上却并没有消除殖民主义留下来的民族不平等和文化不平等。因为在文化杂交中，显然是原宗主国文化杂交入原殖民地文化，而不是相反。由于起作用的不仅是市场原则，还有强权政治等许多因素，因此作为商品的文化并没有取得平等的地位。从更深的层次上说，抽去所有文化的历史性和具体性，将它们视为可以随意杂交、置换、位移的最小公分母，不仅不能保持所有文化的平等地位，而且会将所有的文化、文化消费者和批评家统统置于从属的地位，使他们限于詹姆逊所谓的晚期资本主义的文

---

[1] H. K. Bhabha, *The Location of Culture*, p.5.
[2] 参见［英］拉曼·塞尔登编：《文学批评理论——从柏拉图到现在》，第37页。

化逻辑也即后现代主义的无深度和疯狂中不能自拔。许多批评家都看到霍米·巴巴这一'文化杂种'理论反历史主义的局限性"[1]。

在"属下"试图发声的努力中，无法回避的一个问题即是，殖民地和宗主国的文化从一开始就是不平等的，也就是说，当后殖民文化批评理论家在发现、整理"属下"发声的历史的时候，需要时刻明确的一个道理就是，殖民者"属上"和殖民地"属下"之间的文化往来绝非一般意义上的平等的文化交流，而是殖民者文化向殖民地文化的强行"植入"，是萨义德在《东方学》中谈到的，福楼拜占有了埃及妓女库楚克的身体后又替她说话的现实。因此，与霍米·巴巴使用"hybridity"不同，萨尔曼·拉什迪喜欢用另外一个词"mongrel"来描述这种不平等的诸如印度文化的"杂种性"。"hybridity"没有轻蔑的含义。一般指由两种不同文化传统教育出来的人。而"mongrel"做名词用时，是杂种动物（比如狗）、植物的意思，指人时是蔑称，是种族主义者的污蔑性用语。前者遭到批判的原因在于，它假定作为商品的所有的文化是平等的；而后者的现实就在于，承认了文化是不平等的。对于殖民地来说，"属下"的文化"杂种性"是由于殖民者的文化杂交入殖民地，造成的结果是"棕色白人"或"黑皮肤，白面具"的人，而不是"白色棕人"或"白皮肤、黑面具"。这和当前讨论的"全球化实质就是美国化"是一个道理。

第三节 文化的皮影戏

一、殖民地"文化干细胞"的培植

在奥尼尔的"拟人论"下，"文化"作为一个主体进入我们考察的视点。后殖民文化批评理论对文化主体的观照首要的就是殖民主义时代

---

[1]［英］拉曼·塞尔登编：《文学批评理论——从柏拉图到现在》，第37页。

和后殖民时代民族文化的特点。可以这样说，民族文化不独立和对独立的追求贯穿在这两个时代之中。"民族文化究竟意味着什么，当它那层被西方文化强加上去的鄙夷的面纱被撩去后，作为殖民文化的抗争，它象征着尊严与辉煌，当它被本民族的人站在文化的历史前沿回望的时候，它似乎又显得陈旧与苍老。如果说，文化永远是人类历史中运动着的、变化着的内在生命，那么，被苦苦留守的民族文化，或确切地说，语言、宗教与习俗，相映之下就成了一种惰性的被遗弃物的象征。这就是殖民地人民的文化困境，他们既不愿在殖民文化的冲击下丧失自己本民族的文化，但又难以恪守自己民族的文化，因为整个人类文明史的进步会使某一民族的古老文化成为凝固不变的僵化的习俗。"[1]第二次世界大战以后，一直到1990年，纳米比亚的钻石矿源几乎被南非开采尽以后，南非才把一个经济空壳还给纳米比亚人民。津巴布韦经历了残酷的七年内战，最激烈时期每月死亡500人，多达40%的国家预算用于军事开支。英国在1979年策划的《兰开斯特协定》保证津巴布韦1/3的可耕地（400万公顷）为白人所有，而白人只占总人口的极少部分。换言之，虽然津巴布韦在1980年获得了正式的政治上的独立，但在经济上它的非殖民化却是不完全的。另外，经过三个世纪的殖民统治，莫桑比克的社会主义独立运动终于在1975年赶走了葡萄牙人。一墙之隔的罗得西亚白人敌视莫桑比克的独立和其社会主义倾向，扶植了"莫桑比克民族抵抗运动"（MNR），由一伙专事毁灭的土匪军人组成。MNR长达十年之久的杀戮再加上南非的掠夺使莫桑比克血流成河，近200万人流离失所。迫于内战的残酷性，社会党人只得宣布放弃马克思主义，考虑与土匪讲和。一个潜在的"后殖民"的样板变成了南部非洲的屠场。[2]纳米比亚、津巴布韦和莫桑比克"独立"的现实——政治上的独

---

[1] 任一鸣：《在希望与挽留中脱钩的民族文化——评罗辛顿·米斯垂的〈费洛查·拜格的故事〉》，《外国文学》2001年第4期。
[2] [美] 安·麦克林托克：《进步之天使："后殖民主义"的迷误》，李点译，《文艺理论研究》1995年第5期。

立和经济上的不独立，文化上殖民主义的延续，为后殖民文化批评理论提出了一个重大的课题，即独立后的前殖民地国家从政治上是"自治"了，但世界上多种多样的这些"自治"如何从价值判断上进行分析，从而在某种程度上明确这些"自治"的真正价值和未来所在呢？

后殖民文化批评理论家罗伯特·扬认为，对自治的价值有两种看法。第一，自治的价值来源于主体对客体的选择，换句话说，所选择的客体决定了自治的价值，自治所促成的事务的价值决定了自治的价值；第二，自治的价值来源于其自身。正是自治本身的魅力才促使对它的向往、追求和拥有的一切努力。[1]独立后的前殖民地国家中，在发展道路的选择上，那些通晓殖民者语言，通过与殖民者政治、经济贸易往来而确立、巩固自己地位的所谓民族精英分子，在很大程度上起着关键性的作用，是他们选择了独立后的民族国家自治的道路并用他们自己的理解对自治进行阐释。但这种"自治"所选择的是原宗主国的体制，原因如阿希克洛夫特等人所说，"早期的民族主义者所受的教育使其在感知自身时，把自己当作欧洲政治体制和文化样式的潜在继承人。这种现象不仅存在于白人精英作为该制度的直接创造者的移民殖民地，也存在于那些占领区"。由此自治所促成的，就是如（殖民者）马库雷在臭名昭著的1835年关于印度教育的备忘录中所提到的，"在印度要通过深思熟虑的教育来创造一个'棕色白人'阶级，以致欧洲文化的价值观高于他们自己本身的文化价值。这是控制霸权得以实施的最重要的手段"[2]。

这些所谓的"精英"，最早是法农从殖民地社会中普遍存在的所谓"买办"[3]阶层发展而来，法农在谈非洲的这些黑人"买办"时说，"他

---

[1] R. Young, "The Value of Autonomy", *Philosophical Quarterly*, 1982, p.35-44.
[2] B. Ashcroft, G. Griffiths and H. Tiffin, *Key Concepts in Post-Colonial Studies*, p.63.
[3] "买办"（comprador），这个词来自葡萄牙语，意思是"买方"（purchaser），最初用来指代本地的商人的一种，他们在外商和本地市场之间充当中间人（middleman）。马克思主义者一直用它来特指本地资产阶级，他们通过与国外垄断集团的关系而赢得他们自己的利益地位，并因此在殖民占领中保持着某种既定的利益。在后殖民文化批评理论中，这个词（转下页）

们和白人殖民统治阶级进行交易，但对重构（restructure）殖民地社会却丝毫不负任何责任。由于白人殖民霸权的价值观造成的自我的复杂性，这些买办阶层的黑皮肤被'面具化'了"[1]。

而霍米·巴巴却对这种"精英"有另外一种看法，认为他们的中间性保留了某种革命的潜力。霍米·巴巴认为，那些激进的民族知识分子反对买办阶级和作为新殖民主义者的民族精英，但仅仅把自己定位在某种总体性的和控制性的文化差异的隐喻之中而固步自封。如法农所说，本土知识分子必须基于坚实的人民基础和人民的价值观激进地重构本土社会。[2] 不同于此的是，这个被法农称为"买办"阶层的民族精英是存在这样的矛盾心理的：一方面，他们来自本民族文化；另一方面，他们在和西方殖民者全面接触的过程中，又感受到了西方文化在很多方面的先进性。因此，他们一方面把民族文化定义为某种固定的和落后的东西，另一方面又努力从西方文化中去谋求可能有助于本民族文化发展的元素。正是从这个意义上说，他们"从来不会彻底抵制主导文化的控制。然而，具有讽刺意义的是，也许恰是这个阶层的中间性留存了某种革命的潜力，才使得那些法农主义者，处于同一团体的民族知识分子能够去拥抱文化的变革"[3]。霍米·巴巴认为："对法农来说，那些开启了创造性的、不稳定的、革命性的文化交流的解放的'人民'自身就负载着杂种性的身份……他们通过把民族文化文本翻译成现代化的西方信息

（接上页）包含更广泛的含义，把知识分子阶层——学院里的、富有创造性的作家和艺术家——也包括进来，这个阶层的独立性可能来自一种妥协——对殖民强力的依靠并通过殖民强力来证明。买办阶级，不管他是资本家还是知识分子，都宣称在一个社会中文化和物质层面上清晰的等级结构的存在，认为在一个被殖民的社会中，没有人能回避殖民主义的和新殖民主义的强力影响。在后殖民社会中，毫无疑问只有这些资产阶级获得了接近流行文化——诸如电视或对可口可乐消费的"门票"——的机会。那么，买办阶层存在的必要性和很明显地从社会其他阶层中分离出来的宣称是个值得争议的问题。这个词仍然被用于描述那些相对获益的、富裕的和受了良好教育的精英阶层，他们拥有更高级的手段来和殖民统治所提供的国际性的交流实践相结合，并因此更加不想为了本地文化和政治独立去付出自己的精力。

[1] B. Ashcroft, G. Griffiths and H. Tiffin, *Key Concepts in Post-Colonial Studies*, p.99-101.
[2] B. Ashcroft, G. Griffiths and H. Tiffin, *Key Concepts in Post-Colonial Studies*, p.99-101.
[3] B. Ashcroft, G. Griffiths and H. Tiffin, *Key Concepts in Post-Colonial Studies*, p.60-62.

技术形式、语言、外观等来建构自己的文化——把殖民主义文化遗产的意义转化成未来的自由人脱离异族统治的象征（事实上，民族精英的这些特征也是霍米·巴巴所倡导的'第三空间'说的起因之一）。"[1]

遭到激进的民族知识分子批判的精英分子存在致命的缺陷，即除了霍米·巴巴所分析的，他们的中间性特征似乎为殖民地民众发声创造了某种"第三空间"，但这个空间在多大程度上是一种现实空间而非修辞性空间呢？事实上，精英的这种中间性，不管它是天然存在的，还是殖民者造就的主体异化，在殖民者的文化被迫性地"并置"的过程中，既为殖民者文化提供了存在下去的空隙，也从一开始反射出殖民地对自治选择的"自动性"——自动地将自治的丰富含义投向殖民者文化存在时期在殖民地造成的"凝固状态"，技术上的独立并不就意味着对殖民者价值观的彻底抛弃，这和文化事实上的不独立共同构成了独立后的殖民地的现实素描图。如此，这些精英所选择的带有西方体制特征的"自治"——第一种自治价值带来的却是民族文化认同的误区，简单概括起来，就是在这些精英的自治体制下，"人们都变成了'资本主义生产和消费机器上不易觉察的螺丝钉'"，"积极的民族认同将被一种全球无认同所取代"[2]。从早期殖民主义时期服从于英联邦，到后殖民时代认同于英联邦，到现在认同于所谓的"后现代"[3]——最终结果就是事实上的无所适从，殖民地人民在此情况下无法定位自己的文化，于是独立后的殖民地进入社会文化整形阶段。社会意识被从以前的民族传统连续性中拖出来，被放置到一个不连续的、肌肉在颤抖、社会在动荡的箱形空间中整形。前殖民地的人民似乎一朝醒来方明白什么是自由和自治。他们突然陷入了某种解放性的亢奋之中，前进、前进、前进，矛盾？不去

---

[1] B. Ashcroft, G. Griffiths and H. Tiffin: *Key Concepts in Post-Colonial Studies*, p.60-62.
[2] [英]戴维·莫利、凯文·罗宾斯：《认同的空间——全球媒介、电子世界景观与文化边界》，第96页。
[3] 此"后现代"非当代西方思潮中的"后现代"，而是某种国家类型。详见孔哲：《新帝国主义"救世"说》，《天涯》2002年第3期。

管，只管前进。箱外是什么？谁造的箱子？谁提供的箱子？为什么是这样的箱子？为什么是箱子？这一切似乎都不重要，重要的只是：前进！——在箱形的空间里。套用萨义德的话，"差异会成为一种意识形态传染病"[1]，对第三世界来说，前进成了某种意识形态传染病。

殖民地积极的民族认同为全球无认同所取代的过程，就是文化新殖民主义者为推行新殖民主义制造干细胞的过程。这个干细胞初期的简单形式就是文化的模仿和戏仿。或许后殖民文化批评理论可以从文化的模仿尤其是文化的戏仿中找到某些对宗主国文化进行颠覆的痕迹，但事实上就是在这样的"简单"模仿和戏仿中使文化新殖民主义者所期待的干细胞逐渐被激活。"'模仿'揭示了某物与就其被称为'自我'相区别的背后的东西。'模仿'的效果就是伪装……它不是要和背景相协调一致，而是逆着杂色斑驳的背景而变得斑驳——特别像人类战争中的伪装技术"[2]。模仿是空洞的、中性的，它的面孔就像失了血一样的苍白。而戏仿则看上去更像一种战略。任何的戏仿都是在矛盾心理下做出来的：一方面出于行动有效性考虑，它模仿了殖民者的形式，包括规则、话语等；另一方面，出于自己脚下的土地和本能的考虑，在前者的基础上做出一些变异。这样的结果从人类文明综合协调发展的长远观点来说，至少从形式上是具有相对合理性的。比如，"用所谓罪犯的民谣和语言对霸权地位进行颠覆，恰恰反映了早期白种澳大利亚人的文化特征，在西印度群岛则反映了奴隶们的文化特征。那些被放逐人的鼓声、模仿的舞步和戏剧表演，以一种微妙的故意模仿、露骨的辱骂方式损害了占统治地位的英国种植园主的文化'标准'。在那些具有奴隶制（或罪犯）的习惯用语、词汇和语法内部对英语进行颠覆"[3]。颠覆对于一个没有还手之力的"他者"来说是一种高级的理想，彻底归顺于殖民者更将是一场噩梦。马库雷在1835年关于印度教育的备忘录中对东方的模仿进行了

---

[1] 张京媛主编：《后殖民理论与文化批评》，第74页。
[2] H. K. Bhabha: *The Location of Culture*, p.85.
[3] B. M. Gilbert, G. Stanton and W. Maley: *Postcolonial Criticism*, p.209.

嘲笑，他所代表的殖民者的真实目的是想尽办法"使这些印度人英国化，但绝非是让他们成为英国人"，"这个群体从血液和肤色上看是印度人，但从品位、观点、精神和智力上是英国人。换句话说，一个文化戏仿出来的人是可以通过英国的教育培养出来的。正如一个传教士教育家在1819年写道：'去培养大量的翻译人员从而可以用在劳动的各个部门'"[1]。

从领地殖民结束后相当的一段时间内殖民地所面临的首要任务来说，戏仿导致人们对殖民地认同的无所适从，从而为文化新殖民的推行打通了关节。事实上，殖民主义就是在这样的所谓的高级理想和简单模仿的循环中得以实现和强化的。它就好像是现代的克隆研究中的干细胞一样。在殖民者眼中，殖民地是巨大的干细胞培植所。在殖民者的经济、政治和文化影响力下，殖民者可以随时随性地激活这个巨大的干细胞的任何部分，从而生产出符合殖民思想的器官；而整个的后殖民社会就是由这样的一些肢端肥大的器官所组成的干细胞傀儡，它将伴随着殖民主义的呼唤而随时翩翩起舞或者奋勇冲杀。

二、文化新殖民主义

关于文化"新殖民主义"，在前面各章节中已多次涉及。事实上，"文化新殖民主义"有多种说法：新帝国主义、共谋的后殖民主义、后殖民主义、新殖民主义等。

从字面上来讲，"新殖民主义"这个词是由独立后的加纳第一任总统、泛非主义的主要代表恩克鲁玛在他的著作《新殖民主义——帝国主义的最后阶段》中提出来的。这个标题是对列宁关于帝国主义作为资本主义最后阶段定义的发展。他指出，尽管像加纳这样的国家取得了技术上的独立，但前殖民主义力量和新兴超级霸权，诸如美国，通过国际货

---

[1] H. K. Bhabha, *The Location of Culture*, p.87.

币体系，通过操控世界市场价格、多边合作企业联合以及大量的教育和文化机构等继续发挥着关键性的作用。事实上，恩克鲁玛认为新殖民主义比起以前公然的殖民主义更阴险、更难发现和抵制。这个词由此被广泛应用于指代对前殖民地所有形式的控制。举例来说，一些人用它来指那些通过独立运动获得权力的新精英阶层的统治，他们接受的是殖民者的教育和培训，并非什么人民的代表，根本不了解人民的实际情况，甚至还做前殖民统治者希望的代理人。从更广义的角度来说，这个词逐渐象征着所谓的第三世界经济在全球化的压力下发展独立的经济和政治身份的一种无能状态。[1]

近来，处于后殖民时代的殖民地和前宗主国对这个词的使用发生了变化。如本文对"美加澳是否后殖民"问题探讨中所说，由于各自经济发展水平不同，美国现在处于第一世界，它除了向第三世界输出他的全球化思想外，还对这些第二世界进行新的文化殖民。法国新右派认为，"美国不仅在防御的名义下军事占领了西欧，而且以瓦解欧洲生活并使之美国化的方式进行文化殖民"[2]。经济全球化、文化全球化从后殖民的视角来看，则是以美国为代表的新殖民主义规则开始处于控制地位并试图在归化整个世界。"美国成为自由主义现代性最典型的体现和文化同质化的主要世界力量。"[3]与此相呼应的，是所谓的第二世界并不想彻底向美国放弃对世界的控制权力，在感受着来自美国的文化新殖民主义散布到世界范围的锋芒的同时，他们也提出了新的殖民主义——"新帝国主义"[4]。用爱德华·赫尔曼的话说，"至少受到部分遏制的商业化全球浪潮到底体现着'文化帝国主义'还是'文化依赖'？……主要的入侵是模式的灌输。其次重要的是商业网的发展、巩固和集中以及和全球体系的日益融合，再加上这些进程逐渐对经济、政治体制、文化环境所造

---

[1] B. Ashcroft, G. Griffiths and H. Tiffin, *Key Concepts in Post-Colonial Studies*, p.162-163.
[2] 张宏：《法国新右派的哲学基础》，《天涯》2002年第3期。
[3] 张宏：《法国新右派的哲学基础》，《天涯》2002年第3期。
[4] 孔哲：《新帝国主义"救世"说》，《天涯》2002年第3期。

成的影响。主要的入侵决定了要走的道路,并且把有关国家带入了主要大国的利益轨道。这就是'新帝国主义'形式,它已经取代了旧的、粗野的和过时的殖民方式"[1]。

英国首相布莱尔的外交顾问库珀,在一本名为《重新安排世界——"9·11"的长远影响》的小册子中撰文,呼吁西方国家特别是英国和欧盟,以"防卫性帝国主义"(defensive imperialism)介入海外事务以恢复世界秩序。这本小册子由布莱尔发起成立并担任主席的外交政策中心出版,由多位国际政治家撰文,小册子还获布莱尔执笔撰前言。

库珀提倡以一套类似"种族隔离"的政策,大致将西方和非西方区分为"进步"的后现代世界和"落后"的现代及前现代世界,指出西方在国际事务上须采取"双重标准"。库珀称,将"秩序"带到这世界上的其他地方,是自由民主国家的工作,又说:"对殖民控制的需要,依然像19世纪般炽热。"库珀把世界分为三类国家。第一类是"前现代"国家——大多是前殖民地国家,如索马里和阿富汗。第二类是进入了后现代、不再一味视侵略为国防安全手段的"后现代"(或后帝国主义)国家。第三类则是一般的"现代"国家,诸如中国、印度、巴基斯坦,它们强调的仍是传统的势力平衡的那一套,讲主权、国家利益和互相制衡。

面对恐怖危机,库珀认为后现代世界要开始习惯以双重标准行事。后现代世界内部继续以法律及共同防卫为基础行事;但如果面对的是欧洲后现代大陆以外的落伍国家,便要再次用以前的粗暴方法——武力、先发制人、攻击、欺诈等,任何有必要使出来对付仍活在19世纪的国家的方法。任由这些国家腐烂,像西方之前对阿富汗那样,风险更大。库珀宣称,世界确实十分需要高效及管理优良的国家输出稳定和自由。世界现在需要的是一种新的帝国主义(或称为后现代帝国主义),一种符合人权要求及世界性价值观的帝国主义:旨在带来秩序和组织但基于

---

[1] [美]爱德华·赫尔曼、罗伯特·麦克切斯尼:《全球媒体——全球资本主义的新传教士》,第190页。

自愿原则的帝国主义。

后现代帝国主义有两种模式：第一种是在经济领域出现的"自愿帝国主义"，由国际货币基金组织和世界银行推动。希望进入全球经济体系和引入投资的国家会得到帮助；国际组织则反过来居高临下地点出它们的政治和经济问题。第二种后现代帝国主义可称为"邻国帝国主义"。巴尔干半岛的种族屠杀威胁全欧，后现代国家便在波斯尼亚等地设立联合国保护区，不但提供士兵，而且还有警察、法官、银行业人士等，并组织、监察选举。欧盟在东欧的扩张则是两种后现代帝国主义的结合。过去，帝国自上压下法律和政府制度，现在的欧洲则什么也没压下。你想加入欧盟只要接受一大堆法律和规则，就能换来在共和体内的发言权。

在库珀的术语中，我们可以理出这样的一些线索，对现在的发达国家、以前的殖民地宗主国，库珀用的术语是"'进步'的后现代世界""自由民主国家""高效及管理优良的国家"；对现在的发展中国家、以前的殖民地，库珀用的术语是"落伍国家""仍活在19世纪的国家"；前者对后者应该采取的措施是"防卫性帝国主义""新的帝国主义""自愿帝国主义""邻国帝国主义"。在这些术语背后所掩藏的是一条清晰的时间轴，那就是以"西方"国家几次工业革命来重新书写的世界历史，即便是在这些国家诞生之前那些"所谓的东方国家"已经存在了上千年；此外，这些术语还饱含着这样的一些思想：经历了工业革命以后，"东方"被西方一拳打倒，都到了20世纪了还没有爬起来！"西方"不耐烦了，痛斥："落伍！还活在19世纪！现在已经21世纪了！""东方"在地上挣扎和扭曲着，喘着粗气，从胸腔中喷出的一口血痰吐到了"西方"的脸上。"西方"大怒，"恐怖！这就是恐怖主义！""我们所有坐在沙发上的人已经没有侵略的思想了，只有那些站着的人还总想侵略，那些睡在地上的人简直是最大的潜在入侵者，对我们秩序构成最大的威胁！"因此，对所有"文明的、民主的、发达的后现代国家"来说，无须等"东方"从地上爬起来，就应该实施"防卫性的帝国主义"——"防卫性"的侵略！完美的修辞和话语合法性建构。

"东方"似乎并非也从来没有自愿睡在地上,这是"西方"似乎从来没有想过或决定不去想的事情。"防卫性帝国主义"后来还有它的连襟,"防御性战争"[1](preventative war),特指美国入侵伊拉克;但无论修辞如何漂亮,本质即是文化新殖民主义。西方的文化新殖民主义以文化生产理论、文化消费主义为先导,它们的最终目的是对东方固有的文明得以延续的"基因"进行重组,按照西方的模式,事实上,是按照资本逻辑图示来进行重新构建东方的整体和局部意识形态,形成为西方所熟悉的、便于掌握的、"东方主义"观照下的,作为文化生产的基质链条而并入全球化的洪流中去。

文化的新殖民即是一种强势文化的霸权性实施。它走过了三个阶段:霸权想象、霸权认定、霸权实施。这三步并非绝对的秩序,而是对弱势文化的一种非线性重组。在霸权想象阶段,是强势文化通过媒介,把西方的或强势文化的各种象征符码化而植入弱势群体之中,在只见树木、不见森林的思维定式下,促使激发弱势文化群体的想象力量,在意识中以这些符码为源构筑想象中的西方帝国;当文化产品有渠道输入,当弱势群体的一部分有渠道直接接触、感受所谓的强势文化时,原先的想象与现实即进行简单的置换,巨大的反差即促使其不仅认定且拥抱这种强势文化,把"自我"边缘化甚至抛弃;所谓的霸权实施就是由这些人,回到弱势群体之中,即以"舆论领袖"的地位激发新一轮的霸权想象,当所有这一切都已构筑完毕,则西方媒体和文化产品大举进入之时,即是霸权文化的实施之时。

因此米谢拉和霍琪认为事实上有两种后殖民主义:一种是没有连字符的后殖民主义(postcolonialism),可以在独立后的殖民地中找到;另一种是有连字符的后殖民主义(post-colonialim),这是一种共同构成殖民主义的理论,即"共谋的后殖民主义"[2]。前者是西方文化通过经济、

---

[1] 王冠:《让世界听懂中国》,北京:民主与建设出版社,2021年,第98页。
[2] 杨金才:《后殖民主义理论的激进与缺失》,《当代外国文学》1999年第4期。

政治、文化手段植入的；后者是来自东方内部的那些所谓"精英""舆论领袖"对新殖民主义形式的赞同性呼应，主要是通过文学对本土文化的无意识转化来进行。这种转化从两部分进行。文明，比如华夏文明、英法文明、埃及文明等，即是该地域、该民族、该种族的对作为人的意识和价值的探讨的总和（第一部分）。同时，还要加上他们独特的民族传统、经验和感情色彩之后综合的东西（第二部分）。"文明"所欲"殖民"的，即是用第一部分的置换和对第二部分的渗透和改造同时进行的。

归结起来说，殖民主义制造的文化"偶然性并置"带来殖民地文化发展选择的偶然性、被迫性和文化变迁的渐变性以及突变性的综合，这导致对文化自治理解的误读，而且全球化话语的网络特点促使文化在变迁过程中出现简单意义上的模仿和戏仿。而殖民地和现在的民族国家恰是在这样的模仿和戏仿中被打造成殖民者期待视野中的"文化干细胞"，在新老殖民者的主观意志下任意激活其组成部分，从领土殖民时期走来，向文化新殖民主义走去；从强制性植入开始，到自觉自愿的赞同结束。我们看到已经和正在上演的一出文化皮影戏——曾经有生命的驴子被剥下皮，皮做成了异彩纷呈的"影人"；幕后强光的投射下，"影人"四肢和头部在线杆的牵动下或起舞，或冲杀，或浅吟，或高歌。白色的幕布后面是"西方""男性"的一群，他们把手掐在喉咙上，代替"影人"发出或男或女的声音。无声的"影人"、麻木的观众、窃笑的"历史"……

第 五 章

后殖民文化批评理论话语视点：霸权论

主体视点所考察的，是对人类需求中第二层次需求的变动和发展。第一层次的需求即是自然消费的需求，满足这个层次的需求创造、推动并更新着具体的社会生产；第二层次的需求是社会需求，主要是在对第一种需求的满足过程中生发出来的，包括贪欲、名望等。在第一层次的需求推动下创造了馒头和面包，在第二层次的需求推动下创造了大量文本、挂毯、绘画和精美的瓷器等。换句话说，第一层次的需求创造了物质；第二层次的需求创造了精神性的文化或文明。还有第三层次，即是一个符号的境界。在第三层次里，第二层次原本抽象的东西在抽象的具体层面上从形式上回到第一层次，用简约的符号或符号化过程，把人们的消费带入符号的消费中。

第一个对美洲土著语言进行分析性描述的威廉·冯·洪堡[1]强调，只要我们把语言看成只是"语词"的集合，那么要真正洞察人类语言的特性和功能就是不可能的。他认为，"各种语言之间的真正差异并不是语音或记号的差异，而是'世界观'的差异"[2]。如此，能够讲地道的英语不仅仅是学会了一种表达工具，它还成了某种象征性标志。在

---

[1] 威廉·冯·洪堡（1767—1835），德国古典语言学家，柏林大学创始人。致力于研究比较语言学、语言哲学等。
[2] [德]恩斯特·卡西尔:《人论》，第154页。

用地道的英语交谈的时候，它不仅传播着信息，而且传播着信息所反射的意识形态。为了推广这种意识形态，操这种语言的人不仅极力赞美它的美好，而且还要贬低其他的语种。现实的需要以及为了迎合这种意识形态，大的国际性会议上专门设定该种语言为交流语言，在非母语区设立这样的角落来推广它，把操这种语言的人（非母语）推荐和包装成某种当地的"舆论领袖"的形象，让该种语言成为地位、特权和流通象征性载体，如此，语言除了其实际用途外，就主要是作为某种符号来被消费。而话语视点所要探讨的，就是主体对这第三层次话语符号的消费问题。

阿里夫·德里克即把后殖民当作某种描述后殖民时代殖民地和全球状况的话语。"这些话语可由这些状况所导致产生的认识和心理取向来指示。"[1] 在前面我们已经分析了这些状况所导致的后殖民时代的主体特点，在这一章，我们集中分析的，是话语——殖民者、被殖民者的话语——如何控制社会、个体、文化的意义生产的，从而进一步为殖民主义之后的后殖民主义或新殖民主义批判提供"文化皮影戏"何以能够上演的机制。包括：殖民话语提供给殖民地的是什么样的知识、意义生成的方式？知识背后的话语表达、传播、运行的机制为何？这样的话语所保有的和排斥的是什么？这样的话语已经和正在发生什么样的作用——尤其是对人类文明的长远发展，我们该用什么样的反话语和方式方法对这样的"坏"作用予以抵制、更改并建设新的话语言说世界？

殖民话语编织了细密的权力之网，殖民地就身处此网中央。发现殖民文化意义生成的生态特点，即为后殖民文化批评理论找到了后殖民主体解读、拆解、超越此网的可能。如此，话语既是殖民网之丝线，又是殖民网之机理，同时又是反殖民之钥匙。故而针对殖民话语，则有被殖民话语；有话语则有反话语；有话语霸权则有民族寓言。同理，

---

[1] [美] 阿里夫·德里克：《后殖民的辉光：全球资本主义时代的第三世界批评》，《国外文学》（季刊）1997年第1期。

有网就有洞，洞下则是第四世界；有话语则有话语陷阱，陷阱则又是网之机关。

第一节 什么是话语

一、话语进入后殖民文化批评理论

前殖民地须走过这样一个历程：领土的解放，政治的独立，经济上的自由与发展，文化上的对殖民文化的驳斥、否定、修正。但盖茨认为，"仅仅表明这些情况的存在，并把这些情况界定为思想独立性的令人满意的表示，对于我们来说都是不够的。在这种意义上，我们关心的下一组问题必须涉及黑人的政治所指，即为了彻底重新安排日常生活并使之人性化而支持对文学艺术的探索的那种文化观念和黑人的批评语言"[1]。为此，盖茨鼓励黑人作家和批评家对"风格与主题、内容和形式、结构与情调"等问题进行最充分而最具有讽刺性的探索，在黑人的各种艺术形式中，在这样的探索中，将"这些艺术中的思想和艺术融为一体"[2]，从而构建黑人性的艺术，发出属于黑人的声音。

然而在此过程开始之前，盖茨发出疑问："一种真正的黑人文本能否以从主人的阶级继承而来的语言形式出现呢？"我们的选择只能栖身于驳斥、否定或修正的流沙或阁楼中吗？""难道我们只是重新命名从白人那一方那里接受过来的术语吗？"对这样的设问，盖茨的回答是："我们必须通过求助黑人土语——当没有白人在场时，我们相互间讲的语言——来做到这一点。我的中心论点是：黑人用黑人土语使他们的艺术和生活理论化。"[3]

---

[1]［美］拉尔夫·科恩：《文学理论的未来》，第229页。
[2]［美］拉尔夫·科恩：《文学理论的未来》，第230页。
[3]［美］拉尔夫·科恩：《文学理论的未来》，第230页。

盖茨的疑问引出了话语在后殖民文化批评理论研究中的重要性和地位问题。从时间和空间的角度来说，殖民地获得了独立，主体似乎在独立的政治、经济和文化生活中开始了某种新的进程。但走向联合国发言席的黑人、印度国大党的主席操一口流利的英语，风行于世界的是白人芭比娃娃、麦当劳、迪士尼和肯德基，当然还有WTO、IBF以及MBA和ISO一族等。拉康说，"无意识是他者的话语"。从何处来、身在何处、向何处去的问题对后殖民时代新的主体来说，似乎已经超越殖民地时期的"困扰"，殖民地世界从殖民主义时代一朝醒来，迫不及待地就踏上了某种道路，这是一条由梦魇指引的路，梦魇告诉殖民地他者：顺着这条路一直向前走，前边拐角处就是英国或者美国。诚如戴安娜·布莱顿和海伦·蒂芬所分析的，"用英语创作的西印度群岛作品一般来说并非已经有'母语'的第二语言创作，而是第一语言创作。这种情况与在加拿大和澳大利亚用英语创作是相同的。如同在美洲一样，实际上只用一两代人的时间，奴隶贩卖和种植园经济的发展就破坏了非洲的语言社团。牙买加、巴巴多斯以及特里尼达的克里奥尔人证实了西部非洲的词汇、法结构和发音的存在，但是，总体上说，欧洲宗主国的语言强行取代了被贩卖的非洲人的语言。正如穆林·C.阿莱恩指出的，尽管在牙买加有些非洲语言的确存在，但是，由奴隶制产生的压力，以及几个世纪里土著语言的瓦解，使作为第一语言的英语经过修正后得以巩固，并且随着克里奥尔人的繁衍而产生了各种变体的英语"[1]。殖民地人民就生活在殖民者话语的梦魇之中——弗洛伊德解释不了的梦，而梦魇的话语，即殖民者的话语。

　　殖民者话语在殖民地玩弄着"俄罗斯方块"的游戏。殖民地主体的话语是由殖民者"文明"社会提供的，它犬牙交错地堆积在殖民地主体的意识器官——脑子里，而意义的生成就是新的话语在和文化话语的拥抱、填补中产生共鸣，"俄罗斯方块"的游戏中掉下一块或几块

---

〔1〕［英］巴特·穆尔－吉尔伯特等编撰：《后殖民批评》，第284页。

后即填平一层,然后消掉一层,消掉部分即意义的产生。所以,意义(或主体的意识)的生成并不是必须用新的话语,而关键在于适当的话语恰切地填补了话语的需要;新的意义(新的意识形态)需要用新的话语表述,或新的意义的作用以新的话语符码来承载、表征,但在旧的话语文化群里,旧的话语生成体系所能提供给新话语的插入空间有限且不配套,所以,新的话语会用新的形式以疾风骤雨之势埋葬旧的话语——即使它继续提供着意义生成的空间——然后,在新的基础上,进行新一轮的话语表达——在"交流"场景下,信息以各种形式插入、化合,生成新的意义。

当语言学的研究发展到这样的程度,即发现语言并不是语言学家所说的语言,只不过是某种符号和某种社会词根,并发现一切的神圣和飞扬不过是语言——这一纯粹的文化现象的演义的时候,当实在为语言找不到昔日万分荣光的理由的时候,也是语言从最荣光的时刻开始下坡的时候。于是,那些深刻地意识到语言存在的人(不管你是否愿意在场或不在场),都将陷入深深的思索之中。殖民话语不断地将殖民地人民纳入其话语生产和运行的机制,归化为殖民这一行为的客体,从物质到精神,从被动到主动,从强迫到赞同。从话语的角度来概括文化,文化即是主体在一定时空内的话语总和。如此,文化的殖民,首先是话语的殖民。如此,摆脱梦魇也似乎需要从话语开始。

王晓路先生在《话语理论简介》[1]一文中,引证东西方的专家论点和工具书词条,比较全面地考证、介绍了"话语"以及话语理论。从语源角度考证,"话语"一词始于拉丁语 discursus,而中古英语及古法语为 discourse。OED 词典早在 1509 年就将其录入,意为拉丁语的 partes orationis 之意[2]。各辞书对该术语的界定也极为宽泛,如"话语为某种

---

[1] 王晓路:《话语理论简介》,《中外文化与文论》第3辑,第257—261页。
[2] *A Dictionary of Literary Devices*, ed. B. Dupriez trans. A. Halsall, Univ. of Toronto Press, 1991.

旨在通过思想及情感的交流影响他者的形式"[1]，"论述和以交谈方式交流思想和信息"[2]，而其"交流的含义旨在探索某一专题，这种探索带有权威性"[3]，"尤其是针对哲学、政治、文学以及宗教的论述"[4]。从语言学的角度看，话语主要是指语言运用的诸种实例，即语言交际过程中所说的话。在话语分析研究中，其研究对象则是比句子意义更大的单位[5]。"在英语与法语中，这样最广义的文本常被称为'discourse'。"[6]而人们采纳这一术语进行文论建构时，就多指以某种跨学科的方式对文本结构进行研究，并考虑其语言与社会文化的特征，从而确定意义，将概念群加以浓缩，形成术语化的操作规则。[7]

另外，比尔·阿希克洛夫特等三人合著的《后殖民关键词研究》一书中，对"话语"以及话语理论也进行了追根溯源。[8]他们认为，话语最初是在16世纪被用来描述任何形式的言说（speaking）、谈话（talk）或交谈（conversation），但后来逐渐被更多地用于描述正式的讲话（formal speech）、一种叙事（narration）或详细主题的处置（treatment of anysubject at length）、论文（treatise）、学术演讲（dissertation）或布道（sermon）。离现在最近的，话语被语言学家用来从技术性角度描述任何从长度上多于一个句子的言说单元。在后殖民文化批评理论中，它经常被用在诸如"殖民主义话语"这样的术语中。而这种用法的来源是福柯。福柯在运用话语这个术语的时候已经较少和以上这些传统的言说意义相关。对福柯来说，某种话语即是对社会知识的稳定限定的领域，是使这个世界得以为人所知的系统性的阐述。其关键特征即是，世界并不

---

[1] DOLD: A Dictionary of Literary Devices, 1991.
[2] WNWD: Webster's New World Dictionary of American Language, 1978.
[3] CCELD: Collins Cobuild English Language Dictionary, 1988.
[4] DLT: A Dictionary of Literary Terms ed. J. A. Cuddon. New York, 1977.
[5] 参见王宗炎：《英汉应用语言学词典》，长沙：湖南教育出版社，1988年，第107页。
[6] 乐黛云等：《世界诗学大辞典》，沈阳：春风文艺出版社，1993年，第562页。
[7] 参见王晓路译：《话语分析理论》，《比较文学报》1995年第11期。
[8] 参见 B. Ashcroft, G. Griffiths and H. Tiffin, *Key Concepts in Post-Colonial Studies*, p.70-73.

是简单地"在那儿"被"说"着的世界,而是通过话语本身世界才得以存在。也正是这种话语,使说者和听者、作家和读者对他们自己、彼此的关系和他们在世界上的位置有所理解。它是组织社会存在和社会再生产的一套复杂的符号和实践体系。

福柯关于话语的论述,把话语从语言学的运用层面引申到文化层面。同时,这种文化层面上所探讨的话语,通过福柯的论述,也摆脱了简单的文化表达和言说的层面,而进入到文化深层的实质——话语作为世界得以存在的客观要件,以及社会存在、社会意识生产的符号体系。德国哲学家卡西尔则用所谓"亚当的语言"揭示了这个符号体系的实质。卡西尔认为,言语的"巴别塔"倒塌后,对它的追求并没有结束。"即使在现代,人也仍然深深地向往着那人类只拥有一种共同语言的黄金时代。他回顾他的原始状态就像回顾失去的伊甸乐园一样。"如此也就表明了人类一个古老的梦想——"要建立一种亚当的语言——人类最早祖先的'真正'语言,一种不仅是由约定俗成的记号所组成,而且正是表达了万物的本性与本质的语言"[1]。

由此角度将话语理论引入文化理论,则要探讨人们在简单的、日常性的对语言的言说过程中,如何体现着使用该语言的人群以及该语言所辐射的人群背后的具有某种统一性的文化本性或本质,并使这种言说的语言和言说者存在的世界发展变化着的。诚如王晓路先生所分析的,话语具有人类社会广义的言说功能,这种功能得以形成最基本的理解与思维的范畴。这个所谓的基本的范畴,就是世界存在和发展的话语机制,就是探讨话语的言说功能得以形成的最基本的理解与思维的范畴,即卡西尔所谓万物的本性和本质性的东西。正是因为当某一群体将其言说方式以话语形式形成惯例并得到具体运用时,话语就会有效地生产其领域的语言,从而有助于其学科的规范形成或体制化。"权力"也由此而来。如此,话语符号的生产、流通和消费是如何主宰着人从而主宰着世界的

---

[1] [德] 恩斯特·卡西尔:《人论》,第166页。

这一问题的重要性才凸显出来；进入到殖民主义话语的探讨子目下，分析在殖民地进行的殖民者的文化话语生产是在什么样的机制下、怎么生产和生产着什么（比如话语霸权），以及后殖民文化批评理论作为一种引起世界范围内反思性思潮的批判力度也才凸显出来。

从根本上说，在殖民者的话语生产、流通、消费的系统性机制中，话语对主体的构形作用是主要的。话语对主体的构形依赖于构造此话语的知识体系规则。从这个角度看，话语比起意识形态或语言来说范围既宽，变动性亦大。不同的主体由不同的话语所构形，但主体的构形过程却都是一样的。同时，很明显的是，并非现实社会中存在的任何话语都对主体的构形起着决定性的作用，比如前文我们分析过法语在当前世界范围内的影响相对于英语。福柯认为："在任何历史时期，各种各样的话语竞相对主体性予以控制，但这些话语经常是那些控制着话语并决定知识和真理权力的一个机能。因此，当一个人在多种话语作为一个主体时，主体性只会是由当时处于控制地位的话语所构形。"[1]对殖民地人民来说，殖民主义时代处于控制地位的话语即是殖民者话语，后殖民时代处于控制地位的是文化新殖民主义话语。因此，要明确话语对主体的构形作用，就需要首先把握殖民者话语的特性和霸权运作机制，这样，在后殖民时代来自殖民地的反话语才能有针对性和力度并达成预期效果。

二、殖民话语的特性

1. 立体网络性

"殖民话语"首次由萨义德使用，他从福柯那里借过来，用以描述殖民主义在实践中的出场[2]。1978年出版的《东方学：西方对于东方的

---

[1] B. Ashcroft, G. Griffiths and H. Tiffin, *Key Concepts in Post-Colonial Studies*, p.223-224.

[2] B. Ashcroft, G. Griffiths and H. Tiffin, *Key Concepts in Post-Colonial Studies*, p.41-43.

观念》,就是从1798年拿破仑入侵埃及开始,到当代东方学,探讨了"东方学"中西方人是如何看待东方、处置东方的殖民话语及其表述方式、策略和机制的。在这部著作中,萨义德涉猎广泛,所谈到的东方学家中,有政治家、作家、传教士、记者、教师、学者以及普通的西方游客或士兵,涉及东方的文学、政治学、哲学、社会学、教育学、宗教学等诸多方面。这一方面说明了萨义德论域的广泛以及由此自明的代表性;另一方面,也是最主要的,说明了东方学——作为殖民者的话语,事实上所构建的是一套"东方"得以被"西方"所观看、触摸、处置的话语阐释体系,在这套体系中,东方学家通过萨义德所说的东方学的某种"内在一致性"[1]所世代建构和传承的,是西方的价值观以及君临东方的机制。"作为一种社会建构,话语所建构的现实不仅服务于它所代表的客体,而且服务于它所赖以存在的社会主体。因此,殖民话语是组成殖民关系内社会存在和社会再生产的复杂的符号和实践。"

作为一种"复杂的符号和实践"的殖民话语有其特定的言说主体、客体、言说场和言说内容。任何真理性的话语的言说都会因推究其所以可能而遭到质疑。但这并非要抹杀话语具有的权力可能,只能这样说,话语权力的构形和实施是个复杂的和难度较大的工程,在考虑这样的工程的时候,"网络"的概念很有帮助。网络是一个有纵深感的概念。正是基于此,福柯运用知识考古的办法,把知识和权力放到一个纵深的网上,在这样的认识前提下——"个人陈述或单个作者能够做出个人陈述的机会实际上是不可能的,在每个说话机会的顶部和上方,都耸立着一个规范的集体,福柯称之为话语,它本身又为档案所控制"——来"揭露话语——个人的、制度的、清晰的构型高度规范化的话语——是如何控制社会和监管文化生产的"[2]。

关于殖民话语的立体网络性特点,阿希克洛夫特等人列举的关

---

[1] [美]爱德华·W.萨义德:《东方学》,第7页。
[2] 汪民安等主编:《后现代性的哲学话语——从福柯到赛义德》,第418页。

于"药物"这个话语的例子很具有代表性。从一般意义上讲，只要是"药"，就是用来并且能治疗病体的。因此，"药物代表着某种关于身体、关于病情以及关于这个世界的陈述体系。决定这个体系的哪些规则决定了我们如何看待治疗的过程、对病情的鉴定等，事实上，包含了我们与这个世界的物理关系的秩序"。正是基于此，当"中药"来到西方，或"西药"来到东方，当我们没有对这两种药物背后所辐射的关于世界的关系以及关于人类身体的功能、结构等知识进行区分的情况下，这两种运动过程的结果只能是都会遭到抵制。比如中医的针灸、草药等被西医看作迷信，西医的不切脉、头疼医头、脚疼医脚同样被中医看作不可思议和不符合药理。从目前中药逐渐在西方得到认可，并被从一定程度上纳入"科学性"的解释轨道，以及西药在中国得到认同的过程，说明了，每一种药物背后都是一种对世界，对身体关系、结构、功能的解释编织细密的网，"这些话语所保有的不仅仅是对这个世界的理解，而且在某种感觉上，它保有的就是这个世界本身"。这个世界是立体的、网状的，在殖民话语中关于"经典文本"的界定中，从整个殖民历史看，殖民地的作品无论如何也不会被归入经典作品行列中去的；同时，何时何地提及"经典"，都会和殖民者、殖民地以及殖民关系有着经纬密织的关系。因此，后殖民文化批评理论在对殖民话语进行分析批判的时候，必须从时间、空间、主体和话语的多个视点入手，在理解了殖民话语立体网状特征的前提下，才可以比较清晰地看到谁在言说、如何言说以及究竟在言说些什么，也正是在这样的情况下，才能发现殖民话语的第二个特性：霸权性。

2. 霸权性

令许多后殖民文化批评理论家感到困惑的是，在殖民主义时代，相比起殖民地的广袤领土和众多人口来说，殖民者在殖民地的军事设施等显得是如此的微弱，以至于现在看来似乎是不堪一击，或者至少假以时日是可以集中力量击溃的。但殖民者却正是用这样少的力量稳固地控制着比它的占领军多得多、比它的本土还要大得多的殖民地。再看现在的后殖民时代，西方关于"发展""进步""科学""现代化"等的神话即使在西方本土已经受到来自各个方面、各个领域的批判，但独立后的殖民地在选择发展道路的时候，却都不约而同地把目光投向欧美。原因何在？对殖民话语霸权性特征的分析和概括或许能提供非常有用的思路。

"霸权"这个词最初用来指一个联邦内部对其下属州的控制，现在一般用来指通过协商达成的控制。这个广义的含义是在20世纪30年代由意大利马克思主义者葛兰西提出并使之流行起来的，他关注的是统治阶级如何成功地在全社会扩展自己的利益。"在葛兰西看来，每一种占统治地位的文化都是在它所面对的群体的常识态度和行为中确立自身。换句话说，文化生活在人的实践中，它表达了人类的信仰。它通过对人们的思想行使'霸权'或控制而存在。例如，资本主义通过资产阶级对文化制度的大规模网络——学校、教会、政党、报纸、传播媒介和民间社团的控制和操纵而繁荣和发展。这个文化网络不断地宣传支持现存生产方式的文化观念"[1]。正是从这个意义上，葛兰西将国家的概念进行扩展，"国家本身远不只是统治阶级借以强制敌人的简单的政权机构，虽然它肯定是这样一种机构。它同时也是'政治社会'和'市民社会'之间的一种'平衡'，也就是说，是形成和陶冶进行直接的强制所需要的思想和手段的一个领导权机构。一个国家的权力，包括权力关系借以传达的所有那些文化机构"[2]。因而，葛兰西所说的"国家"包括强制的（政治的）和领导权的（市民社会的）机构。在一国之内，"霸权是统治阶级使得其他阶级确信，它（统治阶级的利益）是所有阶级的共同利益所在。由此，控制就无须通过暴力，甚至无须通过积极的劝导，而通过经济上的更微妙、更包容性（inclusive）的力量，通过国家机器

---

[1] [美]罗伯特·戈尔曼：《"新马克思主义"传记辞典》，赵培杰等译，重庆：重庆出版社，1990年，第360页。
[2] [美]罗伯特·戈尔曼：《"新马克思主义"传记辞典》，第360页。

（apparatuses），比如教育和媒体来实现，由此，统治阶级的意志即以大众意志的面目出现并得到广泛接纳"[1]。

而能够实施这种话语霸权的，最直接的，就是葛兰西所说的知识分子。但葛兰西对知识分子进行了比较艰涩的区分，分为"传统知识分子"和"有机知识分子"。"'传统的'知识分子是那些我们通常认为在给定的社会中执行知识分子之领导任务的人，而'有机的'知识分子则多少更紧密地同其所属的阶级相联系。"[2]葛兰西认为，"我们可以说所有的人都是知识分子，但并非所有的人在社会中都具有知识分子的职能"[3]。为了实施知识分子的职能，就需要"传统知识分子"通过学校、教会、媒体等传布该知识分子阶层所代表阶级或阶层利益的系统性知识，并努力使其在社会大众的常识领域牢固地驻扎；同时，还要努力培养、构造自己的"有机知识分子"，也就是彰显本阶级和阶层意志的、处置该社会中基本活动内容的"专业人员"[4]。正是这些传统的和有机的知识分子的话语行动，"使得人们在描述那些不言而喻的事物时拥有了某种隐性权力，而这一权力又衍生了控制的工具。于是话语功能包含了一套系统。依据福柯的观点，所有的知识分子都在某种程度上位于这一控制系统范围之内"[5]。福柯所谓"所有的知识分子"的概念就是葛兰西所谓的从事"智力活动"和趋向于"肌肉－神经的劳动"[6]的人的总和。也就是说，实现了传统知识分子以及他所代表的阶级和阶层的意志散布到每个角落的目标。换句话说，就是知识分子的霸权（领导权）得到成功实施。

---

[1] B. Ashcroft, G. Griffiths and H. Tiffin, *Key Concepts in Post-Colonial Studies*, p.116-117.
[2] [英]詹·约尔：《"西方马克思主义"的鼻祖——葛兰西》，郝其睿译，长沙：湖南人民出版社，1988年，第116页。
[3] [意]安东尼奥·葛兰西：《狱中札记》，曹雷雨等译，北京：中国社会科学出版社，2000年，第4页。
[4] [意]安东尼奥·葛兰西：《狱中札记》，第2页。
[5] 转引自王晓路：《话语理论简介》，《中外文化与文论》第3辑，第257—261页。
[6] [意]安东尼奥·葛兰西：《狱中札记》，第4页。

葛兰西关于一国之内统治阶级霸权实施的分析，引入后殖民文化批评理论中，可以非常有效地分析从殖民主义时代到后殖民时代（或文化新殖民主义时代）殖民控制、实施、延续的手段和效果。并且也是在这样的分析中，殖民话语作为一种话语在推进殖民主义中的积极作为被后殖民文化批评理论家所发现和批判。

殖民者对殖民地的统治，走过了强制性实施和自动赞同两个阶段。前者是军事霸权，而后者则是话语霸权。一如葛兰西所分析的强制的和领导权的国内统治机构，军事霸权在殖民地实施着将殖民这一事实强行凝固的作用，而话语霸权则通过教育等文化机构培植起相对于殖民者"传统知识分子"的殖民地"有机知识分子"阶层，即买办和所谓民族知识精英。诚如葛兰西所说，"任何争取统治地位的集团所具有的最重要的特征之一，就是它为同化和'在意识形态上'征服传统知识分子在作斗争，该集团越是同时成功地构造其有机的知识分子，这种同化和征服便越快捷、越有效"[1]。在殖民地，相对于殖民者来说，殖民地的知识分子就是传统知识分子，正是他们控制着殖民者到来之前的文化生产和文化消费，他们是这儿的主人，生产、培育着自己的有机知识分子阶层；但对于殖民者来说，不管是殖民地的传统知识分子还是有机知识分子，都是某种凝固成一体的对象性、堡垒性的，需要攻破的"敌对集团"。在通过军事强力建立起来的殖民统治机构的知识分子区分簿上，宗主国的知识分子自然而然地是葛兰西意义上的传统知识分子，而从军事上获得的控制要想长久，就必须进入到文化、思想的构建上来，"影响殖民地人民思想的能力是使帝国主义统治在殖民地运行的最持久最有潜力的能力"[2]。这就需要对殖民地的原来意义上的知识分子"敌人集团"——包括传统知识分子及其有机知识分子——进行同化和在意识形态上的征服，那么，相对于宗主国传统知识分子的有机知识分子就成了

---

[1] [意] 安东尼奥·葛兰西：《狱中札记》，第5—6页。
[2] B. Ashcroft, G. Griffiths and H. Tiffin, *Key Concepts in Post-Colonial Studies*, p. 116-117.

帝国文化实施成功、长远控制的第一步棋。比如英国在加勒比地区的霸权历史,"英国为了确保其对当地土著及从非洲运到此地为奴的男女老少的控制,采取了一系列的措施,其中的一条措施就是将一种英国文化的变体强加给这些人(各地殖民政权的一种标准做法):这一措施中的一部分就是将英语定为当地的官方语言。从语言学的角度来看,其结果并不是将英语强加给当地人,而是给当地大部分的人创造了一种新的语言。这种新的语言中占主导地位的成分是英语,但是这种语言本身已不再是纯粹的英语了。一种变形的英语出现了;重音规则、抑扬节奏也发生了变化;有的词被弃之不用,(从非洲语言及其他地方的语言中)引进了一些新词。这种新的语言是占支配地位的文化和居从属地位的文化之间'谈判'的结果;是一种以'抵抗'和'融合'为特征的语言;即,这种新语言既不是一种由前者强加给后者的语言,也不是一种自下而上出现的语言,它是两种语言文化通过'抵抗'和'融合'来争夺霸权的斗争产物"[1]。这一步棋如此成功,"变体的英语"培养了很多"棕色白人"或"黑色白人"以及"香蕉人"(黄皮白人)。这些人在殖民地独立后,也使独立的意义停留在夺取并建立简单的政权机构上,而建立从思想上实现的直接控制的领导权机构尚需时日。况且执行这种建构的恰是那些把自己当作宗主国文化的自然延续和继承的、被法农称作带上"面具"的买办或精英。因此,这一建构所面对的不仅不是废墟(即使前者如此),而且是已经自动并入宗主国文化霸权的生产、经营链条,在当前全球化的浪潮下哭着喊着请求搭载。在这个意义上我们理解到詹姆逊把独立比作"有毒的礼物"[2]的深刻。因此,葛兰西扩展了的国家概念,以及对这个总体性国家的霸权事实的分析,为后殖民国家明晰了处境,同时也为后殖民文化批评理论指点了批判的起点、靶子和目标。

比如,葛兰西说,"在西欧,要想取得革命运动的成功,就必须通

---

[1] [英]约翰·斯道雷:《文化理论与通俗文化导论》,第170页。
[2] [美]詹明信:《晚期资本主义的文化逻辑》,第539页。

过长期的和复杂的'阵地战'来反对资产阶级的领导权。'阵地战'的目标就是创造一种新的领导权机构来取代旧的领导权机构。革命者如果仅仅作为经过培养和锻炼的干部准备夺取政权的话,那么就将遭到悲惨的失败。……在工人阶级能够成功地反叛资本主义之前,他们必须打破资产阶级国家政治的和市民社会的部分"[1]。从领导力量上来说,独立后的殖民地所需要做的,并非只是简单地培养夺取政权的干部,而且还要把殖民者精心培育的殖民地"传统化"的"有机知识分子"延续、传承宗主国文化的机制识破和打碎;对帝国霸权实施在殖民地培植帝国权威代理人的历史必须进行分析。萨义德认为,"权威既不神秘也非自然形成。它被人为构成,被辐射,被传播;它有工具性,有说服力;它有地位,它确立趣味和价值的标准;它实际上与它奉为真理的某些观念,与它所形成、传递和再生的传统、感知和判断无法区分。最主要的是,权威能够,实际上必须加以分析"[2]。从文化产品上来说,就是要破除那些构造帝国权威的文本的力量。统治意识之成为民众的现实必须经过一个不可知论的过程:纷争、变异、杂交……媒体提供了这样一个战场,学术的探讨是另一个战场。媒体的作用就在于,启动、推动、变动这一不可知论过程,运用文字、表象的符码探查、投射阅读的矛盾运动过程,在语言的表面和内里捕捉意识的流动痕迹,运用隐喻、修辞等阐发、补足、引领、延伸甚至创造统治意识形态。发挥后殖民时代后殖民国家新的"传统知识分子"的作用,从可以预测的目标出发,运用新的不可知论的杂交、整合过程,把那些"处于最高处,甚至是最精彩状态的",化装成"一般人类价值化身"的"英国绅士"的面具扯掉,把帝国侵略过程中掩饰了的"殖民掠夺、自愿开发、阶级和种族压迫的肮脏历史"——包括"伴随性的精神价值、文化假定、社会区别、种族偏见"[3],以及斯皮瓦克所提出的帝国主义"认知暴力"(正是这种认知暴力巩固了帝国主

---

[1] [美]罗伯特·戈尔曼:《"新马克思主义"传记辞典》,第361页。
[2] [美]爱德华·W.萨义德:《东方学》,第26页。
[3] B. Ashcroft, G. Griffiths and H. Tiffin, *Key Concepts in Post-Colonial Studies*, p.116-117.

义"君上的自我"的观念,诱导本土居民在自我主体建构中与之共谋,将自身变成一个"无声的他者"[1])的观念统统揭发出来,从而让属下发声。

当然,这样的发声也是有一定限制的。正如葛兰西所论述的那样,它们绝不可以动摇和影响到阶级权力的经济基础。而且,当发生危机时,在道德和精神方面的领导层已不足以确保持续的权威的情况下,霸权过程就会暂时被"强制性国家机器"——军队、警察和监狱系统等所取代[2]。

3. 矛盾性

"棕色白人"或"黑色白人"甚至"香蕉人"操持着"变体英语",向全球化时代展现着由殖民主义时代打造的"部分他者性"特征:作为独立后的殖民地的"传统知识分子"和作为殖民者的"有机知识分子"的结合。这部分人身份的双重性或者更确切一些说模糊性,来源于殖民者话语在打造这些"他者"时自身的矛盾性。

"矛盾性"(ambivalence)这个词由霍米·巴巴首次引入后殖民话语理论,本书第二章第二节中已对此论述,需要说的是,"ambivalence"也是殖民话语和被殖民主体的关系特征,因为它可能既是剥削的又是有益的,或者同时都把自己表征为有益的。[3]

在这种彼此吸引又排斥的复杂特征下,才有了马库雷在1835年的关于印度教育的《备忘录》,试图在印度培养"棕色白人"。在霍米·巴巴看来,"殖民主义话语是被迫成为矛盾体的,因为他们(殖民者)从来也没有想过要把被殖民者复制得和殖民者完全一样——那样会充满威胁"。霍米·巴巴举例说,"查里斯·格兰特1972年在印度非常热心地传教,但却担心这(传教)会使他们'吵嚷着要求解放'。查里斯·格

---

[1] [英]拉曼·塞尔登:《文学批评理论—从柏拉图到现在》,刘象愚译序第36页。
[2] [英]约翰·斯道雷:《文化理论与通俗文化导论》,第171页。
[3] B. Ashcroft, G. Griffiths and H. Tiffin, *Key Concepts in Post-Colonial Studies*, p.12-14.

兰特的解决办法是把天主教教义和印度分层社会制度混合起来打造某种'部分变革',从而诱致对英国礼仪的虚空模仿"。霍米·巴巴因此暗示,"这种存在于帝国主义自身的冲突表明了它衰败的无可避免:它被迫打造的矛盾形势最终促使其寡头权力的中断"[1]。而无论从哪个角度来说,殖民话语所要打造的是一个顺从的主体,在这个主体中再生殖民者的假定、习惯和价值——也就是说,"模仿"殖民者。然而替代它的是打造了一个部分的、矛盾的主体,这个主体的模仿却总也逃不脱戏仿,这些对殖民者文化所进行的戏仿并不一定就剥夺殖民主体的力量;但此并存(同时的吸引和排斥)的影响在于对殖民主义话语权威性造成了某种深刻的混乱。因此也才有霍米·巴巴所分析的,殖民话语的矛盾性"制造了自我被颠覆的种子"[2]。

事实上,殖民话语的矛盾特性是弗洛姆所说的"顺从"与"不从"的统一。弗洛姆在《作为一种心理学和道德学问题的不从》一文中,从希伯来和希腊神话谈起,论证这样一个道理:"人类因不从的行为得以不断地进化,不仅精神得到了尽可能的发展,而且智力也得到了发展,仅仅是因为人敢于对以人类良心和真理名义出现的权威说'不';人的智力发展依赖于不从的能力,即对试图禁止新思想的权威人士的不从和对长期形成的已变为废话的权威观点的不从";并进一步说明,"如果说不从的能力导致人类历史的起点的话,那么顺从则可能会导致人类历史的终结"。弗洛姆还对所谓"顺从"与"屈从"进行界定,事实上这也是他探讨从与不从的辩证关系的逻辑起点,"对某个人、某种制度或权力的顺从(外在的顺从)是屈从,它意味着放弃自主性以接受外界的意志或判断来取代自己的意志或判断。对自己理性或信念的顺从(自主的顺从)则不是屈从的行为,而是自我肯定的行为。如果我的信念和我的判断稳定可靠,那它们就是我的一部分。如果我遵循它们,而不遵从其

---

[1] B. Ashcroft, G. Griffiths and H. Tiffin, *Key Concepts in Post-Colonial Studies*, p. 12-14.
[2] B. Ashcroft, G. Griffiths and H. Tiffin, *Key Concepts in Post-Colonial Studies*, p. 12-14.

他人的判断，那么，我就是在遵循我自己。因此，顺从这个词仅仅只能用于某种隐喻意义之中，而且基本说来，它具有一种不同于外在顺从的意义"[1]。

在对殖民制度所试图打造顺从的被殖民者主体的努力进行考察时，我们发现，在"顺从"与"屈从"的心理互动中，对于殖民者来说，他所希望"顺从"的是一种弗洛姆所说的"权威主义者的良心"——"这种良心是我们渴望快乐、恐惧不快的某一内化的权威声音，……它也是弗洛伊德谈论过并称之为'超我'的那种良心。这个'超我'代表内化的命令和父亲的禁令，儿子因为惧怕才接受这种命令"。运用这种"权威主义者的良心"所打造的是"不合理的权威"，弗洛姆专门用了奴隶主和奴隶的例子来说明这种不合理的权威的特点，"奴隶主必定尽可能地剥削奴隶，他从奴隶身上得到的东西越多，他获得的满足就越充分。同时奴隶力图尽可能地捍卫他最起码要求的幸福"。奴隶主所树立起来的"不合理权威"其不合理之处就在于：首先，他把促进个人发展的条件从属于权力；其次，奴隶主所追求和巩固的权力其实是他剥削和进一步剥削的条件。而且，奴隶在面对奴隶主所运用的从政治、经济到文化的各种不同策略对自我的压抑时，在奴隶中的知识分子走出最初的对西方文明的向往之后，逐渐认识到的是，这种强加的所谓"文明"以及他们所被教化、顺从的在很多时候或几乎总是以某种普遍存在的理性名义——合理的合理性而欺骗性地行使的，最终的结果就是进入了奴隶主所预设的"个人发展—顺从权力—进一步剥削"的逻辑，并不是在顺从什么人类的普遍意义的未来指向，而是一种"屈从"——屈从于殖民者权威主义者的良心、屈从于不合理的权威，如法农所说，"我面临的是某种无理性"[2]，从而是对人道主义的良心的压抑、对合理的权威（普遍存在的理性）的遮蔽。正如弗洛姆所说，"合理权力是合理的，……都

---

[1]《人的呼唤——弗洛姆人道主义文集》，王泽应等译，上海：上海三联书店，1991年，第35页。
[2] F. Fanon, *Black Skin, White Masks*, p.118.

是以普遍存在的理性的名义而行使的,无须强迫我就能接受;而不合理的权力必定使用武力或建议,因为一个人如果能自由地防止受剥削,那么就没有人甘愿让自己受剥削了"。

因此,殖民者在打造"部分西方自我特点"的他者过程中,从其出发点、方式和逻辑内核等都造就了他者的矛盾特点,一个重要的原因即是,殖民者对被殖民个体的物化处理,就是在权威主义者的良心出发点上树立了"中心"而人道主义者的良心就在这个被压抑的过程中造就了矛盾性;而后殖民文化批评理论家所做的就是从人道主义者的良心出发点上破除"中心",破除"中心"打造的"顺从"神话,让事实上的"屈从"凸显出来,使人类进化。

4. 寓言性

《读书》杂志2001年第11期登载崔之元的文章《生态缓解,奴隶制与英国工业革命》一文,谈及肯尼斯·波梅兰兹2000年出版的《大分岔:中国、欧洲与现代世界经济的形成》一书,认为这是西方史学界继弗兰克《白银资本》之后挑战"欧洲中心主义"的另一部力作,并利用波梅兰兹的用"生态缓解"(ecological relief)取代"原始积累"——"针对'资本的原始积累'学说的困境,波梅兰兹另辟新径,指出'生态缓解'而非原始积累,才是英国从海外奴隶贸易中获得的最大收益"——来说明英国对西印度群岛的奴隶制度与英国工业革命的关系表现出某种赞同。

"生态缓解"这一概念,在波梅兰兹的用法中,指的是英国从新大陆(美洲)获得大量"土地密集"(Land intensive)的产品(如糖和棉花),从而缓解了英国自身的人口对土地的压力。波梅兰兹的"生态缓解"和资本的原始积累之间似乎有着某种逻辑关系,或者简单说,是一种包容关系,"原始积累"的诸多方式中应包括"生态缓解"。因为"生态缓解"是农业生产力的释放,事实上,对本国农业、土地的低级使用、开发、投入的避免本身就意味着在总体投资(农、工等)中,用于农业的直接投资（货币资本）的减少，"英国提供制成品出口和船只"，即是发展工业。《资本论》的"原始积累"一章中写道："所谓原始积累只不过是生产者和生产资料分离的历史过程。这个过程所以表现为'原始的'，因为它形成资本及与之相适应的生产方式的前史。"〔1〕

从马克思的上述论述我们看出，"原始积累"是一个过程概念，贯穿于此过程的，是一个劳动者和他的劳动条件的所有权分离的过程，这个过程一方面使社会的生活资料和生产资料转化为资本，另一方面使直接生产者转化为雇佣工人。"在原始积累的历史中，对正在形成的资本家阶级起过推动作用的一切变革，都是历史上划时代的事情；但是首要的因素是：大量的人突然被强制地同自己的生存资料分离，被当作不受法律保护的无产者抛向劳动市场。对农业生产者即农民的土地的剥夺，形成全部过程的基础。"〔2〕

我们再回过头来看崔文，1944年，来自英属加勒比海地区的学者威廉斯发表了《资本主义与奴隶制》一书。该书首次系统地论述了英国西印度群岛殖民地对英国工业革命所起的"资本的原始积累"作用。他说："在18世纪，利物浦的兴起来自制造运载奴隶的船只，而曼彻斯特的兴起则来自制造用于购买奴隶的棉纺织品。"他把殖民地贸易刻画为"三角贸易"，即英国提供制成品出口和船只，非洲提供奴隶，而西印度群岛殖民地提供大宗作物（如糖）。他强调："三角贸易对英国工业发展贡献巨大。这一贸易的利润滋润了英国整个生产体系。"〔3〕这段话无非说明这样的事实：英国的奴隶贸易通过把大量的非洲人掠卖为奴，实现马克思所说的"大量的人突然被强制地同自己的生存资料分离，被当作不受法律保护的无产者抛向劳动市场"。在西印度群岛的种植园里，这些奴隶直接属于生产资料之列，西印度群岛的土地自然也是英国殖民者的土地生产资料，在资本原始积累的过程中，"对农业生产者即农民的土

---

〔1〕《马克思恩格斯全集》中文1版，第23卷，北京：人民出版社，1972年，第783页。
〔2〕《马克思恩格斯全集》中文1版，第23卷，第784页。
〔3〕崔之元：《生态缓解，奴隶制与英国工业革命》，《读书》2001年第11期。

地的剥夺,形成全部过程的基础"——马克思在这里说的是国内资本的积累形式。扩展到殖民地的样式,只不过是把对本国农民的土地的剥夺转向对殖民地农民土地的剥夺,而且,此"农民"不同于彼"农民(英国)",他们是奴隶,他们直接被并入生产资料之列,这种积累不是原始积累是什么?是更血腥的"人吃人"的原始积累!

由此来看,对于波梅兰兹的所谓"生态缓解"论并不一定非要恭维他是"提出新设想",也不能直接批判说不过是一种对资本论的肤浅理解——其实质,或者指向的是——出自欧洲中心主义的另外一种新的东方学。"生态缓解"或者其他任何对原始积累事实的隐瞒性、转换性修辞事实上即是殖民者的"帝国寓言"。

对"寓言"最简单的定义是"象征性叙事"(symbolic narrative),这个叙事运动中的主要特征即是对某些行动或状态人为地赋予某种特定的象征性意义。寓言长时间以来即是世界文学和神话创作的一个特征,但是它之进入后殖民作家的独特意义,是以其对保守(orthodox)历史、古典理想主义和一般性的帝国主义代表的破坏实现的。寓言在帝国主义话语中被假定为某种重要的功能,其中绘画和雕像经常被创作为帝国主义权力的寓言。因此,后殖民话语对此现象的方法之一即是对寓言进行挪用,把它用作对帝国主义统治象征的讽喻。弗雷德里克·詹姆逊提出一个有争议的问题,在《多民族资本主义时期的第三世界文学》一文中,他提出,所有的第三世界文学,事实上是所有第三世界的文化建构都"必然地"是民族性寓言。[1]"第三世界文化生产所共有的、把他们同第一世界相似的文化形式激进地区分开来的第三世界文本必然是……寓言性的,并且通过一种特殊的方式:它们被称为是某种我将要对它称呼的'民族寓言',或者我需要这样说,尤其当他们的文化形式发展超出居于支配地位的西方表征机器之外时,例如小说,更是如此。"[2]

---

[1] B. Ashcroft, G. Griffiths and H. Tiffin, *Key Concepts in Post-Colonial Studies*, p.9-11.
[2] B. Ashcroft, G. Griffiths and H. Tiffin, *Key Concepts in Post-Colonial Studies*, p.155-156.

詹姆逊的"民族寓言"概括出了第三世界文学和文化样态的一般本质，但他没有明确说明的是，欧洲中心主义也是一种寓言，是一种帝国寓言。但詹姆逊在谈民族寓言时说，"应该首先提到它在西方文学中的存在形式，以便理解它同第三世界的民族寓言在某些结构上的不同之处"[1]。这在一定意义上也就暗示了帝国寓言不同于第三世界民族寓言。马丁·格林对《鲁滨孙漂流记》进行了分析。马丁·格林指出："在《鲁滨孙漂流记》诞生后的两百多年里，作为消遣来阅读的有关英国人的冒险故事，实际上激发了英帝国主义的神话。从总体上来说，这些故事都是英国讲述自身的故事。它们以梦想形式赋予英国力量、意志，以便使英国人走出国门，探寻世界、征服世界和统治世界。"寓言的形式使异质文化接受于无形。承载着它的，是它背后具有霸权的文化——相对于第三世界的民族寓言。在欧洲中心主义的观念下铸造的以寓言为锋的文化之剑，斩拓着土著文化民族寓言的林障，倒下去的是征服，开垦出来的是殖民。在诸如冒险、征服、高科技的神话背后，是经济之喙、文化之剑、人性之犁；它试图实现的，恰是商品倾销的市场、文化同化的畅通，用假定的所谓普遍人性犁出一片殖民的沃土。在这样的沃土上，是令前赴后继的殖民者心仪的第二自然；是殖民地人民苟延残喘的第三空间；是第三世界人民"独享"这"极乐"的第四世界。

对帝国寓言的分析是后殖民文化批评理论的一件很重要的任务。它需要后殖民文化批评理论家透过殖民者的文本，深入到它通过隐喻式（metaphorically）的"书写"对殖民地人民的潜意识进行打造的机制中去，去发现、创造和运用詹姆逊所谓的"诠释机制"——和殖民者的东方学机制对等的反话语机制——包括"对目前第一世界的情况所进行的一整套社会和历史的批判"。[2] 今天看着美国好莱坞电影和阅读美国CNN新闻长大的人群，与当年看着英国《鲁滨孙漂流记》和听BBC长

---

[1]［美］詹明信：《晚期资本主义的文化逻辑》，第534页。
[2]［美］詹明信：《晚期资本主义的文化逻辑》，第536页。

大的人群，从意识层面都有一个传播共性，就是借由外来信息和知识的消费，置换了本土信息和知识，进而置换了认知世界的视角，从文化上是"被偷走"了的一代——历史何其相似乃尔！

第二节　话语陷阱

猎人布置的陷阱对猎人来说，是清晰可辨的，也就是说，他自己能肯定自己不会掉进去——这也是他设置陷阱的基点；政治家布置的"陷阱"在布置者设计之初也比较清晰，但到后来随着情境的演化和许多变化的发生——尤其是他所不能预期的变化，甚至连他自己也有可能掉进这个陷阱。人类认识不同于自己的任何东西时，存在于意识之中的"陷阱"（或某种程度上称认识的误区——既包括具体的眼睛视野的限制，也包括认识狭隘的限制）则是以不清晰始，又以不清晰终的。间或的清醒往往存在于某些批判性的哲学思考或事后的回味中，而且前者也往往不得不求助于后者。那么，不同的文化——那些来源于不同种族、不同地域、不同习惯所构成的东西——之间的认识和交流中，"陷阱"就几乎变成某种客观性的东西，也是在人们认识普遍真理的旁边栖息着的姊妹，对它的任何程度上的忽视本身就是对人类所追求的所谓真理的无知。正如伏尔泰所说，"历史充满了国王的见证，也同样充满了他们的仆从们的见证"。可以这样说，人类对真理的追寻本身就是并存着对真理和对自我误区（陷阱）的认识。因此，历史的回顾总能让人发现峨冠博带者的"下"，一如鲁迅先生想从皮袍下榨出的"小"。

带着这样冷静的眼光来看待上个世纪发生在世界范围的文化交流尤其是中西文化交流就会给我们很多别样的启示，最多的就是对"陷阱"的认识。除了几乎客观的、带有普遍性的，且不可抗的陷阱外，我们也不会忽略某些人为的陷阱，一如佩雷菲特所说的"决定视而不见"的人对待任何证据的无动于衷。本书认为，在分析了殖民话语的陷阱后，我们正确的思路就是要在正确认识所谓普适原则的同时，检讨一下自己的二元对立思维，在对"中心"和"他者"的正确解读中找准自己的位置，运用适当的修辞手段在修辞运动中形成我们自己的对后殖民研究的视角。

一、二元对立陷阱

由欧洲中心主义等所打造的后殖民坐标系中的一系列二元对立关系，在萨义德的《东方学》中已经得到非常充分的说明。在这里将其概括为一种坐标系：原点是有关东方的"原初类型"；横轴是东方学家有关有色人种的语言学、人类学和宗教原型的普遍真理[1]；纵轴是东方学家个人的神话和困惑[2]。如此，"东方"在坐标系中画过的是一条弯弯曲曲的线条，也就是说，在现实表述中的"东方"变成了扭曲的东方，而在东方学的运作传承中，"东方"被时时还原为阐释性的原初类型，以作为不同时代东方学的标记并开启下个时代东方学家的工作。在这样的坐标中，现实的东方是隐性的，在场的东方是表述意义上的东方[3]，横轴和纵轴都努力朝向现实的东方，然而，"机制"的运作结果是所有的

---

[1] 参见［美］爱德华·W. 萨义德：《东方学》，第 326 页。"直到第二次世界大战前后，东方学家一直被看成是一个运用娴熟技巧制造总括性陈述的综论家。""总括性陈述指的是，比如说，在对阿拉伯语语法或印度宗教形成一个相对而言并不复杂的观点的同时，东方学家往往被理解为（并且视自己为）在对整个东方作出陈述，并借此而对东方进行总体性的综合。因此，对单个东方事物的每一具体研究都将以总括的方式同时确认这一事物内在具有的总体东方性。"

[2] 参见［美］爱德华·W. 萨义德：《东方学》，第 305 页。"某一个个体相信能够使自己的观念甚或自己之所见，服务于对被大家普遍认定为属于东方或东方民族的整体现象进行某种'科学'解释的急迫需要。"

[3] 参见［美］爱德华·W. 萨义德：《东方学》，第 305 页。"作为一个学科，作为一个专业，作为一种专门的语言或话语，东方学将赌注压在整个东方能永久长存上面，因为如果没有'东方'，也就不会有'东方学'这种连贯的、可以理解的、被清晰地表达出来的知识体系。因此，东方属于东方学。"另见萨义德：《东方不是东方——濒于消亡的东方主义时代》，唐建清、张建民译，《天涯》1997 年第 4 期。

努力只面向原点作真正的开放。[1]然而，在所有的这些努力进行的同时，"东方"始终沉默着。在这样的关系下，处于后殖民时代的前殖民地国家很可能就在来自横的和纵的力量的作用下不自觉地表现出了某种合力后的样子——某种光滑的自动上升和下降的曲线。我们在从"西方隧道"中透过的光亮中作舞蹈状，并作为某种"站点"而为"西方"的延伸添加油料。因此，在对殖民话语进行分析的过程中，后殖民文化批评理论需要探讨和规避的第一个就是二元对立的陷阱。

马克思恩格斯在《德意志意识形态》中说得很清楚："不是意识决定生活，而是生活决定意识。"当西方的殖民者运用他们的语言、文化、宗教等试图归化土著人的时候，他们从克拉梅尔身上似乎看到了阶段性的成功；当领地殖民结束后，西方看到，即使西方的军事存在已经撤退，但对西方的向往、文化的崇拜等似乎比以前领地殖民时期表现得更强烈、更直接，尤其当西方的意识形态自我狂欢，以至于出现福山自负的"历史终结"论时；事实上，西方正是被自己造出的"关于自己本身、关于自己是何物或应当成为何物"的观念——或称意识形态所迷惑并屈从于其想象的威力之下了。而当前"东方"（第三世界）知识分子对西方表现在文化等意识形态方面的对东方的渗透的担忧也在呼应、加剧着这种人为思想控制的假象。殊不知，意识在任何时候都只能是被意识到了的存在，而人们的存在就是他们的实际生活过程。那些发展着自己的物质生产和物质交往的人，在改变着自己的这个现实的同时也改变着自己的思维和思维的产物。因此恰是西方的生活方式对东方、前殖民国家人民的触动、震动，使他们对自己原来生存方式的意识发生变动，从而开始了对自己的实际生活过程的改造，发展着自己的物质生产和物质交往，在改变自己的生活现实的同时，把改变了的思维用思维的产物——对西方文化和文明的喜欢、崇拜、追逐体现了出来。

---

[1] 参见［美］爱德华·W.萨义德：《东方学》，第322页。"东方学所起的概括和归纳作用是显而易见的，它将一个文明具体鲜活的现实转变为体现抽象的价值、观念和立场的理想类型，然后再回头去在'东方'寻找这些类型并且将其转化为通行的文化货币。"

马克思指出，人们迄今总是为自己造出关于自己本身、关于自己是何物或应当成为何物的种种虚假观念。他们按照自己关于神、关于模范人物的观念来建立自己的关系。他们头脑的产物就统治着他们，他们这些创造者就屈从于自己的创造物。因此，西方，从殖民开始，或者说从工业革命成功开始，就造出了一系列的观念，包括宗教信仰、文明、文化、发展等。当他们接触到"落后"的民族和地区之后，很自然很迅速地就在自造的那些观念下搭建起关于宗主国－殖民地、西方－东方、白人－黑人的二元对立关系框架，他们的一切行动，包括现实的物质关系交往、精神文化的外显都在此框架下发展、扩展。

而东方，前殖民地人民在殖民者到来之前是相对自足的、愉悦的、平衡的，他们也有自己的信仰和文明，并在自己的框架内繁殖、发展。西方殖民者到来，带来的一切反映在精神方面的西方文明成果，对当地来说都是陌生的、新奇的。但强权下的土著没有选择，他们被遽然剥夺了原来的生产生活方式并被投入了一个不幸的深渊，开始了由被动反抗到消极接受，以致到最后适应、习惯和离不开的漫长经历。在这个经历中，事实上经历的是从适合自己的原生的生活方式向他者塑造出的生活方式的过渡，从被意识到的存在状况的剧变中产生了意识的巨大断裂，在这个裂缝逐渐加大并无法弥合的过程中，自我生存状况的实际水平和创造这种生存观念所应体现的生活（物质、精神）方式之间巨大的反差又使殖民地人民从物质低下的深渊跌入精神幻灭的深渊。如莫里森的《最蓝的眼睛》中描写的黑人小女孩的梦想，以及法农在《黑皮肤，白面具》中描述的混血女人对纯种黑人男人的厌恶等就反映了这种情况。现实的一切如巨大的幕布被西方的力量飞速地扯去，而虚幻的一切海市蜃楼让失去根基的人们在急剧的堕落中感受到痛彻心扉的伤悲。因此，马克思、恩格斯指出，我们要把他们从幻想、观念、教条和想象的存在物中解放出来，使他们不再在这些东西的枷锁下呻吟喘息。

首先要反抗的是西方的从殖民时代开始传承至今的"东方学"思想。这种思想不仅控制着西方的政治家、文人，而且也控制着商人、一般市民。在所谓的"文明、文化、发展、现代化"等概念术语的桎梏下是一群自负的灵魂,他们在这些观念的推动下所做的足以让人相信他们的主动、真诚的一切努力,都既忽视了作为这些观念的他者的利益,也忘掉了自我,这样做的结果往往与文明——人类真正的存在状况是背道而驰的。殖民话语中充斥的好与坏的对立,在东方学家那里被放到理性的独木舟中顺着历史的长河顺流而下。话语是言语的历史性构建和再现。作家是在运用言语而建构话语和反映话语。历史就是用言语写就的历史,但历史建构的却是语言或话语。当言语产生之初就开始了自然和人为构建语言的漫长历程,不同时代的人群包括作家,都在话语的帷幕下用言语言说着话语。本质和本质性的东西在历史的言语中成了一个怪物,它和真理一样,都将因言语的变幻和历史的流动而被从任何中心主义的神圣祭坛上拉下来,谦卑地聆听着言语的声音,在过程中产生,也将在过程中存在和消亡。

谁/哪里是中心?谁/哪里是边缘?什么是"文明"?谁更文明?什么是发展?发展的下一步是什么?如果有人抨击这些问题,那么我请求这些人给我一个宽广的目光、长远的计划和视野;如果说用二三百年的历史就可以证明一条人类生存真理的话,到目前为止,人类最大的生存真理似乎应该是原始社会或者封建社会;如果说大家都处于发展历程中的话,那么你为什么非要说你的是最好的呢?殖民地人民就是要起来平衡这种思想的阈限。平衡的出发点是:从事实际活动的人出发,而且从他们的现实生活过程中我们还可以揭示出这一生活过程在意识形态上的反射和回声的发展。从现实的、有生命的个人出发,把意识仅仅看作他们的意识。对二元对立思维的消解和颠覆需要从根源上进行,从思维形成、存在的坐标系中去找到线索。传统的二元对立思维存在于西方-东方、发达-落后的模式中,而在目前的全球化语境下,坐标改换了,换成了多元文化、多向坐标轴以及立体、三维、四维、多维空间,这不管从哪个角度说也是开启了对这种二元对立的颠覆。

二、修辞陷阱

在鲍曼的小组文化形成试验中，修辞运动是这样运作的："一位组员将全组关注的主题戏剧化。这样，这个主题便在全组产生链连，因为它触动了一个共同的心理动力弦，或者某个潜藏的动机，或者他们面临的自然环境、社会政治体系和经济结构的共同难题。全组人都变得兴奋起来并身心投入。为了创造一个充满英雄与坏蛋的共同的象征现实，链连的戏剧亦增多起来。……这样，公众修辞中的一些戏剧抓住了听众。……这样，修辞幻象便扩展到一个个更广大的公众中，直到形成修辞运动。"[1]

东方学的形成、传播、传承，是西方对东方的一系列修辞运动。是现代东方学在对有关东方知识进行的"选择性集聚、移置、滤除、重排和固持的过程"[2]。选择性积聚——想象主题的戏剧化过程，移置、滤除、重排——即修辞链连的过程。鲍曼认为，"能够将一大群人带入一个象征性现实的综合戏剧，我称之为'修辞幻象'。正如幻想主题在小组中链连创造了一种独特的小组文化那样，一个成功的竞选演说的想象戏剧也能在广大的听众中产生链连，从而形成一个修辞幻象"[3]。殖民主义和后殖民主义是一个修辞幻象。萨义德说"东方主义是人为的产物，即我所谓的想象地理学"[4]。殖民主义的想象主题是宗主国文化，修辞动机是破坏和构形，修辞整体是宗主国、殖民地的综合作用背景。从现代东方学到当代东方学的东方学家的整体即构成了某种意义上的组合，在这个小组的组员就有关东方的一切进行讨论时，有关东方的所有的历史记载即构成了一个将这些东方学家带入一个象征性现实的综合戏剧，有

---

[1] [美]大卫·宁等：《当代西方修辞学：批评模式与方法》，常昌富、顾宝桐译，北京：中国社会科学出版社，1998年，第83页。
[2] [美]爱德华·W.萨义德：《东方学》，第228页。
[3] [美]大卫·宁等：《当代西方修辞学：批评模式与方法》，第81页。
[4] [美]爱德华·W.萨义德：《东方学》，第414页。

关东方的一系列的修辞幻象(病人、女人、儿子、舞台、被审判者、垃圾箱等)黏合了参与修辞运动的东方学家,"在19世纪,像东方学这类知识的合理性不是来自宗教权威——启蒙运动以前是如此,而是来自对前人权威的诉求和征引。自萨西开始,博学的东方学家所采取的是一种科学家的姿态,他们对一系列文本片段进行考察,然后,对其进行编辑和整理,使其成为古代遗迹的还原器,也许还会将一系列片段放在一起构成一幅完整的画面"[1]。在征引前代东方学家关于东方的话语和话语表述方式的时候,所有的东方学家都不由自主地进入了一个关于东方的幻象链条,出于要认识东方和利用东方的某种启动想象的动机,他们便思考如何更艺术地为东方学、为西方社会提供关于东方的信息,在这个过程中,东方学家很投入,东方学家的情感融入了关于东方的那些符号和意象的世界中,从心理上被带入了一个心理剧式的幻想世界。这个世界已经开始遵循远比理智强大得多的、无可辩驳的潜意识逻辑。于是,参与修辞运动的所有东方学家都被这样的过程强有力地推动着,逐渐融入了其他东方学家的观点,同时也融入了某些自我的想象视野。在这个过程中,"我们必须把东方学家扮演的角色想象为一个小职员,不断地将各种各样的具体卷宗归入一个贴有'闪米特人'标签的大文件柜中"[2]。伴随着这一发送的还有东方学家的自我"感觉"的辩证发展链条,萨义德认为,"一个人只有在疏远与亲近二者之间达到同样的均衡时,才能对自己以及异质文化作出合理的判断"[3]。萨义德在论证了"疏远感"与做出合理的判断的辩证关系后,指出了存在于"世代相传的东方学专业训练中的权威组成部分"——即疏远感→优越感的萌发→反感的扩展链条。"研究伊斯兰的东方学家从未认为其与伊斯兰的疏远能使其获益或有助于更好地理解自身的文化。相反,他们与伊斯兰的疏远只不过进一步强化了欧洲文化的优越感,甚至当他们的反感不仅仅限于伊斯兰而扩

---

[1] [美]爱德华·W.萨义德:《东方学》,第228页。
[2] [美]爱德华·W.萨义德:《东方学》,第299页。
[3] [美]爱德华·W.萨义德:《东方学》,第331页。

展到整个东方——伊斯兰被视为衰落的东方（通常暗含着致命的危险）的突出代表——时也同样如此。"[1]东方学家的修辞运动如此成功，以至于"东方文化、政治和社会历史的所有时期都仅仅被视为对西方的被动回应。西方是积极的行动者，东方则是消极的回应者。西方是东方人所有行为的目击者和审判者。……而且，东方学家还假定，超出自己文本意料之外的东西并非自己的过错，它要么是东方所发生的外部变乱的结果，要么是由于东方被引入歧途"[2]。

东方学家——包括现代东方学家和当代东方学家，都不承认自己对于东方的认识（某些被东方学家合法化的并遭到东方鄙弃的动机）具有先验性。在对修辞运动的历史性考察中，我们权且相信动机并非事先存在，并认为它是在修辞运动的诸多表达中产生的，然后在想象链中逐渐被植入历代相传的东方学的机制之中。但事实上这一系列的修辞运动不仅生成了东方学的修辞动机，使东方学的机制不断传承下去，而且也在维系着此动机，并使这一动机的生成和维护形成一套自动生成、自动升级的系统。这样才使新生代的东方学家走到这一领域即有一种"宾至如归"的感觉。另外，修辞运动中不可忽略的是东方学家在传播中的舆论领袖地位，以及东方学家与东方之间、东方学家与西方之间知识的不对称性等社会逻辑背景，这些都成就了东方学家的修辞运动。

归结起来，后殖民文化批评修辞运动就是从殖民文化出发，以消解西方中心为动机，综合考虑殖民前后的影响，在进行一系列的想象和小范围推广后，形成某种意义和某种范围隐喻辐射的通感性认同。而这些认同都是带着各自的概念进行的，它们（概念）的表述方式和来源构成了各自独特的话语体系。这不是一个文本的单纯阐释过程，而恰是多样文本的建构过程。也正是在这种多样文本的构建空间的填补过程中，产生了修辞陷阱：打造了西方发展、进步、文明、文化的

---

[1]［美］爱德华·W.萨义德：《东方学》，第333页。
[2]［美］爱德华·W.萨义德：《东方学》，第142页。

形象，以及东方落后、野蛮、原始的形象。在这一打造的过程中，从想象空间和叙事视野两个角度建立起中心－边缘、文明－野蛮等一系列对应关系，通过殖民控制的强力和强力之外的场外打压，把殖民地从修辞上选择、排除、定型，最终导致殖民地人们在思考独立后的未来的时候，在修辞上是匮乏的和无路可走的，最终不管是在哪种名义上选择的所谓"自治"都进入到殖民者预想的视野和预设的道路，上演了一场又一场的文化皮影戏。

对于修辞陷阱，有两种空间理论试图同样用修辞手段来填补和规避。前面已经谈到的霍米·巴巴在《文化的定位》一书中所强调的"第三空间"，以及费斯克在《理解流行文化》一书中谈到的"创造空间说"。霍米·巴巴的"第三空间"实质是在殖民者和殖民地之间的话语互动关系中存在着的，殖民地人民操持着"变体英语"和殖民者对话，并且殖民者也默认了这种变体，因为在适当时候"变"一下才具有某种修辞上的存在价值。而费斯克所"创造"出来的空间是屋下架屋，愈见其小。是从殖民者的虎口下"租"下的"空间"，享受的只是积累起来的瞬间的"自治快感"，但覆巢之下，安有完卵？不管是"第三空间"还是"中间空间"，都在修辞的陷阱边缘打转转。只不过在这里，"中心"变成了"屋主"，"他者"变成了"居住者"，而"他者"对"中心"的消解反倒变成了居住者自力更生甚至还带有点自得其乐、自欺欺人的阿Q式精神胜利法："屋是你的，但我在你的空间创造出了我的空间。"然后则大大沉醉在鸠占鹊巢之后的狂喜之中。但终究是鸠的快乐，而不是鹊。说到底还是一种在后殖民话语实践中的退而求其次的行为，除了理论表达上的略微亮点外没有多大的创意。就修辞谈修辞，就修辞陷阱来挖一个更大的陷阱试图把后殖民话语中的"修辞陷阱"陷进去，终归是一种徒劳甚至是幻想。

事实上，殖民地独立后，民族国家面临的问题除了政治、经济的发展外，就是在文化上认真清除殖民主义时代所有的残余。葛兰西提出的两种知识分子中，民族国家急需要做的，就是要把参加革命、领导革命的知识分子培育成"传统知识分子",并在这些"传统知识分子"的周围培育其相应的"有机知识分子"。殖民话语的修辞陷阱充斥着独立后的民族国家,这些知识分子需要进行一次新的修辞运动,这一修辞运动的想象主题是殖民主义,修辞启动动机是发现、颠覆和重建,修辞整体是前殖民、殖民和后殖民的综合影响。从目前来看,后殖民修辞运动就是从殖民文化和后殖民文化出发,以发现和颠覆东方学历代传承的机制为动机,综合考虑东方学家的修辞运动的结果,运用新的修辞幻象(包括霸权、文化新殖民、历史主义、后殖民性、现代性及其局限性等)进行一系列的修辞运动,形成关于东方和东西方关系以及发展的概念等通感性认同。而这些认同虽然都是带着各自的概念进行的,并且它们(概念)的表述方式和来源构成了各自独特的话语体系,但众多文本的汇集就会突破单纯、单独的阐释过程,从而在多样文本的构建过程中,在这种多样文本的构建空间的填补过程中,逐渐形成针对东方学传承机制的反话语。正如斯皮瓦克在其《属下能说话吗?》[1]一文中所说,属下是不能说话的,在"大人"制定的规则所给"孩子"创造的背景工程未竣工之时,属下——孩子是不能乱说话的。西方的科学话语、现代性话语、普适性话语都赋予东方以话语,在这个意义上,东方学是将其欢呼为某种创造的,因为正是他们的话语修辞运动以科学的方式呈现东方的话语。因此,后殖民文化批评理论家就是在西方话语霸权的背景下,通过修辞幻象的运动,让对象说话,从而为其在受规则支配的规范秩序内找到一个恰当的位置。

三、普遍性陷阱

到今天为止很多的观念似乎都已经被归入了"真理"的神圣殿堂而

---

[1] P. Willams, L. Chrisman, eds., *Colonial Discourse and Post-colonial Theory: A Reader*, New York: Colombia University Press, 1994, p.66.

得享敬拜的烟火。然而，阿兰·比的分析却引发了另一角度的思考。他指出，"很明显地，没有文化的数学语言，它们的普遍性真理看来是无可争议的，事实上是一种非常受文化决定的帝国主义话语样式"。当然，阿兰·比说，"不管你在世界上的哪个地方，三角形内角和还是180度；但是，那么'度'是从哪儿来的？为什么和是180度？为什么不是200度或100度？实际上，我们为什么对三角形和其特性感兴趣呢？从本质上说，对所有这些问题的回答是，'因为一些人认为它应该是那样'。数学思想，和其他思想一样，是由人构造的，它们也有其文化的历史"。"不仅数学上有多种多样的形式，而且目前被认定为具有普遍性的那些数学规律也是由一些特定的思想文化样式决定的，比如理性主义、原子论、物质主义等，它们是欧洲社会哲学传统独有的特征。"[1]欧洲并非天然就在北半球，非洲也并非天然就在欧洲的脚下。对殖民者来说，"世界地图不仅仅是客观的发现的大陆的轮廓，而且是一个'意识形态性的或虚构具体化的空间'，它向控制和占据打开了一个地域。欧洲人在很多地区做上了标记后，'世界'只获得了某种空间含义，这些标记除了把欧洲放在地球仪或地图的顶端外，还配之以文本和说明把欧洲中心化为空间和文化意义的源头以及仲裁者"[2]。

再说格林尼治子午线。法国学者佩雷菲特在《停滞的帝国》一书中记述了这样一段历史。当英使马戛尔尼一行到达清廷后，为清朝服务的葡萄牙神父汤士选来找英国使团，"主教向英国人承认他和他的同事根本不能预测日食和月食，也指不出月相或日出与日落的时间，而朝廷上下都以为他们在这些方面是专家。在这之前，他们由于有巴黎出版的《天文历书》，所以还能应付；因为他们知道两个首都之间的经度差，他们只要换算一下就行了。但法国革命断了他们的来源：他们收不到宝贵的历书了。现在这场骗局就要暴露，太可怕了……丁维提（英国使团成

---

[1] B. Ashcroft, G. Griffiths and H. Tiffin, *Key Concepts in Post-Colonial Studies*, p. 235-237.

[2] B. Ashcroft, G. Griffiths and H. Tiffin, *Key Concepts in Post-Colonial Studies*, p. 90-92.

员）同情这位狼狈不堪的'学者'，便送给他一套以格林尼治子午线测算、可用到1800年的航海历书。这样，这位对天文学一窍不通的主教兼天文学家还有七年太平日子可过"。写到此，佩雷菲特说，"天文历书——时代的标志。正当内部分裂的法国向整个欧洲大陆开战的时候，英国替代了法国在中国的位置。格林尼治子午线取代了巴黎子午线"[1]。

当法国人佩雷菲特用哀叹的口气述说着马戛尔尼出使中国时法国所发生的一系列在他看来是脱离世界扩张轨道的事件（包括格林尼治子午线取代了巴黎子午线）时他关心的是谁取代谁的问题；他没有考虑的或者不屑考虑的是，这样的取代对当时的中国有怎样的影响，在考虑这样的取代时，文化意义上的中国在他眼中的位置是什么。这种忽略和日俄1904年在中国东北发动的战争对中国本土的忽略似乎没有什么太大的区别。在佩雷菲特的眼里，世界就是英国和法国争夺的战场，当碰巧把眼光都聚焦在中国这片土地上的时候，中国也自然是英法的分战场。那么，当在中国的土地上谈论英国和法国的交锋的时候，那种说给法国人听的强烈哀叹口气的背后就是对脚下这片土地的深沉的忽略。然而，在当时，历来非常讲究"统治科学"的中国，这个沉默的他者，却在列强对中国利益的争吵声中似乎在作壁上观，好像谁抢到我就算谁厉害，我就跟他走，管他什么巴黎子午线还是格林尼治子午线。强烈的女人心态——萨义德所批判的东方学中，福楼拜对埃及妓女库楚克的描述再一次凸显在我们面前。当你自己都把自己指认为对方希望实现的形象的时候，当我们不断地被三重、四重甚至多重边缘化的时候，当我们自己步步后退的时候，我们又能有什么理由抱怨人家的步步紧逼呢？

还有"标准英语"的问题。英国文化委员会所做的名为"English 2000"的大型调查数据表明：全球以英语为母语者为3.5亿；以英语为第二语言和外语并能流利使用者为4.5亿；到2000年，全世界的英语学习者将超过10亿；英语在70多个国家为官方或半官方语言。这些国家总人口

---

[1] [法]佩雷菲特：《停滞的帝国——两个世界的撞击》，第166页。

达14亿;目前,全球3/4的邮件用英语书写,全球2/3的科学家能读懂英文资料,全球80%的电子信息用英文储存,英语教学工业每年给英国带去70多亿英镑的有形和无形收入。[1]根据英国文化协会2005年的统计:世界80%的电子产品说明用英文撰写;66%的科技论文使用的文字是英语;目前世界上有20亿人在学习英语,有30亿人能应用英语;非英语国家说英语的人数是英语国家的3倍;亚洲有3.5亿人能使用英语,是美国、英国和加拿大使用英语人数的总和;中国有近1亿的儿童在学习英语[2]。杰弗斯在《民族身份》中号召要采纳"标准的英国英语作为英联邦国家著作的媒体"[3]。谁是"标准英语"呢?当Oxford English或King's English变成一种方言,地位与"chinglish"相当时,英语会不会分裂成互不相通的语言呢?在每年获得70亿甚至100多亿英镑的同时,英国没有忘记如何坚守这一肥硕的文化资源,加强了对英语"标准"的控制。但曾在"日不落帝国"日落之时救了英国一命的美国则加紧了对英语的争夺。它利用其强大的经济后盾和现代化的技术,在全球范围内推广"美式英语"。甚至迫使戴安娜王妃不能讲纯正的"皇家英语",查尔斯王子不得不站出来说:"英国英语比美国英语好"。英国人疾呼:英语发生危机了。[4]

对应于"标准英语"的,是所谓的"标准读者"。意大利波洛尼亚大学符号学教授艾柯提出了"作品的意图"(intentio operis)这个富有挑战性的概念,认为"'作品意图'在本文意义生成的过程中起着非常重要的作用;作为意义之源,它并不受制于本文产生之前的'作者意图'(intentio auctoris),也不会对'读者意图'(intentio lectoris)的自由发挥造成障碍。……文学本文的目的就在于产生出它的'标准读者'——那种按照本文的要求、以本文应该被阅读的方式去阅读本文的

---

[1] 参见姜亚军:《英语姓什么》,《读书》1998年第11期。
[2] 朱步冲,《英语的乌托邦》2005-04-06 11:23,三联生活周刊。http://www.lifeweek.com.cn/2005/0406/11504.shtml
[3] [英]巴特·穆尔-吉尔伯特:《后殖民理论——语境 实践 政治》,第31页。
[4] 参见姜亚军:《英语姓什么》,《读书》1998年第11期。

读者,尽管并不排除对本文进行多种解读的可能性"[1]。艾柯的"作品意图"与"标准读者"是对读者提出的新的要求。不同于新批评简单地把文本语境和读者、作者意图排除在外,艾柯更积极地提出培养读者这一新途径——让"标准读者"按照"应该被阅读的方式"去阅读。但"应该被阅读的方式"由谁来确定?艾柯在批判保罗·德曼、希利斯·米勒的结构主义时认为,结构主义这种批评方法"无异于给予读者无拘无束、天马行空地阅读本文的权利",艾柯认为这是对"无限衍义"这一观念拙劣而荒谬的挪用。[2]从形式上看,艾柯的主张似乎真的避免了对本文的"过度诠释",但"应该"却泄露了客观样态下的主观标准实质。艾柯无论如何也无法否认的是,他只不过新设置了一个"非主观壁垒"(请注意我用"非主观"这个词)——形似客观,实则无限接近主观设定的、读者应该无限接近的意义限制。那么是否可以这样说,如果说艾柯的"标准读者"避免了"过度诠释",那么,同时是否也造成了对读者的"过度限制"呢?

英国剑桥大学文学讲师柯里尼却认为艾柯的"标准读者"的提法"极富灵思"。并认为,这一概念旨在揭示出"文学本文的目的就在于产生出它的'标准读者'——那种按照本文的要求、以本文应该被阅读的方式去阅读本文的读者,尽管并不排除对本文进行多种解读的可能性"[3]。事实上,艾柯的观点在很大程度上是对"经典情结"的唤醒,是对文本泛化以解构主义对意义的"去中心化"倾向的强烈回应。配合着标准英语、标准贸易术语,打造出来的所谓"标准读者",如果把他放在文本解读行为中去,他又具有几分可操作性呢?如果把这个"标准读者"放在当前的全球文化交流、融合的多元文化时代背景下,把他放在民族国家探寻民族文化优良生态努力的背景下,把他放在东方学的视野

---

[1] [意大利]艾柯等:《诠释与过度诠释》,王宇根译,北京:生活·读书·新知三联书店,1997年,第12页。
[2] [意大利]艾柯等:《诠释与过度诠释》,第10页。
[3] [意大利]艾柯等:《诠释与过度诠释》,第10页。

之中去,这个"标准读者"无论其潜台词还是其预期的成果样态,又如何不是在某种意识形态(尤其是欧洲中心主义)之下对西方经典的本能维护呢?如此,这个"标准读者"也就在产生之初自动归并到了东方学的旗下。

当东方学家来到东方时,"东方"就像一个大舞台,"西方"是坐在包厢里的"尊贵的看客"和幕后导演。长久的殖民史使东方成了一个喑哑的他者。独立后的东方,如今成了西方的赛场和市场,"东方"坐在自己家门口,依旧喑哑且"饶有兴致"地观看着不同的"西方"面孔在家门口狼奔豕突(是否也可以从这个角度来理解萨义德的"在自己家而没有家的感觉"的知识分子流亡状态)。东方人从孩童时代就开始学习英语,很早就知道三角形内角和等于180度,国家的经度从英国的格林尼治子午线是零度,向左向右是西经或东经多少度,知道南北对话、联合国工作语言等。似乎地球上每一秒钟出生的孩子过不了多久,就能在家人、他人的影响下找到自己的位置。用法农的话来说,就是在现代的每一个人还没有出生之前就已经设定好了"他该去的地方"。"普遍性的假设经常是一种表达技巧的需要;或者说,具体一点,是把刀刃对准有选择的目标的剑"[1]。这把剑就高悬在殖民地人民的头顶。

当我们把目光越过或黑或黄、或直或弯的头发,去质问一下历史的时候,我们发现,在"人"所生存的这个世界上,存在着除物竞天择、适者生存的自然规则以外的太多的人为的规则;在这些人为的规则里面,除了便于使人这个物种继续存在下去的一些必要的规则外,又存在着太多的一部分人强加给另一部分人的规则;而且,最主要的,这种强加是以某种"上帝"的名义,戴着温情脉脉的面纱,"假设存在于超出既定的当地文化影响之外,有某种人类生活和经历所无法降低的特征"。并"通过处于控制地位的文化体验、价值和期待为所有人提供了某种霸

---

[1] Z. Bauman, *Postmodern Ethics*, Blackwell: Oxford & Cambridge, 1993, p.39.

权性的真实"[1]。甚至通过有机知识分子阶层的、被法农称作"理性帝国主义"的东西去推行,"有一种热情洋溢的理性帝国主义:他不仅希望使其他人确信他是正确的;他的目标是劝说他们说,理性主义有某种绝对的和无条件的价值。他把自己当成宇宙传教士;反对天主教所倡导的一般性,正是在那里他被排除在外,他断言理性的宽容是某种工具,通过它可以抵达真理并在人群中建立起某种精神的联结"[2]。让接受者自动将自己联结为一个结点,教说其接受于无形和贯彻于自动:跌入殖民者话语的普遍性陷阱。

比如具有普遍性和标准性的英语,用英国哲学家索利的话来说,是经过了很长的时间,才变成逻辑学书籍的通常用语的。在16世纪、17世纪,大学要求使用的是拉丁语。而英语,"可以说是由培根(弗兰西斯·培根)1605年发表《学术的进展》首次变成哲学文献表达工具的"[3]。关于这种现象最持久的例子存在于英国文学中,在那里,关于一个作者的价值或"伟大"通过它对所谓"一般人类状况"的描写而获证。通过这种途径,在一般性和欧洲中心主义之间的关联,尤其是一般性和作为英国文学代表的经典文本之间的关联,即在任何谈论到它的地方作为话语的暗示性特征,保持着其完整性。这种话语的力量把英国人主体推出,如此有魅力和具有普遍性,以至于在19世纪的印度、19世纪和20世纪的其他国家,它成了社会－政治控制的一个非常有效的工具,它是一种有弹力的普遍性意图,即使在独立很久以后的后殖民世界它依然保有一种文化上的支配权[4],比如英联邦文学研究。英联邦文学研究是站在殖民主义的立场上对英联邦范围内的文学进行研究;而后殖民文化批评理论则是反殖民主义的。英国后殖民文化批评理论家吉尔伯特分析说,"'英联邦文学'一词

---

[1] B. Ashcroft, G. Griffiths and H. Tiffin, *Key Concepts in Post-Colonial Studies*, p.235-237.
[2] F. Fanon, *Black Skin, White Masks*, p. 118.
[3] [英]索利:《英国哲学史》,段德智译,济南:山东人民出版社,1996年,第15页。
[4] 参见 B. Ashcroft, G. Griffiths and H. Tiffin, *Key Concepts in Post-Colonial Studies*, p.235-237.

开始是用来指前英帝国地区的作品;它明确地建构了一种批评范式,在此之中英国文学的地位在英联邦新的政治群体中的文化上起主导作用。约翰·普雷斯编的《英联邦文学》是1964年在英国里兹大学召开的一次会议的文集,这是第一次在英国召开的有关英联邦文学的学术会议,这部文集是新的分支学科形成的标志"[1]。英联邦文学研究的特征概括起来说就是这样的思想流程:英国文学—英联邦文学—英联邦成员中非英语母语的文学与英语文学的传统的关系—英联邦非英语母语文学作品彼此之间的联系—英联邦非英语母语文学作家与其本土的关系。"如1964年里兹会议的组织者诺曼·杰弗斯在会议的开场白中所说,'我们都是同一种文化的成员';杰弗斯把英国文学建构成反对'地方'的英联邦文学的规范,以此揭示共同性中的文化/政治亚文本。这样他对值得重视的背离宗主国'伟大传统'的现象感到惋惜,并拒绝任何'太带地方趣味,缺乏一致性,过于感情外露,因而长久来看在世界上也太让人难以接受'的东西。这一看法一开始就基本上决定了正在出现的分支学科的方向。以尼日利亚为例,批评的重点不是去界定尼日利亚民族文学的内涵,而是要在像索因卡或阿契贝这样的个人作家与先是英国传统,再者是英联邦的其他小说家之间寻求有联系的地方,最后才考虑寻找这些人与其他尼日利亚作家之间的联系。"[2]杰弗斯明确提出,"像索因卡这样的作家是以其'作品超越国家的特点'被人们理解的,必须放弃有政治倾向的艺术家所发挥的作用"。对杰弗斯而言,"诸如非洲的各种解放和独立运动这样的物质斗争只有'本土的'或暂时的意义,不能被理解成用来解读新文学的关键语境。他还要求批评的成就应主要阐述英联邦作家传播的'人类真理',他还号召英联邦批评家要按照'普遍的'标准行动,实际上杰弗斯指的是那些当时在宗主国中的英语系中继续占主导地位

---

[1] [英]巴特·穆尔-吉尔伯特:《后殖民理论——语境 实践 政治》,第28页。
[2] [英]巴特·穆尔-吉尔伯特:《后殖民理论——语境 实践 政治》,第29页。

的标准"[1]。

霍米·巴巴把所有研究英联邦历史和文学的人都一起当作古板的民族主义者、扩张主义者，认为他们惯于说教，并否认他们的独特之处，指责他们压抑思想。[2]萨尔曼·拉什迪认为"英联邦文学并不存在"。这类文学还受到像阿贾兹·艾哈迈德这样的批评家的攻击，他在推动这类文学的企图背后看到了一个主要由英国文化委员会协调的新殖民文化安排，并得出这样的结论："'英联邦文学'的问题是在以为它完全应该存在时开始的。"[3]分析艾哈迈德的结论时，如果我们把它和索因卡在剑桥大学丘吉尔学院的遭遇以及剑桥大学后来的反应对照起来看，就不得不承认艾哈迈德的话是有道理的。在1986年诺贝尔文学奖获得者沃勒·索因卡的《神话、文学和非洲世界》（1976）一书中，索因卡写道，自己在1973年作为剑桥大学丘吉尔学院的访问学者要求开一些有关当代非洲作品的讲座。英国的同事拒绝了他的计划，说服他人类学教师是更合适他的职位。在英国研究最有权势的中心干脆用这种方法（基本上还继续是这样）对用英语写作的新的文学视而不见。[4]但现在剑桥大学正在为创办一个英联邦研究中心寻求基金，在那里文学批评将要发挥重要的作用，带有讽刺意味的是，这个倡议与丘吉尔学院的关系最大，而这个学院曾是索因卡的东道主学院。这是不是说明，后殖民文化批评理论家的一些观点正逐渐触及那些倡导"标准英语"的英联邦文学研究者的痛处，世界范围内正逐渐分享后殖民文化批评理论的分析模式所带来的非英语文学在世界范围内的重视呢？如果是，这是否就是后殖民文化批评理论存在和正在发展，以推进世界范围内对殖民主义和帝国主义影响的反思的一个明证呢？如果不是，又能是什么呢？

---

[1] [英] 巴特·穆尔－吉尔伯特：《后殖民理论——语境 实践 政治》，第30页。
[2] [英] 巴特·穆尔－吉尔伯特：《后殖民理论——语境 实践 政治》，第36页。
[3] [英] 巴特·穆尔－吉尔伯特：《后殖民理论——语境 实践 政治》，第35页。
[4] [英] 巴特·穆尔－吉尔伯特：《后殖民理论——语境 实践 政治》，第28页。

第三节 反话语

一、反话语及其几种分支

反话语不是什么充满了过程性的话语对抗运动,它更多的是一种对殖民话语霸权性以及帝国寓言的挑战,换句话说,反话语的意义集中在"挑战"上——由第一世界所边缘化的殖民地"他者",从边缘发声,向中心、权威发出反向的声音。它最初是由理查德·特迪曼提出的,用以象征性地描述边缘话语对既定话语可能性的颠覆办法,并认定殖民者的殖民制度现实状况与殖民地的反话语的"对质"是"文化和历史性变化发生的起点"[1]。

因此,反话语集中表现为这样几点:第一,它是一种挑战——对起支配地位的权威话语的挑战;第二,它经常由外围(边缘)发起,而且这个外围又经常认可帝国话语的强力;第三,挑战的文本不局限,包括"人类学的、历史学的、文学的或是殖民背景下一切合法地起作用的文本"[2],即是对现实文本发起的现实的挑战。从这几点出发,反话语实践有这样几个分支。

首先是作为解构式阅读实践的反话语。德里达认为"(解构式的)阅读必须一直将目标对准作者所使用的语言形式中他所能控制的部分与他不能控制的部分之间的某种关系,这种关系是作者所没有觉察到的。这种关系是——批判性的(即解构式的)阅读应该得出的一种表意结构——试图使看不见的东西变得能够看得见"[3]。后殖民反话语即是一种解构式的阅读。它是将东方学家所构建的权力-知识话语体系中主动的、人为的、有意识的、再现的东西与其背后的东西之间的关系解读出

---

[1] B. Ashcroft, G. Griffiths and H. Tiffin, *Key Concepts in Post-Colonial Studies*, p. 12-14.
[2] B. Ashcroft, G. Griffiths and H. Tiffin, *Key Concepts in Post-Colonial Studies*, p. 12-14.
[3] [英]约翰·斯道雷:《文化理论与通俗文化导论》,第124页。

来，发现其必然的联系以其生产和再生产的机制，绘制出这种机制的基因图谱，然后进行基因的改造——批判性的改造，试图培育出新的某种人类文明文化进一步良性发展的干细胞。

其次是作为"草船借箭"的反话语。诚如理查德·特迪曼所说，反话语是"文化和历史性变化发生的起点"。这是一个现实性的起点，它并不是要自创出一种乌托邦式的理想话语——脱离生活现实和脱离认识现实，而是要学会控制和操纵为大众，尤其是后殖民历史集团所接受的"语词、符号和情感"[1]方式，运用反映后殖民群体主观中的一面的方式来曝光帝国主义霸权话语的诡计，所谓"草船借箭"，最终还是要回去颠覆帝国主义话语霸权，并在唤醒后殖民群体的批判意识的同时，重塑新的领导权。

最后，非殖民化运动。任何对殖民主义的反话语都不是单纯的抵抗，除此以外，还应该看到从殖民主义开始一直到结束，存在于殖民地人民和文化本身中的自我的力量——包括对自我的认同以及为了维护和维持这种认同所贯穿于殖民主义整个过程的议程，即非殖民化运动。比尔·阿希克洛夫特等人认为，"非殖民化是对殖民主义势力的各种形式进行揭示和消解的过程。这包括对来自制度上的和文化上那些隐藏的力量的消解，正是这些力量即使是在殖民地获得了政治上的独立后还维持着殖民统治"[2]。对这两种力量的消解运动，带来了非殖民化运动的两个分支。

第一个分支是从经济角度进行的建立在资本考虑基础上的对奴隶的解放。韦伯在《资本主义在古代世界的失败》一文中，从经济学的角度，对早期的"雇工"、领地上的"奴隶"以及领主对奴隶的解放进行分析，认为奴隶制并非什么有利于资本主义发展的东西，"奴隶资本不仅是不安全的和要冒不可预测的风险的，同时还存在这样一个事实，即

---

[1] [美]罗伯特·戈尔曼：《"新马克思主义"传记辞典》，第362页。
[2] B. Ashcroft, G. Griffiths and H. Tiffin, *Key Concepts in Post-Colonial Studies*, p. 63-167.

被使用在大型经营中的奴隶,必然地对技术进步和生产方面质与量的增长都不会感兴趣"[1]。就是这样的现实,才导致了后来的包括领主参与在内的奴隶的风起云涌的解放运动,最后演变成诸如美国的1861—1864年的国内战争,以一个总统的名义来解放奴隶。对此,韦伯有着清醒的认识,"解放奴隶——并非仅仅为了虚荣或是为了想扩大一批政治上的追随者;相反,其重要性在于揭示奴隶的自我利益是如何具有潜力。实际上,解放奴隶是为了从奴隶拥有制取得效益而开辟一条更可靠的途径。然而经济效果却是从把奴隶当作市场手段以进行资本主义剥削,转到把奴隶作为一种获取租金和解放奴隶资金的源泉而挣得利益"[2]。

这一点从马克思的劳动价值理论中可以找到根据。马克思的劳动价值理论是建立在自由市场经济基础上的。其中,作为劳动者的个体是自由的,是可以支配自己人身自由的。他们向资本家出卖的是他们的劳动,获得的是"工资"——用来生存、教育和发展。资本家付出的是资本——购买原材料、机器和劳动力。资本家和劳动者之间的关系是雇用与被雇用的关系,这种关系是由社会和劳动契约所维持的。二者之间的不平等,从马克思的经济学观点来分析,主要原因在于占有生产资料的不平等。资本家占有大多甚至全部生产资料,他们所维持的既是对剩余价值的独有权,也是他们所代表的阶级的统治权。但是区别于奴隶主对待奴隶——负责最低限度的生活,在"自由、平等、博爱"的宗旨下,资本家是把工人从人身上解放了的,但却是把工人扒光了衣服,然后推出门外——等待更加便宜的劳动力来敲门。由此看来,韦伯所论述的欧洲解放领地雇工和奴隶,其"解放"事实上只不过是变换了一种剥削的方式,这种方式比以前更简便、更有效,更有利于资本家的扩张生产。整个资本主义体系对这些以前的"奴隶"——现在的"工人"——在精神上的奴役并没有结束而是加深了,

---

[1] [德]马克斯·韦伯:《文明的历史脚步——韦伯文集》,黄宪起、张晓玲译,上海:上海三联书店,1988年,第38页。
[2] [德]马克斯·韦伯:《文明的历史脚步——韦伯文集》,第43页。

这种异化过程从来就没有停止。

第二个分支是从文化角度进行的建立在种族、阶级考虑基础上的奴隶的自我解放。第一个分支包括林肯政府的废奴运动等；第二个分支即是第二次世界大战后风起云涌的民族解放运动等。前者是一种文化系统内部的经济层面的探讨；后者是跨文化层面的探讨。前者是外在的，后者是殖民地自身"内在的议程和力量"[1]。两种运动有两种思考方式和两种甚至是多种后果。前者是解放资本；后者是解放人性。前者是后殖民探讨的前台性问题，后者是后殖民探讨的根源性问题，是在欧洲资本主义向外扩张时期，在种族之间所进行的带有文化侵袭、渗透特征的经济掠夺，并且二者是相辅相成的关系。领地殖民和印度的种姓制度等反射出来的，是由于不平等雇佣关系以及不平等的社会关系所造成的对人性空间的扭曲和异化。如果它和后殖民文化批评理论有关系的话，这种关系可以这样说，领地殖民和种姓制度等是需要从学理上探讨的，如果运用后殖民文化批评理论话语来言说的话，那么事实上它们只能是后殖民文化批评理论话语的光影，是后殖民文化批评理论话语中的某种言说方式的延伸，从总体上并不能构成后殖民文化批评理论话语的部分。但是，如果这种领地殖民延伸到不同的国家之间或不同的种族之间，以某一种背景文化为依托而对另外一种背景文化殖民；如果印度的种姓制度中，白人占据印度最高的种姓——婆罗门（其他三个种姓依次是：刹帝利、吠舍、首陀罗）——之上，英国或法国等不管什么其他种族在印度社会体制内逐渐占据了种姓意义上的最高级的话，那么，对这种领地殖民和种姓制度变迁的研究便顺理成章、无可避免地进入了后殖民文化批评理论的视野。当专属一国内部的资本解放问题延伸为国际范围内的殖民与非殖民问题时，韦伯的分析和马克思的劳动价值理论就具有了某种国际意义。它至少让我们思考，从第二次世界大战至今，包括原来宗主国在内的似乎来自

---

[1] B. Ashcroft, G. Griffiths and H. Tiffin, *Key Concepts in Post-Colonial Studies*, p. 187.

世界范围内的对奴隶制的废除以及对殖民地的解放的欢呼声中,夹杂的噪音是什么性质?会造成什么样的结果?演变至今的"美国主义"所欢呼的胜利究竟是谁的胜利?又是一种什么性质的胜利?事实上,就是在这样的思考声中,在这样的"举世"欢腾声中,冷静赋予了后殖民文化批评理论家一种历史的、不可推卸的责任,也铸造了当今后殖民文化批评理论深入人心的地位。

二、反话语的"文化更新"理想和历史局限

殖民话语与被殖民的话语之间并不是断裂的:殖民地的暧昧态度使殖民"地位"(即自我与他者之间的分裂)变得复杂起来。殖民话语在东方学的学科规范化作用下,成了殖民者进行思维之"箍",一方面它发挥着对被殖民者进行权力渗透和控制的作用,另一方面也成为东方学家看待东方同时看待自己的局限,成为一种"箍"或"阿喀琉斯之踵"。被殖民者复制殖民者文化语言时,往往掺入本土异质,有意无意地使殖民者文化变质走样,因而丧失其正统权威性。同时,被殖民者并非一个单一的整体,不同的阶级和性别使被殖民者持有各自不同的立场。因此,反话语的目标也有些模糊。独立后的前殖民地纷纷建立了自己的民族国家,那些被法农称为"买办"的、由殖民者培植起来的民族精英即使开始没有,但最终也发挥着重要的作用。就像中国历史上对民族资产阶级的分析一样,这个群体的特点就是矛盾性,需要革命而又害怕革命;马克思认为真正的革命者是那些无产者,因为无产者"失去的只是锁链,他们获得的将是整个世界"。两个阶级的折中点就在于"适度革命"——既要通过这种革命把前殖民者的势力从政治、经济的主导地位上清除出去,使民族资产阶级占据主导地位,又不能过分革命,革命到无产者取代这些"民族精英"占据了主导地位。因此,从学术上开启的后殖民反话语的目标就集中在对殖民统治时期的文化的"更新"上。

"文化更新"用葛兰西的话来说,"是把知识分子和工人在一种产生无产阶级领导权的'有机的关系'中联合和统一起来的自发组织。通过发挥其协调和中介作用,它帮助工人阶级解放他们自己,并创造一个具有社会主义正义的无产阶级社会。简言之,它积极地组织知识分子在工人意识中逐渐培养起来的'集体意志'。知识分子通过有组织有步骤地配合革命行动之前的工人运动,在适当的和合理的方向上把新人的活力汇集起来,从而逐渐培养起这样一种'集体意识'"[1]。

　　"文化更新"作为一种新的"集体意识"的培养方式,一方面绝非继续集中在新殖民主义的巨伞下,用殖民者的遗产进行脱胎换骨。另一方面它也不是民族主义者提出的简单意义上的回到被殖民之前的状态。因为除了难以发现尚保童贞的文化,即"这些文化样式尚未被触及"[2]的假定外,在多元文化的现实的一些后殖民社会中,少数派也提出,只有在多元文化现实下的政府才可以排除对由殖民迁移和契约劳动所带来的离散人口的后裔的偏见和不公(比如在马来西亚、菲律宾和新加坡等),在这里,民族主义者碰上了礁石。因此,简单的民族主义并不能解决问题,它和简单的非殖民化努力一样,所"引发的问题和解决的问题一样多"[3]。

　　从本质意义上讲,后殖民反话语"文化更新"是一场新的、广泛的话语修辞运动。是在对殖民时期遗留下来的文化产品和生产机制进行全方位的检讨,承认诸如小说、散文戏剧、杂志和电视肥皂剧等,都反射着和殖民控制实践的约会。在此基础上,除巩固政治和经济上的独立权外,重塑某种代表民族文化发展前途的阶级或阶层的领导权。萨义德等"流亡的"知识分子在第一世界的中心发起了这样的一场后殖民的反话语运动,后殖民文化批评理论在旅行过程中必然会因接受沿途的"风光和人文气候"而发生一些变化,对这些身处殖民地的知识分子来说,后

---

[1] [美] 罗伯特·戈尔曼:《"新马克思主义"传记辞典》,第362页。
[2] B. Ashcroft, G. Griffiths and H. Tiffin, *Key Concepts in Post-Colonial Studies*, p.63-67.
[3] B. Ashcroft, G. Griffiths and H. Tiffin, *Key Concepts in Post-Colonial Studies*, p.159-161.

殖民就是进行反话语"文化更新"的一个有力的工具,对它的传播、散布就是"文化更新"的第一步。紧接着的,就是运用来自西方的解构策略颠覆欧洲中心主义、西方中心主义,之后在不是废墟的废墟上重新进行话语的修辞运动。

当然,后殖民反话语带有浓厚的终极意义的探寻。语言的链条就是要追寻最后的意义,即所指的肯定形态。然而人类文化进化的历史特征向我们表明了语言能指滑动、所指飘浮的现实境况;也向我们不断呈现语言以及意义阐释链条的循环往复,它似乎在不断地提醒着依然"蒙昧"的人类,借助语言是不可能表达那最终的意义的——就像当年不能借助巴别塔去登天一样。这原因来自语言本身的局限,也同时来自最终意义的虚位以待——问苍茫大地,谁主沉浮?!现实中,能指翻飞,所指缺席或者沉默,所有的只是一个过程,一个向下敞开的漏斗。语言存在于原始表达的冲动中,它在漫长的历史发展中被改造得面目全非,人类以自我先天的缺失赋予语言以莫名其妙的旨意,并在"以为"找到巴别塔的幻想中陶醉,在醺然中高歌猛进,在欢呼声中死去。当发现漏斗以下的散漫后,人类又在事实上开始了对终极意义的怀念。因此,寻找最终意义的过程就像返家,明知不可能但还是要做,因为那个家可能也不存在了,这可能是让人万箭穿心的结果。萨特说,存在是虚无的。当然,在终极虚无的状态下,所带给人类的可能是一瞬(历史的弹指一挥间)的选择的自由,人们突然间发现,自己只需要对自己的选择负责就已经是不错的了。"对自己的选择负责"也许是人类对自己放纵从而留给历史的最后一点面子了,人们在构造着一个新的乌托邦,一种对无限自由的最无穷的逼近。在这样的逼近中,语言新的应该的位置是,它(语言和语言研究)成为自足的某个领域,如萨义德所说,"东方学乃谋生之道"。就像"全球化"最终是某种极限性的追求而较难达到一样,语言从表达的冲动产生,到成为主体的家园,再从自己的家园中走出来,试图进入邻居的家园,甚至还要到月球到太空中去构造新的家园,语言已经难以承受其重。语言在表达中存在和生息,但是现实的表达中生息和存在的已经不是语言。没有谁能填补存在于语言和现实之间的巨大的鸿沟,"真理"和朝向它的一切努力都在漂泊;言说着别人的言说难免会被指责为"共谋"或"遮蔽",但与"真理"共谋或能证明自己在和"真理"共谋的言之凿凿似乎又将是一场新的放逐?后殖民之后的新的场域正在敞开。

结束语

> "我，作为一个有色人种，
> 希望的只有这么多：
> 那就是人类永远不要被工具支配着；
> 那就是人对人的奴役永远休止了；
> 那就是大家永远亲如兄弟；
> 那就是对我来说有这样一种可能：去发现和热爱人类，不管他是什么样子的。"[1]

当年论文快要杀青的时候，法农的呼吁再一次跃入我的脑海，清晰而又深沉。我想起了投向"全球化"的第一颗破碎的心灵——卡洛·朱利安尼，一个23岁的意大利青年。还有塞西奥·亚尼，以色列一名普通的反战士兵[2]，以及千千万万走上街头反对对伊拉克发动战争的人们。

---

[1] F. Fanon, *Black Skin, White Mass*, p. 231.
[2] 林华编译：《以色列士兵的反战行动》，《天涯》2002年第3期。塞西奥·亚尼（Serigio Yahni）是数百以色列士兵中拒绝服役的一员。2002年初，500名以色列士兵抗议以色列占领军的野蛮行为。据伊斯兰网站及新闻通讯社（Islam Online & News Agencies）2002年3月21日开罗报道，亚尼因拒绝为以色列占领军服役而被判处28天军法监禁。身为以色列"另类信息中心"网站负责人之一的亚尼3月19日致函以色列国防部长本·埃利泽（Ben Eliezer），信中说："从2000年9月29日起，以色列军队开始实施反对巴勒斯坦自治的'肮脏战争'。这场肮脏的战争包括非法屠杀妇女和儿童、推毁巴勒斯坦人民的经济和社会基础、焚烧庄稼和砍伐树木。你们到处散布恐惧和失望，却没有达到最终的目的；（转下页）

通过法农对黑人异化史的沉痛描述，通过来自不同国家、不同地区、不同时间的后殖民文化批评理论家的论述，或婉转，或平直，或平缓，或激昂，或简单，或深刻，我们看到了在当前大工业化或所谓后工业化时代，人变成了一个虚拟的概念无意识地卷进所有的生产进程，在科学主义支撑下的隆隆机器声中，人类——具有所谓"人性"追求的群体处于事实上的被消音状态。文学，自然地被请下神圣的殿堂，沦为食物链中一个可有可无的结点，在其中生发出来的总是面包、卫生纸或下水道的功能。所谓的写实主义、肢体语言的文学事实上最恰切的位置应该是印刷在草纸上，在人生最百无聊赖的片刻之后随水而去。"科学"没有意识或不去意识所谓"进步"的话语陷阱和障碍。文学理论被众语喧嚣所羁绊而做着赶场演出的事，人性被冷落在一旁，时而冷笑，时而郁郁而泣……

球面上的"黑头翁"们被一股巨大的力量裹挟着熙来攘往，非人性的大鸟掠过头顶喳喳怪笑而去。

事实上，当人性被逼着节节后退之时，你有什么理由断言非人性的一切思想和行为的荒谬与必败呢？最大的敌人是否有可能转化成最大的"反对党"呢？！

事实上，当人性已无从可退之时，理论有什么理由归隐首阳而不食周粟呢？

当从进步的反面意识到进步的破坏性时，追求实用的思想就赤裸于人前了，它抛弃了"扬弃"而与人性的真实背道而驰了。事实上，人类目前面对的，就是进步的自我摧毁——"进步"生产着朝向天路历程中的各种泥坑、幻象、神秘装置，以及个人、种族和民族妄想狂，"人性"

（接上页）巴勒斯坦人民没有放弃争取主权和独立的梦想。""眼中只有'恐怖主义者'而没有'人'的以色列当局以种族主义暴行，加剧了巴勒斯坦人与以色列人之间暴力冲突的恶性循环。""拉马拉城的坦克阻止不了巴勒斯坦人可怕的创造——在咖啡馆里的轰鸣爆炸的绝望情绪。您，以及您指挥下的军人，造就了这样的人类：他们的人性已经在绝望和屈辱中消失了。是你们造成了这种绝望，却不能阻止它。""作为人类中的一员，拒绝加入任何犯有反人类罪行的组织，是我的责任。"

被捆绑着拖在"进步"的四轮马车后面示众。文学则肃立街旁而遥拜路尘!

当意识遽然挣脱一切语言的、言语的羁縻而跃然升空之时,方看到了人性的屈辱史迹。或许,不带着真理的装备才可以启动朝向真理,把进步当作"风火轮"才有哪吒的大显神功,人性附着的一切都释放出光辉,流传至今的优秀文学作品又有哪一部不是在人性的历程中占有它的一个位置呢?

如果给"诗人"下个定义,那么我认为,诗人就是被现代文明遗弃在原始边缘的人。康拉德《黑暗的心》中的马洛即是一个诗人,一个真正的诗人。他深入黑色的腹地,心灵强烈地感受着碰撞。殖民者库尔兹——或者是所有殖民者,包括世界各地的形形色色的殖民侵扰者——那颗真正的黑暗的心,以及生活在自然中的原始的心的斗争、妥协、阴谋、暗喜、哀叹以致流血,让人思考西方文明对人类的贡献以及与此同时人类付出的代价问题。真正的殖民是文化的殖民,殖民最大的代价就是人类文化的破损和断层,但文明——这一支撑文化价值总成性的物质,这一本就处于思考静链上的极惰性物质却会在短时内呈现给我们极大的固性,如此,则"诗人"思考着,思考着边缘化的文化上下的文明的走向。

萨义德就是这样一个诗人。萨义德是孤独的,因为他提前一步醒来;萨义德是痛苦的,昨天的海盗今天不过刚换了衣裳,文化的鸿门宴还在延续!萨义德试图惊醒:逝去的文化只有用痛苦来补偿;萨义德大声呼吁:从尼日利亚怎么走也到不了"西方",况且,"西方"亦非我们人类的理想!但或许萨义德有一丝安慰,整个世界都在逐渐醒来,他的声音不已经得到来自世界范围的回应吗?

历史的发展就是在政治、经济大动脉和文化静脉的协作合成中运动着的。历史(除了上帝、真主、菩萨、如来外)没有终极审判法官,但却有着义务的忠实的陪审员。历史或缺席或在场,听众或懵懂或痴狂,而只有陪审团——一个由诗人、文化批评家和精神病人组成的群体却是理智的、超然的,他们替"法官""忠实"(从行动上)地记载着呈堂证供和控辩双方的在场与不在场。——历史的积累和积累的历史。

清华大学的葛兆光教授在《中国思想史》"导论"中提到重建"思想史"的连续性时提到三种思路:第一,"否定之否定"——"在进化论的背景下,把一代一代的变化理解为当下思想对过去思想的批评和扬弃";第二,"对环境的反应"——"着重社会背景的分析";第三,余英时提出的"内在理路"——即处于不断解决过程中的思想传统本身问题存在的可寻的"线索条理"[1]。在借用这三个思路对后殖民文化批评理论的思想史进行梳理时,从否定之否定思路得出的结论是:殖民地对殖民的否定(殖民者对殖民地文化的否定在先),即后殖民之后的语言诗学;从"对环境的反应"思路得出的结论是:全球化背景下民族文化存续、发展的焦虑,即后殖民文化诗学;从"内在理路"得出的结论是:文明发展的人性观照与渴求对非人性(或物性、兽性)文明思路的自然颠覆,即后殖民人性诗学。

总之,后殖民文化批评理论是一种历史的、辩证的、怀疑论的、人性论的社会意识形态批评理论。它批判西方构筑的关于东方的"东方主义"。因此它运用福柯的知识谱系学方法对"东方主义"进行知识考古;针对西方的"东方主义",它认为并非用一个东方的"西方主义"来对抗即可,而是运用德里达的解构方法,对"东方主义"的物质、意识源头进行辩证的分析和消解;后殖民文化批评理论怀疑指向西方的意识形态,认为它既是殖民主义的产物,又是殖民主义的延续,尤其是对当前"美国主义"背景下的全球化持否定批判态度,发起文化新殖民主义批评;后殖民文化批评理论又是一种普遍人性论,它所追求的是马克思所谓每个人的充分发展是其他人发展的前提条件,谋求整个人类的人性解放。因此,后殖民文化批评理论产生了这样的分支:后结构主义的,马克思主义的,女性主义的。它从关注种族主义问题出发,涉及社会政治、经

---

[1] 葛兆光:《中国思想史》第一卷,第55页。

济、文化等各个层面的问题。桑戈尔把它的起点——黑人性运动称为20世纪的人道主义。它以其巨大的怀疑、批判的力量将触角伸展到各个层面：在政治上，批判殖民政策、殖民历史以及当今一切传承"东方学"的任何机制与任何可能；在经济上，它关注西方的"全球化"，关注跨国公司在新一轮的世界瓜分行动中对前殖民国家和第三世界国家实施的新的经济侵略和殖民；在文化上，它看到，在经济全球化的背后，其实就是西方消费意识形态大举进入第三世界的心灵，在那里打造了第四世界，在第三天性的支配下，"东方""第三世界"被纳入了西方的新的所谓"发展意识"的轨道，开始了以文化上的渗透为起点的新的文化殖民主义。在其中，文学作为社会文化反映的一个非常重要的窗口，"东方"作家的文学作品中反射出的对他者的向往以及对自我的鄙弃和压抑，西方作家的作品中反射出的西方文化优越论，以及通过媒体、电影等手段继续对西方现代的一面与东方传统落后的一面的所谓深度弘扬，无不打造着新殖民主义的轻轨，导引着新的人类文化的灾难。

总结起来说，对后殖民文化批评理论的研究有三个层次：第一，民族主义的；第二，西方主义的；第三，普世主义的。在第一个层次上，理性反思意味非常强的后殖民文化批评理论成了口号性的和感性的东西，它是如此简单，以至于无须过多地思考就可以马上迎合部分人的口味。这恰是萨义德百般避免的现象，事实上是后殖民文化批评理论的副产品。在第二个层次上，人们会自觉地认同西方的理论话语权力而简单撷取其理论意义，仓促进行理论性的批判而自动跌入西方话语的陷阱。这是萨义德也无法回避的东西，它因其来源而自动反射着发声者的意识。在它的门口，有任何一点对理性思考的懒惰和疏忽都会一头跌进去。在第三个层次上，是第一个层次决定视而不见的，是第二个层次标榜的，但却是第二个层次误读的。误读的原因就在于它把属于对人类文化发展进行全面检讨的具有深刻批判意味的东西当成了西方向世界的恩赐，在把自己对它的理解加到后殖民文化批评理论的普世主义之上的同时试图取代它。事实上，只有理解到第三个层次的深意，我们才会发现后殖民文化批评理论在解构中建构的深意。或者反过来说亦可。

如此,"后"学尤其是后殖民文化批评理论遭遇的批判("待遇")似有不公。事实上,从康德开始探讨"人的认识如何可能"至今,人类的认识中,"当世"的成功认识(能为当世所认同并运用于当世)有多少呢?文化以及文化的进步就是拖着昨天的锁链走过来的;新殖民(文化)以至"全球化"以不可抵御的力量阻挡了人们回顾的迫切眼神,当下利益的诱惑已使现代人的理智冲出笼子,奔向无理智发展的冲动。但它在努力解开昨天的锁链中创造着今天,并将同样戴上今天的锁链走向明天。后殖民文化批评理论又何尝不是在一个广大的范围里做着解除锁链的工作(当然也有可能跌入自我局限的陷阱),又何尝不也在某种建构中给后来者、给明天留下同样珍贵的思考、起飞的起点呢?

本书初稿写作过程中,台湾歌手罗大佑演唱的一首名为《亚细亚的孤儿》的歌有点味道,一直到今天还非常值得品味,在这里直录此歌词:

> 亚细亚的孤儿在风中哭泣
> 黄色的脸孔有红色的污泥
> 黑色的眼珠有白色的恐惧
> 西风在东方唱着悲伤的歌曲
>
> 亚细亚的孤儿在风中哭泣
> 没有人要和你玩平等的游戏
> 每个人都想要你心爱的玩具
> 亲爱的孩子你为何哭泣
>
> 多少人在追寻那解不开的问题
> 多少人在深夜里无奈地叹息
> 多少人的眼泪在无言中抹去
> 亲爱的母亲这是什么道理

这个所谓"亚细亚的孤儿"指的是谁可能是不言而喻的了，可具体，也可抽象。她在东西方的风口上哭泣着，黄色的脸孔上还残留着红胡子强暴过的痕迹，黑色的眼珠中抹不去的是白人带来的恐怖，这究竟是什么样的发展道理啊，否则为什么在这里演绎着的只有自己的悲伤和别人的梦想？因为在这个世界上，平等发展成了抢走你心爱的东西之后虚假的托词，但是为了生存，你还是要把自己心爱的玩具一再地给他们，给那些愈加贪婪的、给你带来侮辱和恐惧的红胡子和白色的面孔！亲爱的母亲，这究竟是什么道理？叹息，哭泣，多少人都在追寻这一解不开的问题。

从本书2005年第一版迄今再版，时光飞逝，十六年了。对延续近300年、影响了迄今为止世界历史方向、国际政治经济体制、全球传播格局、文化思想和叙事话语的后殖民文化现象和历史根源的批判依然踯躅不前。20世纪末的十年，中国文化界的高度文化敏感和反思依然令人神往，自2001年加入WTO以后即归隐首阳。如今，当我们面对全球传播领域中国和发展中国家集体"失声"的现状，回头看当年文学领域对"失语"的批判，历史何曾相似。"西方"——我将是在公开的出版物中最后一次使用这个术语，也期待着有一天东方-西方的二元对立话语彻底消失——文学培育的"标准读者"（standard reader）与大众传播的"平均人"（average people）假设，虽然术语不同，但意涵何其相似乃尔。太阳底下无新事。从文学和文化领域衍生出来的后殖民批判，可能还要在传播学领域再来一遍，才能开启平等、平衡的全球传播秩序基础上的文明互鉴——这个过程，今天来看，不仅必须，而且也十分紧迫。

2003年3月初稿

2003年10月二稿

2005年1月改就，5月出版

2020年12月底再版修订

2021年11月8日再版改就

参考文献

（按拼音或字母顺序）

中文部分

［英］尼古拉斯·阿伯克龙比：《电视与社会》，张永喜、鲍贵、陈光明译，南京：南京大学出版社，2001年

［英］马修·阿诺德：《文化与无政府状态：政治与社会批评》，韩敏中译，北京：生活·读书·新知三联书店，2002年

［美］J. 赫伯特·阿特休尔：《权力的媒介》，黄煜、裘志康译，北京：华夏出版社，1989年

［澳］比尔·阿希克洛夫特、加雷斯·格里菲斯、海伦·蒂芬：《逆写帝国：后殖民文学的理论与实践》，任一鸣译，北京：北京大学出版社，2014年

［意大利］艾柯等：《诠释与过度诠释》，王宇根译，北京：生活·读书·新知三联书店，1997年

［美］埃德温·埃默里、迈克尔·埃默里：《美国新闻史——报业与政治、经济和社会潮流的关系》，苏金琥等译，北京：新华出版社，1982年

［德］诺贝特·埃利亚斯：《文明的进程——文明的社会起源和心理起源的研究（第一卷）》，王佩莉译，北京：生活·读书·新知三联书店，1998年

［加拿大］马克·昂热诺：《问题与观点——20世纪文学理论综论》，史忠义、田庆生译，天津：百花文艺出版社，2000年

［美］约翰·奥尼尔：《身体形态——现代社会的五种身体》，张旭春译，沈阳：春风文艺出版社，1999年

［英］奥兹本：《弗洛伊德和马克思》，董秋斯译，北京：生活·读书·新知三联书店，

1986年

［法］罗兰·巴尔特：《符号学原理》，王东亮译，北京：生活·读书·新知三联书店，1999年

［英］齐格蒙特·鲍曼：《全球化——人类的后果》，郭国良、徐建华译，北京：商务印书馆，2001年

［美］伯纳德·W. 贝尔：《非洲裔美国黑人小说及其传统》，刘捷、潘明元等译，成都：四川人民出版社，2000年

［美］丹尼尔·贝尔：《资本主义文化矛盾》，北京：生活·读书·新知三联书店，1989年

［美］丹尼尔·贝尔：《意识形态的终结》，张国清译，南京：江苏人民出版社，2001年

［英］L. 比尼恩：《亚洲艺术中人的精神》，孙乃修译，沈阳：辽宁人民出版社，1988年

［英］艾勒克·博埃默：《殖民与后殖民文学》，盛宁、韩敏中译，沈阳：辽宁教育出版社，1998年

［法］西蒙娜·德·波伏瓦：《萨特传》，黄忠晶译，南昌：百花洲文艺出版社，1996年

［美］伯格：《通俗文化、媒介和日常生活中的叙事》，姚媛译，南京：南京大学出版社，2000年

［美］马克·波斯特：《第二媒介时代》，范静哗译，南京：南京大学出版社，2000年

［美］马克·波斯特：《信息方式：后结构主义与社会语境》，范静哗译，北京：商务印书馆，2000年

［法］皮埃尔·布尔迪厄：《文化资本与社会炼金术：布尔迪厄访谈录》，包亚明译，上海：上海人民出版社，1997年

［法］皮埃尔·布尔迪厄：《关于电视》，许钧译，沈阳：辽宁教育出版社，2000年

［英］阿伦·布洛克：《西方人文主义传统》，董乐山译，北京：生活·读书·新知三联书店，1997年

陈厚诚、王宁主编：《西方当代文学批评在中国》，天津：百花文艺出版社，2000年

程曼丽：《国际传播学教程》，北京：北京大学出版社，2006年

［美］梅勒文·德弗勒，埃弗雷特·丹尼斯：《大众传播通论》，颜建军等译，北京：华夏出版社，1989年

董光璧：《传统与后现代》，济南：山东教育出版社，1996年

［美］约翰·费斯克：《传播符号学理论》，张锦华等译，台北：远流出版事业股份有限公司，1995年

[美]约翰·费斯克:《理解大众文化》,王晓珏、宋伟杰译,北京:中央编译出版社,2001年

冯宪光、马睿:《审美意识形态的文本分析》,成都:四川大学出版社,2001年

[法]米歇尔·福柯:《知识考古学》,谢强、马月译,北京:生活·读书·新知三联书店,1998年

[法]米歇尔·福柯:《疯癫与文明》,刘北成、杨远婴译,北京:生活·读书·新知三联书店,1999年

[法]米歇尔·福柯:《规训与惩罚》,刘北成、杨远婴译,北京:生活·读书·新知三联书店,1999年

[奥]西格蒙德·弗洛伊德:《性爱与文明》,滕守尧译,合肥:安徽文艺出版社,1987年

[奥]西格蒙德·弗洛伊德:《图腾与禁忌》,杨庸一译,台北:志文出版社,1986年

[美]E.弗洛姆:《健全的社会》,孙恺祥译,贵阳:贵州人民出版社,1987年

关世杰:《跨文化交流学:提高涉外交流能力的学问》,北京:北京大学出版社,1995年

[美]罗伯特·戈尔曼编:《"新马克思主义"传记辞典》,赵培杰、李菱、邓玉庄等译,重庆:重庆出版社,1990年

[意]安东尼奥·葛兰西:《狱中札记》,曹雷雨等译,北京:中国社会科学出版社,2000年

[意]葛兰西:《论文学》,吕同六译,北京:人民文学出版社,1983年

[美]大卫·雷·格里芬:《后现代科学——科学魅力的再现》,马季方译,北京:中央编译出版社,1998年

葛兆光:《中国思想史(第一、二卷)》,上海:复旦大学出版社,1998年

[德]伯尔尼德·哈姆、拉塞尔·斯曼戴奇:《论文化帝国主义:文化统治的政治经济学》,曹新宇、张樊英译,北京:商务印书馆,2015年

郝侠君、毛磊、石光荣主编:《中西500年比较(修订本)》,北京:中国工人出版社,1996年

[美]爱德华·赫尔曼、罗伯特·麦克切斯尼:《全球媒体——全球资本主义的新传教士》,甄春亮等译,天津:天津人民出版社,2001年

[德]黑格尔:《美学(三卷)》,朱光潜译,北京:商务印书馆,1979年

何兆武、柳卸林主编:《中国印象:世界名人论中国文化》(上、下册),桂林:广西师范大学出版社,2001年

何香凝美术馆、上河美术馆编:《当代艺术与人文科学——首届何香凝美术馆学术论坛》,

长沙：湖南美术出版社，1999年

［美］塞缪尔·P. 亨廷顿：《变化社会中的政治秩序》，王冠华等译，北京：生活·读书·新知三联书店，1989年

［美］塞缪尔·P. 亨廷顿：《文明的冲突与世界秩序的重建》，周琪等译，北京：新华出版社，1999年

［美］阿尔弗莱德·怀特海：《思想方式》，韩东晖、李红译，北京：华夏出版社，1999年

胡翼青：《传播学科的奠定：1922—1949》，北京：中国大百科全书出版社，2012年

［英］特伦斯·霍克斯：《结构主义和符号学》，翟铁鹏译，上海：上海译文出版社，1997年

［英］巴特·穆尔－吉尔伯特等编撰：《后殖民批评》，杨乃乔等译，北京：北京大学出版社，2001年

［英］巴特·穆尔－吉尔伯特：《后殖民理论——语境 实践 政治》，陈仲丹译，南京：南京大学出版社，2001年

姜飞：《如何走出中国国际传播的"十字路口"》，《国际传播》2016年第1期

姜飞：《精神上的屋前空地——零碎时间的文化意义》，《人民论坛》2017年12期

姜飞：《试析跨文化传播中的几个基本问题——兼与童兵先生商榷》，《新闻大学》2006年第1期

姜飞：《传播与文化》，北京：中国传媒大学出版社，2011年

［美］弗莱德里克·R. 卡尔：《现代与现代主义》，陈永国、傅景川译，长春：吉林教育出版社，1995年

［英］苏珊·L. 卡拉瑟斯：《西方传媒与战争》，张毓强等译，北京：新华出版社，2002年

［美］乔纳森·卡勒：《论解构》，陆扬译，北京：中国社会科学出版社，1998年

［美］乔纳森·卡勒：《当代学术入门：文学理论》，李平译，沈阳：辽宁教育出版社，1998年

［德］恩斯特·卡西尔：《人论》，甘阳译，上海：上海译文出版社，1985年

［德］E. 卡西勒：《启蒙哲学》，顾伟铭等译，济南：山东人民出版社，1996年

［美］曼纽尔·卡斯特：《传播力》，汤景泰、星辰译，北京：社会科学文献出版社，2018年

［德］康德：《判断力批判》，宗白华译，北京：商务印书馆，1985年

［英］罗宾·柯林伍德：《自然的观念》，吴国盛、柯映红译，北京：华夏出版社，1999年

［美］拉尔夫·科恩主编：《文学理论的未来》，程锡麟等译，北京：中国社会科学出版社，1993年

［法］孔多塞：《人类精神进步史表纲要》，何兆武等译，北京：生活·读书·新知三联书店，1998 年

［美］欧文·拉兹洛编：《多种文化的星球——联合国教科文组织国际专家小组的报告》，戴侃、辛未译，北京：社会科学文献出版社，2001 年

［美］哈特穆特·莱曼、京特·罗特编：《韦伯的新教伦理——由来、根据和背景》，阎克文译．沈阳：辽宁教育出版社，2001 年

［法］让-弗·利奥塔：《后现代性与公正游戏：利奥塔访谈、书信录》，谈瀛洲译，上海：上海人民出版社，1997 年

［法］让-弗·利奥塔等：《后现代主义》，赵一凡等译，北京：社会科学文献出版社，1999 年

李良荣：《新闻学概论》，上海：复旦大学出版社，2001 年

李学勤主编：《国际汉学漫步（上、下卷）》，石家庄：河北教育出版社，1997 年

［英］埃德蒙·利奇：《文化与交流》，卢德平译，北京：华夏出版社，1991 年

梁展编选：《全球化话语》，上海：上海三联书店，2002 年

［美］杰里米·里夫金，特德·霍华德：《熵：一种新的世界观》，吕明、袁舟译，上海：上海译文出版社，1987 年

吕祥：《美国国家战略传播体系与美国对外宣传》，黄平、倪峰主编：《美国问题研究报告》（2011），北京：社会科学文献出版社，2011 年

［美］阿瑟·S.雷伯：《心理学词典》，李伯黍等译，上海：上海译文出版社，1996 年

［德］H.李凯尔特：《文化科学和自然科学》，北京：商务印书馆，1986 年

刘禾：《语际书写——现代思想史写作批判纲要》，上海：上海三联书店，1999 年

柳鸣九主编：《未来主义　超现实主义　魔幻现实主义》，北京：中国社会科学出版社，1987 年

刘小枫：《拯救与逍遥》，上海：上海人民出版社，1988 年

［英］阿兰·鲁格曼：《全球化的终结》，常志霄等译，北京：生活·读书·新知三联书店，2001 年

［美］罗伯特·路威：《文明与野蛮》，吕叔湘译，北京：生活·读书·新知三联书店，1984 年

［英］约·罗伯茨编著：《十九世纪西方人眼中的中国》，蒋重跃、刘林海译，北京：时事出版社，1999 年

[美]布鲁斯·罗宾斯：《全球化中的知识左派》，徐晓雯译，北京：中国社会科学出版社，2000年

罗钢、刘象愚主编：《后殖民主义文化理论》，北京：中国社会科学出版社，1999年

罗钢、刘象愚主编：《文化研究读本》，北京：中国社会科学出版社，2000年

[英]罗素：《哲学问题》，北京：商务印书馆，2000年

[美]赫伯特·马尔库塞：《爱欲与文明——对弗洛伊德思想的哲学探讨》，黄勇、薛民译，上海：上海译文出版社，1987年

[美]赫伯特·马尔库塞：《单向度的人——发达工业社会意识形态研究》，张峰、吕世平译，重庆：重庆出版社，1988年

[法]阿芒·马特拉：《传播的世界化》，朱振明译，北京：中国传媒大学出版社，2007年

[法]阿芒·马特拉：《全球传播的起源》，朱振明译，北京：清华大学出版社，2015年

[德]马克思、恩格斯：《德意志意识形态》，中共中央马恩列斯著作编译局译，北京：人民出版社，1961年

[德]马克思：《资本论》，中共中央马恩列斯著作编译局译，北京：人民出版社，1975年

[德]马勒茨克：《跨文化交流：不同文化的人与人之间的交往》，潘亚玲译，北京：北京大学出版社，2001年

[英]吉姆·麦克盖根：《文化民粹主义》，桂万先译，南京：南京大学出版社，2001年

[加拿大]埃里克·麦克卢汉、弗兰克·秦格龙编：《麦克卢汉精粹》，何道宽译，南京：南京大学出版社，2000年

《人的呼唤——弗洛姆人道主义文集》，王泽应、刘莉、雷希译，上海：上海三联书店，1991年

[英]戴维·莫利、凯文·罗宾斯：《认同的空间——全球媒介、电子世界景观与文化边界》，司艳译，南京：南京大学出版社，2001年

[英]弗兰克·莫特：《消费文化——20世纪后期英国男性气质和社会空间》，余宁平译，南京：南京大学出版社，2001年

[意]安东尼奥·内格里：《超越帝国》，李琨、陆汉臻译，北京：北京大学出版社，2016年

[苏]肖·阿·纳奇拉什维里：《宣传心理学》，金初高译，北京：新华出版社，1984年

[美]大卫·宁等：《当代西方修辞学：批评模式与方法》，常昌富、顾宝桐译，北京：中国社会科学出版社，1998年

欧崇敬：《从结构主义到解构主义》，台北：扬智文化事业股份有限公司，1998年

欧力同、张伟：《法兰克福学派研究》，重庆：重庆出版社，1990年

［法］佩雷菲特：《停滞的帝国——两个世界的撞击》，王国卿等译，北京：生活·读书·新知三联书店，1993年

［美］罗伯特·E. 帕克：《移民报刊及其控制》，陈静静、展江译，北京：中国人民大学出版社，2011年

［瑞士］J. 皮亚杰、B. 英海尔德：《儿童心理学》，北京：商务印书馆，1987年

［瑞士］皮亚杰：《结构主义》，北京：商务印书馆，1996年

［美］阿尔弗雷德·D. 钱德勒、詹姆斯·W. 科塔达编：《信息改变了美国：驱动国家的力量》，万岩、邱艳娟译，上海：上海远东出版社，2008年

［日］日下公人：《新文化产业论》，范作申译，北京：东方出版社，1989年

［美］拉里·A. 萨姆瓦等：《跨文化传通》，陈南等译，北京：生活·读书·新知三联书店，1988年

［美］爱德华·W. 赛义德：《赛义德自选集》，谢少波、韩刚等译，北京：中国社会科学出版社，1999年

［美］爱德华·W. 萨义德：《东方学》，王宇根译，北京：生活·读书·新知三联书店，1999年

［美］爱德华·W. 萨义德：《知识分子论》，单德兴译，北京：生活·读书·新知三联书店，2002年

［英］拉曼·塞尔登编：《文学批评理论——从柏拉图到现在》，刘象愚、陈永国等译，北京：北京大学出版社，2000年

《世界文学》编辑部编：《后现代主义》，北京：社会科学文献出版社，1993年

盛宁：《人文困惑与反思——西方后现代主义思潮批判》，北京：生活·读书·新知三联书店，1997年

［英］尼克·史蒂文森：《认识媒介文化——社会理论与大众传播》，王文斌译，北京：商务印书馆，2001年

［英］安东尼·D. 史密斯：《全球化时代的民族与民族主义》，龚维斌、良警宇译，北京：中央编译出版社，2002年

［美］威尔伯·施拉姆、威廉·波特：《传播学概论》，陈亮、周立方、李启译，北京：新华出版社，1984年

［美］威尔伯·施拉姆等：《报刊的四种理论》，中国人民大学新闻系译，北京：新华出版社，1980年

［德］维尔纳·施泰因：《人类文明编年纪事（全套 7 册）》，龚荷花等译，北京：中国对外翻译出版公司，1992 年

［英］约翰·斯道雷：《文化理论与通俗文化导论（第二版）》，杨竹山、郭发勇、周辉译，南京：南京大学出版社，2001 年

孙周兴选编：《海德格尔选集》，上海：上海三联书店，1996 年

［英］索利：《英国哲学史》，济南：山东人民出版社，1996 年

［瑞士］费尔迪南·德·索绪尔：《普通语言学教程》，高名凯译，北京：商务印书馆，1999 年

［英］汤林森：《文化帝国主义》，冯建三译，上海：上海人民出版社，1999 年

王冠：《让世界听懂中国》，北京：民主与建设出版社，2021 年

王红旗：《符号之谜》，北京：中国国际广播出版社，1996 年

汪民安等主编：《后现代性的哲学话语——从福柯到赛义德》，杭州：浙江人民出版社，2000 年

汪民安等编：《福柯的面孔》，北京：文化艺术出版社，2001 年

王守仁、吴新云：《性别·种族·文化——托妮·莫里森与美国二十世纪黑人文学》，北京：北京大学出版社，1999 年

王元化：《读黑格尔》，南昌：百花洲文艺出版社，1997 年

王岳川：《后殖民主义与新历史主义文论》，济南：山东教育出版社，1999 年

［法］维柯：《新科学》，朱光潜译，北京：人民文学出版社，1987 年

［德］马克斯·韦伯：《文明的历史脚步——韦伯文集》，黄宪起、张晓玲译，上海：上海三联书店，1988 年

［美］韦勒克·沃伦：《文学理论》，刘象愚、刑培明、陈圣生等译，北京：生活·读书·新知三联书店，1984 年

［美］克莱德·M. 伍兹：《文化变迁》，施惟达、胡华生译，昆明：云南教育出版社，1989 年

［美］斯蒂文·小约翰：《传播理论》，陈德明、叶晓辉译，北京：中国社会科学出版社，1999 年

［美］丹·席勒：《信息拜物教：批判与解构》，邢立军、方军祥、凌金良译，北京：社会科学文献出版社，2008 年

杨席珍：《资本主义扩张路径下的殖民传播——传播政治经济学批评视角》，2010 年浙江

大学博士论文

［英］特里·伊格尔顿：《美学意识形态》，王杰、傅德根、麦永雄译，桂林：广西师范大学出版社，1997年

［英］特里·伊格尔顿：《后现代主义的幻象》，华明译，北京：商务印书馆，2000年

［英］詹·约尔：《"西方马克思主义"的鼻祖——葛兰西》，郝其睿译，长沙：湖南人民出版社，1988年

乐黛云等主编：《世界诗学大辞典》，沈阳：春风文艺出版社，1993年

［美］弗雷德里克·詹姆逊：《快感：文化与政治》，王逢振等译，北京：中国社会科学出版社，1998年

［美］弗雷德里克·詹姆逊：《文化转向》，胡亚敏等译，北京：中国社会科学出版社，2000年

［美］詹明信：《晚期资本主义的文化逻辑》，陈清侨等译，北京：生活·读书·新知三联书店，1997年

张锦华：《传播批判理论》，台北：黎明文化事业股份有限公司，1995年

张京媛主编：《后殖民理论与文化认同》，台北：台北麦田出版公司，1996年

张京媛主编：《后殖民理论与文化批评》，北京：北京大学出版社，1999年

张京媛主编：《新历史主义与文学批评》，北京：北京大学出版社，1993年

张隆溪：《二十世纪西方文论述评》，北京：生活·读书·新知三联书店，1986年

章士嵘等：《认识论辞典》，长春：吉林人民出版社，1984年

张首映：《西方二十世纪文论史》，北京：北京大学出版社，1999年

张弢：《论传教士报刊对近现代中国新闻事业的传播示范》，《现代传播》2015年第9期

赵一凡：《美国文化批评集——哈佛读书札记》，北京：生活·读书·新知三联书店，1994年

赵良英：《美国的国家战略传播体系及其启示》，《新闻前哨》2015年第10期

中国中外文艺理论学会、四川大学中文系、汉语言文学研究所主办：《中外文化与文论》（1—8辑），成都：四川大学出版社

朱立元主编：《当代西方文艺理论》，上海：华东师范大学出版社，1997年

朱耀伟：《他性机器？——后殖民香港文化论集》，香港：香港青文书屋，1998年

英文部分

Achebe, Chinua. (1958) *Things Fall Apart*, London Ibadan Nairobi: Heinemann.

Alexaner, Alison. And Hanson Jarice. (1999) *Taking Sides: Clashing Views on Controversial Issues in Mass Media and Society*, Dushkin/McGraw-Hill.

Ambrose, Stephen E. (1993) *Rise to Globalism: American Foreign Policy Since 1938*, Penguin Books.

Andersen, Margaret L., Collins, Patricia Hill. (1995) *Race, Class, and Gender: An Anthology* (second edition), Wadsworth Publishing Company.

Angus, Ian., and Jhally, Sut. (1989) (eds.) *Cultural Politics in Contemporary America*, New York and London: Routledge.

B. Ashcroft, Griffiths, Gareth., and Tiffin, H. (1989) *The Empire Writes Back—Theory and practice in Post-Colonial literatures*, London and New York: Routledge.

B. Ashcroft, Griffiths, Gareth., and Tiffin, H. (1999) *Key Concepts in Post-Colonial Studies*, Routledge: London and New York.

Z. Bauman, (1993) *Postmodern Ethics*, Blackwell: Oxford & Cambridge USA.

H. K. Bhabha, (1994) *The Location of Culture*, London and New York: Routledge.

Blackman, Lisa., and Walkerdine, Valerie. (2001) *Mass Hysteria: Critical Psychology and Media Studies*, New York: Palgrave.

C. E. Bressler, (1994) (ed.) *Literary Criticism–An Introduction to Theory and Practice*, New Jersey: Prenice-Hall, Upper Saddle River.

Carol A. Breckenridge., and Peter Van der Veer, (1993) (eds.) *Orientalism and the Postcolonial Predicament*, Philadelphia: University of Pennsylvania Press.

J. G. Carrier, (1995) ed. *Occidentalism: Images of the West*. Oxford: Clarendon Press.

Cohn, Bernard S. (1996) *Colonialism and Its Forms of Knowledge: The British in India*, New Jersey: Princeton University Press.

Dégh, Linda. (1994) *American Folklore and The Mass Media*, Bloomington and Indianapolis: Indiana University Press.

Delgado, Richard. (1995) (ed.) *Critical Race Theory: The Cutting Edge*, Philadelphia: Temple University Press.

A. Dirlik, "The Postcolonial Aura: The World Criticism in the Age of Global Capitalism," *Critical Inquiry*, V.20. N.2, 1994。

Fiske, John. (1994) *Understanding Popular Culture*, London and New York: Routledge.

F. Fanon, (1968a) *Black Skin, White Masks*, Translated by Charles Lam Markmann, New York: Grove Press, Inc.

F. Fanon, (1968b) *The Wretched of the Earth*, Translated by Constance Farrington, New York: Grove Press, Inc.

Findley, Carter Vaughn. And Rothney, John Alexander Murray. (1998) *Twentieth-Century World*, Boston New York: Houghton Mifflin Company.

Fleischmann, Wolfgang. Bernard. (ed.), (1997) *Encyclopedia of World Literature in the 20th Century*, V.3, NewYork: Frederich Ungar Publishing Co.

Foster, Hal. (1983) (ed.) *The Anti-Aesthetic Essays On Postmodern Culture*, Seattle, Washington: Bay Press.

B. M. Gilbert, G. Stanton, W. Maley, (1997) *Postcolonial Criticism*, London and New York: Longman.

Hawes, William. (1978) *The Performer in Mass Media: in Media Processions and in the Community*, New York: Hastings House Publishers.

Howard, Michael C. (1993) *Contemporary Cultural Anthropology (Fourth Edition)*, Harper Collins College Publishers.

B. E. Jack, (1996) *Negritude and Literary Criticism: The History and Theory of Negro-African Literature in French*, London: Greenwood Press.

Karenga, Maulana. (1993) *Introduction To Black Studies*, Los Angeles, California: The University of Sankore Press.

Kaye, Harvey J. (1995) (ed.) *Imperialism and Its Contradictions*, New York and London: Routledge.

King, Bruce. (1996) (ed.) *New National and Post-Colonial Literatures: An Introduction*, Oxford: Clarendon Press.

Kornblith, Gay J. (1998) (ed.) *The Industrial Revolution in America*, Boston New York: Houghton Mifflin Company.

Kupperman, Karen Ordahl. (2000) *Indians and English: Facing Off in Early America*, Ithaca and London: Cornell University Press.

Langness, L. L. and Winans, Edgar V. (1977) (eds.) *Other Fields, Other Grasshoppers: Readings in Cultural anthropology*. New York, Hagerstown, Philladelphia San Francisco: J. B.

Lippincott Company.

Lardy, Nicholas R. (1994) *China in the World Economy*, Washington, D. C: Institute for International Economics.

Lloyd, P. G. (1967) *Africa in Social Change*, Baltimore Maryland: Penguin Books.

Lyotard, Jean-Francois. (1984) *The postmodern Condition: A Report on Knowledge, Theory and History of Literature*, Volume 10. Minneapolis: University of Minnesota Press.

Mintz, Steven. (1996) (ed.) *African American Voices: The Life Cycle of Slavery*, New York: Brandywine Press.

J. Munns, and G. Rajan. (1995) (ed.) *A Cultural Studies Reader: History, Theory, Practice*, London and New York: Longman.

Nash, Gary B. (1992) *Red, White, and Black: The Peoples of Early North America*, New Jersey: Prentice-Hall, Inc.

Ostry, Sylvia. And Nelson, Richard R. (1995) *Techno-Nationalism and Techno- Globalism: Conflict and Cooperation*, Washington, D. C: The Brookings Institution.

Oye, Kenneth A., Lieber, Robert J., and Rothchild, Donald. (1992) (eds.) *Eagle in a New World: American Grand Strategy in the Post-Cold War Era*, Harper Collins Publishers.

Rivers, Willams L. And Mathews, Cleve. (1988) *Ethics for the Media*, Englewood Cliffs, New Jersey: Prentice Hall.

A. Roland, (1989) *In Search of Self in India and Japan: Toward a Cross-Cultural Psychology*, Princeton University Press.

Rushon, J Philippe. (1995) *Race, Evolution, and Behavior: A Life History Perspective*, New Brunswiek and London: Transaction Publishers.

Rybczynski, Witold. (1991) *Paper Heroes*, Penguin Books.

Edward W. Said, (1978) *Orientalism: Western Conceptions of the Orient*, New York: Vintage.

Edward W. Said, (1993) *Culture and Imperialism*, New York: A Division of Random House, Inc.

Salley, Columbus. And Behm, Ronald. (1993) *What Color is Your God ?* Carol Publishing Group.

Sanders, Clinton R. (1990) (ed.) *Marginal Conventions: Popular Culture, Mass Media and Social Deviance*, Ohio: Bowling Green State University Popular Press.

Schrire, Robert. (1991) *Adapt or Die: The End of White Politics in South Africa*, Ford Foundation

– Foreign Policy Association.

Schacht, Richard. (1971) *Alienation*, Doubleday & Company, Inc. Garden City, New York.

Serfaty, Simon. (1991) (ed.) *The Media and Foreign Policy*, New York: St. Martin's Press.

G. C. Spivak, (1987) *In Other Worlds*: *Essays in Cultural Politics*, New York and London: Methuen.

Tiffin, Chris., and Lawson, Alan. (1994) (eds.) *Describing Empire*: *Post-Colonialism and Textuality*, London and New York: Routledge.

Toffler, Heidi. And Alvin. (1994) *Creating A New Civilization*: *The Police of The Third Wave*, Atlanta: Turner Publishing, Inc.

S. B. Turner, (1994) *Orientalism Postmodernism & Globalism*, London and New York: Routledge.

Willams, Patrick. and Chrisman, Laura (eds.) (1994) *Colonial Discourse and Post-Colonial Theory*: *A Reader*, New York: Colombia University Press.

Wright, Donald R. (1990) *African Americans in the Colonial Era*: *From African Origins Through the American Revolution*, Wheeling, Illinois: Harlan Davidson, Inc.

重要人名和术语索引

A

阿多诺　25, 56, 152, 163, 183

阿尔都塞　72, 79

阿贾兹·艾哈迈德（又译艾贾兹·阿赫默德、阿迈德、阿贾兹·穆罕默德）　70, 71, 111, 201, 271

阿兰·鲁格曼　132

阿里夫·德里克　27, 34, 41, 71, 77, 78, 80, 110, 111, 112, 233

艾勒克·博埃默　23, 77, 80, 175

艾梅·塞泽尔　21, 87, 201

爱德华·霍尔　2

爱德华·萨义德　101, 105, 106, 119, 121, 129, 201, 203, 215

安·杜西尔　193

安东尼·古尔特纳　73

安东尼奥·葛兰西　27, 102, 243, 244

B

巴别塔　14, 99, 137, 238, 278

巴特·穆尔-吉尔伯特　53, 54, 72, 80, 81, 83, 86, 87, 90, 92, 105, 106, 111, 112, 115, 116, 140, 175, 179, 206, 207, 235, 266, 270, 271

霸权（支配权）　7, 9, 14, 18, 19, 29, 32, 36, 41, 42, 59, 60, 66, 67, 68, 73, 77, 81, 82, 84, 97, 102-106, 108, 112, 128, 137, 141, 149, 151, 152, 154, 177, 178, 184, 214, 216, 217, 222, 223, 225, 226, 230, 232, 233, 239, 241-247, 253, 263, 269, 272, 273

白人　12, 22, 23, 31, 53, 54, 86-89, 91, 96-99, 103, 106, 124, 153, 180, 181, 189, 190, 192-194, 220-223, 234, 235, 245, 247, 257, 275, 286

保罗·德曼　27, 267

鲍曼　259

本尼迪克特　2

本土，本土中心主义　13

本雅明　14, 150

本质主义　36-38, 40, 47, 53, 58, 104

比尔·阿希克洛夫特　20, 26, 84, 114, 159, 180, 195, 237, 273

边缘（边陲）　5, 9, 10, 13, 18, 19, 25, 35, 36, 37, 39, 40, 48, 52-55, 57, 81, 96, 112, 115, 135, 141, 149, 162, 172, 176, 179-181, 183, 186, 196, 197, 209, 218, 230, 258, 262, 265, 272, 282

博弈　8, 9, 118, 159, 164, 165, 211

布克·华盛顿　87-89, 195, 196

布鲁斯·罗宾斯　27

C

超现实主义　38, 87, 93-101, 163, 198

超越　8, 12, 16, 35, 37, 40, 44, 45, 48, 52, 55-60, 67-69, 78, 95, 96, 98-100, 111, 131, 132, 137, 142, 145, 149, 158, 159, 163, 167, 169, 189, 195, 198, 201, 202, 206, 211, 233, 235, 270

传播　1-9, 11-15, 19, 39, 41, 42, 44, 54, 67, 106, 108, 122, 132, 134, 135, 144-151, 154, 160, 161, 168, 174, 176, 184, 185, 195, 208-210, 219, 233, 242, 246, 254, 259, 261, 271, 278, 286

传统文化　39

D

丹尼尔·贝尔　138

当代东方学　66, 123, 124, 127, 128, 130, 162, 167, 199, 209, 211, 218, 240, 259, 261

德里达　24, 55, 72, 83, 84, 164, 185, 197, 272, 283

地球村　1, 8, 12, 134, 152

帝国主义　8, 14, 16, 18, 21, 24-26, 32, 40, 42, 45, 47, 48, 74, 76, 77, 80, 83, 84, 104-106, 108, 111, 115, 116, 121, 122, 128, 133, 140, 144, 145, 147, 148, 175, 177, 181, 202, 207, 213, 224, 226-230, 244, 246-248, 252, 253, 264, 269, 271, 273

第二媒介时代　14, 140, 150-155, 159

第二世界　5, 45, 84, 131, 137, 156, 175, 180, 182, 194, 195, 209, 227

第二自然　66, 182, 183, 186, 253

第三空间　38, 66, 107, 182, 185, 186, 191, 202, 224, 253, 262

第三天性　66, 186, 191-193, 202, 284

第四世界　53, 66, 137, 186, 191, 194-200, 202, 209-212, 234, 253, 284

颠覆　5, 10, 13, 14, 25, 30, 33, 48, 77, 85, 109, 130, 141, 163-165, 177, 192, 197, 200, 225, 248, 258, 263, 272, 273, 278, 283

东方　3-8, 10, 15, 16, 18, 19, 24-26, 28, 29, 33-40, 43, 46-48, 56, 59, 60, 66, 74, 81-83, 85, 102, 104-106, 109-116, 118-131, 139, 140, 156, 159-161, 163, 164, 167-176, 178, 183, 184, 187, 190-192, 196, 199, 200, 202-207, 209-211, 213-215, 217, 218, 220, 226, 229-231, 240, 241, 246, 252, 254-265, 268, 273, 276, 278,

重要人名和术语索引　*301*

283, 284, 286

东方学 5, 10, 15, 16, 18, 24, 25, 28, 34-38, 40, 43, 46-48, 55, 56, 66, 81, 82, 102, 104, 105, 106, 110, 112-114, 118-131, 159, 160, 163, 167, 169, 170-176, 178, 183, 199, 202-206, 209, 211, 213-215, 217, 218, 220, 240, 246, 252, 253, 255, 256, 258-261, 263, 265, 268, 273, 276, 278, 284

东方学的分期 123, 124

东方主义 10, 18, 19, 25, 26, 28, 29, 33-35, 38, 40, 43, 82, 104, 105, 110, 111, 116, 118-121, 130, 140, 164, 190, 191, 203, 215, 230, 255, 259, 283

对话 17, 38, 43, 44, 135, 154, 155, 193, 262, 268

多元文化 40, 42, 43, 258, 267, 277

E

二元对立 8, 38, 40, 56, 98, 105, 109, 150, 164, 167, 168, 174, 185, 255-258, 286

F

法兰克福学派 56, 163, 182, 183

反话语 35, 42, 56, 59, 67, 82, 116, 218, 233, 239, 253, 263, 272, 273, 276, 277, 278

防卫性帝国主义 228, 229, 230

放逐 25, 57, 111, 117, 195, 225, 279

非殖民化 19, 59, 77, 102, 221, 273, 277

分析学派 63

弗朗兹·法农 21, 70, 86, 91, 103, 201

弗雷德里克·詹姆逊 27, 108, 158, 201, 252

弗洛姆 248, 249

弗洛伊德 14, 49-53, 55, 134, 235, 249

福山 131-133, 135, 137-139, 256

G

歌德 7, 125, 133, 214

共谋 37, 39, 47, 67, 108, 140, 226, 230, 247, 279

古典东方学 66, 123, 124, 128, 130, 159, 167, 218

瓜塔里 154

H

哈贝马斯 24, 108

哈莱姆文艺复兴 22, 86, 90

海伦·蒂芬 26, 54, 86, 114, 115, 235

汉学 34, 40, 43

黑格尔 38, 157, 158, 159, 186, 191

黑人 21-23, 25, 26, 33, 38, 56, 76, 81, 85-103, 112, 114, 161-163, 179, 189, 190, 192-197, 223, 234, 235, 257, 281, 284

黑人性 22, 26, 38, 85-88, 90-102, 112, 114, 161-163, 197, 234, 284

黑人性运动 22, 38, 85, 87, 88, 90-93, 95-101, 112, 114, 161-163, 197, 284

亨廷顿 127, 141, 204

后结构主义　18, 30, 46, 48, 72, 77, 82, 108, 109, 114, 151, 199, 200, 283

后现代　5, 10, 19-21, 24, 30, 36, 43, 45, 48, 49, 72, 77, 80, 108, 109, 114-116, 143, 151, 153, 154, 158, 159, 162, 163, 206, 220, 224, 228, 229, 240

后现代帝国主义　228, 229

后现代性　10, 24, 151, 153, 159, 206, 240

后现代主义　19-21, 30, 36, 43, 45, 77, 80, 108, 109, 115, 158, 159, 162, 220

后殖民时代　8, 11, 12, 14, 39-42, 56, 76, 79, 83, 118, 131, 133, 140, 141, 150, 155, 159-165, 196, 197, 198, 207, 208, 210, 221, 224, 227, 233, 235, 239, 242, 244, 246, 256

后殖民主义　7, 9, 15, 19-23, 25, 26, 28-33, 35, 36, 39, 41, 44, 45, 72-77, 82, 85, 101-104, 109-112, 115, 120, 149, 163, 171, 175, 176, 186, 199, 207, 221, 226, 230, 231, 233, 259

话语　1, 5, 13, 14, 20, 21, 24, 27, 30-38, 40-44, 46-48, 53, 56, 59, 61, 64, 65, 67-69, 72, 73, 77-79, 81-83, 87, 92, 97, 102-106, 108-112, 114-116, 119, 121-123, 127, 128, 130, 135, 137, 140, 141, 151, 152, 155, 167, 168, 173, 174, 176, 178, 180, 181, 196, 199-201, 203, 206, 207, 217, 218, 225, 229, 231-244, 247, 248, 252-256, 258, 260-264, 269, 272, 273, 275, 276, 277, 278, 281, 284, 286

话语霸权　14, 59, 73, 82, 97, 102-104, 106, 137, 151, 152, 233, 239, 242-244, 263, 272, 273

话语理论　20, 64, 72, 103-106, 114, 236-238, 243, 247

回归　10, 14, 15, 40, 56-58, 91, 129, 199, 211

霍克海默　56, 152, 163, 183

霍米・巴巴　20, 24, 25, 27, 32, 38, 48, 67, 72, 74, 81, 82, 105-108, 112, 114-116, 141-145, 153, 154, 185, 191, 201, 219, 220, 223, 224, 247, 248, 262, 271

J

J. 希利斯・米勒　27

机制　9, 12-14, 16, 34, 47, 49, 56, 66, 68, 75, 81, 82, 105, 106, 113, 114, 118, 119, 122, 123, 126, 129, 130, 162, 173, 175, 193, 213, 214, 217, 233, 236, 238-240, 246, 253, 255, 261, 263, 273, 277, 284

加雷斯・格里菲斯　26

佳亚特里・斯皮瓦克　106

建构　16, 37, 38, 43, 44, 46-48, 55, 56, 58-60, 62, 108, 109, 114, 124, 126, 143, 144, 154, 160, 162, 164, 165, 167, 168, 170, 174, 180, 190, 197, 224, 229, 237, 240, 245, 247, 252, 258, 261, 270, 285

结构　18, 30, 46, 48, 49, 52, 62, 63, 66, 72, 74, 77, 82, 103, 105, 108, 109, 114, 138, 147, 151, 154, 158, 164, 169, 190, 194, 199, 200, 205, 223, 234, 235, 237, 241,

253, 259, 267, 272, 283

解构 5, 7, 16, 19, 22, 26, 27, 33, 34, 36, 38, 46-48, 55, 58-60, 72, 83, 84, 107, 108, 140, 143, 160, 164, 167, 169, 190, 197, 217, 219, 267, 272, 278, 283, 285

解构主义 5, 22, 27, 33, 46, 55, 72, 83, 107, 108, 217, 219, 267

精神分析 22, 206

精英 2, 32, 54, 86, 125, 183, 186, 191, 209, 222-224, 227, 231, 244, 245, 276

K

卡西尔 166, 238

康德 38, 62, 63, 64, 157, 183, 285

康拉德 33, 101, 282

客体 11, 34-36, 63, 118, 128, 153, 203, 205-208, 211, 213, 216, 222, 236, 240

空心人 53, 196, 197

跨文化 1-9, 11-15, 26, 29, 30, 142, 193, 275

L

拉康 24, 72, 235

拉里·A. 萨姆瓦 4, 5, 14

拉曼·塞尔登 108, 114, 144, 217, 219, 220, 247

朗思敦·休斯 90

劳拉·克里斯曼 26, 115

雷蒙德·威廉斯 27, 114, 158

雷米·C. 简恩 4

理查德·特迪曼 272, 273

理查德·E. 波特 4

理性主义 9, 96, 182, 264, 269

利奥波德·赛达·桑戈尔 87

利奥塔 24

邻国帝国主义 229

罗素·雅克比 10, 112, 205

罗伯特·路威 3, 4

罗伯特·扬 27, 106, 201, 214, 222

M

马尔库塞 14, 50, 51, 52, 53, 57, 58, 141, 197

马戛尔尼 136, 264, 265

马克·波斯特 14, 150, 151, 152, 153, 154

马克思、恩格斯 133, 257

马克思主义 10, 20, 41, 47, 79, 102, 110-112, 133, 187, 206, 219, 221, 222, 242, 243, 246, 273, 277, 283

马库斯·加维 87

马勒茨克 2, 3

马特拉 14, 184

买办 222, 223, 244, 245, 276

麦克卢汉 1, 134, 146, 150

矛盾心理（矛盾性，ambivalence） 77, 106, 223, 225

媒介 8, 9, 14, 25, 41, 42, 54, 67, 127, 134, 140-155, 159, 161, 162, 179, 214, 224, 230, 242

媒介帝国主义 8, 14, 42, 145, 148

媒介文化 41

美国主义 12, 84, 152, 175, 276, 283

米歇尔·福柯 143

民族主义 5, 18, 33, 36, 38, 40, 46, 47, 53, 58, 78, 80, 84, 111, 179, 211, 222, 271, 277, 284

模仿 26, 63, 67, 75, 99, 106, 188, 199, 225, 226, 231, 248

莫汉迪（Mohandhi） 22

N

尼采 57, 188

女权主义 19, 21, 22, 23, 81

O

欧洲中心主义 12, 53, 67, 74, 76, 105, 178, 214, 250, 252, 253, 255, 268, 269, 278

偶然性并置 11, 209, 231

P

帕特里克·威廉斯（Patirck Williams，又译帕瑞克·威廉姆斯） 26, 27, 105, 115

佩雷菲特 83, 124, 136, 176, 217, 254, 264, 265

普遍性 9, 34, 37, 38, 80, 101, 114, 254, 263, 264, 268, 269

Q

齐努瓦·阿契贝 21, 86, 163

启蒙 5, 7-9, 13, 48, 55, 56, 75, 97, 109, 127, 151, 163, 182, 183, 184, 186, 260

启蒙现代性 5, 9

前现代 38, 168, 228

乔纳森·哈特 76, 80, 175

乔纳森·卡勒 27, 58, 59, 61

全球化 27, 32, 41, 45, 46, 48, 75, 77, 83, 85, 110, 124, 128, 130-135, 137, 139, 140, 150-152, 159, 161-164, 175, 176, 181, 182, 188, 191, 197, 207, 208, 210, 214, 217, 219, 220, 227, 230, 231, 245, 247, 258, 278, 280, 283, 284, 285

R

人类学 2, 3, 8, 13, 62, 112, 113, 115, 120, 255, 271, 272

人文关怀 10, 35

人性 13, 16, 22, 26, 38, 48, 56-58, 67, 68, 85-88, 90-102, 109, 112, 114, 118, 124, 137, 139, 141, 157, 158, 160-163, 173, 182-184, 188, 197, 202, 207, 234, 253, 275, 281, 282, 283, 284

人种 3, 4, 52, 87, 103, 190, 255, 280

S

萨特 95, 97, 99, 163, 278

三剑客 20, 106, 116, 201

视点 28, 46, 61-65, 67-69, 71, 79, 83, 104, 117, 118, 123, 155, 157, 158, 166, 167, 179, 199, 220, 232, 233, 241

视角　1-3, 5-7, 9, 21, 23, 39, 43, 44, 77, 78, 82, 86, 87, 125, 145, 168, 175, 197, 210, 227, 254, 255

属上　220

属下　108, 115, 196, 199, 200, 216-220, 247, 263

索尔·普拉杰　86

T

他人　56, 95, 100, 110, 135, 183, 187, 199, 200, 212-214, 218, 249, 268, 269, 271, 283

他者　7, 20, 22, 27, 32, 37, 54, 55, 69, 81, 108, 112, 115, 149, 153, 159, 167, 168, 170, 173, 174, 181-185, 188, 191-195, 197, 199, 212-218, 225, 235, 237, 247, 250, 255, 257, 258, 262, 265, 268, 272, 276, 284

特里·伊格尔顿　114, 192, 193, 198

特纳（Bryan S. Turner）　38, 73

同化　15, 23, 38, 52, 83, 90, 91, 95, 96, 100, 137, 150, 178, 191, 210, 211, 244, 253

土著　2, 3, 7, 12, 13, 54, 94, 98, 103, 126, 135, 145, 160, 177, 178, 180-182, 190, 191, 209, 210, 212, 215, 216, 232, 235, 245, 253, 256, 257

托妮·莫里森　22, 90

W

W. E. B. 杜波伊斯（威廉·艾·柏·杜波伊斯）　86

威廉·冯·洪堡　232

维尔纳·施泰因　11, 51

维柯　155-159, 203, 204

文化变迁　11, 12, 65, 67, 148, 199, 205, 207-212, 231

文化帝国主义　8, 14, 20, 32, 84, 105, 106, 128, 147, 148, 175, 227

文化干细胞　220, 231

文化更新　276-278

文化皮影戏　12, 45, 231, 233, 262

文化侵略　29, 30, 32, 109, 177

文化全球化　131, 132, 137, 139, 140, 175, 191, 214, 227

文化人类学　2, 3

文化认同　17, 21, 32, 33, 40, 53, 142, 199, 224

文化渗透　8, 17, 29, 30, 32, 131

文化新殖民主义　17, 30-33, 45, 46, 101, 124, 155, 162, 175, 176, 181, 182, 199, 207-211, 225-227, 230, 231, 239, 244, 283

文化研究　4, 9, 19, 27, 28, 41, 59-61, 87, 113, 135, 147, 148, 168, 176, 177, 195

文化与帝国主义　16, 18, 24, 26, 40, 115, 202

文化殖民主义　14, 16, 17, 32, 162, 191, 284

文明　2-4, 7, 8, 11, 18, 49-55, 57, 60, 61, 88, 90, 95-98, 102, 109, 110, 127, 129, 133, 136, 141-143, 156, 160, 161, 163-165,

168, 169, 173, 174, 176, 177, 182, 183, 191, 193, 194, 202, 203, 204, 210, 211, 214, 215, 217, 221, 225, 229-233, 235, 249, 256-258, 262, 273, 274, 282, 283, 286

文明的冲突　127, 141

沃尔特·考夫曼　186

伍兹　11, 65, 208, 209

X

西方　2-10, 12-16, 18-23, 25, 28, 29, 31-49, 55, 56, 59-61, 63, 64, 66, 69, 74, 75, 77, 78, 82-85, 91, 94-105, 109-115, 120-125, 127-130, 133, 136, 137, 139-144, 146, 149, 155, 156, 159-161, 163, 164, 167-174, 176-179, 182-184, 186, 187, 190-197, 201, 202, 204, 206, 207, 210, 211, 213-217, 221, 223, 224, 228-231, 236, 240-243, 249, 250, 253, 256-263, 268, 278, 282, 283, 284, 286

西方中心主义　3, 4, 13, 15, 18, 38, 83, 111, 278

西方主义（西方学，Occidentalism）35-38, 283, 284

西蒙·杜林　77, 80, 175

戏仿　67, 153, 185, 199, 225, 226, 231, 248

夏多布里昂　126, 172

现代东方学　66, 123-128, 130, 159, 160, 162, 167, 199, 209, 218, 259, 261

现代性　5, 9, 10, 24, 25, 37, 108, 109, 116, 151, 153, 154, 158, 159, 162, 206, 227, 240, 263

现代主义　19, 20, 21, 30, 36, 38, 43, 45, 77, 80, 108, 109, 115, 158, 159, 162, 213, 220

馅儿饼　7, 8, 208, 210, 211

陷阱　7, 8, 34, 37, 43, 47, 67, 68, 84, 109, 215, 234, 254, 255, 256, 259, 261-263, 269, 281, 284, 285

香农　6

小亨利·路易斯·盖茨　23, 88

新殖民主义　17, 30-33, 45, 46, 73, 75, 82, 84, 101, 124, 130-132, 150, 155, 162, 175, 176, 181, 182, 186, 199, 207-211, 223, 225, 226, 227, 230, 231, 233, 239, 244, 277, 283, 284

修辞　37, 107, 111, 126, 154, 155, 167, 168, 170, 174, 185, 224, 229, 230, 246, 252, 255, 259, 260, 261, 262, 263, 277, 278

Y

压抑　10, 15, 16, 40, 48-53, 55, 57, 58, 96, 101, 109, 157, 184, 216, 249, 250, 271, 284

亚历山大·克拉梅尔　87

延宕　185

妖魔化　16

野蛮　2-4, 54, 90, 109, 125, 160, 168, 174, 184, 212, 215, 262, 280

伊莱恩·肖沃尔特　23

异国情调 121, 210-213, 215, 216

异化 56, 57, 66, 68, 93, 107, 157, 166, 182, 184, 186-191, 193, 199, 202, 224, 275, 281

异质 9, 72, 113, 126, 170, 253, 260, 276

译转 67, 68, 108, 140-142, 144, 145, 153, 154, 214, 219

意识形态 12, 14, 29, 37, 43, 46, 51, 62, 75, 77, 79, 80, 82, 103, 109, 110, 137, 144, 146-151, 154, 155, 167, 170, 173, 175, 177, 192, 193, 198, 199, 207, 225, 230, 233, 236, 239, 244, 246, 256, 258, 264, 268, 283, 284

英联邦 140, 179, 224, 266, 269, 270, 271

语境 1, 6, 8, 9, 11, 12, 15, 19, 20, 25, 38, 42, 48, 63, 72, 80, 81, 83, 86, 105, 106, 109, 111, 112, 114, 115, 116, 133, 136, 137, 140, 149, 153, 175, 179, 258, 266, 267, 270, 271

阈限 185, 258

寓言 30, 34, 109, 143, 218, 233, 250, 252, 253, 272

约翰·费斯克 148, 149

约翰·汤林森（约翰·汤姆林森） 134, 147

Z

杂种 68, 107, 108, 185, 199, 216, 219, 220, 223

知识 2, 10, 11, 17, 18, 20, 25, 26, 27, 31, 32, 35, 40, 43, 45, 51, 55, 61, 66, 69, 78-80, 87, 88, 89, 92-94, 97, 101, 103-105, 110, 122, 124, 126, 127, 129, 130, 135-137, 143-147, 150, 151, 155, 161, 162, 166, 170-172, 179, 182, 183, 197, 202, 203, 207, 208, 214, 215, 218, 223, 224, 233, 237, 239-241, 243-247, 249, 254-256, 259-263, 268, 269, 272, 277, 278, 283

知识分子 10, 18, 20, 25-27, 31, 32, 40, 45, 61, 78, 87, 89, 93, 94, 97, 101, 103, 104, 110, 130, 144, 161, 162, 179, 202, 203, 207, 223, 224, 243-247, 249, 256, 262, 263, 268, 269, 277, 278

殖民地 15, 32, 34, 39, 45, 47, 49, 53-56, 58, 59, 67, 72, 74-78, 82-85, 96, 102, 103, 105-108, 111, 113, 114, 125, 127-130, 133, 136, 137, 140, 150, 160, 163, 168, 173, 175-177, 179, 183-186, 191, 193, 194, 196, 197, 199-201, 209, 210, 212, 217, 219-231, 233-236, 239, 241, 242, 244-247, 251-253, 256-259, 262, 268, 272, 273, 275-277, 283

殖民话语 26, 27, 30, 33, 34, 37, 40, 47, 48, 64, 72, 105, 106, 110, 111, 115, 116, 140, 141, 218, 233, 236, 239-242, 244, 247, 248, 252, 254, 256, 258, 262, 263, 272, 276

殖民文化 1, 9, 10, 11, 12, 15-30, 32-49, 52, 53, 55-59, 61, 64-69, 71-73, 76, 78-

86, 92, 101-106, 108-118, 123, 130-132, 136, 139-141, 144, 151, 153, 155, 159, 160, 162-164, 166, 167, 169, 175-182, 184, 195-208, 210, 211, 214, 216-222, 225, 232-235, 237, 239, 241, 244, 245, 250, 253, 256, 261, 263, 269, 271, 275-277, 281, 283-286

殖民主义　3, 4, 6, 7, 9-17, 19-23, 25, 26, 28-42, 44-49, 53-55, 58, 60, 64, 66, 67, 72-80, 82-86, 92, 101-104, 106, 108-115, 118, 120, 124, 130-132, 137, 141, 144, 149-152, 155, 160-163, 171, 175-179, 181-184, 186, 187, 189-191, 199-202, 206-211, 213, 215-219, 221-227, 230, 231, 233, 235, 237, 239-241, 244, 247, 248, 259, 263, 269, 270, 272, 273, 277, 283, 284

中华性　37, 38

中心　3-5, 12-15, 18, 19, 31, 36-40, 43, 48, 53, 66, 67, 71, 74, 76, 83, 88, 89, 105, 111, 112, 115, 127, 131, 132, 135, 147, 152, 153, 162, 164, 176, 178-180, 184, 190, 199, 200, 201, 211, 214, 215, 228, 234, 250, 252, 253, 255, 258, 261, 262, 264, 267, 268, 269, 271, 272, 277, 278, 280

终极关怀　15, 24, 48, 197

种族主义　2, 8, 92, 101, 116, 195, 214, 220, 281, 283

主体　5, 10, 11, 31, 32, 34, 36, 40, 43, 52, 59, 61, 63, 67-69, 107-111, 128, 144, 149, 152-155, 182, 183, 185, 186, 190-193, 199, 200, 203-209, 211, 214, 216, 220, 222, 224, 232, 233, 235, 236, 239, 240, 241, 247-249, 269, 278

资本主义　20, 27, 29-32, 36, 47, 51-53, 78-80, 84, 102, 103, 110, 114, 132, 133, 138, 139, 146, 155, 156, 158, 159, 162, 168, 176, 188, 197, 220, 224, 226, 228, 233, 242, 245, 246, 251, 252, 253, 273, 274, 275

自愿帝国主义　229

自治　23, 179, 199, 216, 222, 224, 231, 262, 280

宗主国　32, 47, 55, 74, 103, 107, 115, 128, 150, 156, 160, 219, 220, 222, 225, 227, 229, 235, 244-246, 257, 259, 270, 275

棕色白人　220, 222, 245, 247

族性　37, 38, 58, 77, 88, 101, 103, 107, 128, 152, 219, 252

族裔散居　87, 199, 200, 201, 202, 207-209

西文人名英汉对照

（按照文中出现先后顺序排列）

Herbert Marshall Mcluhan 麦克卢汉
Ruth Benidict 本尼迪克特
Edward T. Hall 爱德华·霍尔
Gerhard Maletzke 马勒茨克
Robert Heinrich Lowie 罗伯特·路威
Edmund Leach 埃德蒙·利奇
Larry A. Samovar 拉里·A.萨姆瓦
R. E. Porter 理查德·E.波特
Nemi C. Jain 雷米·C.简恩
Claude E. Shanon 香农
J. Herbert Altschull 阿特休尔
Wilbur L. Schramm 威尔伯·施拉姆
Mathew Arnold 马修·阿诺德
S. W. Littlejohn 斯蒂文·小约翰
Edward W. Said 爱德华·萨义德
John Tomlinson 约翰·汤林森
Gayatri Spivak 佳亚里特·斯皮瓦克
Homi K. Bhabha 霍米·巴巴
Russel Jacoby 罗素·雅克比
Sol Plaatje 索尔·普拉杰

Frantz Fanon 弗朗兹·法农
Robert Frazer 罗伯特·弗拉策
Bill Ashcroft 比尔·阿希克洛夫特
Gareth Griffiths 加雷斯·格里菲斯
Helen Tiffin 海伦·蒂芬
Robert Young 罗伯特·扬
Freud 弗洛伊德
Herbert Marcuse 赫伯特·马尔库塞
M. DeFleur 梅勒文·德弗勒
Erich Fromm E.弗洛姆
Jonathan Culler 乔纳森·卡勒
Kant 康德
John O'neill 约翰·奥尼尔
Arif Dirlik 阿里夫·德里克
Aijaz Ahmad 阿贾兹·艾哈迈德
Anthony R. Guneratne 安东尼·古尔特纳
Ella Shohat 爱拉·苏哈托
Anne McClintock 安娜·马克林特克
Simon During 西蒙·杜林
Elleke Boehmer 艾勒克·博埃默

Stephen Slemon 斯蒂芬·斯莱蒙
Charles E. Bressler 查尔斯·布莱斯勒
John Storey 约翰·斯道雷
Bart Moore-Gilbert 巴特·穆尔－吉尔伯特
Alain Peyrefitte 佩雷菲特
Léopold Sédar Senghor 利奥波德·赛达·桑戈尔
Aimé Césaire 艾梅·塞泽尔
Booker T. Washington 布克·华盛顿
W. E. B. Dubois 威廉·艾·柏·杜波伊斯
Marcus Garvey 马库斯·加维
Langston Hughes 朗思敦·休斯
Robert Hayden 海登
Toni Morrison 莫里森
André Breton 安德烈·布勒东
Jean-Paul Sartre 萨特
Pierre Bourdieu 皮埃尔·布尔迪厄
Chinua Achebe 齐努瓦·阿契贝
Joseph Conrad 康拉德
Anta Diop 安塔·狄奥普
Rannajit Guha 拉纳吉特·古哈
Antonio Gramsci 安东尼奥·葛兰西
Samuel P. Huntington 塞缪尔·P. 亨廷顿
Patrick Williams 帕特里克·威廉斯
Fredric Jameson 弗雷德里克·詹姆逊
Ella Shohat 埃拉·舒哈特
Chinweizu 钦维祖
Ngugi wa Thiong'o 恩古吉·瓦·辛格（原名詹姆士·恩古吉，后改名）
Neil Lazarus 尼尔·拉扎勒斯

Jyotsna Singh 约茨南·僧伽
Benedict Anderson 本迪克特·安德森
Kwaku Asante-Darko 瓦库·阿森特－达卡
Mikhail Bakhtin 米哈伊尔·巴赫金
William Boelhower 威廉·勃尔豪尔
Homi K. Bhabha 霍米·巴巴
David Brooks 戴伟·布鲁克斯
Michael DeCerteau 米歇尔·笛雪透
Terry Eagleton 特里·伊格尔顿
Hubert Harrison 胡伯特·哈里森
Bell Hooks 贝尔·胡克斯
C. L. R. James C. L. R. 詹姆斯
Thomas Babington Macaulay 托马斯·伯明顿·马库雷
Chandra Talpade Mohanty 钱德拉·塔尔帕德·莫汉蒂
George Orwell 乔治·奥威尔
Dennis Porter 丹尼斯·波特
Salman Rushdie 萨尔曼·拉什迪
Naipaul 维·苏·奈保尔
Ella Shoat 埃拉·苏哈特
Georg Simmel 齐美尔
Sara Suleri 萨哈·苏尔瑞
Edward Gibbon Wakefield 爱德华·吉本·沃克菲尔德
Raymond Williams 雷蒙德·威廉斯
Ramam Selden 拉曼·塞尔登
Ian Adam 伊安·埃达姆
Stuart Ewen 斯图亚特·艾文
Francis Fukuyama 福山

Anthony Giddens 安东尼·吉登斯

Alan Rugman 阿兰·鲁格曼

Ervin Laszlo 拉兹洛

Daniel Bell 丹尼尔·贝尔

Michel Foucault 米歇尔·福柯

Nkrumah 恩克鲁玛

John Fiske 约翰·费斯克

Mark Poster 马克·波斯特

A. Mattelart 阿芒·马特拉

Giambattista Vico 维柯

Jacques Derrida 德里达

Jacques Lacan 雅克·拉康

Jürgen Habermas 于尔根·哈贝马斯

Jean Francois Lyotard 让-弗朗索瓦·利奥塔

Ernst Cassirer 恩斯特·卡西尔

Gilles Deleuze 吉尔·德勒兹

Felix Guattari 费利克斯·伽塔里

Max Horkheimer 霍克海默

Theodre Adorno 阿多诺

Ernest G. Bormann 欧内斯特·鲍曼

Marc Ferro 马克·费罗

Richard Schacht 理查德·苏哈特

Walter Kaufmann 沃尔特·考夫曼

Culler 库勒

Roland Barthes 罗兰·巴尔特

Charles Grant 查里斯·格兰特

Alan Bishop 阿兰·比

Eliza Fraser 爱利莎·弗雷泽

Wilhelm von Humboldt 威廉·冯·洪堡

Ferdinand De Saussure 费尔迪南·德·索绪尔

Merryn C. Alleyne 穆林·C. 阿莱恩

Martin Green 马丁·格林

Serigio Yahni 塞西奥·亚尼

Paul de Man 保罗·德曼

Hillis Miller 希利斯·米勒

Umberto Eco 艾柯

Stefan Collini 柯里尼

Richard Terdiman 理查德·特迪曼

再版后记

最初选定后殖民文化批评理论作为研究选题时，曾有师兄建议，中国没有后殖民文化批评理论，因为中国没有被彻底殖民过。问题是，是否只有彻底的殖民经历才是后殖民文化批评理论生成的唯一渊薮？当我们分析了从殖民主义到后殖民主义（或称为文化新殖民主义）的一脉相承性时，答案就自然明了了。弗朗兹·法农和艾梅·塞泽尔等对英、法的殖民批评可谓后殖民批评的萌芽阶段，爱德华·W. 萨义德、霍米·巴巴和佳亚特里·斯皮瓦克等开启的以对殖民主义时期欧洲中心主义的批判为核心的现代东方学批评，以对美国中心主义的批判为核心的当代东方学批评最终开创了后殖民文化批评理论研究领域，后殖民文化批评和文化批评理论的视域从领地殖民拓展到文化殖民，从马克思主义的、后结构主义的和女权主义的三个大的分支出发，从对殖民主义给殖民地和宗主国所带来的文化灾难批判开始，最终将自己定位为对人类从殖民主义时期以来的人性异化历程的批判，并把理性的、综合协调发展的、平等的人类文化理想建构在对殖民主义的解构当中，由社会思潮到理论建构，超越了民族主义和普适主义，通过持续深入的批判而辐射建构人性和文化的伊甸园。

本书将后殖民文化批评理论界定为一种对殖民主义视角、东方学传承的机制以及它们的延伸所形成的文本进行的一种多维意识形态批评理论。中国有着后殖民文化批评理论关注的诸多问题。虽说没有像印度那种被整体殖民的历程，但我们有中国大陆本土自1840年至新中国成立前的半殖民地历程，台湾、香港、澳门、东三省的被殖民统治历程，还有散布在全国大中城市的租借地历程，以及从冷战以来以美国为首的西方文化新殖民主义对我国的长期影响，尤其是后者在传播领域（传媒秩序和传播格局）的延伸。我们在对后殖民文化批评理论逐渐深入的探讨中发现，中国不仅有值得关注的后殖民现象，更需要在汇入全球后殖民文化批评大潮的过程中，借助批评和理论的建构，全面盘点殖民主义在中国的文化刻痕，并需要审慎看待和有效抵制文化新殖民主义。

2005年，就在本书准备交付出版社印刷前夕，我读到了香港城市大学比较文学翻译与讲座教授兼跨文化研究中心主任张隆溪先生的新著《走出文化的封闭圈》（生活·读书·新知三联书店，2004），该书用了两节整27页对"后学"（指后现代、后结构主义、后殖民文化批评等，下同）和后殖民文化批评理论进行了诸种评点和提要论述，十分精辟。张先生是我敬佩的一位学者，其《二十世纪西方文论述评》（生活·读书·新知三联书店，1986）一书曾是我博士期间的案头书，该书对后结构主义的消解式批评进行了谱系式梳理和精要阐述，但彼时后殖民文化批评理论并没有进入先生的论述之中。因本书已三校完毕，无法再在具体的章节上进行融会阐述，但先生提出的一些问题如此尖锐，似不吐不快，权在此先进行某种摘要式回应，待后撰文作充分论述。

先生在书中批评"后学"——"只消解五四和80年代从近代西方文化中吸取的现代性价值，而不消解本土现存文化秩序及其价值"。具体到后殖民文化批评理论，她的基本格调是眼光向外的，我相信，她在向外的过程中透过本身具有的巨大的理论反思批判魅力影响着内里。当内里的建构在抬头环顾找寻方向的时候，向外的眼光又何尝不是在做着殊途同归的工作呢？并且，这个向外的眼光也颇理智和现实，它恰是在盘点中外关系史和密切关注现实状况的过程中为内里方向的找寻提供着思路。

本书将后殖民文化批评理论界定为跨文化传播研究的语境，经历了反复思考，是否合适，还需读者在阅读和思考中批评。媒介研究被归并到大文化研究的系列之中，实际上时间也不够长，二者的关系还需时日考验。但似乎可以肯定的一点是，从英国兴起的文化研究的思潮为包括媒介研究在内的一些人文社会科学提供了新的视野，甚至引发了文学和语言学研究的转型，实际上，近年来国内媒介研究的一些迹象表明，媒介研究也在发生着类似的转型。传播学也在和其他学科一道，共享着文化研究的方法和资源，做着丰富其研究方法、拓展其内容以及改变其研究方向的工作。从这个意义上说，文化研究似乎也构成了某种语境？因为所谓语境，就是某种言说的起点和背景。生理上的人永远活在现代，若沿波讨源，寻枝振叶，则其所有的话语都将被置放到历史的方舟中，或顺流而下，或被无限放逐。不同的问题来自不同的语境，也构造着不同的语境，同一时代的诸多语境构建着历史，历史也荡涤着诸多现代的语境，而后殖民文化批评理论所探讨的后殖民时代则又在一定程度上构成了当今进行跨文化传播研究的语境。因为当人类文化历史自我进化的机制被殖民主义彻底打破之后，跨文化的传播就占据了人类文化变迁的主流。而历史上的殖民主义、后殖民主义或文化新殖民主义则又是所有跨文化传播"行为"中的主流。所有解构殖民主义的学术努力几乎都汇集于后殖民文化批评理论，汇集成一个后殖民文化批评时代。起源于文化人类学的跨文化传播理论研究，首先就需要将历史上非人性的殖民主义基因及其当今的流变进行颠覆，在此基础上开启不同文化互相理解与合理相融的真正意义上的跨文化传播。

2005年出版后记中，我说，校改完本书的最后一遍清样，已经是2005年农历正月初九。从写完第一稿算起，于今已近两年，其间多次修改，加进了近两万字的后续思考，现在终于能够付梓，心中的欣喜，自然是难以言喻的。回顾本书的写成，首先要归功于四川大学的冯宪光教授和邱沛篁教授五年中对我的精心栽培，没有这两位恩师为我开启思路、指点迷津，就不会有本书的问世。冯老师是我的博士生导师，邱老师是我的硕士生导师。今天，2021年，我的导师冯宪光老师在加拿大为我写了再版序言,殷殷嘱托谆谆教诲刻在字里行间,让我唏嘘不已,想起王阳明所说"知行合一致良知",我想,冯老师应该就是这样的典范。想当年,中国人民大学的余虹教授是我的文章知己。他在不知我为何许人,亦未曾和我谋面的情况下,将拙作力举给人民大学出版社,让我感受到了学者的胸襟和对后学的殷殷提携;2005年本书初版才得见教授一面,2007年去美国宾夕法尼亚大学安纳伯格访问前见第二面,2008年,余虹教授即驾鹤西去,思之泪眼朦胧。北京大学的王岳川教授和中国社会科学院外文所的章国锋教授在百忙之中从十多部著作中审读、遴选出拙文,并写下了意味深长的推荐意见。中国艺术研究院的祝东力研究员曾对本书的部分章节以及一些英译提出很多有益的意见。中国社会科学院新闻与传播研究所所长尹韵公研究员(荣休后任湖南师范大学新闻传播学院院长)拨冗为拙作写作富有思想性的序言。香港中文大学的黄维樑教授专门从香港邮寄《文化与帝国主义》英文版以及有关萨义德的文章,有意思的是,2010年我去澳门大学参加学术会议,竟在街边偶遇黄教授,真是让人感叹人生际遇不可捉摸。山东大学的姜生教授利用在哈佛大学做高级访问学者的机会,为我带回大量的第一手资料,并在面对面的讨论中对本书提出了诸多富有建设性的意见。澳大利亚南威尔士大学的后殖民文化批评理论研究专家比尔·阿希克洛夫特和西澳大利亚大学的加雷斯·格里菲斯对笔者的问题也给了热情的指点和帮助。另外,本书在修改过程中,也广泛参考了北京师范大学王一川教授、中国人民大学金元浦教授、四川大学王晓路教授、山东师范大学杨守森教授和四川省社会科学院秦川教授的意见,他们都是我论文的评审专家,在此表示衷心感谢。2021年11月,我完成了再版的修订,感谢的人包括上述师长,同时还有来自台湾政治大学的汪琪教授。她在百忙之中为我写了再版序言,用智慧的语言再现了她和先生彭加发教授对人生和学问的思考,我非常钦佩。

2005年,在学术出版尚不够景气的情况下,人民大学编委会对拙著青眼有加,执行主编李艳辉博士慨然将本书纳入季羡林先生题写书名的"新生代学人文丛",解除了我当年博士刚毕业之忧。在发稿和编辑过程中,责任编辑田淑香女士费心斟酌和细致编审,多年后,与田淑香老师和人民大学出版社的翟江虹老师小坐饮茶,回忆起这段出版经历,历历在目,感触颇深!

2022年,初版十七年后本书还有机会再次素颜问世,三联书店李佳老师青眼有加,乐意再版此书,让我非常开心。感谢外研书店付帅老师的推荐,感谢北京外国语大学领导的支持。值此小书再版之际,一并向所有关注并关心我的学术研究的各位良师益友表示诚挚的谢意。

当然,还应感谢的是所有我参阅过的文献的作者。如果本书尚有可取之处,这首先应归功于他们的博大精深。正是他们精湛的论说,启迪、激发了我的思想和勇气。

由于本人水平有限,自然会有诸多的不足和遗憾,恳切欢迎师长和诸位读者朋友批评指正!我将在以后的研究中多方吸取意见,将后殖民文化批评理论与跨文化传播的研究深入下去。

姜 飞
中国社会科学院新闻与传播研究所
2005年2月18日
北京外国语大学国际新闻与传播学院
2021年11月9日